新装版 介護保険制度史

基本構想から法施行まで

介護保険制度史研究会〔編著〕
大森 彌
山崎史郎
香取照幸
稲川武宣
菅原弘子

東洋経済新報社

新装版　介護保険制度史

目次

Ⅲ章 難産の末の法案提出【1996年】……199

Ⅶ章 要介護認定の導入【1992年~2000年】

序章

1994年3月までの動き

介護保険制度創設への助走

介護保険制度の歴史は何時の時点から語られるべきであろうか。日本政府が介護保険制度について本格的な検討を始めたのは、１９９４年４月厚生省が「高齢者介護対策本部」を設置してからである。しかし、この検討開始も、それ以前に多くの人々が高齢者介護の問題に取組み、試行錯誤を積み重ねていったからこそ実現したものであった。そこで、介護保険制度史は、高齢者介護が日本社会の重大課題として認識されるようになった時期から、高齢者介護対策本部設置に至るまでの間の動きを、「介護保険制度創設への助走」として取り上げることから始めたい。

(1) 寝たきり老人の増大と「日本型福祉社会論」の破たん

高齢者問題は、1970年代以降一貫して、日本社会の大きな課題であった。我が国における高齢化の進行は、生活水準の向上や医学医療の進歩によってもたらされた大きな成果と言うべきものであったが、一方、慢性疾患の増大とあいまって心身の能力が低下した高齢障害者が大量に発生する事態を引き起こした。すでに1969年の厚生白書では「寝たきり老人」という言葉が登場し、1972年に発表された有吉佐和子の『恍惚の人』では、認知症高齢者（当時は「痴呆性老人」と呼んでいた[1]）が身近な問題として取り上げられ、大きな社会的関心を呼ぶところとなった。

こうした高齢障害者を社会全体でどのように受けとめるべきかについて、当時の日本政府の基本姿勢は定まらず、統一性を欠いた政策対応に終始していた。このため、日本社会にさまざまな形で歪みをもたらした。まず現れた事象は、高齢者の長期入院の増大である。厚生省は、この問題を老人医療費という視点のみからとらえ、各種の抑制策を講じた。しかし、その後も高齢者の入院の勢いは収まらず、高齢者を専門とする「老人病院」が各地に現れるような状況に至った。このような事態に対して、厚生省は老人病院を規制する「締め付け策」

の強化を図ったが、いくら規制を強化しても、実態は改善するどころか、深刻化する一方であった。なぜならば、その背景には急増する高齢障害者を家族が支えきれない社会の実態があったからである。

70年代後半から高齢者問題に対する基本政策のあり方として台頭したのが「日本型福祉社会論」であった。この考え方は、日本経済が低成長へ移行する中で、高齢化に伴う福祉費用の増大を危惧する立場から、高齢者福祉をはじめ公的福祉の充実を図っていた欧州諸国の福祉国家モデルを否定し、日本は家族による支えを主とする「日本型福祉社会」を目指すべきというものである。主張の背景としては、日本では老親と家族の同居率が高いことがあげられていた。これを踏まえ、1978年版厚生白書は、同居家族を「福祉の含み資産」として位置づけ、さらに1979年5月に策定された「新経済社会7か年計画」に日本型福祉社会論が盛り込まれることとなった。

一方、高齢者をめぐる実態は、そうした政策論議とは大きく様相が異なっていた。1986年の国民生活基礎調査では65歳以上で寝たきり6か月以上の人は22万人とされ、1987年の厚生省調査では死亡前に51%の人が3か月以上、37%の人が6か月以上床についているとする結果が公表された。寝たきりや認知症などの高齢者の増大と介護の長期化が進む中で、家族は高齢者を支えきれず、病院への入院を選択せざるを得なくなっていったのである。さらに、頼みの綱とされた老親と家族の同居率も急速に低下し続け、高齢者を家族で支えようとする「日本型福祉社会論」は、日本社会の現実の前に実質的に破たんしていった。(2)

(1)「痴呆性老人」とは、「一旦正常に発達した知能が後天的な脳の器質障害により持続的に低下している状態の老人（1992年6月30日老健第86号、厚生省老人保健福祉部長通知）」とされていた。この呼称は、2005年に「認知症」へと改められた。本書では、固有の名称として用いられている場合や当時の報告書などにおける表現を除き、「認知症」という呼称を用いている。

(2)この「日本型福祉社会論」は、老親は家族が介護すべきであるという考え方が根底にあった。この考え方は、後年の介護保険制度導入の際に再燃し、「介護の社会化」に反対し、「家族介護」を重視する意見に結びついていった。

(2)　高齢者に対する医療・福祉政策の矛盾

80年代以降も高齢者の大量入院は続き、こうした入院患者は、疾病の治療という医学的理由ではなく、別の社会的理由で入院するという意味で「社会的入院」と呼ばれることとなった。そうした中で、老人病院では劣悪な看護体制の下で多くの患者が「薬漬け」となり、ベッドに寝たきりになっている実態が明らかになっていく。これらの高齢者に必要なのは、「疾病の治療」ではなく、残存している「心身の機能維持・回復」と「社会的な自立支援」であった。ところが、本来こうした人々を支えるべき福祉サービスは非力であった。

当時、高齢者福祉は措置制度によって運営されていたが、措置制度は、一般国民を対象に普遍的なサービスを提供する医療保険制度とは異なり、低所得者など保護の必要な一部の者に対して、公権力による行政処分としてサービス提供を決定することを基本に置いていた。日本型福祉社会論や緊縮財政の基本方針に基づき福祉予算の抑制が貫かれる中で、措置制度で運営されていた特別養護老人ホーム（以下「特養」という）の入所者は低所得者などに事実上限定され、施設の増設も高齢者数の伸びに到底追いついていなかった。在宅福祉サービスも極めて限られた人々にしか提供されておらず、1982年にようやく訪問介護（ホームヘルプサービス）が所得税課税世帯でも利用可能となるような状況であった。福祉サービスの不足を補完する観点から、医療と福祉の中間、さらに家庭と施設の中間に位置づけられる受け皿（中間施設）として、老人保健施設（以下「老健施設」という）が創設（1986年）されたが、その数は限られていた。こうした結果、高齢者や家族の多くは、医療保険制度によってアクセスが保障されている病院への入院を選択せざるを得なかったのである。

まさに、我が国の高齢者に対する医療・福祉政策の矛盾が、高齢者の「社会的入院」の増大という形で現れていた。

(3) 「ゴールドプラン」と「福祉八法改正」

このように深刻化する一方の高齢者問題に新たな局面をもたらし、政策的な矛盾を打開する契機となったのが、1989年12月に厚生大臣、大蔵大臣、自治大臣の3大臣の間で合意された「高齢者保健福祉推進十か年戦略」(通称「ゴールドプラン」)である。ゴールドプランは、1989年4月に消費税(3%)が導入されたことを踏まえ、社会的弱者である高齢者対策の一環として高齢者の在宅・施設福祉サービスの整備を推進することを主な内容としていた。目標年度を1999年度とし、今後10年間に約6兆円の予算を投入するもので、ホームヘルパー10万人、ショートステイ5万床、デイサービスセンター1万か所、特養24万床、老健施設28万床などを目標数値として掲げていた。この目標数値は、当時のサービス水準と比較すると、ホームヘルプサービスは約3倍、デイサービスやショートステイは約10倍にすることを意味していた。マスコミの論調は実現を疑問視するものが多かったが、意欲的な目標数値や財政規模(過去10年間で1兆7000億円程度であった予算を3倍以上に増大)が盛り込まれたことから、それまでの福祉予算抑制路線を見直すものとして各方面の注目を集めた。

このゴールドプランを地域レベルで推し進める役割を担ったのが、1990年の老人福祉法等の福祉八法改正である。この法改正により、在宅福祉サービスが法定化されるとともに、市町村が在宅福祉と施設福祉を一元的に提供する体制が整備された。さらに、都道府県と市町村は「地方版ゴールドプラン」とも言える「老人保健福祉計画」を1993年までに策定することが義務づけられ、この計画策定作業[3]を通じて、各地で高齢者介護の問題が大きく取り上げられ、介護サービスの整備に拍車がかかることとなった。

また、90年代初めには、在宅サービスのメニューとして、在宅介護支援センター(1990年)や訪問看護制度(1992年)が導入されたほか、老人病院についても介護力を強化する制度(特例許可老人病院入院医療管理料)が創設された。

このように90年代に相次いで取り組まれた、在宅・施設サービスの質・量の両面にわたる整備は、後年の介護保険制度の創設へと結びついていった。

(3) 地方自治体の老人保健福祉計画策定には、行政関係者や関係団体のみならず、地域住民が参画するケースも見られ、これが介護保険制度創設時における市民参画の重要な契機となった。

(4) 「介護対策研究会」と「高齢者トータルプラン研究会」

高齢者介護について社会保険方式を含めた制度面の検討について言及した公的な報告は、1989年12月の「介護対策研究会（座長・伊藤善市東京女子大教授）」が最初である。この報告書では「費用負担問題の検討の視点」として、「財源、制度については、保険に馴染むか、財源制約の性格の違いはあるか、所得保障との関係をどう考えるのか等の観点から、①公費、保険料、双方の組合せのいずれにするのか、②社会保険方式の場合は、医療保険制度、老人保健制度、年金制度、単独制度等のいずれの方式にするのか、③現行の措置費制度、特別障害者手当制度等他制度との関係をどう整理するのか（報告書の抜粋）」について検討を進めるべきである、という指摘がなされていた。

その後介護保険制度に関する議論は、一部研究者の間で続けられたが、厚生省内の動きとしては、1992年に当時の老人保健福祉部長が部内勉強会として主宰し、担当審議官、関係課長や課長補佐らが参加した「高齢者トータルプラン研究会」があげられる。[4] この研究会の報告書は公表されなかったが、その中では、介護を高齢化社会の社会的リスクとして捉え直す考え方が提起されていた。現行の特養の措置制度が救貧的であり、所得水準、生活水準の向上に見合ったサービス改善が進まず、極端な応能負担により、中流層以上を事実上排除していると指摘し、こうした低所得者向けの公的扶助の考え方を転換するための具体的な対策として、①高齢者の介護に着目した社会保険制度（介護保険）の導入を図る、②高齢者介護施設として、老人病院、老健施設、特養を一元化する、③高齢者介護施設の入所は現物給付とする、④高齢者介護施設については、生活費は自己負担とし、介護サービスは介護保険給付とするなどの案が提案されていた。

この報告書は、特養など高齢者介護施設を中心とした社会保険の導入を念頭に置いており、在宅給付の扱いは今後の検討課題としていたが、介護保険制度を正面から取り上げ、具体的な提案も盛り込んでいた点が注目される。

(4)「高齢者トータルプラン研究会」の記述は、日本医師会総合政策研究機構（1997年）『介護保険導入の政策形成過程』13頁による。

(5)「21世紀福祉ビジョン」の公表

その後、介護保険制度をめぐる動きは活発になっていった。厚生省の公的な報告書として、1994年3月28日に「高齢社会福祉ビジョン懇談会（座長・宮崎勇大和総研理事長）」の「21世紀福祉ビジョン」が公表された。この報告書では、介護保険制度という名称は使っていないものの、「新介護システムの導入」が明記され、その基本的視点として次のような5点が掲げられた。これらは、その後の介護保険制度の基本骨格に通ずるものであった。

「21世紀福祉ビジョン」（抜粋）（1994年3月28日高齢社会福祉ビジョン懇談会）

イ　21世紀に向けた介護システムの構築

介護を要する高齢者が増大する21世紀に向けて、上記新ゴールドプランによるサービス提供基盤の緊急整備を進めつつ、「国民誰もが、身近に、必要な介護サービスがスムーズに手に入れられるシステム」を構築していく必要がある。

その際、介護問題は、福祉のみならず、医療、年金など社会保障の各分野にまたがる問題であることから、介護に着目した社会保障全般にわたる再点検を行い、施設でも在宅でも高齢者の状態やニーズに応じて必要なサービスが等しく受けられるような介護システムを構築していくことが必要である。

その際、基本的視点として、以下のような点が重要であると考えられる。

①医療・福祉などを通じ、高齢者の介護に必要なサービスを総合的に提供できるシステム
②高齢者本人の意思に基づき、専門家の助言を得ながら、本人の自立のために最適なサービスが選べるようなシステム
③多様なサービス提供機関の健全な競争により、質の高いサービスが提供されるシステム
④増大する高齢者の介護費用を国民全体の公平な負担により賄うシステム
⑤施設・在宅を通じて費用負担の公平化が図られるようなシステム

(6) 厚生省の「省内検討プロジェクトチーム」の検討

一方、厚生省内部では介護保険制度について具体的な検討が進められていた。その中心となったのは、1993年11月25日に省内に設置した「高齢者介護問題に関する省内検討プロジェクトチーム」(以下「検討チーム」という)である。[5] 検討チームは、事務次官を長に、大臣官房審議官(老人保健福祉担当)が総括し、企画官や課長補佐らが参加したもので、新たな高齢者介護システムのあり方について総合的な検討を行い、1994年3月に検討結果を取りまとめた。報告書は、部内資料の扱いとされ公表されることはなかったが、次のような内容を盛り込んでいた。

まず、今後増大し多様化する高齢者の介護ニーズに対応していくためには、介護に着目した新しいサービス体系を構築していくことが必要であるとの基本認識の下で、新システムの基本的視点として、①個々人のニーズに応じたサービスを最適な組み合わせで提供する、②日常生活支援サービスと医学的管理サービスを一体的に提供する、③現物給付を基本としたサービス体系である、④在宅・施設間のサービス水準・費用負担は公平にする、⑤要介護リスクは普遍的であり、国民相互の社会連帯を基本とする、⑥費用負担は、保険料・公費(国・

地方自治体）と合わせて利用者負担も組み込むこと、があげられていた。

介護サービスについては、サービス給付は、対象者を65歳以上の要介護者とし、サービス利用は指定サービス機関（市町村が指定）と本人の契約に基づくものとした。その上で、高齢者の自立に必要なサービスを最適な組み合わせで提供するため、専門家（ケアマネジャー）が高齢者の心身の状況等を総合的に判定・評価し、個々人ごとのサービスパッケージを組み立て、その後のフォローアップを行う、というケアマネジメントの仕組みを制度化することが提案されていた。

また、身体介助や家事援助などの日常生活支援サービスと医学管理サービスとを一体的に提供するため、在宅サービスの種類として、ホームヘルプサービス、ショートステイ、デイサービス、訪問診察、訪問看護などのほか、配食サービス、住宅改造、福祉用具の給付・貸与等があげられていた。従来の医療・福祉各々の体系の中で提供されていた施設サービスは「高齢者介護サービス提供機関」として再編成し、療養や生活支援等の施設の機能特性、利用機関等に応じていくつかの類型に体系化するとしていた。

一方、制度に要する費用は、保険料、公費（国・地方自治体）、利用者負担を適切に組み合わせることが提案されていた。基礎的生計費については、利用者負担を原則とし、低所得者等については別途措置を講じることとしていた。制度試案としては、２つの案が示されていた。第1案は「独立の社会保険制度」案で、市町村を保険者とし、20歳以上の住民を被保険者とする。保険料は全国一本の料率とし、市町村ごとの高齢化率・財政力の差異に基づき財政調整措置を実施する、というものであった。第2案は「市町村と医療保険各保険者との共同事業」案で、当時の老人保健制度をベースとして、市町村が事業実施主体となり、保険料は医療保険各保険者が算定・徴収するというものであった。

このように、検討チームの報告は、新たな介護システムの基本的な考え方や介護サービス体系として介護保険制度につながる重要な考え方が網羅されており、その後の制度検討に大きな役割を果たすことになる。

以上のような「創設への助走」と言うべき道程を経て、1994年4月、厚生省は介護保険制度の創設に本格的に乗り出すことを決断し、省をあげて取り組む組織として「高齢者介護対策本部」を立ち上げたのであった。

(5)「高齢者介護問題に関する省内検討プロジェクトチーム」の記述は、日本医師会総合政策研究機構(1997年)『介護保険導入の政策形成過程』13～16頁による。

一章

1994年

基本構想の検討

1 高齢者介護対策本部の設置

1994年4月

(1) 細川内閣の「置き土産」

1994年4月13日、厚生省は「高齢者介護対策本部」(以下「対策本部」という)を設置した。それに先立つ4月7日、厚生省が入る霞が関の中央合同庁舎で、対策本部の設置を発表する記者会見が行われた。急変があったのは、その直後である。4月8日、突如、首相官邸で細川護熙首相の緊急記者会見が開かれ、退陣表明が行われたのである。

退陣劇の直接の要因となったのは、2月3日未明に細川首相が発表した「国民福祉税構想」であった。これは、6兆円程度の所得税・住民税の減税を行う一方で、3年後の1996年に消費税(当時3%)を廃止して、7%の「国民福祉税」を創設するというものであった。「国民福祉税」という名称は、税率引き上げ理由を「高齢化社会においても活力のある豊かな生活を享受出来る社会を構築するための経費に充てる」とし、目的税ではないが福祉分野の充実の財源とする趣旨を込めていた。当時首相秘書官であった成田憲彦によると、この構想は大蔵省が主導したもので、細川首相は前日2月2日の午後7時過ぎの会議に出された大蔵省ペーパーで初めて「国民福祉税」という名前を目にしたとされている。[1] 大蔵省は、1993年夏ごろから消費税の引き上げに積極的な姿勢を示し、衆議院選挙の間は一時自重していたものの、選挙終了を受けて増税路線へと一気に突き進むこととなったものである。

しかし、大蔵省の思惑とは異なり、この構想は細川内閣の致命傷となる。未明の記者会見では、記者から7％の根拠を問われ、首相は「福祉ビジョン[2]は3月にしか出来ていませんから、腰だめの数字でございますが、しかし、大体この程度の財政の需要がどうしても必要であろう」と答えた。マスコミは、この税率根拠の不確かさや「国民福祉税」と言いながら増収財源の使途が福祉に限られていないことに集中砲火を浴びせた。一方、構想の検討が一部のみに限られ、政府与党内の調整が不足していたことに加え、政権内での主導権争いもあって、政府内外においても慎重論・反対論が噴出した。記者会見の後、連立政権に参加していた日本社会党は政権離脱の可能性を示唆した。さらに武村正義官房長官が不快感を表明し、当時の大内啓伍厚生大臣も、福祉担当大臣でありながらこの構想について相談が全くなかったことに不満を明らかにした。

こうした予想外の展開によって、細川首相は、翌日の2月4日、国民福祉税構想を白紙撤回せざるを得ない事態に追い込まれた。この挫折以降、政権基盤は弱体化し、国会審議が空転する事態の中で、細川首相が退陣表明をするに至ったのである。当日、首相の緊急記者会見が開催されることを知らない厚生省担当官は事態の急展開に驚いたが、と同時に、もし首相会見が先に開かれていたら、対策本部の設置発表はできなかっただろうと、胸をなでおろした。まさに対策本部の設置は、細川内閣の最後の「置き土産」となったのである。

(1) 成田憲彦・日本記者クラブでの発言（2010年8月19日）

(2) 当時、「高齢社会福祉ビジョン懇談会」（座長・宮崎勇）が1994年3月を目途に報告書の取りまとめを目指していた。

(2) 司令塔の役割を担った対策本部

発足当初の対策本部の陣容は、本部長は事務次官、副本部長は官房長や関係局長、本部員は関係課長とするものであった。厚生省には、それまでも数多くの対策本部と称する組織が設置されてきたが、今回はいくつかの点で従来とは異なる特徴があった。

第一は、本部事務局が大臣官房に置かれ、介護問題を担当する老人保健福祉局が組織の中心となっていない点である。これは、介護保険制度が既存の老人保健福祉行政を根底からくつがえすようなものであり、利害関係者との調整を重視せざるを得ない老人保健福祉局主体ではドラスティックな改革は難しいのではないかという、省としての判断があった。実際のところ、本部事務局と老人保健福祉局や保険局、社会局など既存部局との間では、その後一貫して緊張関係が続き、意見の衝突や調整が繰り返される中で、介護保険制度は形づくられていった。そして、最終的には、介護保険法案が成立した段階（１９９７年12月）で、対策本部は「介護保険制度施行準備室」へ移行し、老人保健福祉局に統合されることとなったのである。

第二は、本部事務局は小さな組織であったが、当初から専任スタッフ（当初は5名）が置かれた点である。当時の厚生省では、こうした組織に専任スタッフを置くことは珍しかった。本部長である事務次官は、かつて老人保健制度を創設するにあたって設置された「老人保健医療対策本部」（１９８０年6月設置）を念頭に置いていたとしている。[3] 厚生省がこの本部にかける期待は非常に大きかったと言える。しかも、事務局の専任スタッフは、トップの事務局次長でさえ企画官クラスであり、課長補佐や係長といった若手クラスが中心であった。

対策本部は、4月13日に発足し、その日に第1回本部会議が開催された。対策本部の設置目的は「高齢者介護施策について総合的に検討を行うこと」[4] と定められたが、高齢者介護施策といっても新ゴールドプランなどの検討は老人保健福祉局が中心となって行い、対策本部はあくまでも介護保険制度創設にターゲットを絞っていた。実質的な検討作業は本部事務局を中心に進められ、本部会議は大きな節目の時のみに開催されたものの、日常的な部内会議は頻繁に持たれた。本部事務局の作業は広範多岐にわたっており、制度設計から始まり、省内関係部局や大蔵省・自治省などとの折衝、関係団体との調整、さらには国会対策、市民団体やマスコミ対応までをこなす「司令塔」としての役割を果たすこととなったのである。

(3) 古川貞二郎『霞が関半生記』(佐賀新聞社、2011年)
(4) 高齢者介護対策本部設置要綱による。

(3) 対策本部による制度検討の開始──5つの制度案

本部事務局が最初に対外的に発表したのは、介護問題を分かりやすくまとめた「高齢者介護問題を考える」と題するパンフレットであった。これは、高齢者介護をめぐる現状の紹介などを中心とするものであったが、その中では、家族介護の経験のある人の6割は時間的拘束や精神的負担といった点で介護に負担を感じているという調査結果[5]や家族介護も含めた介護に要する社会全体のコストが、1990年時点で3・8兆円、うち公的な施設・在宅サービスコストが1・7兆円、家族ケアコストが2・1兆円であるという調査報告[6]が紹介されていた。これには、家族介護に依存している現状とその限界を明らかにし、介護保険制度の必要性を訴えるねらいがあった。

外部から見ると、4月設置以降このパンフレット作成以外に目立った動きが見られない対策本部であったが、部内では設置早々から介護保険制度についてさまざまな検討を開始していた。4月中旬に大臣官房の幹部と本部事務局メンバーが参加した部内会議では、新介護システムの「制度骨格と論点」や「制度導入スケジュールの見通し」などが議論された。

資料Ⅰ－1　5つの制度案

①「20歳以上介護保険方式」
・市町村保険者。20歳以上を被保険者、65歳以上要介護者を受給者。保険料率は全国一律、事業主負担なし。給付費は保険料財源と公費で1：1、公費は国1/4、県1/8、市町村1/8

①′別案「40歳以上介護保険方式」
・市町村保険者。40歳以上を被保険者（および40歳以上要介護者を受給者）。保険料は被保険者一人当たり定額、給付費の1/2は保険料財源と医療保険者の拠出金（40歳未満の加入者案分）。

②「老人保健制度方式」
・当時の老人保健制度（医療保険者が拠出）をベースとして、市町村を事業実施主体（保険者ではない）とする事業に「介護給付事業」を追加する方式

③「65歳以上介護保険方式」
・都道府県・政令市が保険者。65歳以上を被保険者、65歳以上要介護者を受給者。給付費は「保険料財源＋介護基金」と公費で1：1。保険料財源の割合は、高齢化（年金受給額の増大）に応じて引き上げ、介護基金は医療保険者拠出金と国庫で賄う。

④「老人介護制度創設方式」
・この案は、①と②が合体したような案で、市町村を事業実施主体とする老人保健制度をベースとしつつ、財源構成を年金保険者と医療保険者が拠出する「介護基金」と公費で1：1とする方式

この時、「制度骨格」の選択肢としてあげられたのは、五つの制度案である（資料Ⅰ－1）。①と②の2つは、対策本部設置前に設置された省内の検討チームが制度試案としてまとめたものであったが、さらに③と④が追加され、全部で4案が検討の俎上にのぼっていた。①案には別案として①′「40歳以上介護保険方式」が併記されていたため、実質的には5案となる。この時点で、早くも「40歳以上被保険者」の考え方が示されている点や「介護基金」という形で医療保険者拠出金が盛り込まれている点が注目される。しかし、制度骨格をめぐる厚生省内の検討はその後延々と続き、実際には、老人保健福祉局や保険局などが議論に参加するに伴い制度論は収束するどころか、むしろ拡散していくこととなった。

制度骨格をめぐる検討経緯は後に詳しく紹介するが、当初5案でスタートした議論は、1994年末から1995年初めには、医療保険制度再編と介護保険制度導入の同時実施を目指す考え方が省内で主張されたこともあって、この5案とは別内容の多数の制度案が検討されることとなり、議論百出の状態に至った。その後、医療・介護同時改革の現実的可能性が低いことが明らかになるにつれ、1995年夏ごろまでには介護保険制度を先行的に導入する意見が強まっていったが、それでも「独立型介護保険方式」と「老人保健制度方式」の2案が厚生省内で対立し続け、最終的に現行制度につながる介護保険制度案へと省内コンセンサスが統一したのは、当初法案提出を目指していた1996年通常国会直前の1995年

12月であった。制度の検討を開始して、実に1年半以上もかかったのである。

(5) 1990年厚生省「保健福祉動向調査」
(6) 健康保険組合連合会『老人ケアの社会的コストに関する調査研究報告書』(1992年3月)

(4) 介護保険制度導入スケジュールをめぐる議論

本部事務局は、介護保険制度を導入する時期についてもさまざまなケースを検討していた。介護保険制度を導入するためには、その前提として介護サービスが適切な水準まで整備されていることが求められる。ところが、当時は介護サービスが圧倒的に少なく、しかも地域格差が非常に大きかった。一方で、1999年度までは、ゴールドプランに基づき公費によって介護サービス整備を進めるにしても、その整備目標の上方修正は避けられず、しかも2000年度以降は財源のメドが立たない情勢にあった。このため、介護サービス基盤整備との兼ね合いで、何時どのような形で介護保険制度を導入するか、もしくは、導入できるかが大きな課題となった。

当時の本部事務局が想定したスケジュール案は複数あったが、その中で最も早い時期の導入を見込んだ案は、次のとおりである(図Ⅰ－1)。

図Ⅰ－1　1994年4月時点で本部事務局が考えた介護保険制度導入スケジュール案

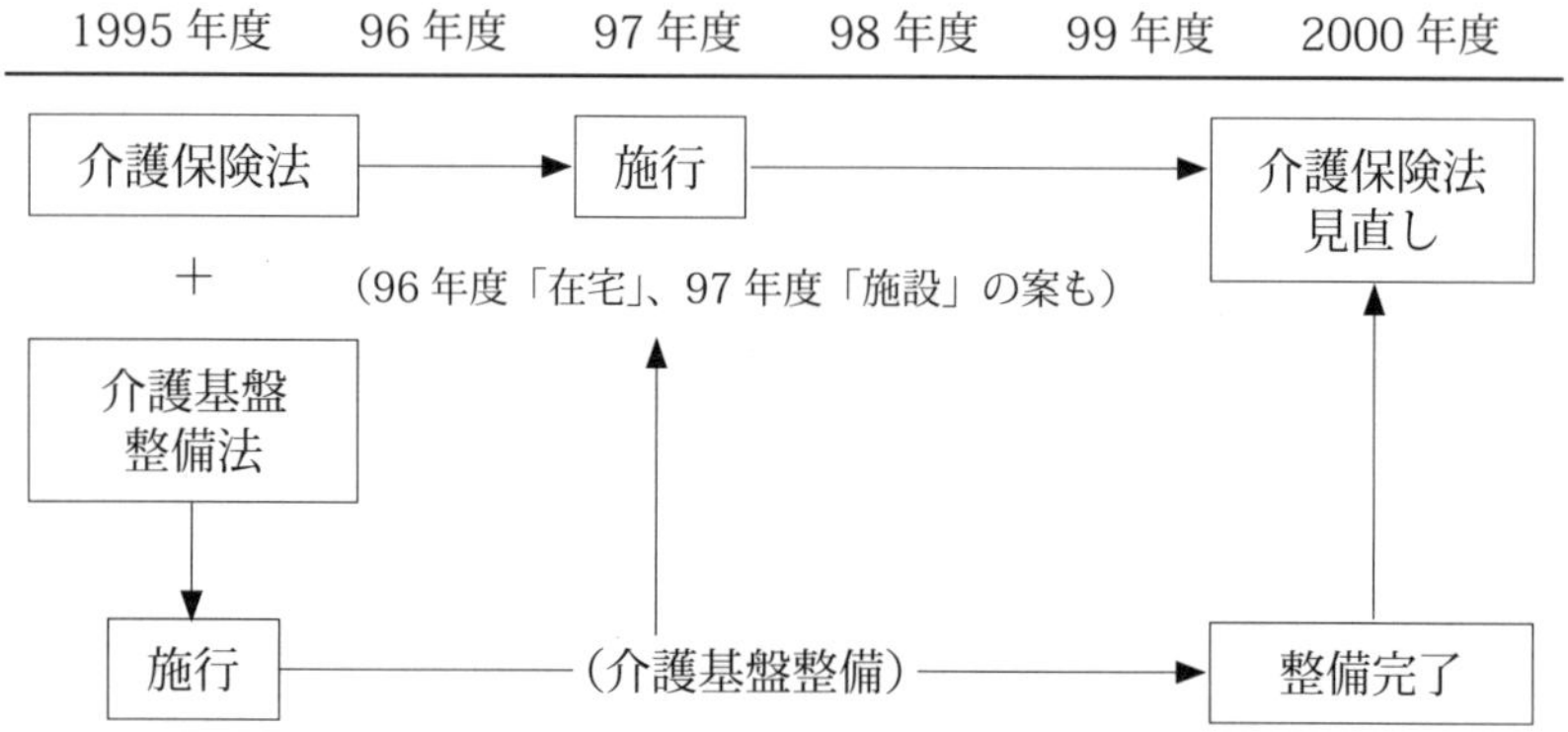

①できる限り早い時期に（可能なら１９９５年度に）「介護保険法」と「介護基盤整備法」の２本（両者を１本にする案もあった）を国会で成立させる、②このうち「介護基盤整備法」は成立後直ちに施行し、消費税引き上げによる追加財源も含めた公費の大幅投入により、介護保険制度の施行準備のための介護サービス基盤整備を進める、③「介護保険法」は１９９７年度に施行し、保険給付をスタートする、④その後、介護サービスの基盤整備が完了した２０００年度をメドに「介護保険法」の見直しを行う、というものであった。

このスケジュール案は、介護保険制度の導入の前提となる介護サービス基盤の整備をできる限り急ぎ、２０００年度に介護保険制度が一本立ちすることを目指すもので、そのために２０００年度までの間に消費税引き上げによる追加財源投入によって基盤整備と保険システムの定着を図っていこうとするプランであった。この案のバリエーションとして、介護保険法の施行を「在宅サービス」と「施設サービス」に分けて、１９９６年度に「在宅」を先行して施行し、１９９７年度に「施設」を施行する案も考えられていた。

こうしたプランはその後大幅に修正されたが、考え方の一部は形を変えながらも活かされていった。たとえば、「１９９７年度に介護保険法の施行」はその後の対策本部の基本方針とされた。現実には介護保険制度案の取りまとめに大幅な時間を要することとなり、介護保険法施行は政治決着により２０００年度となったが、この当初の方針は介護保険制度案の最終作成時まで堅持された。さらに、介護保険法施行までの間の介護サービス基盤については、「介護基盤整備法」という形はとらなかったものの、ゴールドプランの後継である「新ゴールドプラン」によって、消費税引き上げ財源を追加投入して取り組むこととなった。同時に介護保険法施行時には地域によっては介護基盤整備が間に合わないケースがあり得ることを念頭に、「非常事態」に備えた規定[7]が介護保険法施行法に盛り込まれることとなった。

(7) これは、介護保険法施行法第一条で規定された「経過的居宅給付支給限度基準額」である。介護保険法施行時に基盤整備が十分でなく、支給限度基準額による在宅サービス量の確保が困難と認められる場合に、市町村は経過的にそれを下回る基準額を設定できるというものである。本部事務局が介護基盤不足を懸念していたことがうかがえる。

(5) 非自民連立政権から自社さ政権へ

政治の場では、4月8日の首相退陣声明後、後継首相をめぐり複雑な動きが見られた。「新党さきがけ（武村代表）」は閣外協力に転ずることを明らかにし、他の与党とは一線を画する姿勢を示した。種々の経緯を経てようやく羽田孜（当時外相）が首相に選出されたものの、社会党の政権参加をめぐる駆け引きが続き、結局、社会党の政権離脱により少数与党政権へと転落する事態となった。このため、予算案の成立はみたものの、国会運営に支障を来たし、6月30日に総辞職するに至った。これにより、1993年8月以来の非自民連立政権は終焉を迎えた。

新たに発足したのが、村山富市を首相とする、自民・社会・さきがけの「自社さ政権」であった。介護保険制度の基本構想の検討は、主にこの自社さ政権において行われることとなった。村山首相は就任記者会見で消費税引き上げに慎重な姿勢を示し、これによって「消費税増税により福祉財源を強化する」路線は大きく後退し、消費税の引き上げは、所得税・住民税の減税財源に充てる方向で検討が進められることとなった。その結果、介護をはじめとする福祉の充実のための独自財源が追求されることとなり、厚生省をはじめ大蔵省や自治省は、介護保険制度への取組みを一層強めていくこととなった。

⑹「公的介護保険」導入を求める制度審報告

１９９４年6月12日付けの朝日新聞が、社会保障制度審議会（会長・隅谷三喜男、以下「制度審」という）の社会保障将来像委員会（委員長・隅谷会長）が『公的介護保険』導入を求める」方向で検討を進めていることをスクープした。

制度審の委員会は１９９１年末に設置されたもので、１９９３年2月に第一次報告を取りまとめた後、当時は第二次報告に向けて検討を進めていた。その中では介護問題が大きな論点となり、その対応策として「公的介護保険」の導入を取り上げる方向で検討が進められていたのである。第二次報告は9月8日に公表されるが、これは、政府の公的な報告書が「公的介護保険」導入を求めた嚆矢となった。

報告書では、「介護保障の確立」として「老後の要介護状態への不安を解消するため、公的な介護保障制度を確立していくことが必要であり、安定的に適切な介護サービスを供給していくためには、当面の基盤整備は一般財源に依存するとしても、将来的には、財源を主として社会保険料に依存した介護保険制度を設ける必要がある」と提言していた。公的介護保険制度の導入のメリットとして、①権利であるという意識で利用者が介護サービスを受給できるようになる、②利用者がサービスを選択でき、供給者間の競争によりサービスの質的・量的向上が図れる、③施設間の利用者負担の不均衡の是正やサービス間の連携が図れる、④要介護リスクが高くても必要に応じて給付が行える、⑤強制加入によりすべての人の要介護リスクをカバーできる、⑥賦課方式とすれば要介護に既になっている人にも給付でき、インフレリスクにも対応できることなどをあげていた。

この報告書は、制度の具体的設計は示していないものの、介護保険制度の社会・経済的な意義を正面から取り上げたものとして導入への大きな推進力となった。(8)

(8) 制度審はその後検討を続け、1995年7月4日に、公的介護保険の導入を盛り込んだ「社会保障体制の再構築」と題する勧告を取りまとめた。

2　高齢者介護・自立支援システム研究会

1994年7月〜12月

(1)　国論を二分しかねないテーマ

1994年6月30日に開催された対策本部の第2回会合において「高齢者介護・自立支援システム研究会」(以下「システム研究会」という)の設置が決定された。システム研究会の設置にあたっては、大臣官房の幹部も加わり、介護保険制度実現に向け、どのような形で国民的な議論を進め世論を形成していくのかについて検討が行われた。

介護保険制度の構想は、「高齢社会の基本的なあり方」を問うテーマである。本部事務局が考えた論点として、当時の事務局幹部は「まず第一は介護を担うのは家族か社会かということであり、介護の社会化というパラダイム転換が図れるかどうかである。第二は介護の社会化を目指すとして、介護費用を賄うのは税によるのか、保険料によるのかという点である。

第三は介護を支えるのは老人世代か現役世代か。最後は介護サービスの基本は高齢者の自立支援であり、行政的な権力行為にかわって、代理人機能を制度化できるかということである」と述べている。[9] 第一の論点である「家族か社会か」は、かつて厚生省自身も唱えた「日本型福祉社会論」を正面から問い直すものであったし、「税か保険料か」は当時の最大の政治課題である消費税引き上げに直結するものであった。まさに、それぞれが国論を二分しかねない（実際に「二分した」）テーマだったのである。これら大きな論点について、いかに大局的な見地から議論を進め、広く世論を形成していくか。本部事務局が当時悩んでいたのは、このことであった。

(9) 日本医師会総合政策研究機構『介護保険導入の政策形成過程』（１９９７年）21頁。

(2) 「研究会」設置のねらい

こうしたテーマの検討には通常の政策形成プロセスは向いていないのではないか、というのが本部事務局の一致した判断であった。通常のプロセスでは、まず利害関係者が参加する審議会の場において議論が開始され、各界代表の委員の意見が出揃った時点で、事務局が水面下での調整を進めながら事務局案を提示し、最終的な調整を尽くす中で各界の不満を少しずつ収めながら成案が形づくられていくこととなる。

ところが、介護保険制度は、国論を二分しかねないテーマを数多く内包しており、しかも関連する利害関係者は福祉・医療・経済・女性・雇用・地方自治など極めて広範多岐にわたる。これを通常の審議会（この場合「老人保健福祉審議会」が想定される）に諮り、「白紙」の状態から議論を開始するならば、本来議論してほしい大きな論点よりはむしろ、各委員の利害をベースにした議論が先行し、結局は負担の押し付け合いとなったり、制度の細部にのみ議論が集中し、「木を見て、森を見ない」議論になるのではないかと懸念されたのである。もちろん何時かの時点で利害関係者との間の調整が必要であるとしても、その前に基本的な論議を深め、介護保険制度の基本骨格をしっかりと定めておきたいというのが本部事務局の本音であった。

その結果採用されたのが、「研究会」による検討を審議会に前置するプロセスであった。「研究会」という形態自体は決して珍しいことではない。しかし、システム研究会が異例だったのは、メンバーから業界団体など利害関係者を一切排除した点であった。

(3) 利害関係者を入れないメンバー選定

こうした考え方から研究会のメンバーの選定が行われ、大学教授7名、医療・福祉の現場専門家3名の計10名の委員が決定された（資料Ⅰ－2）。

座長を務める大森彌は、地方自治行政の専門家であり、社会福祉分野においても造詣が深く、特に措置制度改革に信念を持っている点が考慮された。介護保険制度をめぐる議論の焦点の一つは、措置制度の廃止が実現できるかどうかであるというのが当時の本部事務局の考えであったからである。これは、前年に厚生省が試みた保育制度改革が措置制度廃止の反対にあい、頓挫した苦い経験を踏まえたものであった(10)。

岡本祐三については、一部の省内関係者から異論が出された。かつて水俣病問題で厚生省批判を展開していたという点が問題視されたのである。また、樋口恵子についても、女性問題の活動家であることや介護保険制度には否定的ではないかという懸念が示された。しかし、介護保険制度という大事業を成し遂げるには、両氏が持つ社会的影響力は不可欠であり、こうした在野の論客を受け入れて説得できないようでは、制度の実現が図られるはずがないとの判断により選任された。京極高宣、清家篤、田中滋、橋本泰子、宮島洋、山口昇、山崎摩

資料Ⅰ－２　高齢者介護・自立支援システム研究会委員名簿

（肩書は全て任命当時）

大森　彌（東京大学教養学部教授）座長
岡本祐三（阪南中央病院内科医）
京極高宣（日本社会事業大学教授）
清家　篤（慶應義塾大学商学部教授）
田中　滋（慶應義塾大学大学院教授）
橋本泰子（東京弘済園弘済ケアセンター所長）
樋口恵子（東京家政大学教授）
宮島　洋（東京大学経済学部教授）
山口　昇（公立みつぎ総合病院長）座長代理
山崎摩耶（帝京平成短期大学助教授）

耶については、これまでの介護問題に対する意見と実績において、異論なく了承された。

こうしたメンバーで構成されたシステム研究会は、約半年という短期間の検討でありながら、新介護システムの基本理念を高らかに掲げ、介護保険制度の基本骨格を盛り込んだ画期的な報告書を取りまとめる。これが可能だったのは、研究会参加以前の時点ですでに委員それぞれが介護問題について確固たる信念と実績を有しており、当初から本質に迫る論議が展開されたからであり、その意味で人選は的を射ていたと言えよう。

(10) 保育制度改革の経緯からみて、当時本部事務局が、措置制度廃止に最も強く反対するおそれがあると考えたのが自治労（全日本自治団体労働組合）であった。このため、本部事務局担当者は、介護保険制度の検討に着手する初期の時点から非公式に自治労幹部と接触する異例の対応をとった。

(4) 12回にわたる研究会会合

システム研究会は、介護をめぐる基本論を議論したいという本部事務局の意向を踏まえ、検討事項は、①今日の社会経済状況から見た介護問題の意義、②介護・自立支援に関する現行制度の対応と課題、③介護サービスに求められる特性と基本的なあり方、④介護サービスを支える人材の確保・養成、⑤将来の介護システムに関する論点整理(11)とされた。

7月1日に第1回会合を開催し、座長に大森委員、座長代理に山口委員を充てることが決まった。各会合は、通例、本部事務局からの資料説明の後に委員が自由な意見交換を行う形で進められた。会合は12回に及んだが、特に重要だったのは、北海道での合宿となった第4回会合（8月1日）である。この会合には、研究会委員のほか、厚生省から当時の主だったメンバーが参加した。この会合において事務局から「新しい介護システムの基本骨格」が示され、その基本理念として次の5原則が提起された。

①一般市民福祉原則（一部の特定の者に対する施策から一般市民を想定した仕組みへ転換）
②自立支援の原則（家族介護支援型から高齢者本人又は高齢者夫婦の自立支援型へ転換）

③ニーズ適合の原則（利用者本人の意思を尊重し、個々のニーズに最適なサービスが一体となって提供される仕組みを導入）
④応益負担の原則（受益に応じた負担の仕組み）
⑤国民連帯の原則（介護リスクを国民全体で負担）

新システム像としては「社会保険による契約方式」を原則とすること、また、それを補完するため「サービスの質のチェックシステム」や「専門家による高齢者本人・家族のバックアップシステム（ニーズの判定やサービスメニューのコーディネート）」、虐待・放置・サービスへの対応として「契約に馴染まないケースについての一時保護制度（措置）」の導入を検討することについて、委員を含めた関係者の意思統一が図られた。

その後11月以降報告書の作成作業に入り、第12回の12月5日に「新たな高齢者介護システムの構築を目指して」と題する報告書を取りまとめ、12月13日に開催された本部第3回会合に報告書を提出して、その役目を終えた（資料Ⅰ－3）。

⑾　高齢者介護・自立支援システム研究会の設置要綱による。

資料Ⅰ－３　高齢者介護・自立支援システム研究会の開催経緯（1994年）

第1回（7月1日）
・高齢者介護をめぐる現状について
第2回（7月13日）
・老人保健福祉サービスの現状について
・諸外国の高齢者保健福祉システムについて
第3回（7月25日）
・地域における先駆的な取組について
・これからの介護サービス体系のあり方について
第4回（8月1日〉
・現行制度の機能と限界について
・費用保障制度のあり方について
第5回（8月23日）
・基本理念及びこれまでの議論の整理について
・サービス利用の基本的仕組み等について
第6回（9月1日）
・高齢者の住宅問題、マンパワー問題について
・要介護認定基準について
第7回（10月6日）
・ドイツの介護保険制度について　マイデル教授（マックス・プランク海外／国際社会研究所長）
・米国の介護制度について　バトラー博士（マウントサイナイ医科大学老年学部長兼教授、国際長寿米国リーダーシップセンター理事長）、ストーン博士（米国厚生省次官補代理、大統領医療改革タスクフォース長期介護部長）
第8回（10月17日）
・家族法からみた高齢者の介護と扶養義務、介護と相続の問題等について（名古屋大学水野紀子教授からヒアリング）
・介護システムと費用負担について
第9回（11月4日）
・研究会報告書の項目立ての検討について
第10回（11月14日）
・研究会報告書スケルトン（案）について
第11回（11月25日）
・研究会報告書（案）について
第12回（12月5日）
・研究会報告書（案）について
12月13日開催の高齢者介護対策本部第3回会合に報告書を提出。

(5) 諸外国の政策動向も視野に

介護保険制度の検討を進めるに際し、本部事務局は、当初から欧米をはじめとする諸外国の介護政策の動向に強い関心を有し、情報収集と分析を進めていた[12]。介護サービスの面で特に参考としたのは、スウェーデンやデンマークなどの北欧諸国であり、それらの国々のサービス水準の高さは一つの目標となっていた。スウェーデンにおいて1992年のエーデル改革により高齢者サービス行政がコミューン（市町村）に一元化されたことも意識されていた。サービス体制の面では、英国の「コミュニティ・ケア改革（1993年）」により導入されたケアマネジメントシステムが注目され、システム研究会での議論でも参考とされた。

そうした中で当時社会的に最も関心を呼んだのは、日本より一足先の1995年に介護保険導入を決めたドイツであった。日本の社会保険制度は、ドイツをモデルとして導入されてきた歴史的経緯があるだけに、ドイツの動向はマスコミなどで大きな話題となった。システム研究会でも、第7回会合（10月6日）でベルト・フォン・マイデル教授からドイツ介護保険制度についてヒアリングが行われた。マイデル教授は、介護保険制度の導入が決定されるに際し、社会保険方式のほかに、税方式、民間保険方式が選択肢として検討されたこと、社会保険方式が決定されたことはドイツ国内では「社会政策の一つの大きな成功」とされていることを紹介した。介護保険制度の課題としては、3段階の要介護認定手続が適切に実施されるか、当時想定されていた保険料水準（1995年は所得の1％、1996年以降1・7％）で十分なサービス利用が確保できるか、現物給付を給付の中心としているが本当にそうなるか、などの点をあげた[13]。

同じ第7回会合では、米国の介護政策についてロバート・バトラー博士とロビン・ストーン博士からヒアリングが行われ、バトラー博士[14]とは、翌日の10月7日に本部事務局との間で介護保険制度の構想について意見交換が行われた。博士からは、①介護について社会保険を導入する考え方は非常に有意義であり、賛成である、②今後の高齢者ケアは、施設ケアと在宅ケアといった既存の考え方ではなく、「地域ケア」が重要な方向となる、③ケアマネジメントでは、医師との連携が不可欠であり、地域の医師を如何に活用するかが重要である、④世界的に「老年学」を教えているところが少ないといった指摘があった。また、新システムづくりを検討するのであれば「人的資源への投資」を一つの大きな目標に、医師のみならず、看護師、介護職員さらに家族に対する教育訓練を充実すべきとの助言を得た。

(12) 当時、本部事務局が調査分析していた諸外国の高齢者保健福祉システムの内容は、厚生省高齢者介護対策本部事務局監修『新たな高齢者介護システムの構築を目指して―高齢者介護・自立支援システム研究会報告書』

（ぎょうせい、1995年）の230〜257頁に掲載された参考資料に詳しい。

(13) ドイツの介護保険制度は、1995年に在宅介護、1996年に施設介護がスタートした。マイデル教授の懸念通り、実施当初は要介護認定手続が間に合わず、大量の認定待ちが発生した。実施後は要介護者の増大や在宅介護の改善に対応するため、保険料率は2008年に1・7％から1・95％に引き上げられた。給付内容としては、現物給付の在宅サービス（給付総額）は1996年の15・4億ユーロから2009年の27・5億ユーロと増加し、現金給付（給付総額）は1996年の44・4億ユーロから2009年の44・7億ユーロと横ばいの状況である。ドイツの介護保険制度において問題とされたのは、制度当初、認知症への対応が欠如していた点であったが、2008年の改革で認知症がカバーされることとなり、さらに2012年には認知症の在宅支援強化の方針が決定されている。

(14) ロバート・バトラー博士（1927〜2010年）は1975年米国国立老化研究所の初代所長を務め、1976年"Why survive? Being Old in America"（邦訳『老後はなぜ悲劇なのか?—アメリカの老人たちの生活』メヂカルフレンド社、1991年）でピューリッツァー賞を受賞した老年学の世界的権威である。国際長寿センター（ILC）米国理事長として、老年分野における米国、日本などを含む国際的活動に精力的に取り組んだ。

3 システム研究会報告

1994年12月

(1) 「最期を看取る介護」から「生活を支える介護」へ

システム研究会が取りまとめた報告書は、高齢者介護の基本理念からはじまり、介護保険制度(報告書では「新介護システム」と表現している)の基本骨格を盛り込んだものであった。介護保険制度の創設に歴史的な役割を果たすこととなった報告書の内容を詳しく見てみる。

報告書は、まず第1章で「高齢者介護をめぐる問題点」を指摘している。この章では、①介護問題がかつては「最期を看取る介護」だったのが、要介護高齢者の激増と介護期間の長期化により「生活を支える介護」へと質量両面で変わってきていることが強調されている。②その結果、介護問題が、「個人」「家族」「社会」のそれぞれの側面から深刻化しているとし、

表Ⅰ－1　高齢者介護の社会的コスト
（1994年12月5日高齢者介護・自立支援システム研究会報告書より作成）

		1993年	2000年
社会的なコスト		3.5兆円	7.7兆円
家族介護（%）		60%	45%
公的コスト（%）		40%	55%
	（施設サービス）	（35%）	（40%）
	（在宅サービス）	（ 5%）	（15%）

備考）①上記推計は、各種サービスについて一定の仮定を置いて機械的に計算したもの。家族介護については、介護時間と家事援助型ホームヘルパー補助基準額をベースに推計。
②2000年の数値は、GNPの伸び等を勘案した場合の推計名目値。

「個人」の側面では高齢者本人にとって老後の大きな不安要因となっていること、「家族」では介護疲れなどで家族間の人間関係そのものが損なわれるような状況になっていること、「社会」では介護の結果離職せざるを得ないケースが増えていることをあげている。③そして、こうした問題に対して、現行の福祉、医療、年金の各制度では十分な対応ができておらず、各制度間の不整合が生じているとしている。

第1章では、関連として社会全体が負担している「介護コスト」の試算がなされている（表Ⅰ－1）。健康保険組合連合会が同様に試算を行っていたが、公的なものとしては初めてであった。それによると、1993年時点で施設・在宅サービスなど「公的なコスト」が1・5兆円であるのに対し、家族介護という「私的なコスト」はそれを上回る2兆円と推計し、全体で3・5兆円としており、それが2000年時点で7・7兆円にまで増大するというものであった。こうした問題提起は、「介護の社会化」という大きな議論を惹起させる意図を含んだものであった。

(2) 基本理念は「高齢者の自立支援」

報告書の第2章では、高齢者介護の基本理念として「高齢者の自立支援」という考え方が掲げられた。この「自立支援」は、その後介護保険制度の基本となる考え方として、社会的に大きな影響を与えた。報告書では、橋本委員が中心となって、以下のような一般の人が理解しやすい表現となっている。

「(高齢者の自立支援) 今後の高齢者介護の基本理念は、高齢者が自らの意思に基づき、自立した質の高い生活を送ることができるように支援すること、つまり『高齢者の自立支援』である。従来の高齢者介護は、どちらかと言えば、高齢者の身体を清潔に保ち、食事や入浴等の面倒をみるといった「お世話」の面にとどまりがちであった。今後は、重度の障害を有する高齢者であっても、例えば、車椅子で外出し、好きな買い物ができ、友人に会い、地域社会の一員として様々な活動に参加するなど、自分の生活を楽しむことができるような、自

立した生活の実現を積極的に支援することが、介護の基本理念として置かれるべきである」（報告書からの抜粋）

この「自立支援」にふさわしい新介護システムの柱として提言されたのが、①高齢者自身の選択、②介護サービスの一元化、③ケアマネジメントの確立、④社会保険方式の導入の4点であった。

(3) 高齢者自身の選択

①「契約方式」の導入

まず、新介護システムは、高齢者が自らの意思に基づいて、利用するサービスを選択し、決定することを基本とすべきとしている。措置制度については、「高齢者は社会的にも、経済的にも自立した存在であることが望まれる。社会の中心的担い手として行動し、発言し、自己決定してきた市民が、ある一定年齢を過ぎると、制度的には行政処分の対象とされ、その反射的利益（行政処分の結果として受ける利益）を受けるに過ぎなくなるというのは、成熟社会にはふさわしい姿とは言えない」と指摘し、このため、措置制度に代わり、介護サービスの提供は高齢者とサービス提供機関の間の「契約方式」によることを原則とすべきとした。ただし、介護放棄や虐待など高齢者の自己決定が馴染まないケースを念頭に、契約方式を補完するものとして、行政機関が緊急的に保護する仕組み（措置）を提言している。

高齢者の選択の実効性を確保する観点から、介護サービスには「普遍性」「公平性」「妥当性」「専門性」の4点が求められるとしている。中でも、措置制度をはじめとする福祉・医療制度の改革を念頭に置き、「所得の多寡や家族形態等に関わりなく、サービスを必要とする全ての高齢者が利用できること（サービスの普遍性）」や「サービスを受ける場所やその種類・内容によって、利用手続きや利用者負担に不合理な格差がなく、公平であること（サービスの公平性）」が強調されている。

また、「サービスの内容や質が社会的に妥当な標準に沿うものであり、かつそれが適切に評価されること（サービスの妥当性）」が必要であるとし、このため、サービス内容についての自主的な評価とともに、第三者機関による客観的な評価の活用を指摘している。

②「在宅ケア」の推進

報告書では「高齢者の多くは、できる限り住み慣れた家庭や地域で老後生活を送ることを願っている」とし、「高齢者が無理なく在宅ケアを選択できるような環境整備を進める」観点から「在宅ケア」を重視する考え方が示されている。

その上で、家族の果たす役割についても言及している。在宅ケアにおいて家族が果たす役割は極めて大きいが、「一方、家族による介護に過度に依存し、家族が過重な負担を負うようなことがあってはならない。在宅ケアにおける家族の最大の役割は、高齢者を精神的に支えることであり、そのためには高齢者と家族との間で良好な人間関係が維持されていることが当然必要となる。家族が心身ともに疲れ果て、高齢者にとってそれが精神的な負担となるような状況では、在宅ケアを成り立たせることは困難である」としている。

こうしたことから、「一人暮らしや高齢者のみの世帯であっても、希望に応じ可能な限り在宅生活ができるように支援していくべきである」と指摘し、在宅サービスの大幅な拡充が必要としている。特に、重度の障害高齢者や一人暮らし高齢者については「24時間対応を基本としたサービス体制の整備」が求められるとしている。

(4) 介護サービスの一元化

新介護システムの第2の柱は、これまで各制度にまたがってきた介護サービスを、新介護システムの下で一元化することである。

報告書では在宅サービスの拡充が強調されており、保健・医療・福祉の各サービスが総合的に提供される体系を確立することを目指し、サービスメニューとしては、ホームヘルプサービス、デイサービス・デイケア、ショートステイ、配食サービス、訪問看護・リハビリサービス、医学的管理サービス、福祉用具利用や住宅改造の援助が例示されている。また、「24時間対応」の観点から、ホームヘルパーや訪問看護師等の夜間巡回[15]やナイトケア、緊急通報システムの拡充があげられ、さらに、「痴呆性高齢者のための小規模な共同生活の場（グループホーム）や小規模デイサービスなどの整備が望まれる」と、当時日本では数少なかったグループホーム[16]が盛り込まれている。

また、報告書では、「予防とリハビリテーション」の重要性が指摘されている。予防重視の観点から、日常生活における健康管理や健康づくり、予防・治療に関する研究の推進が重要としているほか、次に起きる事態を予測し、二次障害・三次障害を防ぐ「予防的ケア」の考え方や、施設や病院だけでなく地域全体で高齢者を支える「地域リハビリテーション」の推進が重要としている。

施設サービスについては、特養、老健施設、療養型病床群[17]、老人病院（入院医療管理病院）について機能を強化する一方で、利用者負担等の格差を解消すべきとしている。これらの施設は将来的には一元化の方向を目指すことが望まれるが、多様性を認めるとともに、段階的な移行措置が必要とされている。これは、当時本部事務局では、まず「給付の一元化」を進め、その後将来的に「事業主体の一元化」を進めるという『2段階論』がコンセンサスになりつつあったことが背景にあった。なお、報告書では、サービス提供主体について「将来的には、介護サービスを担う新たな法人制度の創設の検討が望まれる」と提言している(18)。介護サービスの提供主体に関しては、多様な事業主体の参加により、市場による適切な競争を通じてサービスの供給量の拡大と質の向上が図られる必要があるとした。こうした「民間活力の活用」の考え方に基づき、新介護システムでは大幅な規制緩和を行うことが期待された(19)。

(15)「夜間巡回介護」については、当時、福岡市の民間事業者である株式会社コムスン（当時の社長は榎本憲一）が先駆的な取組みを実践しており、システム研究会でもその成果が報告されていた。

(16)グループホーム（現在の「認知症対応型共同生活介護」に相当）については、本部事務局において、将来的に認知症高齢者が大きな課題となるとの認識の下でスウェーデン等の実践を基に研究が進められていた。当時は国の助成もなく、国内の実践例としては、「もみの木の家」（秋田市）、「アクティブライフ」（吹田市）、「ことぶき園」（出雲市）、宅老所「よりあい」（福岡市）など数少なかった。

(17)本部事務局は、システム研究会報告前の1994年9月ごろから日本医師会幹部（当時の坪井栄孝副会長が中心）と非公式の意見交換を行っており、介護保険制度における医療の扱いについても議論を行っていた。その中で、療養型病床群を介護保険制度の対象とする方向で検討が進められていた。

(18)1994年6月に「ヘルスケア・ファイナンス研究会」（座長・田中滋）がまとめた『将来の介護サービスを担う事業主体とは』という報告で、「介護法人」導入が提案されていた。

(19)この規制緩和によって、営利法人やNPO法人の介護事業への参入が急速に進み、地域の経済・雇用の拡大という面でも大きな成果をあげた。

(5) ケアマネジメントの確立

報告書が、新介護システムの大きな柱の一つとして提言したのが「ケアマネジメントの確立」であった。このケアマネジメントは、日本の介護保険制度の大きな特色の一つとされているが、制度化されるまでには、長い時間をかけた検討の積み重ねがあった。今なお関係者によってケアマネジメントに対する捉え方や意味づけに相違が見られるのは、この概念自体が、そうした過程の中で、様々な要素を「融合」しながら形成されていったからに他ならない。システム研究会の報告書は、それまで一部の福祉や医療の現場と専門家のみにとどまっていたケアマネジメントが、新たな局面を迎え、大きな飛躍を遂げていく第一歩となった。

①「契約方式」を補完する役割──「ケースマネジメント」の考え方

報告書では、ケアマネジメントを「契約方式」を補完するシステムとして位置づけている。報告書は、「このような契約方式によるサービス利用については、利用者保護の観点から、（中略）高齢者や家族に対する専門的な立場からの支援体制の整備、ニーズの発見とそれを結びつける仕組み（中略）が求められる」と指摘している。この高齢者や家族に対する専門的な支援という考え方は、主として福祉分野で提唱され実践されていた「ケースマネジメント」の考え方に立脚したものであった。

本部事務局が作成した当時の参考資料[20]では、ケースマネジメントが必要とされる理由として、高齢者や家族サイドでは「サービスの認知度の問題」や「公的サービス利用に対する意識の問題」が、また行政サイドでは「申請主義の問題」や「縦割りの問題」があげられている。こうした問題を解決する手法として、担当者が高齢者のニーズに基づき必要なサービスを決め、関係機関と調整を行った上で実際のサービス利用に結びつける「ケースマネジメント」が有用であるとするものであった。措置制度を廃止し「契約方式」の導入を目指す上では、アドボカシー（権利の代弁）の観点から高齢者や家族のサービス利用を専門家が支援するものとして、ケースマネジメントの仕組みは必須のものであった。

(20) 本部事務局の参考資料は、厚生省高齢者介護対策本部事務局監修『新たな高齢者介護システムの構築を目指して―高齢者介護・自立支援システム研究会報告書』（ぎょうせい、１９９５年）１６０～１６３頁。

②「アセスメント」と「ケアプラン」

一方、報告書では、ケアマネジメントの機能として、（ア）サービス利用に際して、高齢者や家族の相談に応じ専門的な立場から助言すること、（イ）介護の必要な高齢者や家族のニーズを把握し、そのニーズや介護の必要度に応じ、関係者が一緒になってケアの基本方針とケア内容を定めたケアプランを作成すること、（ウ）そのケアプランを踏まえ、実際のサービス利用に結びつけること、（エ）高齢者のニーズやサービス提供状況を把握しながら、適切なサービス利用を継続的に確保することの4点をあげている。この中で特に強調されたのが、（イ）のニーズのアセスメントと、それに基づくケアプランの作成である。

報告書は、「高齢者は、長年にわたる生活習慣や環境の違いが年輪のように重なって、心身の状態に様々な影響を与えており、若い人に比べても個人差が大きい存在である。高齢であることだけを属性として捉え、高齢者を「一つの同質グループ」と考えるのではなく、高齢者一人ひとりの個性を尊重し、サービスを提供していくことが重要である」とし、この「高齢者の個別性」の尊重のためには「個々の症状だけでなく、心身の状態や日常生活の全体像を踏まえたニーズの把握、すなわち「全人的な評価」が必要である」と指摘している。

こうした考え方は、当時医療・介護の現場で調査研究が進められていた「ＭＤＳ－ＲＡＰｓ方式」の影響を強く受けていた。この方式は、ケアを必要とする高齢者の状況についてＭＤＳ（Minimum Data Set）という３５０項目にわたる調査票により「全人的」な観点からアセスメントを行い、その結果を踏まえ、ＲＡＰｓ（Resident Assessment Protocols、「高齢者ケアプラン策定指針」）を参考として、ケアの基本方針とケア内容を盛り込んだケアプランを作成するというものであり、ケアの現場で大きな成果をあげていた(21)。

こうした背景を踏まえ、報告書は、従来異なる分野で取り上げられていたケースマネジメントとケアプランの考え方を「ケアマネジメント」という一つの形に融合することを目指していたのである(22)。

(21)「MDS–RAPs方式」は、米国で開発されたもので、日本では1992年から北海道において病院・老健施設・特養の高齢者約1000名を対象に調査研究が行われた。この調査研究の結果は1994年3月に取りまとめられ、アセスメントやケアプラン作成を通じて、ケア現場における「個別性の尊重」や「予防的・予測的・継続的ケアの実現」、「ケア担当者の資質向上」に大きな成果があがったとされた。

(22)ケアマネジメントの制度化作業が進むにつれ、ケアマネジメントを構成する重要な要素としてアセスメントやケアプランの作成をめぐり様々な方式が提案され、百家争鳴とも言える状況が出現した。1997年にはアセスメント方式として「MDS–RAPs方式」の在宅ケア版である「MDS–HC／CAPs方式」、関係3団体が作成した「3団体ケアプラン策定研究会方式」のほか、日本介護福祉士会、日本社会福祉士会、日本訪問看護振興財団などが作成した方式が提案された。また、ケアプラン作成方式についても様々な関係機関や関係者から提案がなされた。

③「ケアチーム」と「ケアマネジャー」

次に報告書では、サービス提供における「サービス・パッケージ」の重要性が打ち出されている。報告書は、「介護サービスは、保健、医療、福祉などといった従来の行政の枠組みにとらわれることなく、相互に連携して総合的に提供されなければならない。このため、各サービスを「一つのパッケージ」（サービス・パッケージ）として提供していくことが求められる」と指摘している。このサービス・パッケージを支えるのが「ケアチーム」であるとし、「この基本的な考え方は、それぞれのサービス関係者が一つの「ケアチーム」となって、必要なサービスを組み合わせ、それを継続的に提供していくということである。介護を必要とする高齢者の生活状態やニーズは一様ではなく、しかも、時間の推移によって大きく変化する。この「ケアチーム」は、個々の高齢者の状況に応じて、必要なメンバーが随時参加し得るような柔軟なものでなければならない」としている。

注目すべきは、「ケアマネジャー」という文言が報告書にはないことである。報告書では、あくまでも介護に関し専門的知識と経験を有する保健、医療、福祉関係担当者をメンバーとするケアチームが中心にあるべきとしている。実際のところ、ケアマネジャーが明確に取り上げられるようになるのは、1995年秋ごろの老人保健福祉審議会の審議においてであり、本格的には介護保険法で「介護支援専門員」が規定されてからであった。

④利用者の「選択制」となったケアマネジメント機関

ケアマネジメントをめぐる論議の中でも、ケアマネジメント機関のあり方は難問の一つであった。報告書では、「ケアマネジメントにおいては、地域のサービス提供機関と十分な連携を確保することが求められる。したがって、ケアマネジメントを担当する機関（ケアマネジメント機関）は、地域に開かれたものであることが望まれる。また、利用者が複数のケアマネジメント機関の中から選択できるようなものであることが適当である」としている。システム研究会の議論では、当時の在宅介護支援センターを中心とすることが想定されていたが、報告書では「地域に開かれたものであること」が述べられているに過ぎず、この時点で具体的な要件やイメージは明らかになっていない。また、後年大きな論議となるケアマネジメント機関の「独立性・中立性」の問題に関しては、「サービスの即応性や「ケアチーム」の設定、効率的な体制という観点から、ヘルパーステーションや訪問看護ステーション、デイサービス・デイケアなどのサービス供給機能を併せ持つことも重要である」としており、他サービスとの「兼営」を想定していると言える。

一方、ケアマネジメント機関そのものを利用者が選択する「選択制」の導入が提言されていることが注目される。当時、海外においてケアマネジメント（ケースマネジメント）を導入していた代表的な国としては、英国があげられるが、そこではケアマネジメント機関は公的な色彩の強い機関として位置づけられており、利用者には選択権は与えられていなかった[23]。これは、英国のケアマネジメントが、行政がサービスを決定する、言わば措置制度を前提としていたからである。我が国においては、措置制度を廃止し社会保険方式を導入していく以上、行政がケアマネジメントを独占し、サービス内容を一方的に決定していく仕組みは採り得ない。このため、「社会保険方式＋ケアマネジメント」という、当時世界的にみてもユニークなシステムの論理的帰結の一つが、この「選択制」だったのである。

(23) 英国は1993年の「コミュニティ・ケア改革」でケアマネジメントの導入を図ったが、このケアマネジメントを担う機関は地方公共団体で担当職員も地方公務員であり、利用者がケアマネジメント機関を選択する仕組みではなかった。

⑤不分明な「ケアマネジメント」と「要介護認定」の関係

このように「社会保険方式とケアマネジメントをどう調和させるか」は本部事務局やシステム研究会委員にとって悩みの種であったが、「要介護認定」という新たな概念の導入は、この問題をさらに複雑化させるところとなった。問題の第一は、要介護認定は、性格上保険者が行うべき行為であるが、これによってサービス内容が一方的に決定されるのであれば、実質的には措置制度と変わらないこととなってしまうのではないかという点であり、問題の第二は、要介護認定においても評価（アセスメント）が行われるならば、ケアマネジメント機関が行うアセスメントと内容がほぼ重複してくるのではないかという点であった。

これらの問題については、その後要介護認定とケアマネジメントを明確に切り離すことによって解決が図られていったが、報告書の時点では、両者の関係については十分な整理がなされていない。[24] 報告書では「サービス利用希望者が適切なサービスを受けられるようにするためには、要介護状態の判定やケアマネジメントが適切に行われる必要がある。この給付プロセスについてはさらに具体的な検討を進める必要があるが、（中略）また、要介護状態の判定に際しては、高齢者の心身の状態を客観的に評価（アセスメント）することが求められるが、このような判定は、利用者の身近で専門的な観点から行われるとともに、ケアプランの策定にも結びつくようなものであることが望ましい。なお、判定基準については、外国における事例など各種の方法[25]があるが、わが国の実情を踏まえ、専門的な観点からそのあり方を検討していくことが望まれる」としている。この文章は、要介護認定がそのままケアプラン作成に結びつくかのような表現であり、この時点では要介護認定とケアマネジメントの関係は不分明であったと言わざるを得ない。

(24) 要介護認定とケアマネジメント（ケースマネジメント）の関係については、対策本部設置以前に省内に設置された検討チームでは、両者は一体的に考えられていた。本部事務局が要介護認定とケアマネジメントを別建てする考え方を公に明らかにしたのは、１９９５年５月の老人保健福祉審議会においてであり、その後ケアマネジメントは介護サービスの一つとして位置づけられることとなった。

(25) 当時、本部事務局がシステム研究会に提出した資料によると、要介護認定基準の参考とされたのは、①障害老人・痴呆性老人の日常生活自立度判定基準、②民間介護保険の要介護状態の基準、③ＭＤＳ－ＲＵＧ方式（米国）、④ＣＡＭ方式（オーストラリア）、⑤ドイツ介護保険の要介護認定基準、⑥高齢者ケアパッケージ方式の6つであった。これらは、それぞれに一長一短があり、さまざまな角度から検討が続けられた。

(6) 社会保険方式の導入

①介護リスクの普遍性とリスクの共同化

新介護システムの最大の特徴は「社会保険方式」の導入である。まず報告書では、その背景として「介護リスク」に対する基本認識が示されている。すなわち、介護の問題は長寿化に伴って国民の誰にでも起こりうるリスクとなってきていること（介護リスクの普遍性）、しかも、その介護リスクは介護期間や症状も各人まちまちで介護費用の予測も不確実なため、貯金などといった自助努力での対応には限界があることから、社会全体で介護リスクを支え合う（リスクの共同化）必要があるとした。

リスクの共同化の方法としては私的保険もあるが、私的保険の場合は年齢（リスク）に応じて保険料負担が高まるという問題や、すでに要介護となっている高齢者は利用できないといった限界がある。このため、介護リスクは、社会連帯を基本とした相互扶助である「社会保険方式」で対応することが望ましいと提言した。なお、報告書では、私的保険は、多様なニーズへの対応として社会保険を補完することが期待されるとし、社会保険の導入に伴い要介護認定等の事務体制が整備されることが私的保険の事業展開のための基盤づくりにつながるとしている。

②サービス受給の「権利性」と負担と受益の「対応関係」

社会保険方式については、今後増加が予想される介護費用を将来にわたって安定的に確保し、適切なサービス利用を保障していく上で、サービス利用と費用負担の両面で意義があるとしている。

サービス利用の面では、社会保険方式は高齢者自身によるサービス選択に資するとしている。公費（措置）方式は行政処分として行政機関がサービス利用を決定するのに対し、社会保険方式は、サービス利用は利用者とサービス提供機関の間の契約に基盤が置かれているためである。また、「サービス受給の権利性」も強調されている。報告書では「社会保険方式は、措置制度に比べると、保険料負担の見返りとしてサービス受給が位置づけられているため、利用者の権利的性格が強く、利用にあたっての心理的な抵抗が少ない。このため、マクロ的には、ニーズに応じてサービス供給を拡大させる方向に機能していくことが期待される」と述べている。

一方、費用負担の面では「社会保険方式では、保険料の使途が介護費用に限定されているため、保険料負担とサービス受益の権利の対応関係が明確である。このため、介護サービスの拡充に伴う負担の増加についても、保険料という形をとっていることにより、国民の理解を得ることにつながりやすいと考えられる」とした。

③「保険あってサービスなし」をめぐる議論

こうした考え方は、システム研究会において最も議論が重ねられた点であった。特に岡本委員は当初から一貫して、措置制度の廃止と公的介護保険制度の導入を主張し、議論をリードした。同委員は、1961年に国民皆保険が導入される際に新聞各紙が「保険あって医療なし」というキャンペーンを繰り広げたことを取り上げ、「高齢者福祉サービスのサービス供給量が圧倒的に足りないのは措置制度だったからではないか。これに対し医療分野で相応のサービス体制が整備されてきたのは、社会保険の下で保険者の側も国保診療所を設置するなど供給量の整備に非常に努力をしてきたからである。日本の場合は保険料を払っているのに反対給付を受けられないのはおかしいということで、非常に強いサービスの供給整備の動機が働いた」と主張した。他の委員も概ね同じ意見であった。

こうした指摘は、後年介護保険制度が施行される際に「保険あってサービスなし」という言葉がマスコミなどで繰り返され、また、結果として介護サービスが介護保険制度導入後に急激に増大した事実から見て、正鵠を射たものであったと言えよう。

④論点提示にとどまる具体論

一方、社会保険方式の具体的仕組みに関しては、報告書は明確な方向性は示していない。「保険者」については、市町村とする考え方、より規模の大きな主体とする考え方、各主体が機能分担する考え方を併記している。「被保険者・受給者」については、「介護のリスクが高まる65歳以上の高齢者を被保険者・受給者とすることが基本と考えられるが、現役世代についても、世代間連帯や将来における受給者になるための資格取得要件として、被保険者として位置づけることも考えられる」としている。

「保険料」については、「年金給付から、その一部を高齢者の保険料として支払うことを検討すべきではないか」と、保険料の年金天引きについて言及している。「利用料」については、受けたサービスの内容に応じて一定率又は定額の利用料の支払いを行う「応益負担」の考え方が示された。

こうした記述は、当時の本部事務局における制度検討状況が反映していた。保険者や被保険者といった制度の基本骨格については、複数の制度案が俎上にのぼっていたが、当時は省内においても意思統一が図られていない状況にあったのである。(26)

(26) 当時本部事務局では様々な制度案が検討されていた。「保険者」については市町村とする案が中心となっていたが、これには市町村サイドの反発が予想されるため、報告書では複数併記となった。また、「被保険者・受給者」については、当時は65歳以上の高齢者を被保険者及び受給者とするとともに、64歳以下の現役世代は受給権がない被保険者として位置づけるという案が最も有力で、報告書はこの案をベースに記述しているが、これに関しても厚生省内においても異論がある状態だった。

(7) 現金支給（介護手当）についての考え方

家族介護については、その限界と問題点を強調しながらも、実際に介護を行っている家族に対する評価として現金支給を検討すべきと提言している。「家族による介護に対しては、外部サービスを利用しているケースとの公平性の観点、介護に伴う支出増などといった経済面を考慮し、一定の現金支給が検討されるべきである。これは、介護に関する本人や家族の選択の幅を広げるという観点からも意義がある」と述べている。当時の基本認識は、サービスが絶対的に不足している状況下で、保険料を負担している人が適切なサービス利用ができないケースも十分に想定されるため、公平性の観点から現金支給はやむを得ないというものであった。

ただし、「現金の支給が、実際に家族による適切な介護サービスの提供に結びつくのかどうかという問題があるほか、場合によっては家族介護を固定させたり、高齢者の状態を悪化させかねないといった懸念もあるので、制度の検討は慎重に行われなければならない」と指摘し、具体的には、①家族に研修を受けてもらうこと、②専門家がケアプランに基づき全体を管理すること、③必要な場合は直ちに外部サービスへの切り換えが行えるバックアップ体制がとられていることを条件とすべきとしている。家族介護に対する現金支給は、その後老人保健福祉審議会などにおいても支給の是非をめぐり意見の対立が生じ、重要な論点の一つとして議論が続くこととなる。

(8) 介護基盤の整備

「高齢者によるサービスの自己決定も、選択し得るだけの量のサービスが確保されて初めて可能となる」。報告書では、在宅・施設サービスという介護基盤の整備の重要性が強調され、これらの介護施設の整備や人材確保、住宅対策やまちづくりは、「社会資本」である「福祉インフラストラクチュア」として国民経済的にも大きな意義を有すると指摘している。この観点から、公共投資基本計画において介護基盤の整備に積極的に取り組むべきとしているほか、介護人材確保として専門職員の養成体制の強化や勤務条件の改善、専門職としての資質と能力の向上、地域住民やボランティアの幅広い参加の促進が重要としている。また、介護関連技術として福祉用具の開発普及やケアハウスやシルバーハウジングなどの高齢者向けの住宅整備や住宅改造、さらには、まちづくりの重要性を指摘している。

これらの介護基盤の整備については、基礎自治体である市町村が最も身近な行政主体として介護サービス提供の役割と責任を負うことが基本とされた。すでに市町村では、老人保健福祉計画に基づき、介護サービスの整備目標の策定が行われ、地域のサービス体制づくりが進んでいる状況にあった。そうした実績を踏まえ、地域の高齢者のニーズを最も的確に把握できる行政主体として「市町村中心主義」が掲げられた。これに対し、都道府県は、人材養成やサービス体制の広域的な調整、市町村に対する財政支援を行うものとして位置づけられた。

(9) 大きな反響を呼んだシステム研究会報告

システム研究会報告書は、1994年12月13日に公表された。新聞はシステム研究会の報告書を大きく取り上げ、「社会保険方式の導入」を柱に、「ケアマネジメントの導入」や「家族介護への現金給付」などを主なポイントとしてあげ、厚生省の意向として1995年早々に老人保健福祉審議会に諮問し、早ければ1997年度の施行を目指すと報道した。朝日新聞は「公的介護保険で老後は安心か」と題する12月15日付け社説で、「(システム研究会の)報告の現状認識は、的確だと思う」とし、「在宅ケアの推進」や「高齢者自身による選択」、「24時間対応の介護サービス」の方向性について「これらは、北欧で成果をあげつつある方策であり、実現すれば、日本も安心して年をとれる国に仲間入りできるだろう」と高く評価する一方で、社会保険方式については「保険方式にするだけで、権利や選択が保障されるだろうか」とした。読売新聞社説は、「高齢者自身の選択を重視する新しい介護システムの基本方向には賛成である」と評価しつつ、「注目される公的介護保険については、論点が整理されただけにとどまり、物足りなさも残る報告書となった」とした。日経新聞社説は、「ほとんど放置されてきたこの(介護)分野に本格的に取り組むという意欲は評価したい」とし、介護保険制度の創設については「現在多くが医療費でまかなわれている介護費用が別会計になるわけだから、その分医療費負担も減るはずである。単純に国民の負担増にならないことをわかりやすく示すべきであろう」とした。

このように報告書は社会的に大きな反響を呼び、システム研究会によって基本骨格を先行して固め、それをベースに世論をリードし関係者や政治サイドの調整を進めていくという本部事務局の戦略は、この時点では功を奏したかに見えた。

4

介護保険制度導入へ向けて踏み出す政府

１９９４年12月

(1) ようやく決着をみた消費税引き上げ問題

１９９４年末は、介護保険制度に向けて政府部内の基本姿勢が固まり、制度導入に向けて大きく踏み出していった重要な時期にあたった。大きな変化をもたらした要因の一つは、11月に消費税の問題が決着をみたことである。細川内閣の「国民福祉税」構想をはじめ、この1年間の最重要政治課題として、政府与党を巻き込んだ「消費税引き上げ問題」は、直間比率の見直しという位置づけで１９９７年４月から税率を５％に引き上げる方針が固まり、11月９日に税制改革法案として成立した。それに至るまでの道のりは平坦でなく、中でも政治の主導権強化をねらう武村蔵相は慎重論を主張し、その結果、１９９６年10月までの検討条項が加えられ、引き上げのための条件整備を進めるとともに、引き上げの必要性を検証する扱いとなった。[27]このように不安定な要素はあったが、曲がりなりにも消費税引き上げ問題の方向性が確定したことにより、介護費用のための独自財源を確保していく必要性が明確になり、介護保険制度導入の大きな障害の一つが取り除かれたのである。

(27) 消費税率は、1996年6月に、村山内閣を継いだ橋本内閣において、5%（国4%、地方1%）での1997年4月からの実施が閣議決定された。

(2)「新ゴールドプラン」の策定

介護保険制度導入を勢いづかせた要因のもう一つは、予算編成の過程において「新ゴールドプラン」が取りまとめられたことである。新ゴールドプランは、全国の地方公共団体が策定した老人保健福祉計画[28]のサービス整備水準が現行ゴールドプランを大幅に上回ることが明らかになったことから、12月18日に大蔵・厚生・自治3大臣合意により、ゴールドプランの1999年度までの整備目標を上方修正する形で公表された（資料I－4）。新ゴールドプランは、従前のゴールドプランとは異なり、明確に介護保険制度の導入を念頭に置いたプランであり、これにより、介護保険制度を導入する上で大きな懸念とされていた介護サービス基盤の整備については、新ゴールドプランに基づく基盤整備の加速化によって対応すること

資料Ⅰ－４　新ゴールドプランの概要

（1994年12月18日）

◎平成11年度末までの当面の整備目標の引き上げ　※（　）現行目標

(1) 在宅サービス

・ホームヘルパー　17万人（10万人）

・ショートステイ　６万人分（５万床）

・デイサービス／デイケア　1.7万か所（１万か所）

・在宅介護支援センター　１万か所（同左）

・老人訪問看護ステーション　5000か所（－）

(2) 施設サービス

・特養　29万人分（24万床）

・老健施設　28万人分（28万床）

・高齢者生活福祉センター　400か所（同左）

・ケアハウス　10万人分（同左）

(3) マンパワーの養成確保

・寮母・介護職員 20万人（－）

・看護職員等　10万人（－）

・OT・PT　1.5万人（－）

○平成７年度以降平成11年度までの総事業量は、現行分を含めて、９兆円を上回る規模とする。

◎より効率的で国民誰もがスムースに利用できる介護サービスの実現を図る観点から、新しい公的介護システムの創設を含めた総合的な高齢者介護対策の検討を進める。

が政府の方針として固まった。

システム研究会の報告書は、このように消費税や新ゴールドプランの決着をみた上で、12月13日に公表された。

(28) 1989年に策定された「高齢者保健福祉推進十か年戦略（ゴールドプラン）」の推進のため、1990年に老人福祉法等の一部改正（いわゆる福祉八法改正）が行われ、その中で市町村及び都道府県による老人保健福祉計画の策定が義務づけられた。

(3) 介護保険制度導入に傾く「大蔵省」、地方自治体を注視する「自治省」

こうした状況下で、厚生省のみならず大蔵省においても、介護保険制度を消費税引き上げの条件整備として活用するとともに、高齢者介護問題を抜本的に解決する手法として積極的に考える意見が強まっていった。本部事務局は、大蔵省主計局に対して検討中の介護保険制度の設計案を提示し意見交換を重ねており、それを踏まえ、大蔵省内では当時の担当主計官や主査が積極論を展開した。介護保険制度に懐疑的であった政府税制調査会においても容認論が徐々に強まっていった(29)。

一方、地方自治を担当する自治省も、かなり早い段階から介護保険制度の議論に強い関心を示し、本部事務局は当時の財政局調整室長や担当課長補佐らとの間で非公式な勉強会という形で意見交換を進めていた。ただし、自治省は地方自治体を背後に抱えており、全国知事会、市長会、町村会などが慎重な姿勢を崩していないことを了知していたこともあり、「保険者問題」を中心に自治体との調整は容易でないと考えていた。これに対して、厚生省の本部事務局は、この時点では地方自治体関係者とは本格的な接触を行っておらず、その感触を得ていない状況にあったため、両省の基本認識には大きなギャップがあった。

(29) 政府税制調査会会長で消費税引き上げに積極的であった加藤寛慶應大学教授は、当時の厚生省の介護保険制度に関する一連の対応に不快感を抱いていた。1995年5月の記者会見では、「私たちは消費税を昨年（1994年）7%にしないと福祉などの問題に対応できないのではないかということで厚生省と二度にわたりヒアリングをし議論した。その時まだ検討段階でドイツが導入するまで躊躇していたということでした。よって税調として介護保険を含め社会保障をどこまで消費税でもって負担をしていくのかを考えなければいけない。そうなれば7%以上でないともたないのではないかということになったが、その後の状況の変化、介護保険の導入問題については年内には結論が出るようですので、我々としては介護保険が入ることを前提とすれば、消費税を7%とすることに昨年踏み切らなくてもよかったかも知れない、減税分のみ補うことから5%ぐらいを考えても良かったのではないかということになる」と述べた。1994年から1995年にかけて、政府内の意見が消費税引き上げから介護保険制度導入へと変わっていく中で、政府税制調査会も急激な事態の変化についていけなかった状況がうかがえる。

(4) 先行する「自治労」と「連合」

1994年末から翌年前半にかけての関係団体の基本スタンスはどうであったか。本部事務局が、非公式だが早い段階から接触を行っていたのが全日本自治団体労働組合（自治労）

と日本労働組合総連合会（連合）である。前述したように、保育制度見直しの経緯から見て、自治労は措置制度廃止に最も強く反応することが想定されたため、本部事務局は、自治労幹部（当時健康福祉局長の福山真劫や地方自治総研事務局長の池田省三など）と非公式に接触し、意見交換を重ねていた。そうした中で自治労は「慎重対応」の建前を維持しながらも、「中立」ないし「推進」の立場に転じつつあった。地方組織の中には異論も強く、組織内の意思統一に時間を要していたが、自治労幹部のリーダーシップにより介護保険制度を推進する方向に大きく舵を切っていった。

連合は、早い時点（1994年6月2日）で、「政策・制度要求」として「市町村を中心とした介護体制を確立するとともに、公的負担を柱とした介護保険を検討する」ことを決定し、介護保険制度推進の立場を明らかにしていた。その後1995年2月25日に開催した「介護・福祉フォーラム」において、「高度福祉社会づくりへの連合の提案」として『「公的介護保険」の創設検討＝公費負担を柱とした公的介護保険（24時間対応の在宅サービスや適正な施設サービス、家族介護に対する一定の給付等の介護施策を飛躍的に拡充することを目的に、公的福祉・介護施設の設置費用など介護基盤整備は公費負担とし、サービス提供に関わるランニングコストは、公費・保険料・利用者負担とする介護保険）の創設を検討する」ことを盛り込んだ[30]。その後、連合傘下の単産である自治労が介護保険制度推進の立場を固めていく中で、連合は積極的姿勢をより強めていった。１９９５年５月22、23日の熱海合宿において、介護保険制度を大きな運動方針に置くことが決定され、６月22日には「公的負担を柱とする公的介護保険を導入すべき」という統一的方針が示された。その後も、連合は民間労組や自治労等の官公労の意向を踏まえながらも、一貫して推進の立場を堅持した。

(30)『週刊社会保障』（１９９５年３月13日号）47頁。

(5) 積極論を強める「日本医師会」

日本医師会に対しても、本部事務局は早い段階から幹部と接触を図り、１９９４年９月からは介護保険制度構想に理解を示す副会長の坪井栄孝や担当常任理事の糸氏栄吉などとの間で非公式の勉強会を開始していた。

一方、当時の日本医師会会長の村瀬敏郎は独自の構想を有していた。これは「生涯保険構想」と呼ばれるもので、高齢者介護だけでなく子育て支援も視野に置くものであった。また、村瀬会長は、介護の基本は家族介護であり、現物だけでなく現金給付も両立すべきという考え方であった。この「生涯保険構想」は、１９９５年１月24日に『高齢社会を迎えるに当たって（中間まとめ）―介護保険を中心に―』として日本医師会が公表した報告に盛り込まれ、

１９９５年の老人保健福祉審議会第２回会合に提出された。村瀬会長は、同年４月１日の日医代議員総会のあいさつでは「現在までに厚生省関連のレポートに現れている思想は、家族制度の崩壊を前提にしているとしか思えない。私どもはこれには反対である。日本人が生活基盤のなかにすえ続けてきた家族制度は、それを肯定し育成する方向で、21世紀の少子化高齢化社会に対処すべきだと考えている」と述べ、厚生省やシステム研究会の介護保険制度構想に反対の意向を示した。

これに対して、坪井副会長は、介護保険制度について一貫して積極論を展開していた。介護保険制度を支持する背景としては、「介護保険の創設によって、医療保険はこれまでやむを得ず負担してきた介護部分についての重荷が取れる」（１９９５年１月の日本医師会報告）ことがあげられていた。我が国では、介護サービスの大きな部分が老人病院という形で医療保険制度によって提供されてきていること、そのことが老人医療費という形で医療保険財政を圧迫しつつある実態を率直に認めた上で、介護保険制度の創設が医療保険財政の軽減に寄与することへの期待を明らかにしていた。もっとも、医療保険財政の軽減に伴い、「医療分野への投資が増強され、医学の進歩に伴った医療保険本来の機能が強化されなければならない」（前記報告）と釘をさすのも忘れておらず、その趣旨から、制度論に関しては「介護保険制度は、医療保険から独立した保険として創設すべきである」（前記報告）と明確に主張していた。また、家族介護の現金支給についても慎重な姿勢を示し、その結果、日本医師会の報告書では、家族による温かい「見守り」の重要性を指摘するにとどめていた。

このように日本医師会内部は必ずしも一枚岩と言えるような状況にはなく、消極論と積極論が並存する状況下で、老健審の医師会代表委員である坪井副会長のリードにより、条件付ながらも介護保険制度賛成の立場で集約されていたのである。そして、生涯福祉保険構想や家族介護論も、その提唱者である村瀬会長が1996年に退任する中で自然に収束していき、日本医師会として介護保険制度に積極的に関わっていく姿勢が固まっていった。その後の老健審の議論の中では、日本医師会は、介護保険制度の中で「かかりつけ医」の役割を高めていくことや「療養型病床群」の扱いなどに大きな関心を寄せていくこととなった。

(6) 消極的で様子見の「福祉関係団体」

福祉関係団体は、老人福祉施設の団体である全国老人福祉施設協議会（老施協）の一部を除くと、消極的もしくは様子見というのが基本姿勢であった。老施協の一部幹部は、介護保険制度の導入に前向きの姿勢を示し論議に積極的に参加する意向を明らかにしていたが、これは、かつて老健施設創設をめぐる議論の際に消極的対応に終始したため、得るところがなかったという反省を踏まえ、「老健施設の二の舞は避けたい」という発想に基づくものであった。一方、老人福祉の現場では、東京都の施設関係者のように介護保険制度に明確に反対する意見が強かったほか、全体的には社会保険制度自体に馴染みが薄く、理解を示す者は極めて少数にとどまっていた。全国社会福祉協議会をはじめ主だった福祉団体の関係者は、措置制度堅持の立場から、介護保険制度には消極的であった。障害福祉関係者のスタンスも不確定で、様子見の状態であり、厚生省の障害担当部局も省内の介護保険の制度論の推移を注視している状態にとどまっていた。

(7) 好意的な「民間保険業界」

生損保など民間保険業界は、公的介護保険に好意的であった。損保業界が厚生省に対して提出した正式要望（1994年9月）では、「私的保険が今後とも積極的に展開でき、損保会社の活力が一層発揮されるシステム」を要望している。

介護保険制度の検討を開始した当初から、本部事務局が最も懸念していた関係者の一つは、米国保険業界であった。当時は日米金融協議の真っ只中であり、保険分野はその協議対象になっていた。介護分野は米国保険業界が得意とする「第三分野」に該当する可能性もあり、これに公的保険を導入することに対して反発することも想定されたのである。介護保険制度が日米問題に発展する事態は本部事務局が最も避けたいところであり、そのため、本部事務局は米国保険業界を含め民間保険業界に対して、積極的に介護保険制度の検討状況を説明するなど広報に努めた。(31) 結果的には日米金融協議のテーマとはならなかったが、1994年末時点では不確定の状態にあったのである。

(31) このように本部事務局が民間保険業界に情報提供を行ったことに対して、当時の朝日新聞（1995年7月4日）は「業界だけに事前説明、国民不在の政策決定」として、本部事務局を強く批判する記事を掲載した。

(8) 医療保険問題の解決を狙う「健康保険関係者」

一方、介護保険制度を別次元の視点から捉えていたのは、健康保険組合連合会（健保連）である。健保連関係者は、介護保険制度の導入は、老人保健制度における拠出金負担の軽減に結びつくという点で基本的に賛成の立場であった。ただし、当時の下村健健保連副会長は、健保組合の将来展望という視点から持論を有していた。市町村を介護保険制度の保険者とすることに反対し、将来的な健保組合の役割拡大も考慮して健保組合が退職後の被用者ＯＢも一括して支える仕組みを模索していた。また、介護保険制度本体の議論よりは老人医療制度をめぐる議論の方に関心を寄せ、議論を医療問題に発展させる方向での働きかけを強めていた。

１９９５年４月17日に健保連は見解を公表したが、その内容は、介護保険制度の導入に基本的に賛成しつつも、公費は二分の一以上とし、国が責任を持つべきだという主張を展開し、医療保険の負担を減らすことを最優先する立場を鮮明にしていた。その後、下村副会長を中心に健保連の意見は、介護問題よりはむしろ、医療保険の財政問題の方に主眼を置いた議論へと展開していった。本部事務局にとって、こうした議論は、その後制度論の詰めが進むに伴い調整上の大きな障害となっていった。

II章

1995年

難航する関係者の調整

1 老人保健福祉審議会の審議開始

1995年2月〜3月

(1) 厚生省が描く「最速スケジュール」

年が改まった1995年1月17日、阪神・淡路大震災が発生した。村山内閣は自衛隊派遣の遅れなど震災対応をめぐり批判を浴びたが、この年は3月にオウム真理教による地下鉄サリン事件が発生するなど、大きな災害・事件が相次ぎ、政府の危機管理が問われた年であった。

介護保険制度は、前年のシステム研究会の報告を受けて、2月からいよいよ老人保健福祉審議会（以下「老健審」という）での審議が始まることとなった。消費税や新ゴールドプランなど、介護保険制度をめぐる政府部内の障害が一つずつ取り除かれる状況下で、本部事務局も介護保険制度導入に向けてアクセルを踏みつつあった。当時本部事務局は、最も速いケースとして、1995年内に老健審で介護保険制度案を取りまとめ、1996年に関係法案を国会に提出し、早ければ1997年度から実施するというスケジュール案を考えていた。このスケジュールを念頭に、当面の老健審の審議では1995年5～6月ごろに介護保険制度の事務局試案を提示し、具体的な議論を進めていくことが考えられた。消費税引き上げの条件整備を1996年10月までに終えるということが政府与党で決定されていたことから、介護保険制度もそれ以前に制度化（法制化）する必要があると考えられていたのである。ただし、関係者との調整など幾多の困難が予想される中で、これは最も楽観的な見通しであり、当時から厚生省内でも実現が危ぶまれていた。

以下、老健審における審議の経緯を各会合の議事概要や提出資料に沿って概観する。

(2) システム研究会報告への反発が表面化（老健審第1回会合）

老健審における介護保険制度審議の第1回会合（1995年2月14日、老健審としては第9回会合にあたる）には、1994年10月に委員に任命された大森彌と樋口恵子、橋本泰子といったシステム研究会関係者が審議に参加した。当時の審議会委員は資料Ⅱ－1のとおりである。その後審議会会長が宮崎勇から加藤一郎へ、そしてさらに鳥居泰彦へと替わり、ま

資料Ⅱ－1　老人保健福祉審議会委員

（1995年2月14日、肩書は全て任命当時）

会長　宮崎　勇（大和総研代表取締役理事長）
※1995年9月18日付けで加藤一郎（成城学園名誉学園長）、同年11月20日付けで鳥居泰彦（慶應義塾長）に交替。

会長代理　水野　肇（医事評論家）

委員　荒巻善之助（日本薬剤師会副会長）
石井岱三（全国老人福祉施設協議会会長）
糸氏英吉（日本医師会常任理事）
大森　彌（東京大学教養学部教授）
加地夏雄（国民健康保険中央会理事長）
喜多洋三（全国市長会社会文教分科会副委員長・守口市長）
京極高宣（日本社会事業大学数授）
窪田　弘（日本債券信用銀行頭取）
黒木武弘（社会福祉・医療事業団理事長）
見坊和雄（全国老人クラブ連合会常務理事）
下村　健（健康保険組合連合会副会長、3月1日付けで任命）
多田羅浩三（大阪大学医学部教授）
田邊辰男（日本経営者団体連盟政策委員・日清紡会長）
坪井栄孝（日本医師会副会長）
※1996年4月10日付けで青柳俊（日本医師会常任理事）に交替。
成瀬健生（日本経営者団体連盟常務理事）
橋本泰子（東京弘済園弘済ケアセンター所長）
早野仙平（全国町村会監事・岩手県田野畑村長）
※1995年9月14日付けで成毛平昌（全国町村会常任理事・茨城県東村長）に交替。
原　五月（日本労働組合総連合会副会長・自治労副中央執行委員長）
樋口恵子（東京家政大学教授）
見藤隆子（日本看護協会会長）
村上　勝（日本歯科医師会副会長）
柳　克樹（地方職員共済組合理事長）
山口　昇（公立みつぎ病院院長）
吉井真之（日本労働組合総連合会副会長・造船重機労連中央執行委員長）

た、日本医師会代表が坪井栄孝から青柳俊へ、全国町村会代表が早野仙平から成毛平昌へ替わったほかは、1996年6月10日の答申まで同じメンバーによって審議が行われた。

老健審は、第1回会合から厚生省サイドにとって予想外の展開となった。本部事務局が高齢者介護の現状に引き続き、システム研究会の報告を行おうとしたが、これに対して、委員からシステム研究会の位置づけを問う発言があり、それを契機に他の委員からも、システム研究会の報告を受けることに反対する意見が出されたのである。このため、結局時間切れとなり、システム研究会の報告は3月1日の第2回会合に、制度審や経済審議会の報告などと同列に扱う形で報告されることとなった。

これは、老健審委員の中にシステム研究会の報告書をベースに審議が進むことを危惧する考えがあったためであり、老健審の前に利害関係者を排除したシステム研究会によって基本的な方向を示し、議論をリードしようとする厚生省に対する「反発」と、システム研究会関係の委員に対する「牽制」の側面があったと言える。これにより、本部事務局のスケジュール案は当初から雲行きが怪しくなった。

(3) 相次ぐ各関係団体の報告（老健審第2回会合）

第2回会合（3月1日）では、前回の意見を踏まえ、高齢者介護に関する4つの報告書が同時に報告された。報告されたのは、システム研究会報告（大森委員が報告）、制度審将来像委員会・第2次報告（事務局が報告）、経済審議会少子・高齢社会委員会報告（事務局が報告）、日本医師会報告（坪井委員が報告）であった。続く第3回会合（3月27日）には、連合が取りまとめた「『要介護老人』を抱える家族の実態調査」と日本看護協会の「21世紀に向けた新しい介護システムへの提言」が報告された。

こうした関係団体の報告はこれ以降も続き、第5回会合（4月17日）には、全国老人福祉施設協議会の「高齢者の『介護』のあり方について」と健保連の「公的介護制度について（当面の考え方）」が、第6回会合（4月24日）には全国老人保健施設協会の「健やかで活力ある高齢社会をめざした新しい介護（ケア）システムの構築にあたって」が、第10回会合（6月16日）にはシルバーサービス振興会の要望と日本損害保険協会の報告が行われた。さらに、女性団体である「高齢社会をよくする女性の会」からの要望書も第12回会合（7月10日）に提出されたほか、9月以降も各団体からの意見書などの報告が老健審に提出された(1)。

介護問題については国民的な議論が必要という観点から、老健審で提出された資料や議事概要はすべて公開された。この対応は当時の政府としては異例のものであったが、介護保険制度をめぐるその後の論議の推進に大きく貢献するとともに、審議会における情報公開の先駆けとなった。

(1) 老健審では、その後1995年中に第15回会合（9月29日）に日本経営者団体連盟、連合、生命保険協会の報告が、第17回会合（12月13日）に全国老人福祉施設協議会、日本看護協会の報告が、第18回会合（12月20日）に全国社会福祉協議会の報告が提出された。

(4) 大幅に遅れる審議スケジュール（老健審第3回、4回会合）

第3回会合（3月27日）では、会議の最後に審議会の審議スケジュールが議論となった。本部事務局からは、当時想定していた1997年度施行を念頭に「次回以降、新たな高齢者介護システムの策定に向けて本格的な検討を進めて、夏頃には中間的な意見を取りまとめていただければと考えている。さらに、年末までに具体的制度案について基本的な考え方を取りまとめていただければと考えている。その上で、できれば来年（1996年）春の通常国会に関係法律案を提出したい。なお、新介護システムが仮にできた場合でも、関係者が多方面にわたるので、十分なＰＲが必要であろうし、事務体制整備などのための期間を相当見込む必要がある。また、サービス提供基盤も整ってきているか、という判断も必要であるので、実施の時期をいつにするかというのは今の段階では明らかにはできないし、段階的実施も考えられる」との説明がなされた。

そうしたスケジュールを考える理由として、①高齢者介護の新システムについて国民的関心が大変高いこと、②２年後の国保制度見直し、３年以内を目途とする老人保健拠出金制度見直しとも実質的に大変関連が強いこと、③来年（１９９６年）９月までの消費税率引き上げの条件整備の間に、将来の社会保障費用の動向に大きなかかわりを持つ新システムの制度的枠組みを明確にしておく必要があることなどがあげられていた。この説明は、当時の本部事務局の情勢認識をよく表している。特に、法案提出時期は１９９６年春としながらも、実施時期は明言を避け、段階実施の可能性まで示唆している。

これに対して、委員からは「今回の改革は革命ともいえる大きなものであり、来春の通常国会に法案を提出するのならば、月に3～4回の審議は仕方がないのではないか」、「介護の費用保障の問題は医療保険と密接な関係があり、一体的に検討する必要がある。介護だけ先に決着して医療保険は先送りというのでは問題である」、「事務局のいうスケジュールは楽観的にみた場合のことである。この問題は介護にとどまらず社会保障制度全体の大改革であり、全体を見据えて議論する必要がある。重要な改革なので健康政策局長と保険局長にも審議会に出てきてもらいたい(2)」などといった意見が出された。こうした議論を踏まえ、宮崎会長からは「来年の春に国会に法律案を提出することを一つの目安に置いた上で、全体との兼ね合いを見ながら審議を進めていく」という大まかな検討日程が示され、議論の結果、介護保険制度について改めて基本論から議論を始めることとなった。これにより、基本論はできる限り早く切り上げた上で5～6月ごろには事務局試案を提出したい、とする本部事務局のスケジュール案に比べ、審議は大幅に遅れることが確定的になった。

(2) 第5回会合以降は健康政策局長、保険局長も老健審に出席することとなった。

2 老健審・基本的な論点の議論と「中間報告（第1次報告）」

1995年4月〜7月

(1) 最初のテーマは、医療保険改革と障害者問題（老健審第4回会合）

①「医療保険改革」との関係はあいまいに

老健審が介護保険制度について具体的な審議に入ったのは、第4回会合（4月5日）からであった。この会合では、「高齢者介護に関する検討項目（素案）」が事務局から提出され、これに基づいて審議が行われた。

最初の中心的テーマは、「介護制度と医療保険改革の関係についてどう考えるか」であった。健保連や日経連など健保関係委員から、「老人保健制度の見直し、医療保険制度の見直し、介護問題の3つは関連性があり、介護制度について最終的な結論を出す場合には、老人保健制度や社会保険制度に影響のあるものはある程度検討する必要があると思うが、これらの問題は同時決着という方向で審議が進められると考えてよいのか」と、介護・医療の「同時決着論」が出された。この主張の背景には、介護保険制度の議論を契機として、老人保健制度や医療保険制度の改革の促進を図りたいという、被用者保険サイドの思惑があった。

これに対して本部事務局からは、介護をどうするかが見えない以上、同時並行的に議論することは困難であり、介護制度のイメージを整理してからでないと議論できないと、「介護先行論」の立場からの回答があった。その後、各委員から様々な意見が出される中で、宮崎会長から「4月から夏頃までの間、検討項目の順序に沿って議論を始める。夏の中間的な取りまとめまでに全部議論ができるわけではないので、大詰め的なものはまた後で議論する」旨の発言があった。この会長発言により、被用者保険サイドが提起した老人保健制度見直しなどとの関連については明確な方針を決めず、とりあえず介護保険制度の基本的な議論を進めていくこととなった。このため、被用者保険サイドからは、この後も繰り返し「介護保険創設」が先か「医療保険改革」が先かの先後論議が提起されることとなった。

②「障害者の問題」は老健審では本格的に審議せず

また、この会合では、「障害者の介護についてどのように対応するのか」が議論となった。これについては、本部事務局から、障害者関係については「障害者保健福祉施策推進本部[3]」

が設置されており、老健審では高齢者を中心とした介護問題の検討を考えている旨の回答があり、各委員からも高齢者の介護に絞って議論することが現実的であるといった意見が相次いだ。このため、宮崎会長から「本会は老人保健福祉審議会なので、あくまでも高齢者を対象とする介護について考える場であり、権限上も限定がある」旨の発言がなされた。

審議の舞台が老健審である以上、議論が高齢者に限定されることは避けられないが、介護保険制度の大きな論点の一つであるはずの「対象者年齢」の問題は、こうして事実上高齢者に絞った形で議論が進むことになり、その後の制度論に大きな影響と制約を与えていくこととなった。実際のところ障害者の介護をどう扱うかについては、その後老健審において本格的に取り上げられることはなかった。

(3) 介護保険制度の検討に合わせて、1994年9月に事務次官を本部長とする組織として設置され、障害者保健福祉施策の推進方策について検討を進めた。1995年7月に中間報告を取りまとめた。

(2) 意見対立が鮮明となった「保険者」と「家族介護」(老健審第5回会合)

①「市町村保険者」をめぐり意見が対立

第5回会合(4月17日)以降は「検討項目(素案)」に沿って審議が進められることとなり、まず第5回会合では、検討項目のうち、高齢者介護の総論部分である「Ⅰ　高齢者をめぐる諸状況と介護の現状」と「Ⅱ　今後の高齢者介護の在り方(1　高齢者介護の基本的な在り方)」について審議が行われた。委員からは、高齢者介護の基本論として高齢者の「自己選択の重視」などの意見が述べられたが、その中で委員の間で意見の対立が見られたのが、「保険者の在り方」と「家族介護に対する考え方」であった。

保険者に関しては、「これからのシステムは、利用者のニーズに直接応えられる必要があり、そのためには地域で総合的にサービスを提供できるような改革を進めるべきである。そのようなことを踏まえて、市町村の役割を重視する必要がある」や「新ゴールドプランの基本理念にある『地域主義』だが、介護を考えた場合に事業を運営していく『圏域』(広がり)をどのように考えていくのか。医療との関わりもあるので、どのような『圏域』を考えているのかも一つの論点である」といった市町村主体の地域保険を支持する意見が出された。一方で、「保険者の規模も大きな問題である。国のレベルで一本化できないかとも考えられ、介護を実施する規模と、保険者の規模は同一でなくても良いと思う」、「市町村が一番身近だからといって財政の仕組みを担わなければならないことにはならない。圏域についてもサービス供給を全てその圏域で賄わなければならないということにはならない」といった市町村保険者に反対する意見が出された。

②「家族介護」も意見対立へ

家族介護に関しては、「高齢者の多くが在宅で家族に面倒をみられるのを望んでおり、介護は家族で看るといったことを基本に置くべきではないか」という意見が出されたのを受けて、「大変違うことだと思う。現在、1人暮らしの高齢者などが増加しており、また、国民の間でも家族に対する認識が変化してきている。『在宅』と『在家族』とは違う」という意見や、家族の役割という点で「介護したくとも介護できない実態が多くなっている。新しい介護システムができたからといって、家族は関係がないということにはならない。介護における役割の物理的側面と精神的側面を区別しなければならない」とする意見が出され、意見の対立が早くも明らかとなった。家族介護については、第8回会合（5月31日）でも現金給付をめぐり本格的な議論が行われた。

(3) 明らかになった「社会保険方式＋ケアマネジメント」の基本構造（老健審第6回、7回会合）

①措置の性格を引きずる「ケアマネジメント」の議論

第6回会合（4月24日）と第7回会合（5月18日）では「介護サービスの相談・利用・調整体制」、すなわちケアマネジメントについて審議が行われた。第6回会合では、本部事務局が提出した資料を基に議論が交わされ、委員からはケアマネジメントの重要性を述べる意見が相次いだ。ただし、本部事務局が「ケアマネジメントの取組み」として紹介した大阪府松原市、広島県御調町、東京都三鷹市等の事例が、当然のことながら現行の措置制度をベースとしたものであったように、委員の意見も「現行制度の中でも努力次第でケアマネジメントが充実するのは分かるが、にもかかわらず、介護保険の必要性を主張するポイントは何か」といった、介護保険制度とケアマネジメントの関係を問う意見が出された。それまでケアマネジメント（ケースマネジメント）は措置制度下の手法であるというのが一般的な理解であったことからすれば、ある意味で当然の意見であった。その中でも「ケアマネジメントの中には要介護認定、ケアプラン作成、サービス実施、継続的管理の4つがあるが、社会保険方式においては、要介護認定とケアプラン作成は、業務として違うものであると思う」と、社会保険方式の下でのケアマネジメントのあり方を検討すべきとの意見も一部委員から出された。

②新たな構想を示した事務局資料

こうした問題提起を受けた形で、次の第7回会合では、社会保険方式におけるケアマネジメントの意義と仕組みが本格的に議論されることとなった。当日、本部事務局は「ケアマネジメントの仕組み図」(図Ⅱ－1)と「ケアマネジメント方式と措置方式の比較表」(表Ⅱ－1)の資料を提出した。そこでは、社会保険方式においてケアマネジメントを導入することの意義として、社会保険の基本理念である本人の「選択権」が強調されていた。すなわち、(ア)サービス利用は本人の申し込みによって開始すること、(イ)ケアマネジメントは「サービスの仲介」に過ぎず、本人がケアマネジメント機関にケアプラン作成を依頼するかどうかは本人の「選択」であること、(ウ)サービスの利用決定も、本人が直接又はケアマネジメント機関の仲介により、サービス提供機関との間で契約することによって行われることが示された。

さらに「要介護認定」と「ケアマネジメント」の関係についても、「保険給付を受けるためには要介護認定を受ける必要があり、要介護認定とケアプラン作成は別建てである」という考え方が示された。前年のシステム研究会報告では、要介護認定とケアマネジメントは分離して考えられておらず、両者の関係は不分明な状態にあったが、それから約半年後、本部事務局は要介護認定とケアプラン作成を明確に分離するという考え方を明らかにした。資料では「要介護認定（保険給付決定）は、保険者が、一定基準に基づき、『申請者が、介護の必要な状態にあるかどうかを確認する行為』であり、客観的な事実に即して評価することが求められる」とし、（ア）要介護認定は保険者が行う確認行為であること、（イ）そして、その認定は、一定の基準に基づき客観的な事実に即して行うことが示されていた。こうした考え方は、社会保険方式の基本原理である本人のサービス利用の「選択権」を尊重しつつ、「公正な保険給付決定」を実現したいとする、本部事務局の半年間の苦悩の末生まれた産物であった。

この会合で示された考え方は、「社会保険方式＋ケアマネジメント」という世界的にもユニークなシステムの具体像を示すものであり、前回の事務局説明が、主として措置制度の下におけるケアマネジメントの紹介に終始したのに対し、その内容は本質的な転換を告げるものであった。

図Ⅱ－1　ケアマネジメントの仕組み図
（1995年5月18日老健審、厚生省提出資料）

（論点1）社会保険においては、ケアマネジメントはどのような仕組みとなることが考えられるか。

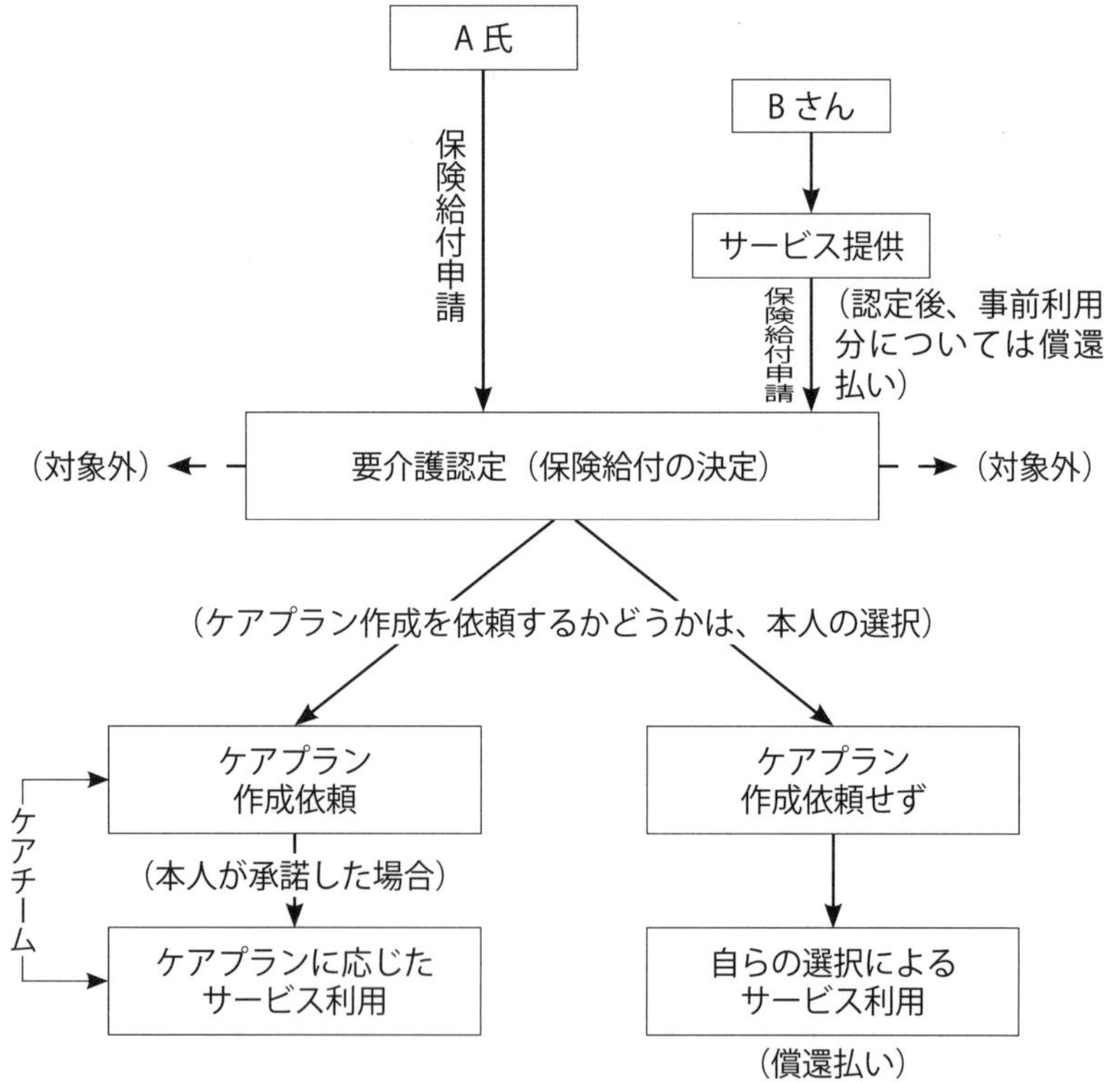

＊要介護認定やケアプラン作成は、定期的に見直される

表Ⅱ－１　ケアマネジメント方式と措置方式の比較表
（1995年5月18日老健審、厚生省提出資料）

（論点２）社会保険におけるケアマネジメント方式は、現行の措置制度と比べ、どのような点が違うのか。

	ケアマネジメント方式	現行の措置制度
（１）サービス利用の開始	・サービス提供期間に対する本人の申込み。 ・ケアマネジメント機関がサービス利用を仲介。ただし、本人が直接サービス提供機関に申し込むことも可能。	・市町村が職権で決定。 ・通常は利用希望者による市町村（福祉事務所）への相談・申出が契機。
（２）サービスの内容	・本人が希望した場合、ケアマネジメント機関はケアプランを作成するが、最終的にどのようなサービスを利用するかは本人が判断。	・市町村が、サービスの必要性のほか、提供するサービス内容を決定。 ・利用者にサービス内容の選択権はない。
（３）サービスの利用決定	・本人が直接又はケアマネジメント機関の仲介によりサービス提供機関との間で契約。 ・要介護認定（保険給付決定）は保険者が、一定基準に基づき、「申請者が、介護の必要な状態にあるかどうか確認する行為」であり、客観的な事実に即して評価することが求められる。	・措置は、行政法上の性格として行政処分に該当。 ・措置決定は、市町村が、「本人の介護の必要性のほか、家族や経済的な状況、地域のサービス状況等を総合的に判定する行為」であり、市町村に裁量が認められている。
（４）手続きの一元化	・ケアマネジメント機関が、一元的に各サービス提供機関との間で手続きを仲介。	・保健、福祉等の各制度により担当部局や利用手続きに相違。

③委員会での意見の相違

この本部事務局の考え方は、当然ながら一部委員にとっては理解を超えるものであった。福祉や看護関係者からは「措置制度について、市町村の職権決定であり利用者に選択の自由はないというイメージが強いが、現在も市町村の中では積極的に対応しているところもある」、「要介護認定とケアプランの作成を切り離す必要はあるが、その間にあまり距離があり過ぎると、高齢者のニーズに的確に対応できないのではないか」という意見が出された。これは、従来の措置制度を見直すことに慎重な考え方を代表するものであった。

一方、健保関係委員からは「措置の決定と保険給付の決定はどのように違うのか」、「事務局の説明では保険給付の申請というプロセスが述べられているが、医療保険と比べて使いづらい感じを国民に与えるのではないか」という質問が出された。これは、同じ社会保険方式である医療保険制度では「認定」という仕組みがないことから来る疑問であった。本部事務局の回答は「要介護認定は要介護状態であることを客観的に確認する行為であり、保険の不服審査を請求することもできる。これに対し措置の決定は市町村の裁量で総合的に判断されるものであり、法律上異なったものである」というものであった。新たな仕組みが、従前の福祉や医療システムに馴染んできた人々にとっては大きな戸惑いを呼ぶものであったことがうかがわれる。

こうした慎重論とは異なり、システム研究会当時からこの問題について議論を重ねてきた委員などからは、「要介護度は一律に客観的に判断されるべきであり、そして個人の要介護度をきちんと判断するという意味で、専門職の参加が必要である。一方、要介護度に応じた保険給付をどのように使うかについては、個人のライフスタイルや条件に応じて、個別にケアプランを作成するべきなので、要介護認定とは切り離して考えるべきである」、「医療の分野と介護の分野の区別は、マーケットを上手く利用し、本人の選択を生かせるようなシステムにするべきである」と本部事務局の考え方を支持する意見が出された。

④際立つ日本医師会の提案

基本論にとどまっている他の委員に比べ際立っていたのは、「高齢者介護調整機構」案という具体的な提案を行った、日本医師会代表の委員であった。当日、同委員の説明は、「日本医師会が考えている介護保険のプロセスでは、高齢者は『高齢者介護調整機構』に申告する。その機構の中でサービス提供者側、費用支払側、ケアチームから現場を知っている人が参加して要介護認定を行う。要介護認定を受けた人にはケアプランが作られ、その内容を納得するとケアプランに沿った介護が受けられるが、本人が納得しない場合もあり得る。その場合は自己決定権を持たせるべきではないかと考えている。また、一定の時期を見てケアプランの見直しや認定の見直しを行う。そして、ケアプランは、ケアを担当する各専門家がチームとなって作成する。なお、要介護認定で介護不要とされた時でも、リハビリやフィットネスなど生活支援の分野で何らかのフォローをすべきではないか」というものであった。この時点の関係団体の意見の中では、その着想と具体性において群を抜いていたと言える。

この提案を盛り込んだ日本医師会の報告では「介護を要する状態になる原因のほとんどが何らかの疾病によるものであることから、地域において高齢者の医療に多くの実績をもつかかりつけ医師の役割は極めて大きい」、「医療なくして高齢者介護はあり得ない……（略）……かかりつけ医師を中心に、包括的ケアを提供する体制を整備することが必要である」とし、高齢者介護の分野においても医師は積極的に関わるべき存在として位置づけられるべきとしていた。

このように日本医師会としての基本スタンスを明確にした上で提案された具体的構想は、（ア）要介護認定という、保険者による「保険給付決定」の考え方を基本とし、（イ）ケアチームにおいて、かかりつけ医師が「そのメンバーの一人」として参加するという点で、医師に絶対的優位性を認めている医療保険制度とは大きく異なり、日本医師会の伝統的な考え方も超えたものであった。その後老健審で、日本医師会関係委員が自らの主張を通しながら議論の基本方向をリードしていくことが可能だったのは、こうした先見性にあった。

(4) 対象となる「給付の範囲」(老健審第7回、8回会合)

①「介護サービスの全体像」を提示

介護サービスの内容、すなわち介護保険制度の給付対象となる「給付の範囲」をめぐる議論は、第7回(5月18日)と第8回会合(5月31日)で行われた。

第8回会合では､給付の範囲について本部事務局の考え方が明らかになった。この資料(資料Ⅱ－2)では、まず「基本的な考え方」として「保険給付の性格に即したもの」という整理が行われているが、これは税を財源としている老人ヘルス事業や一般福祉施策に係るサービスを除外することを念頭に置いていた。老人ヘルス事業である健康教育や健康診査などの予防事業を介護保険制度で予防給付として位置づけるべきとの意見もあったが、前年の健保法改正における議論で予防給付の導入に慎重な取り扱いがなされたこともあり、本部事務局は消極的であった(法制化段階で「予防給付」という名称が入ることとなった)。

資料Ⅱ－２　給付範囲に関する考え方

（1995年5月31日老健審、厚生省提出資料）

（１）基本的な考え方

・保険給付の対象となる高齢者介護サービスは、加齢に伴う身体上又は精神上の障害又は疾病により、移動、入浴、食事、排泄等の基本的な日常生活能力が低下し、介護を必要となった高齢者に対して、在宅又は施設において必要とされるサービスのうち、保険給付の性格に即したものが基本となる。

（２）在宅サービス

・保険給付の対象となる在宅サービスとしては、例えば、①ホームヘルプサービス、②デイサービス・デイケア、③ショートステイ、④訪問看護サービス、⑤福祉用具サービス、⑥かかりつけ医師による医学的管理サービスなどが考えられる。

　ただし、ホームヘルプサービスのうち家事援助業務、住宅改造サービス、訪問歯科指導、訪問服薬指導については、今後その取り扱いを更に検討する必要がある。

（３）施設サービス

・施設サービスに関しては、基本的には、要介護高齢者に対し、適切な介護サービスの提供を行うことができる体制を整えた施設を保険給付の対象とすることが考えられる。こうした考え方に基づき、保険給付の対象となる施設としては、例えば、①特別養護老人ホーム、②老人保健施設、③療養型病床群などが考えられる。

※　なお、医療と介護の具体的な役割分担や区分については、今後更に検討する必要がある。

②ホームヘルプの「家事援助」の扱いは不明

在宅サービスについては、ホームヘルプサービスのうち、身体介護は介護給付の対象にすることは明確にしているが、家事援助については明確な考え方が示されなかった。また、医療サービスについては、一般の在宅・通院治療は医療保険であるが、かかりつけ医師による医学的管理は介護給付とする考え方が示された。これは、介護サービスにおけるかかりつけ医師の役割を認識していたことが背景となっており、この基本認識は要介護認定において主治医の意見書を必要とすることにも結びつくものであった。この点で、介護保険制度は、「かかりつけ医師」の考え方を初めて本格的に盛り込んだ制度であった。このほか、住宅改修サービスや訪問歯科指導や訪問服薬指導の取り扱いは、今後の検討課題とされた。

③「老人入院患者」の扱いをめぐる意見の対立

施設サービスについては、特養と老健施設を対象とすることにはさほどの異論はなかったが、論争の的となったのは、療養型病床群、さらには一般病棟の「老人入院患者」の扱いであった。病院をどのラインで医療と介護に区分するかは、当時の厚生省内でも様々な議論が行われていたが、老人保健制度の公費5割対象であるか否かで区分しようというのが当時の本部事務局の基本的な姿勢であった。このため、老健審では本部事務局は「新介護システムにおいては、要介護高齢者の状態にふさわしい介護サービスが適切に提供されることが原則であり、介護施設においても人員や施設等の一定の条件が求められる、その上で、条件を満たしていない施設についても体制整備を進め、新システムの対象施設への円滑な転換を図ることが基本に置かれるべき」と説明を行った。

この問題については、委員間でも意見の対立があり、健保関係委員を中心に、一般病棟の入院患者を含め、できる限り給付対象を広くしようとする立場から「要介護状態になった時に入っている施設によっては保険給付が受けられないという不平等があってはならないと思うが、どうか」、「高齢者介護のあるべき姿を議論するのは分かるが、介護保険制度の議論の根底には増大し続ける老人医療費の問題もある」といった意見が出された。こうした意見の背景には、介護保険制度導入によって医療費の削減を図りたいという思惑があった。

一方、システム研究会のメンバーでもあった委員を中心に「高齢者の自立支援を実現するためには介護サービスの質を高めることが重要であり、一般病院で介護サービスに近いことが行われているからといって、条件を満たさない施設に対する特例措置をシステムに取り込むことは、システム全体の公平性を崩す可能性がある」として、一般病棟の老人入院患者を対象とすることに反対する意見が出された。

(5) 家族介護をめぐる再度の議論（老健審第8回会合）

第8回会合（5月31日）では、家族介護をめぐる問題が改めて取り上げられた。この問題に関しては、第5回会合に比べると、家族介護に依存することには限界があるという点では委員の意見はほぼ一致していた。「家で介護を受けているのは1、2か月という人がほとんどで、家族が介護に関する情報を集めて施設や病院を探して、利用するというのが最近の傾向だ。これは親子の情が薄れたのではなく、現在の社会状況からそうせざるを得ないのだと感じる」、「家族介護の変化には人口構成の変化の影響が大きく、こうした構造的な変化が起こっている中で、家族介護がこれからどこまで可能なのか疑問である。家族介護をどう評価するかは重要であるが、家族介護だけではどうにもいかないという現実をぜひ認識いただきたい」といった意見が出された。

一方、現金給付の可否については様々な意見が出され、方向性は全く定まらなかった。現金給付に積極的な委員からは、「家族として一定の役割を果たしながら、過大な負担をかけることなく、社会的支援、即ち介護システムの中でカバーすることが必要である。そういうことから、サービスを現物で給付することを基本に、それを側面から家族が支えるというのが望ましい姿ではないか。現物給付を基本とするなら、一定のルールに基づいて家族が代行するというのが一つの現金支給の理論的裏づけになると考える」といった現物給付を基本としながらも現金給付も認めていくべきとする意見や、「本人、家族それぞれに様々なニーズがある中で、家族介護と公的介護との間に選択の自由を持たせるべきだ」とする意見が出された。

これに対して、自治体関係の委員は、自治体で現金支給事業を行っている実情を踏まえ「現金支給をしても、家族の中でどのような介護が行われているかについて把握されておらず、家族による介護にも一定の条件が必要であろう」という意見が出されるとともに、「現金給付は現在の医療・福祉制度には存在しないものであるから、新しい介護保険でやることになれば、完全に新しい給付と負担の部分になるので、十分慎重に検討する必要がある」と慎重な検討を求める意見が出された。

(6)「介護費用保障」の議論(老健審第9回会合)

①介護費用の将来推計提示

第9回会合(6月9日)では、検討項目の論点の最後として「介護の費用保障の在り方」

と「医療保険制度等との関連」について議論が行われた。

議論に先立って「高齢者介護費用の状況と将来推計について」の資料が提出されたが、これは、その後制度をめぐる議論のベースとなる重要な基礎資料であった。この資料によると、高齢者介護に係る公費負担の現状（1995年度予算ベース）は、（ア）老人福祉事業運営費の公費負担額が1兆180億円、（イ）老人医療費のうち、いわゆる「公費5割対象老人医療費」が8207億円で、（ウ）合計して約1・8兆円、この公費負担額に利用者の費用徴収や自己負担を加えた総費用額は、約2・1兆円となると試算している。そして、前年に策定された新ゴールドプランをベースにした将来推計によると、厚生省が当時介護保険制度の導入を目指していた1997年度では総費用額は約2・7～2・9兆円、2000年度は約4・1～4・5兆円となると見込んでいる。こうした制度の対象となる費用推計のほかに、システム研究会でも議論となった「家族介護」の社会的コストも試算しており、一定の条件（介護時間にホームヘルパー補助基準額を乗じて算出）の下で、1993年度2兆円、2000年度3・4兆円という試算結果が出されている。

この費用推計に関しては、制度の基本論に関わる意見も出された。介護サービスの充実を図るべきとする委員からは、「新介護システムができると、サービスを利用しやすくなり、潜在化していたニーズが顕在化すると考えられる。また、新ゴールドプランには、痴呆性老人対策のグループホームなどの新しいサービスが十分盛り込まれていないなど不十分な点もあるので、今後新ゴールドプランを見直していく必要があるのではないか」、「この試算では、在宅の伸びが少なすぎる。もう少し在宅の伸びを高く見積もるべきではないか」、「新介護システムの中心的課題は、家族介護の負担をどのように解消するかであり、そのためには、家族介護や新しく出てくるニーズを含んだ考え方が重要である」という意見が出された。

これに対し、介護費用の増大を警戒する委員や医療保険財政の観点から医療費削減を求める委員からは、「介護費用をミニマイズするという視点が足りないのではないか」、「2000年の推計値は、本来介護でみるべき人が医療の負担となっている現状を是正した後の数字なのか」、「社会的入院を介護でみるというなら、医療保険の負担が軽減するという姿勢が出てこないと国民の理解が得られないのではないか」といった意見が出された。これらの意見は、制度の基本論に関する意見の相違を如実に表すものであった。

②「社会保険方式」の意義と問題点

本題である「介護費用保障のあり方」については、本部事務局から「公費方式、社会保険方式、民間保険方式の比較」を示した資料が提出された。さらに、これにあわせて本部事務局は「これまでに提起されている主な問題点」として4つの論点をあげ、それに対する本部事務局の考え方を明らかにすることにより、社会保険方式への理解を求めた。

本部事務局が第一にあげた論点は、「措置制度を弾力的に運用することで対応は可能であり、あえて社会保険方式を導入する必要はないのではないか」についてである。これについて本部事務局は、措置制度は所得審査が排除できず、利用者の心理的抵抗感も拭えない点やサービス受給の権利性が乏しい点などの問題を有していること、サービスの制度間格差の解消のためには社会保険方式の方が適切であること、サービスの増大に伴う費用負担増を租税で賄うことについて国民の理解は得難いのではないかという考え方を示し、措置制度の運用では限界があるとした。

第二の「社会保険方式には、逆進性や無保険者・未納者の問題があるのではないか」という論点については、社会保険料と税のどちらがより逆進的か一概に比較できない、無保険者・未納者問題については、それを防ぐ制度の仕組みや対策実施で対応することが可能ではないかとの考え方を示した。

第三の「社会保険方式では、モラルハザード（過剰・不当利用）が生じやすいのではないか」という論点については、ケアマネジメントの仕組みなどによって対応が可能であるとした。

第四の論点は「北欧諸国では、公費方式で高水準のサービスを実現しているのではないか」

ということであるが、これについては、北欧諸国と日本の特性の違い、例えば、社会保険と租税に対する国民意識、国の規模、地方分権などの相違を踏まえた議論が必要であるという考え方を示した。以上のような社会保険方式の意義については、委員から特段の異論は出されなかった。

(7) 社会保険方式の具体論は深まらず（老健審第10回会合）

第10回会合（6月16日）は、前回審議を踏まえ、社会保険の具体的なスキームに関する議論が行われた。本部事務局が示した論点に基づき検討が行われたが、委員の意見が集中したテーマは、「医療保険制度等との関連」であった。健保関係者など医療保険者の医療費負担削減に大きな関心を有する委員からは「高齢者介護を強制加入の独立の社会保険方式にするにしても、一般病院のいわゆる社会的入院患者についても対応を考える必要がある」、「新しい社会保険方式を導入することは納得できるが、介護施設のみをカバーするというのでは疑問が残る。一般病院の長期入院患者も視野に入れた検討をすべきではないか」との意見が出された。これに対して、システム研究会のメンバーであった委員から「病院での介護は医療の一環として看護婦が行うもので、これは医療保険でみるべきである」という反論があり、

第8回会合（5月31日）と同様の議論が繰り返された。本部事務局は「一般病院の要介護者もより適切なサービス体系に移行できるように受け皿を整備することが必要である」と、一般病院の長期入院患者をそのまま対象にするのではなく、入院患者が介護にふさわしいサービスへ移行することを進めるべきとの考え方を示したが、この医療と介護の区分に関する問題に関しては、その後も議論が続くこととなった。

また、多くの委員から指摘があったのは公費の扱いであった。「今まで介護の分野で投入されてきた公費については、できる限り新しい介護システムに投入することが前提条件ではないか」、「社会保険の中にもしかるべき公費負担を考えるのが議論の前提であろう」、「少なくとも公費を抑制するという発想ではいけない。施設等の基盤整備は従来通り公費で行い、運営コストについても公費投入を図るべきである」と社会保険方式と言っても公費投入が前提になっているとの意見が相次いだ。

こうしたテーマ以外についても若干の意見表明があったが、全般的には論点提示にとどまり、議論が深まることはなかった。

(8) 中間報告（第1次報告）の取りまとめ（老健審第11回～13回会合）

老健審は、第11回会合（7月3日）以降報告の取りまとめ作業に入り、第12回会合（7月10日）を経て、第13回会合（7月26日）に「新たな高齢者介護システムの確立について」と題する中間報告（資料Ⅱ－3）が決定された（この中間報告は、その後「第1次報告」として扱われることとなった）。老健審の審議はそれまで月2回ぐらいのハイペースで進められていたが、審議は主な論点を一つ一つ取り上げながら行っていく形をとらざるを得ず、その結果この中間報告は、基本方向の確認と論点の提示にとどまり、当初予定していた本部事務局による制度試案の提示も見送られた。

既にシステム研究会で基本論を終えていると考える介護保険推進の立場からは「足踏み状態」と言えるが、当時の状況からみると論点を明らかにするだけで精一杯というのが実情であった。例えば、保険者については、市町村関係者は当初から厳しい立場を崩そうとしなかったため、仮に本部事務局が「市町村保険者案」を提示するならば、全国市長会や全国町村会といった自治体関係者は老健審の議論から離脱しかねないような情勢にあった。制度試案を提示できない要因には、厚生省内の事情もあった。厚生省内の制度検討状況は後に詳述する

資料Ⅱ－３　「新たな高齢者介護システムの確立について」（中間報告）の概要（抄）

（1995年7月26日老健審、厚生省提出資料）

第１　現状と問題点

○いま、なぜ高齢者介護が問題なのか。

・高齢者介護問題は、国民の老後の大きな不安要因。

○いま、なぜ新たな高齢者介護システムが必要なのか。

・高齢者介護は、福祉制度と医療制度により別々に提供されており、利用者本位のサービス提供という点で種々の問題。

・高齢者介護サービスは、質・量とも不十分。

◎このような問題を解決するためには、高齢者介護が福祉と医療に分かれている現行制度を再編成し、新たな高齢者介護システムを確立することが求められる。

第２　新たな高齢者介護システムの基本的考え方

１．新たな高齢者介護の基本理念

○高齢者が心身の健康を維持しつつ、介護を要する状態となっても尊厳と生きがいを持って人生を送れるような長寿社会の実現が必要。高齢者自身の希望を尊重し、その人らしい自立した質の高い生活が送れるよう、社会的支援。

２．基本的考え方

⑴高齢者介護に対する社会的支援の整備

○在宅介護を重視し、一人暮らしや高齢者のみ世帯でも出来るかぎり在宅生活が可能となるよう支援体制確立を目指す。

○家族が過重な負担を負うことがないよう介護基盤整備を進める。

⑵利用者本位のサービス体系の確立

○保健・医療・福祉サービスを総合的・一体的に提供し、個々の高齢者のニーズに見合ったサービスの適切かつ効果的な提供を図る。

○高齢者自身による選択を基本に、専門担当者からなるチームによる介護支援体制（ケアマネジメント）の確立を図る。

⑶社会連帯による介護費用の確保

○高齢者及び現役世代による社会全体の連帯で介護費用を支え合うことを基本とすべき。

3. 今後の方向

○高齢者介護サービスは、同一の財政方式の下で総合的・一体的なサービスが提供される新たな高齢者介護システムの創設が必要。

○社会保険方式は、わが国社会保障制度の中核として大きな成果。

◎以上総合的に勘案して、新たな高齢者介護システムとして、公的責任を踏まえ適切な公費負担を組み入れた社会保険方式によるシステムについて、具体的な検討を進めていくことが適当。

第３　今後の検討における主な論点

⑴高齢者介護サービスの在り方に関する主な論点。

⑵高齢者介護の費用保障の在り方に関する主な論点。

⑶介護サービス施設・人材の確保・資質向上についても検討。

が、本来は1995年5月から6月にかけて事務局試案を出す予定であったにもかかわらず、厚生省内の制度検討自体が暗礁に乗り上げていたのである。

ただし、この数か月間の審議が全く無意味であったわけではなかった。その後関係者間の長らく激しい議論を呼ぶこととなる「家族介護の取り扱い」や「介護と医療の線引き」といったテーマが大きな論点として浮かび上がり、また、「ケアマネジメント」の基本構造が明らかになったことは、介護保険制度をめぐる議論の展開にとって十分な意義があったと言えよう。何よりも関係団体にとっては貴重な勉強時間となった。この中間報告について「介護の社会化、利用者選択、社会保険方式、社会連帯といった高齢者介護・自立支援システムの方向性が公式な審議会の業界代表によって追認されたという意味が大きかった[4]」と評価する意見もある。

(4) 日本医師会総合政策研究機構(1997年)『介護保険導入の政策形成過程』23頁。

(9) 分科会方式による並行審議へ

中間報告では、「今後の検討における主な論点」を三つの分野に分け、一つ目は「給付」すなわち介護サービスのあり方について、二つ目は「制度」について、三つ目は「基盤整備」とし、三つのテーマそれぞれについて個別の検討項目を掲げた。このように三つのテーマに分けたのは、9月以降の第2ラウンドの審議では三つの分科会を設置して審議を進めていくことを念頭に置いたものであった。

この分科会方式は、基本論の審議に予想以上の時間を取ったことに対する本部事務局の焦りから、9月以降の審議をスムーズに進めていこうとする狙いが込められていた。介護保険制度を議論する場合には、給付と負担が常に関連するため、議論が堂々巡りをしかねない。給付の枠組みを先に決めようとすれば、負担の問題を重視する立場からは異論が出るし、逆に負担論を先行させるならば、介護サービスの拡充を目指す立場から反対が出るといった具合である。したがって、そうした給付と負担の絡み合いを一旦ほぐし、それぞれについて個別論点の検討を並行的に進めること、中でも介護給付・サービスをめぐる議論を深めていくことを分科会方式に期待したのである。

3

老健審「第2次報告」に向けた議論

1995年9月〜1996年1月

(1) 老健審での審議再開――三つの報告（老健審第14回会合）

①医療保険改革の中間報告

老健審は、第14回会合（9月18日）から審議を再開した。この会合では、会長の宮崎勇が経済企画庁長官に就任したことに伴い、加藤一郎（元東大総長、当日は欠席）の会長就任が決定された。会合では、厚生省事務局から、三つの報告が行われた。

第一の報告は、医療保険審議会における医療保険制度改革に関する「これまでの検討内容の中間とりまとめ」であった。当時医療保険制度が抱えていた大きな課題は、老人医療費増大により健保等の拠出金が増え続ける「老人保健制度」と、構造的な問題を抱え厳しい財政状況が続く「国保制度」の二つであった。1995年3月には、この二つの課題に対する全体的・抜本的制度改革についての合意が得られるまでの間の暫定的な安定化方策として、国保財政の安定化措置の2年間延長などを内容とする国保法等の一部改正案が国会で成立しており、こうした動きを踏まえ、医療保険審議会は1995年3月から医療保険制度の諸課題について審議を開始していた。先の老健審第4回会合（4月5日）で展開された、「介護保険創設」が先か「医療保険改革」が先かという先後論議は、こうした医療保険制度改革の動きが背景にあった。

しかし、実際には、医療保険審議会の審議は入り口論に終始し、遅々として進まなかったため、当日報告された「中間とりまとめ」も「検討すべき課題とその方向性の枠組み」の提示にとどまった。このため、その後は、介護保険創設を先行させる考え方が支配的となり、介護・医療の先後論議は急速に収束していった。

②「障害者本部」の中間報告

第二の報告は、厚生省に設置されていた障害者保健福祉施策推進本部（以下「障害者本部」という）が1995年7月に取りまとめた「中間報告」であった。障害者本部は介護保険制度の検討に合わせて1994年9月に設置されたが、当時厚生省内では介護保険制度と障害者介護は切り離す方向で検討が進められていたことを踏まえ、中間報告においては介護保険制度への言及は全くなく、障害者保健福祉施策の方向性を示すにとどまった。

その中で具体的な方策として強く打ち出されたのが、一つは「障害者保健福祉施策分野において、具体的目標を明示した新たなプランの策定を検討すること」とし、それに基づき「市町村などによる介護等のサービス供給体制を整備し、その充実を図ること」であり、もう一つは「厚生省における障害者施策を総合的に推進する組織の整備を図ること」であった。前者の「新たなプランの策定」は、介護分野におけるゴールドプラン（1989年策定）をモデルとしたもので、その後1995年12月に障害者本部が策定した「障害者プラン〜ノーマライゼーション7か年戦略」（1996年度から2002年度までの計画）に結びついた。また、厚生省内の「組織の整備」についても、1996年7月に厚生省大臣官房障害保健福祉部が設置され、具体化が図られた。このように障害者の介護は、介護保険制度の対象とはしないが、別途、充実強化を図ることでバランスが保たれていった。

③要介護認定基準は、「基礎調査研究会」で検討へ

第三の報告は、「高齢者ケア支援体制に関する基礎調査研究・第一次中間調査報告」であった。この調査研究は、1995年4月に設置された「高齢者ケア支援体制に関する基礎調査研究会（座長・井形昭弘国立療養所中部病院院長、以下「基礎調査研究会」という）」が行っ

たものである。基礎調査研究会の設置目的は「わが国におけるケアマネジメントに関する検討のための基礎資料の収集・分析を行うこと」とされていたが、中心的なテーマは要介護認定基準の検討であった。要介護認定基準は、介護保険制度の「かなめ」の一つであり、しかも前例のない全く新しい試みであったことから、本部事務局は、この問題が老健審で正面から取り上げられるならば、議論が百出し成案取りまとめに困難を来たすのではないかと懸念していた。このため、要介護認定基準は、あくまでも学識者やケア現場を代表するメンバーで検討を進める観点から、老健審とは別にこの基礎調査研究会を設置し、調査研究という形で実質的な検討を進めることとしたものであった。

この日老健審への報告は、介護システムを先進的に構築している全国19地域を対象にケアマネジメントに関する実態分析を行ったものであったが、今後の調査研究の方針として「本基礎調査研究は、今回の中間調査報告を踏まえ、調査対象地域におけるケアマネジメントに関する調査を継続するとともに、高齢者の要介護度の分類等高齢者のニーズのアセスメントに関する基礎資料の収集・分析を行う予定である」と、要介護認定基準の問題は老健審の審議とは切り離す方向性が盛り込まれていた。

(2) 3分科会の設置を決定（老健審第15回、16回会合）

第14回会合（9月18日）で本部事務局から提案された3分科会の設置は、第15回会合（9月29日）で正式決定された。分科会の位置づけについては、高齢者介護サービスのあり方や社会保険方式における具体的な制度設計等について具体的な検討を行うが、あくまでも「分科会は、具体的な論点について掘り下げた議論を行うことをねらいとし、議論の取りまとめを目的とするものではない(5)」とされた。

「介護給付分科会（座長・水野肇）」は、介護保険制度における介護サービスの具体的なあり方について検討するものとし、カバーすべき介護サービスの範囲や水準・体系、介護サービスの利用方法、家族介護の評価（現金支給の在り方）、医療保険制度等他制度のサービス分野との役割分担などが検討事項とされた。

「制度分科会（座長・黒木武弘）」は、高齢者介護の費用保障に関する社会保険システムの具体的なあり方について検討するものとし、被保険者・受給者、保険料の設定方法・水準、保険者・事業主体、公費、事業主負担、利用者負担などが検討課題とされた。

「基盤整備分科会（座長・京極高宣）」は、高齢者介護における予防やリハビリの充実、介護サービスを担う施設整備や人材の養成確保の具体的なあり方について検討するものとされた。

この会合以降、老健審における実質的な審議の中心は分科会に移ったが、その間、本審議会は11月1日に全員懇談会という形で、ユング・ドイツ労働社会省事務次官からドイツ介護保険制度の状況についてヒアリングを行ったほか、老健審委員が各界の意見を聴取する地方公聴会を11月15日に岡山県岡山市で、11月19日に北海道札幌市で開催した。11月20日には本審議会の第16回会合を開催し、各分科会の進捗状況の報告がなされた。なお、会長に選任された加藤一郎が体調不良により辞任することになり、後任として鳥居泰彦（慶應義塾塾長）が選任された。

(5) 老健審第15回会合（9月29日）に提出された分科会設置要綱。

(3)　介護給付をめぐる議論（介護給付分科会第1回〜4回会合）

①在宅サービスの対象範囲は、ほぼ意見集約へ

介護給付分科会の検討事項は多岐にわたり、精力的な検討が行われた。分科会方式の審議

となった背景には、これまでの老健審では財政・負担論のために給付・サービスについて深い議論ができなかったことがあっただけに、本部事務局が介護給付分科会にかける意気込みは強かった。分科会は、結論を出すことを目的とはしていないが、実際にはそれぞれのテーマについて一定の意見集約が図られた。

まず在宅サービスが取り上げられ、(ア) ホームヘルプサービス、(イ) デイケア・デイサービス、(ウ) ショートステイ、(エ) 訪問看護サービス、(オ) 福祉用具サービスを給付対象とすることで意見の一致をみた。

第1次報告で検討課題とされた事項のうち、「住宅改造サービス」については、高齢者が自立した生活を送ることができるように支援する観点から、段差の解消や手すりの設置の構造・設備の改善を給付対象とすることで概ね意見が集約された。ただし、あまりに大がかりのものになると個人資産の形成にもつながる面があることや、持ち家は改造できるが、借家だとできない場合があるといった点も配慮して、具体的な給付設計をすべきであるとの意見も出された。

かかりつけ医による「医学的管理サービス」については、第1次報告の審議の過程では給付対象とする考え方が本部事務局から示されていたが、分科会ではサービスの必要性では意見の一致をみたものの、それを介護保険制度の給付とするか、医療保険制度の給付とするかについては両論が出された。また、歯科医師の「口腔管理」や「訪問歯科指導」、薬剤師による「訪問服薬指導」についても、重要性は認めるものの、介護保険制度の給付対象にするかどうかについての意見集約は図られなかった。(6)

(6)「医学的管理サービス」については、1996年1月31日の第2次報告で介護給付の対象とすることが決定され、介護保険制度では『居宅療養管理指導』として導入された。これに対して、「口腔管理」、「訪問歯科指導」、「訪問服薬指導」の扱いは、第2次報告でも結論が出ず、最終的には介護保険制度の給付対象とされなかった。

②家事援助サービスは『条件付き導入』

第1次報告で検討課題とされた「家事援助サービス」の扱いは、判断の難しいテーマであった。分科会の第1回会合では、重度の要介護者については家事援助サービスの必要性を認める意見が支配的であったが、問題は軽度の虚弱老人(7)についてであった。虚弱老人に対する家事援助サービスをめぐり、委員間では次のような意見が交わされた（公表された「議論の概要」による）。

（家事援助サービスについて否定的な意見）
○　ADLが非常にダウンしている場合は、身体介護と家事援助を区分することは困難であり、包括的な形で提供するということもあるだろう。ＡＤＬの程度が良好の場合は、（身体介護と家事援助の）線引きも可能ではないかと思う。

○「コックとメイドは多い方がいい」という諺のように、家事援助も無限定に求められるようでは困ったことになる。

○介護が必要な人は家事援助も不可欠であり介護保険で見るべきであるが、介護を伴わない家事援助は介護保険の範囲に入れる必要はないのではないか。

（家事援助サービスについて肯定的な意見）

○男性の場合には家事援助ができるようになり、自立するようになるまでは、家事指導という面から保険で給付してもいいのではないか。

○重度の要介護者を少なくするためには、虚弱の段階でも家事援助といった支援サービスを行うことが必要ではないかと思う。長い目でみたコストを考えると、こうしたことも視野に置いて考えるべきではないか。

このように、家事援助サービスについては、必要性や有効性に対して否定的な意見[8]と肯定的な意見の双方が示された。

結局、分科会報告では「基本的には、要介護状態の積極的な予防や自立した生活への支援につながるような形で介護給付の対象とすることが考えられる」との考え方が示された。「予防や自立につながるような形で」という限定を付けた、言わば『条件付き導入』であった[9]。

さらに、「いわゆる虚弱老人に対する家事援助は、身体介護と比べ緊急度や優先度が低いことや、適切かつ効率的な給付管理が特に必要とされること、更に財源の問題も考慮する必要があることから、介護給付の対象とすることは慎重に検討する必要がある」、「いわゆる虚弱老人に対する家事援助は、高齢者及び家族の生活状況や社会環境などを総合的に勘案した上で、給付を行うかどうかを判断する必要がある」という慎重論があったことも付記された。

(7)「虚弱老人」とは、「心身の障害又は疾病等により、移動、入浴等の基本的な日常生活動作について、必ずしも介助を要する状態ではないが、一人で行うには困難が伴い又は相当時間がかかるもの（1992年6月30日老健第86号、厚生省老人保健福祉部長通知）」とされていた。介護保険制度においては、「要支援者」として定義されることとなった。

(8)前述したように、老健審第9回会合（1995年6月9日）では、本部事務局が社会保険方式について「これまでに提起されている主な論点」を紹介したが、その一つには「高齢者介護保障を社会保険方式で行うと、モラルハザード（過剰・不当利用）が生じやすいのではないか」という論点があげられていた。モラルハザード問題の一つがこの「家事援助サービス」であり、「コックとメイドは多い方がいい」ということでは困るという否定的な意見は、そうした懸念に通ずるものであった。

(9)この問題については、その後老健審ではほとんど取り上げられず、虚弱老人に対する家事援助サービスについて予防効果をめぐる議論は行われることはなかった。検討最終段階の1996年6月6日の「介護保険制度案大綱」において「いわゆる虚弱老人（要支援者）も寝たきり予防等の観点から必要なサービス（予防給付）を提供する」ことが明記されたが、予防に資するサービスをどのように考えるかについて十分な議論・検証が行われないまま、家事援助サービスが介護給付として位置づけられたことは、その後に課題を残すこととなった。

③「巡回サービス」と民間企業の取組みを評価

分科会報告は、将来的なニーズを見通したサービスとして「巡回サービス」を積極的に取り上げた。「24時間対応」を視野に入れた支援体制の整備として、「早朝、夜間及び深夜における巡回サービスの普及を図る必要がある」とし、いわゆる定期の巡回サービスの重要性を指摘しているほか、「深夜帯における巡回サービスについては、定期の巡回に加えて、必要な時にサービスを提供できるシステム（オンコールによるサービス提供体制）を組み合わせることにより、ニーズに対応した効率的なサービス提供を行うことが可能となるという意見があった」と、随時の巡回サービスにも言及していた。

当時の我が国のホームヘルプサービス（訪問サービス）は、日中滞在型のサービスが基本であり、1回2～3時間程度の滞在で必要な支援を行うのが通例であった。これに対して、北欧諸国においては、利用者の生活リズムに合わせて比較的短時間の訪問を頻回行い、離床介助（モーニングケア）や食事介助、入浴・排泄介助など必要な支援を24時間ピンポイントで行うというサービス形態が一般的になっていた。

また、当時、こうした巡回サービスに先駆的、積極的に取り組んでいたのが民間事業者[10]であったこともあり、民間参入に対して前向きな考え方が示された。報告では、「実態的にも、夜間巡回などの在宅介護サービスは既に民間がサービスを担っており、また、市民参加の非営利組織によるサービスが一定の役割を果たしていること等を踏まえ、できる限り柔軟な対応を行うべきである」と、在宅介護サービスについて民間企業やＮＰＯの積極的な参入に前向きな内容となっている。

⑽福岡市の民間事業者である株式会社コムスン（当時の社長は榎本憲一）が夜間巡回介護に取り組んでいた。

④「痴呆性老人グループホーム」を推進

分科会報告では、認知症高齢者について、「その状態に応じて、デイサービス、デイケア、グループホームなど在宅での支援を基本としたサービス提供を積極的に行っていくことが重要である」とし、特に「痴呆性老人向けのグループホームは、スウェーデンなどで普及しているものであり、痴呆性老人のケアにおける有効性のみならず、入院費用に比べたコストという面からも成果が認められるので、新介護システムにおいても積極的に取り組むことが望まれる」とした。グループホームについては、スウェーデンでの取組みも踏まえ「共同住宅」として位置づける方向性が示された。

厚生省は、グループホームを早くから認知症高齢者向けの新たなサービスとして着目し、検討を進めていた。１９９４年６月には、高齢者関係三審議会の合同委員会として設置された「痴呆性老人に関する検討会（座長・水野肇）」において、新しいタイプのサービスとして「地域において痴呆性老人が共同生活をすることができる小規模な場（グループホーム）の整備を検討することが望まれる」との提言が取りまとめられ、これを受けて同年12月の新ゴールドプランやシステム研究会報告で、今後取り組むべき施策の一つとして「小規模な共同生活の場（グループホーム）」が掲げられた。１９９５年１月には、厚生省は「痴呆性老人のグループホームのあり方についての調査研究委員会」を設置し、既に先駆的に行っていた全国９か所のグループホームを調査研究施設に指定してグループホームの制度化に関する具体的な検討を開始するなど、その制度化に取り組んだ。[11][12]

(11)「痴呆性老人のグループホームのあり方についての調査研究委員会」の報告は１９９６年３月に取りまとめられ、それも踏まえ同年６月６日の「介護保険制度案大綱」において、在宅サービスの中で「痴呆対応型共同生活介護」として規定することが盛り込まれた。

(12)このようにグループホームについては積極的な対応がなされたが、当時は認知症高齢者に対して体系的にサービスが整備されたとは言い難かった。１９９５年にスタートしたドイツ介護保険制度でも当初認知症高齢者への対応が盛り込まれていなかったように、認知症高齢者に対する対応は世界的にも緒についたばかりの状況にあった。

⑤提示された「サービスモデル」の意義

介護給付分科会において本部事務局が明らかにした重要な資料の一つが「サービスモデル」である。当時の介護保険制度に対する典型的な慎重論は、介護保険制度を導入しても公費(税金)分の財源が保険料に置き換わるだけで、サービスは増えないのではないかというものであった。こうした懸念を払拭するために、本部事務局は介護保険制度導入後の「サービスモデル」を提示することによって、サービスはどの水準まで拡充されるのかを具体的に明らかにする必要に迫られていた。また、「サービスモデル」は、介護保険制度の財政規模と基盤整備必要量を算出する上で不可欠のものであるため、制度論を進める上でも必要があった。

提示されたサービスモデル(図Ⅱ－2－1)は、「要介護高齢者」、「痴呆性高齢者」、「いわゆる虚弱な高齢者」の3つに分かれており、「要介護高齢者」についてはさらに状態像や家族形態等に即して8つのケースに細分化されているため、計10ケースごとに「対応するサービス内容」と「1週間のサービスのスケジュール」が示されていた。このうち最も重いケースは「Ⅰ　自分で寝返りすることができず、日常生活行動には介護を必要とし、深夜巡回のホームヘルプサービスが必要であり、療養上の管理を必要とするケース」であった。このケースでは(図Ⅱ－2－2)、1週間のサービス量として、ホームヘルプサービス週14回訪問(約11時間20分)、デイサービス週3回(約18時間)、訪問看護週2回、ショートステイ月1回入所(7日間)が想定されており、毎日サービスが提供される手厚い内容となっている。それ

図Ⅱ－２－１　要介護高齢者等に対するサービスモデル（抄）
（1995年11月24日及び12月4日老健審介護給付分科会、厚生省提出資料より作成）

1．要介護高齢者に対するサービスモデル（典型的ケース）

〈設定したサービスモデル（典型的ケース）〉

以下のサービスモデル（典型的ケース）については、在宅の要介護高齢者についてどのようなサービスが必要か等に関して検討の参考としていただくため、車いすの場合やベッド上でねたきりの場合など在宅で介護を必要とする典型的なケースについて、老夫婦の世帯や1人暮らし世帯も含めて標準的に必要と考えられるサービスを組み合わせたものである。

※Ⅰ－2は図を示す（図Ⅱ－２－２）。他は省略

Ⅰ　自分で寝返りすることができず、日常生活行動には介護を必要とし、深夜巡回のホームヘルプサービスが必要であり、療養上の管理を必要とするケース

1　要介護高齢者が複数世代で同居している場合
2　要介護高齢者が虚弱な高齢配偶者と夫婦で生活している場合（図は次頁）

Ⅱ　自分で寝返りすることはできるが、日常生活行動には介護を必要とし、療養上の管理を必要とするケース

1　要介護高齢者が複数世代で同居している場合
2　要介護高齢者が虚弱な高齢配偶者と夫婦で生活している場合
3　要介護高齢者が1人暮らしの場合

Ⅲ　主に居室内で生活し、車いすを使用。自分で基本的な日常生活行動の一部はできるが入浴等は困難であり、療養上の管理を必要とするケース

1　要介護高齢者が複数世代で同居している場合
2　要介護高齢者が虚弱な高齢配偶者と夫婦で生活している場合
3　要介護高齢者が1人暮らしの場合

2．痴呆性高齢者に対するサービスモデル（典型的ケース）

〈図は省略〉

3．いわゆる虚弱な高齢者に対するサービスモデル

〈図は省略〉

図Ⅱ－２－２　要介護高齢者等に対するサービスモデル（抄）
（1995 年 11 月 24 日老健審介護給付分科会、厚生省提出資料）

Ⅰ－２　自分で寝返りすることができず、日常生活行動には介護を必要とし、深夜巡回のホームヘルプサービスが必要であり、療養上の管理を必要とするケース。要介護高齢者が虚弱な高齢配偶者と夫婦で生活している場合。

項目	高齢者の状態	対応するサービス
寝返り	自分で寝返りをすることができない。	
移動	ベッド上に限られる。	デイサービスにより外出し老人同士、介護スタッフと交流を行う。
摂食	介護を要する。	
排泄	介護を要する。	必要に応じて排泄、安全管理等のために深夜１回の巡回及びオンコールサービスを行う。
着脱	介護を要する。	
入浴	介護を要する。	デイサービスにより週３回の入浴、外出等を行う。
調理	困難	１週７回（家事）のヘルパーの援助に合わせて適宜行う。
掃除等	困難	
疾病	療養上の管理を要する。	週２回の訪問看護等により療養・衛生上の管理を行う。
家族	家族に対するケアを要する。	上記のほか月１回１週間程度のショートステイで負担軽減を行う。
その他生活全般		週１回はヘルパーによる援助が行われそのうち月１回は訪問看護婦、ヘルパー、家族、必要な場合にはソーシャルワーカー、保健婦などによる居宅での話し合いが行われる。 老人及び家族に対するその他ケア、孤立や家族関係の調整等の諸問題につき市町村のソーシャルワーク、NPO 等との連携による生活全般の支援が行われる。

具体的なサービス量

⑴ホームヘルプサービス　週 14 回訪問　約 11 時間 20 分／週、⑵デイサービス　週３回通所　18 時間／週、⑶訪問看護、週２回訪問、⑷ショートステイ　月１回入所　７日間

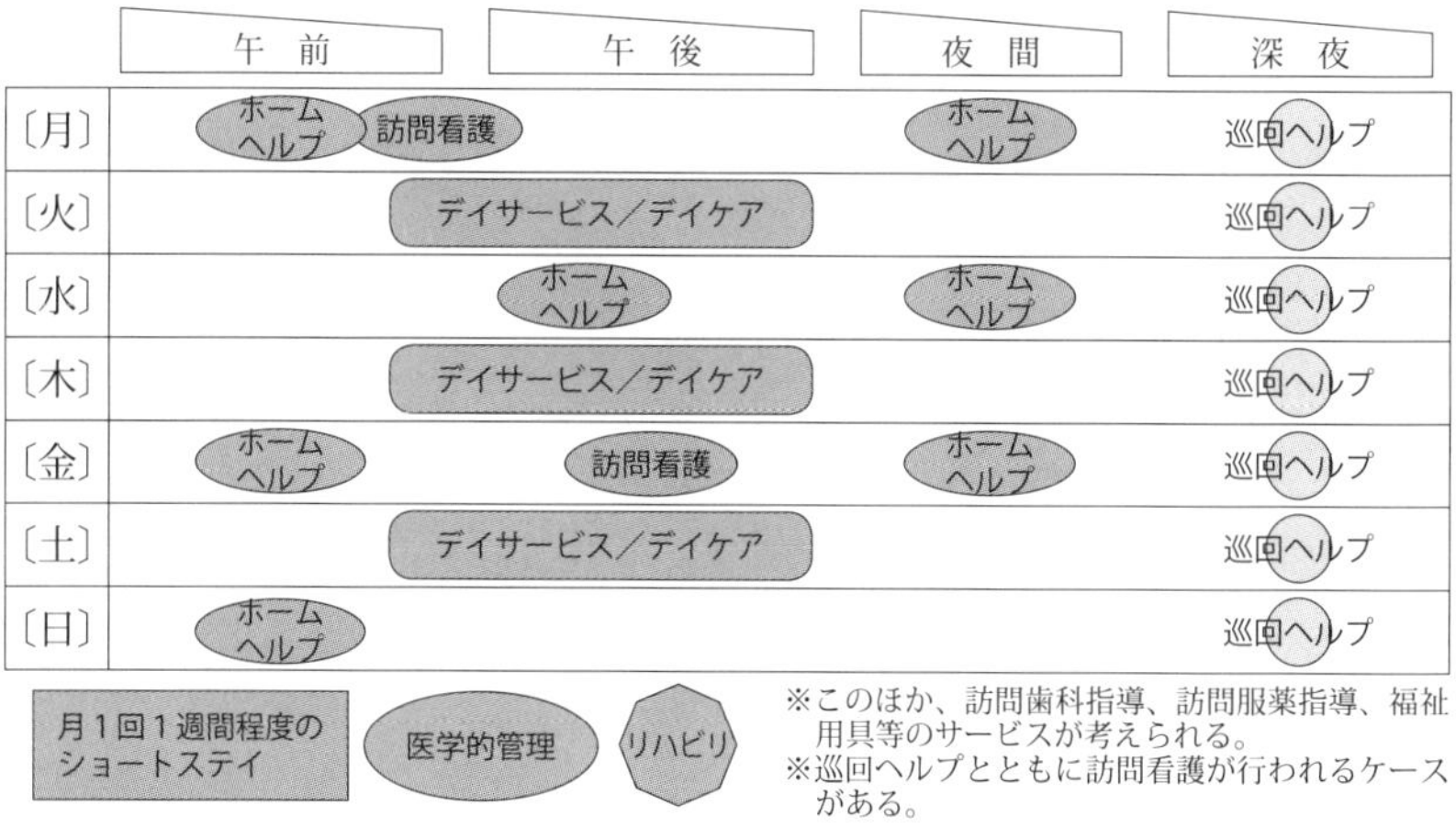

※このほか、訪問歯科指導、訪問服薬指導、福祉用具等のサービスが考えられる。

※巡回ヘルプとともに訪問看護が行われるケースがある。

以外のケースについても、当時の水準に比べ相当に高いサービス水準が示されていた。なお、在宅の一人暮らしの場合はⅡとⅢのケースに限られており、Ⅰの「寝返りができないような最重度ケース」については、前述のような高い在宅サービス水準でも支えきれない懸念があるため、施設入所が念頭に置かれていた。

⑥施設サービスは「3大陸方式」で

施設サービスについては、介護給付の対象として「特別養護老人ホーム」、「老人保健施設」及び「療養型病床群等介護体制の整った医療施設」があげられたが、論点となったのは、これら施設の一元化の進め方であった。分科会では、「将来の方向としては、各施設の機能と役割を明確にしつつ、全体としては施設体系の一元化を目指していくことが適当である」とした。その上で、一元化の具体的な進め方については、「現状では事業主体等が異なっていることを踏まえ、一元化は漸進的な方向で進めて行くことが適当であり、当面は、介護給付に関する事項（給付額、介護報酬の仕組み、利用者負担等）について、各施設に共通する取扱いを検討していくべきである」とした。これは、まず「給付の一元化」を行い、施設や法人形態などについては三つの類型を当面維持し、将来的に「事業主体の一元化」を進めるという「2段階論」であった。当面は事業主体が三つの形態に分かれることから、当時の本部事務局は「3大陸方式」と呼んでいたが、この後、この考え方に基づき制度設計が行われていった。

⑦有料老人ホームやケアハウスは「家」として位置づけ

給付設計上の検討課題の一つとして、有料老人ホームやケアハウスに入居する高齢者をどのように扱うべきかという点があった。分科会では、前述のように痴呆性老人グループホームを「共同住宅」として位置づけたが、当時の有料老人ホームやケアハウス（軽費老人ホーム）はそれまでは一般的に「施設」として整理されてきていたため、「在宅サービス」なのか、それとも「施設サービス」なのかが論点となったのである。

本部事務局は、これらを「家＝高齢者の居住の場」として位置づけ、入居者が受ける介護サービスは「在宅サービス」として構成する考え方を有していた。入居者の中には介護を必要としない高齢者もいることが理由の一つとされたが、それに加え、こうした「ケア付き住宅」という新たなサービス類型を導入することによって、介護サービスの革新が図られるのではないかという期待も込められていた。(13) その背景には、デンマークにおいて1980年代後半以降「プライエム」と呼ばれる日本の特養に相当する介護施設の新設が禁止され、高齢者住宅（1990年代後半以降は「プライエボーリ（ケア付き住宅）」）に切り替えられていく動きがあった。分科会でも、「在宅サービス」と位置づける本部事務局の考え方に異論はなく、一部委員から有料老人ホームについて意見が出されただけであった。[14]

(13) １９９６年６月の「介護保険制度案大綱」においては、在宅サービスの中で、有料老人ホーム・ケアハウス等における介護サービスを「特定施設入所者生活介護」として規定することが盛り込まれた。この「特定施設入所者生活介護」は、後に「居住系サービス」「第三類型」などと称されることとなるが、「自宅・施設以外で介護サービスを受けながら生活し続けることのできる場」として、高齢者介護に新たなカテゴリーを創設することとなった。介護保険制度創設後、国土交通省（旧建設省）は、厚生労働省（旧厚生省）との連携の下に、高齢者専用賃貸住宅（高専賃）・高齢者優先賃貸住宅（高優賃）という新たな賃貸住宅類型を制度化し、これらの住宅は２００３年の介護保険制度改正で特定施設入所者生活介護の対象に加えられた。高優賃・高専賃は、その後の制度改正により、介護保険制度適用を前提としたケア付き住宅として創設された「サービス付高齢者専用住宅（サ高住）」となった。

　このように「特定施設入所者生活介護」の創設は、「ケア付き住宅」という新たなサービス類型の創設・普及に結びつくとともに、「住宅」を通じた介護事業への民間事業者の参入の道を開くことにつながっていったが、それにとどまらず、特養など介護施設の個室・ユニット化や居住費の利用者負担導入の面でも影響を与えた。

(14) 介護給付分科会では、有料老人ホームについて既に入居している人が支払った入居金に関して、「公的介護保険を運用する際に、一時預り金に含まれている介護費用は何等かの形で入居者に返還するなり、アメニティに使う」といった対応が必要ではないかという問題が提起された。

⑧固まった「ケアマネジメント」の基本骨格

老健審において様々な論議を呼んだ「ケアマネジメント」は、本部事務局が５月に示した基本骨格をベースに、分科会で意見の一致をみた。介護保険制度では、「要介護認定」と「個別のケア計画（ケアプラン）」の作成は区分して考えることとなり、要介護認定は、保険給付の適否の決定という性格を有するものであるのに対し、ケアプランの作成は、専門家からなるチームが高齢者や家族の相談に応じケアの方針やサービスの内容を作成して、サービス提供につなぐものであると位置づけられた。

要介護認定については、（ア）要介護認定は保険者の責任で実施することが基本となるが、その場合も公正な専門家が客観的基準に基づき行う仕組みとして「第三者機関」を設けて行う方法も検討されるべきこと、（イ）要介護認定はできる限り迅速に行うこととし、緊急にサービス提供が必要なケースは、認定前の時点でも、まずサービスを提供しその後に制度に基づく事務処理を行うこと、（ウ）要介護認定基準は、専門的知見に基づいて、全国どこでも公平かつ客観的に認定を行うことができるようにすべきこと、とされた。

また、ケアプランの作成については、措置制度とは異なり、利用する高齢者の依頼に基づくことを基本とし、ケアプラン作成を行う機関も高齢者が自らの判断に基づいて選択できるようにする。ケアプラン作成は本人または家族の参画を基本に、実際にケアに携わる保健・医療・福祉の担当者からなるケアチームによって行うことや、市町村の一般保健福祉施策や市民参加の非営利組織との連携、近隣・友人など地域の社会資源の幅広い活用が望まれると

図Ⅱ－3　新高齢者介護システムにおける要介護認定とケアプラン
（1995年11月24日老健審介護給付分科会、厚生省提出資料より作成）

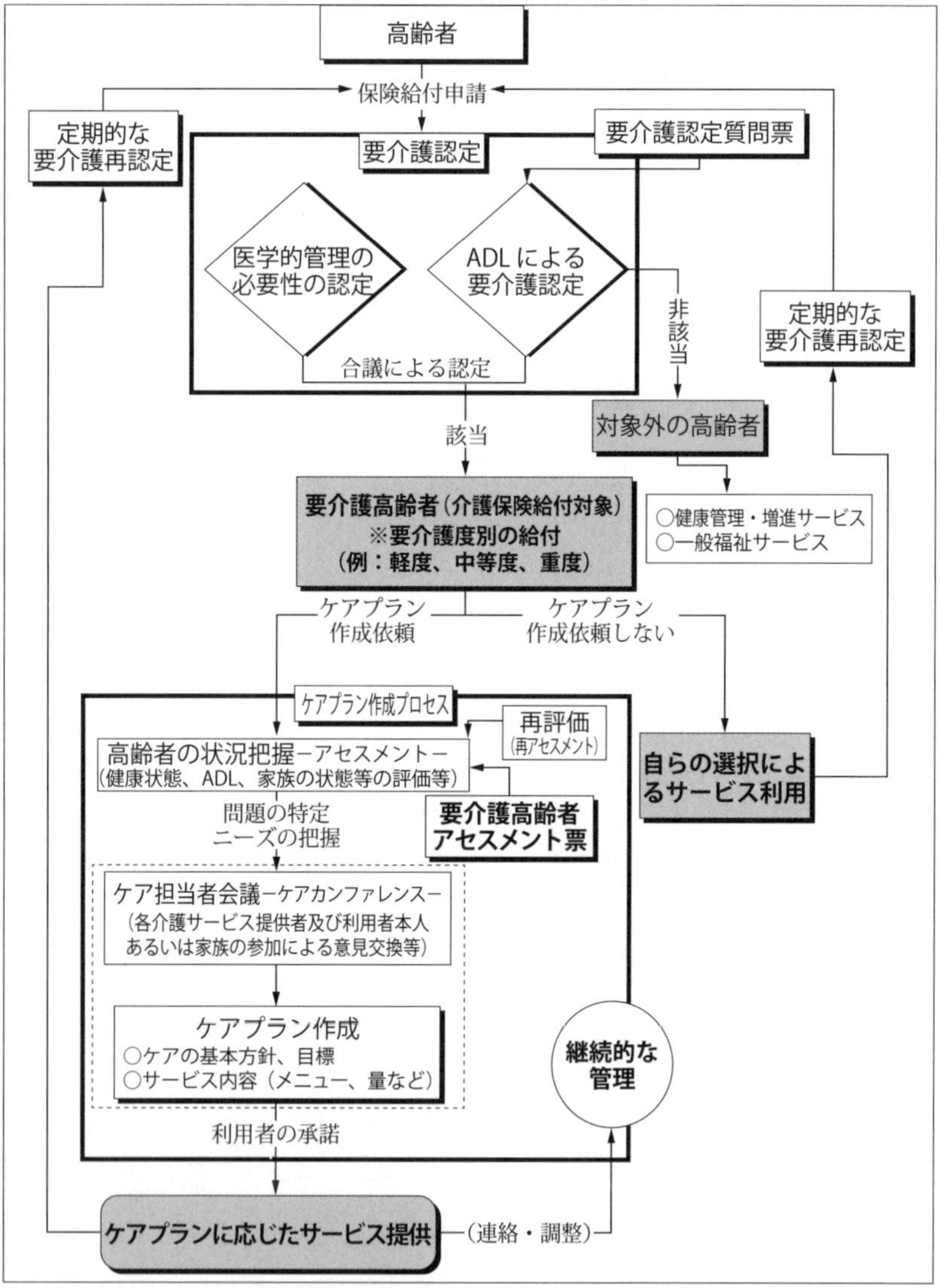

している。

このような考え方を踏まえ、本部事務局は、要介護認定とケアプランの全体の流れ（図Ⅱ－3）を取りまとめ、その後の介護保険制度に反映させていった。

このようにして基本骨格が固まったことから、これ以降の要介護認定やケアマネジメントの具体的な設計は、老健審ではなく、基礎調査研究会で主に取り組まれていくこととなった。

⑨対立解けぬ「一般病院の長期入院患者」と「家族介護」

委員の意見集約がかなり図られた介護給付分科会であったが、依然として意見対立が解けなかった課題が、「一般病院の長期入院患者」と「家族介護」をめぐる対応であった。

療養型病床群など介護体制を整えている病院の入院患者を介護保険制度の対象とすることは意見の一致をみたが、介護体制の整っていない一般病院に入院している長期入院患者については、分科会でも議論は平行線を辿った。給付対象とすべきという意見は、同じ保険に加入している以上、公平性の見地から給付すべきというものであった。これに対し、反対の立場からは、介護保険制度は良質の介護サービスを確保し、提供していくことが狙いであり、一条件を満たさない施設をそのまま制度に組み込むことはサービスの向上につながらない、一般病院の長期入院患者を給付対象とするのは「社会的入院」の追認である、といった指摘がなされた。そうした意見対立はあるものの、一般病院について介護環境の整備や介護施設への転換を促進すべきという点では大きな対立はなかった。

この問題以上に対立が鮮明だったのが、「家族介護」に対する現金支給をめぐる問題である。分科会では現金支給に賛成する委員と反対する委員がお互いに意見をぶつけ合う形となり、分科会報告は双方の意見を列記するにとどまった。

(4) 制度骨格をめぐる議論(制度分科会第1回~4回会合)

制度分科会は、最も難問である「社会保険システムの具体的なあり方」、すなわち介護保険制度の「制度骨格」を検討することとされていた。制度分科会の議論が始まった1995年10月の時点で、厚生省内の方針は、市町村を保険者とする「独立型介護保険方式」に固まりつつあった。しかし、それは厚生省内部の話であり、老健審をはじめ外部では制度骨格をめぐる議論はほとんど進展しておらず、意見集約を図るにはほど遠い状況にあった。そうした中で、本部事務局は少しでも論点の整理を進めようと、分科会の第1回会合(10月27日)に「現在公表されている介護保険制度試案」を、また、第2回会合(11月13日)に「公表されている介護保険制度試案の整理」を示した。この制度試案の整理では、A案(市町村保険者）、B案（国保険者）、C案（各医療保険者拠出の老人保健事業方式）の3つが併記された。本部事務局が本命として考えていたのはA案（市町村保険者）であったが、分科会ではそれぞれの考え方と問題点が指摘されただけで、案の絞り込みも行われなかった。

ただし、制度の重要な要素である保険料の制度設計に関しては、高齢者保険料の年金からの「特別徴収」（年金天引き）や現役世代の保険料徴収方法、事業主負担のあり方について具体的な議論が行われ、一定の進展が見られた。

一方、利用者負担については明確な方向性が示された。利用者負担は、利用するサービスや施設によって負担に格差が生じていることや受益に応じた適切な水準の負担とする観点から議論が行われ、応益負担の統一的なルールとして「定率負担」を基本に置くことで意見の一致をみた。

(5) 基盤整備と予防・リハビリをめぐる議論（基盤整備分科会第1回～4回会合）

①介護サービス基盤は3段階で整備

基盤整備分科会では、介護サービスを担う施設整備や人材の養成確保をテーマに議論が行われた。介護サービス基盤の整備については、介護給付分科会で検討されたサービスモデルに示されたサービス水準の実現に向けて、（ア）新介護システム導入までの間、（イ）新介護システム導入時から本格実施（サービスモデルで示されたようなサービス水準の達成される時期）までの間、（ウ）本格実施、の「3段階」にわたる整備スケジュールの基本的考え方が提示された。ここで重要となるのは「本格実施」をどの時点に設定するかであるが、分科会の検討時点では明確にはなっていない(15)。

基盤整備を促進する観点から、学校等の公共用地の有効活用や小規模施設等のきめ細かな対応が指摘されたほか、一般病院の療養型病床群への転換や養護老人ホームの特養への転換など、既存施設の転換を促進する方策を講じるべきとされた。また、介護人材の養成・確保策について、処遇の改善、研修の充実、実習施設の整備、有資格者など潜在的人材の活用が必要と指摘した。

(15) 各分科会の検討を終えた老健審の第18回会合（1995年12月20日）で、本部事務局は、「新介護システムにおける高齢者介護費用及び基盤整備量の将来推計（粗い試算）」を示し、そこにおいて「新制度の施行」を1997年度、「本格実施」を9年後の2005年度と想定していることを明らかにした。

②深まらない「予防・リハビリ」をめぐる議論

「予防・リハビリ」は、制度検討当初から重要なテーマの一つであった。システム研究会報告では「予防とリハビリテーションの重視」が掲げられ、老健審でも議論が交わされ、基盤整備分科会の検討課題ともされた。しかし、介護保険制度をめぐる検討過程では、他の論点に比べると議論は深まらず、多くの課題が積み残しとなった。

このような事態に至った要因としては、様々な課題が錯綜する中で、考え方や論点の「交通整理」が十分になされないまま議論が進み、結果として統一性がとれた対応ができなかったことがあげられる[16]。

第一には、「予防」という点で、健康な高齢者の心身機能の維持・向上を図る「一次予防」、虚弱老人などが要介護にならないようにする「二次予防」、さらに要介護の高齢者が重度化することを防ぐ「三次予防」が不分明なまま議論され、焦点が絞られなかったことがあげられる。

第二は、前述したように、虚弱老人（要支援者）に対するサービス（予防給付）において家事援助サービスの扱いが争点化し、その影響で「予防給付」の概念が曖昧となり、議論の混乱に輪をかけたことである。

第三は、「リハビリサービス」そのものが、制度的に乱立し未整理であったことである。例えば、医療機関が行うリハビリや老人保健施設のデイケアのほか、老人福祉ではデイサービス（日常動作訓練）が、さらに市町村では老人ヘルス事業として機能訓練が行われており、同じリハビリでも医療・保健・福祉では定義が異なっていた。

分科会報告においても、リハビリを急性期等の「医療的リハビリ」と「維持期リハビリ」とに機能区分した上で、前者は医療保険制度、後者は介護保険制度の適用とするという点は明記されたものの、リハビリの具体的な内容については、デイケア、老人ヘルス事業、デイサービスなどの関係整理が必要という指摘にとどまった。

(16) このように当時の議論が十分でなかったことから、介護保険制度施行後も、要支援者に対するサービスを含め「予防・リハビリ」のあり方は常に問われ続けた。このため、介護保険制度施行5年後の見直し（2005年介護保険法改正）では、「予防重視型システムの確立」の一環として「新予防給付」や「地域支援事業」の導入が図られることとなった。

③低調に終わった「リハビリ前置主義」と「地域リハセンター」

本部事務局が早い時点から「予防・リハビリ」を重視した背景には、前述したような「モラルハザード（過剰・不当利用）」への懸念があった。この問題への対応策として本部事務局が注目したのが「リハビリ前置主義」である。出発点となったのは、ドイツ介護保険法において「予防とリハビリテーションの優先」の規定（第5条）が置かれ、さらに「自己責任」として、被保険者が予防・リハビリに努めることが義務づけられていた（第6条）ことであった。こうした観点から介護保険法でも同様の規定が置かれた[17]が、実効性があがるような具体的な施策が講じられることはなかった。

「予防・リハビリ」の具体的な方策として本部事務局が力を入れていたのが、「地域リハビリテーションセンター（仮称）」構想であった。この構想は、当時の広島県御調町のリハビリセンターや米国のオンロクセンター[18]をモデルとしており、同センターは、医療と福祉が連携したリハビリを提供する、地域に開かれた「共同利用型センター」として、予防・リハビリの中核的な拠点となることが期待されていた。

しかし、他の論点が目白押しとなる中で、この構想についても制度的な検討や省内の調整が進まず、結局制度化は見送られることとなった。「予防・リハビリ」をめぐる議論・検討が低調だった背景には、当時は介護サービスの整備の方が焦眉の急であったことや、「廃用症候群」について社会的な認識が高まったのは介護保険制度施行後であり、現場や行政の認識も当時は十分でなかったことなどがあげられる。

(17) ドイツ介護保険法第5条では、保険者である介護金庫に対して、要介護状態への防止や要介護になった後の克服・悪化防止のための予防、治療及びリハビリテーションの処置を講じることなどが規定されていた。また、同法第6条は、被保険者が予防・リハビリテーションへの積極的な参加により、要介護状態の回避、要介護になった後の克服・悪化防止に努めることとしていた。

同様の趣旨から、日本の介護保険法においても、第2条第2項で「前項の保険給付は、要介護状態の軽減若しくは悪化の防止又は要介護状態となることの予防に資するよう行われる」ことが規定され、さらに同法第4条（国民の努力及び義務）第1項において「国民は、自ら要介護状態となることを予防するため、加齢に伴って生ずる心身の変化を自覚して常に健康増進に努めるとともに、要介護状態となった場合においても、進んでリハビリテーションその他の適切な保健医療サービス及び福祉サービスを利用することにより、その有する能力の維持向上に努めることとする」と規定された。

(18) 当時広島県御調町では、広島県立リハビリセンターが公立みつぎ総合病院、老健施設及び特養に併設され、病院・施設利用者のリハビリのほか、地域の要介護高齢者を対象とした地域リハビリを展開し、成果をあげていた。また、米国のオンロク（On Lok）センターは、地域の要介護高齢者に対してリハビリをはじめ医療・福祉の包括的なサービスを提供しており、関係者の間で注目されていた。

(6) 「第2次報告」の取りまとめに向けての審議（老健審第17回～20回会合）

①各分科会の報告を受けて給付面を中心に審議

老健審は、第17回会合（12月13日）で3つの分科会の報告を受け、意見交換がなされた後、本部事務局から今後の審議の進め方が提案された。それは、年内の報告の取りまとめはせず、次回はかねてから委員が求めていた、サービスモデルを踏まえた高齢者介護費用や基盤整備の将来推計を本部事務局が示し、これを踏まえて、介護給付と基盤整備の残された論点について集中的に議論し、その上で翌年の1996年1月に第2次報告という形で意見の取りまとめを行う、というものであった。本部事務局は、この時点で制度論について打開の見通しが立たないことから、ギリギリの判断として介護給付の内容を先行的に決めていく方針を固めたのである。

その上で、制度論については、保険料などの負担をどう考えるかが議論の中心になることから、関連する老人保健拠出金の見直しの審議[19]と併せて議論を行い、可能であれば2月下旬を目途に全体を取りまとめた最終報告をお願いしたい、という意向を明らかにした。

(19) 老人保健拠出金の見直しは、1995年3月の国保法改正で老人加入率上限の段階的引上げが法定化された際に、附帯決議で「3年以内の再検討」が義務づけられていたものである。老健審の中では健保関係委員が、介護保険制度と老人保健制度見直しの同時審議を強く主張していたため、介護給付を先行的に議論することとのバランスもあり、このタイミングで取り上げることとなった。この問題については、老健審の第20回会合（1996年1月25日）で、特別部会を設置して進めることが決定された。

②「高齢者介護費用及び基盤整備量の将来推計（粗い試算）」の提示

第18回会合（12月20日）において、本部事務局は、表Ⅱ－2の「高齢者介護費用及び基盤整備量の将来推計（粗い試算）」を提示した。この費用推計は、制度設計において非常に重要な意味を有していた。この費用推計に基づいて財政見通しや保険料水準の試算などが行われ、介護保険法が成立した後も介護報酬設定などのベースとなった。

費用推計（図Ⅱ－4）では、本部事務局の方針として「新制度の施行」を1997年度に置き、その上で、2000年度の見通しとして、ケースを3つ示している。本部事務局は、「在宅介護サービス整備率」という概念[20]を用いて、3つのケースを設定しており、在宅介護サービス整備率が50％と最も高い「ケースA」では介護費用は4・8兆円（単価の伸び3％の前提。以下同じ）、40％の「ケースB」では介護費用は4・4兆円、新ゴールドプランによる基盤整備水準の「ケースC」では介護費用は4・1兆円とした。その上で、制度の「本格施行」と目する2005年度は、在宅介護サービス整備率60％で介護費用7兆円、2010年度は80％で介護費用10・5兆円を見込んでいた。ただし、介護費用には、家族介護に対する現金給付は含まれていなかった。

在宅介護サービス整備率がかなり低めに設定されているのは、この費用推計が分科会で示されたサービスモデルをベースとしていたからである。このサービスモデルは当時世界最高水準とされた北欧諸国に比べても遜色のないような高い水準を目指すものであったため、サービス整備に前向きな委員の間でも整備率の低さを問題視する意見はなかった。また、費用推計においては、特養の職員配置基準について、2005年度までに従来の4対1を3対1にまで改善するということが盛り込まれていた。[21]この費用推計は、介護保険制度の創設は

表Ⅱ－2　高齢者介護費用及び基盤整備量の将来推計（粗い試算）
（1995年12月20日老健審、厚生省提出資料より作成）

（兆円）

	費用	2000（平成12）年度			2005（平成17）年度	2010（平成22）年度
		ケースA	ケースB	ケースC		
単価の伸び率２％の場合	総費用	4.6	4.3	4.0	6.4	9.2
	在宅	1.5	1.2	1.0	2.6	4.8
	施設	3.0	3.0	3.0	3.8	4.4
	特別養護老人ホーム	1.1	1.1	1.0	1.4	1.6
	老人保健施設	1.0	1.0	1.0	1.3	1.5
	療養型病床群等	0.9	0.9	0.9	1.2	1.3
単価の伸び率３％の場合	総費用	4.8	4.4	4.1	7.0	10.5
	在宅	1.6	1.3	1.0	2.9	5.5
	施設	3.1	3.1	3.1	4.1	5.0
	特別養護老人ホーム	1.1	1.1	1.0	1.5	1.8
	老人保健施設	1.1	1.1	1.1	1.4	1.7
	療養型病床群等	1.0	1.0	1.0	1.2	1.5
単価の伸び率４％の場合	総費用	5.0	4.6	4.3	7.6	12.1
	在宅	1.7	1.4	1.1	3.2	6.4
	施設	3.3	3.3	3.2	4.5	5.7
	特別養護老人ホーム	1.2	1.2	1.1	1.6	2.1
	老人保健施設	1.1	1.1	1.1	1.5	1.9
	療養型病床群等	1.0	1.0	1.0	1.3	1.7

（注）1　この試算結果は、利用者を含む高齢者介護費用の総資産を推計したものである。

2　上記推計における単価の伸び率は、単純に設定したものであり、国民所得との関係を考慮したものではない。

3　この試算においては、グループホーム・地域リハビリテーション・介護手当等に関する費用は織り込んでいない。また、リハビリテーションの推進による要介護高齢者等の減少やサービスモデル（典型的ケース）に基づくサービスの充実による要介護度の軽度化については、その費用効果は織り込んでいない。

4　要介護高齢者のサービス整備率については、施設については100％、在宅については2005（平成17）年度に60％、2010（平成22）年度に80％になるものと仮定している。また、2000（平成12）年度の在宅介護サービス整備率については、ケースAでは50％、ケースBでは40％になるものと仮定している。

なお、2000（平成12）年度まで新ゴールドプランで基盤整備をすることとしたケースをケースCとして設定している。（2000［平成12］年度まではサービスモデル（典型的ケース）及び特別養護老人ホームの職員配置基準の改善を考慮しないケース。）

5　端数処理（四捨五入）の関係で数字の合計が一致しないことがある。

図Ⅱ－4　高齢者介護費の推計について（単価の伸び率３％の場合）
（1995 年 12 月 20 日老健審、厚生省提出資料より作成）

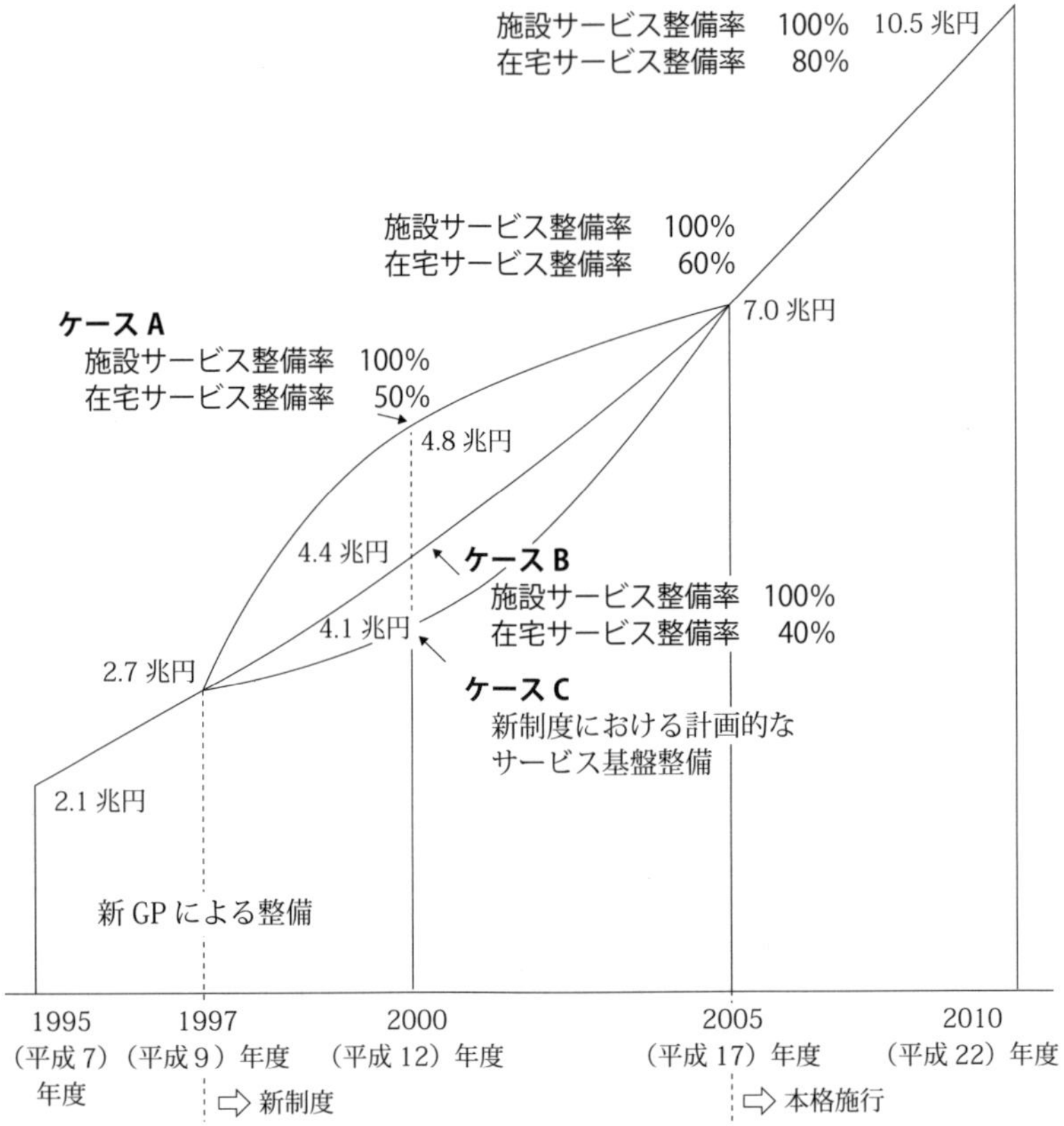

在宅・施設サービスともに高い水準のサービス実現を目指すものである、という本部事務局の基本方針を明確に示すこととなった。

後年こうした推計値は実際の数値に近いことが明らかになった[22]。この費用推計が驚くほど正確であったことは、当時の推計作業が精緻であったとともに、制度創設後、要介護高齢者のサービス利用が想定どおり進み、それに伴ってサービス基盤の整備が順調に進んでいったことを示すものである。

(20) 試算で用いた「在宅介護サービス整備率」とは、「全ての在宅要介護高齢者に対し毎週サービスモデル（典型的ケース）に基づくサービスを提供した場合のサービス量」に対する「整備基盤に基づくサービス供給量」の比率であるとしていた。すなわち、すべての在宅要介護高齢者が全員、サービスモデルに基づくサービスを利用できるだけのサービス量が確保された場合の整備率を１００％と設定し、それに対する各時点での基盤整備量（＝サービス供給量）を示したものが、この整備率ということになる。本部事務局の費用推計は制度施行後、サービス利用が進み、それに伴ってサービス整備も進展し、２０１０年段階で80％に到達する、という考えに基づいて行われている。

(21) 特養の職員配置基準の引上げの理由を問う質問が健保関係委員から出されたが、本部事務局は「療養型病床群及び老人保健施設における看護・介護職員の体制の基準は現在既に3対1を超えているので、特別養護老人ホームについても3対1程度の体制を整えることが適当と考えた」旨の回答を行った。また、他の委員の質問に答える形で、その費用は「月29万円程度の単価」で設定していることを明らかにした。こうした本部事務局の方針は、老人福祉関係者において介護保険制度推進論を勢いづけるものとなった。

(22) 介護保険制度施行後の実績では、２００２年４月審査分の在宅サービス平均利用率（平均利用率とは、「居宅サービス受給者平均給付単位数の支給限度基準額に対する割合」のこと）は41・5％であった。２００２年の数値ではあるが、２０００年時点においても大きくは変わらないとみてよいであろう。そうなると、２０００年度の在宅介護サービス整備率を40％に設定した「ケースB」とほぼ一致していたと言える。

また、介護費用の実績は、２０００年度は約３・６兆円、２０１０年度の介護費用は７・８兆円であった。試算は、１９９７年度の約２・７兆円をベースに物価上昇率を３％と見込んだ数値として、「ケースB」では２０００年度は約４・４兆円、２００５年度は約７・０兆円、２０１０年度は約10・５兆円としていたが、実際には物価上昇率がゼロであったことから見ると、費用の実質値も大きな違いはなかった。

さらに、「人口１人あたり高齢者介護費用額の推計（粗い試算）」では、１人あたりの費用額の推計が示されているが、そこでは「40歳以上」で負担するとした場合には、「ケースB」で2000年度月額5700円とされており、公費2分の1とすると、保険料負担は2850円となる。実績を見ると介護保険制度の第一期保険料（全国平均）は2911円であり、試算とほぼ同水準であった。

(7)「第2次報告」の取りまとめ（老健審第21回会合、1996年1月31日）

老健審は、1996年に入って第19回会合（1月17日）、第20回会合（1月25日）、第21回会合（1月31日）と毎週開催され、資料Ⅱ－4のとおり「新たな高齢者介護制度について（第2次報告）」を取りまとめた。

報告の取りまとめに当たって、介護給付については、「家族介護への現金支給」の問題を除き、概ね意見の一致をみた。意見が対立していた「一般病院の長期入院患者」については、「介護保険の狙いは、良質の介護サービスを確保し提供していくことである」という趣旨から、そのままの形で介護給付の対象とすることは適当でないとした上で、老人病院の介護体制を充実し介護施設に転換することを推進することとなった。

ケアマネジメントに関しても、「要介護認定」と「ケアプラン作成」を区分する考え方が確認されるとともに、ケアプラン作成を行う「ケアマネジメントサービス」を介護給付（在宅サービス）の対象とする考え方が明記された。

一方、制度骨格については、論点と議論の整理が行われただけであった。報告書では、制度のあり方に関して「議論の概要」が別紙資料として添付されたが、そこでは、保険者については「市町村を保険者とする考え方」、「国を保険者とする考え方」、「老人保健制度を活用した仕組みとする考え方」の3案が列記されるなど、制度分科会報告とほぼ同じ内容にとどまった。

このように第2次報告は、総じて介護給付の内容・水準を強調するものとなっている。報告書の「はじめに」には、「国民各層においても、新たな高齢者介護制度の創設によって、①どのような介護サービスが、②どのような手続きで提供されるか、③そのサービスの内容・水準は現在に比べ、どの程度改善するのかといった点について期待と関心が高まっている。当審議会としても、こうした国民の要望に応えるべく、これまでの検討を前提に、できる限り国民情報を公開する観点から、次のとおり第2次報告を提言することとする」と述べられている。これは、介護保険制度で実現を目指している介護給付の内容・水準を国民に明らかにすることが制度導入を推進する原動力となる、との考え方に基づいていた。

資料Ⅱ－4　新たな高齢者介護制度について（第２次報告）の概要(抄)　（1996年１月31日老健審、厚生省提出資料）

第１　介護サービスの内容、水準及び利用プロセス

Ⅰ　基本理念

Ⅱ　介護サービスの対象者

○痴呆性老人を含め要介護状態にある高齢者を対象者とし、虚弱老人についても、寝たきり予防や自立の支援につながるよう、必要なサービスを提供。

○若年障害者については、障害者プランに基づき、ふさわしいサービス提供を実現。サービスの谷間が生じないよう「初老期痴呆」のようなケースを提供。

Ⅲ　介護給付の内容・範囲

1．在宅サービスについて

○在宅サービスは、(ア)ホームヘルプサービス、(イ)デイサービス、(ウ)リハビリテーションサービス（デイケア、訪問リハビリを含む）、(エ)ショートステイ、(オ)訪問介護サービス、24時間対応型巡回サービス、(カ)福祉用具サービスや痴呆性老人向けのグループホームについても積極的に取り組むべき。医学的管理、口腔管理、薬剤管理指導、住宅改修サービス等について検討。

○要介護高齢者に対して、多様な専門家からなるケアチームが適切な介護サービスの提供に関する計画（ケアプラン）を作成するサービス（ケアマネジメントサービス）を介護給付の対象とすることが適当。

○サービスの水準は、新ゴールドプランで想定するサービス水準を踏まえつつ、新制度にふさわしい水準を目指すものとし、具体的なサービスモデルを提示。

○こうしたサービス水準の実現に当たっては、段階的にサービス供給体制のレベルを引き上げることが適当。

2．施設サービスについて

○施設サービスは(ア)特別養護老人ホーム、(イ)老人保健施設、(ウ)療養型病床群等介護体制の整った医療施設が対象。

○一般病院は、介護体制を充実し、介護施設への転換を進めることにより、入所者を給付対象とすることが適当。転換助成の充実、診療報酬上の措置等について検討。

○養護老人ホームも、介護体制の充実強化を図り、特別養護老人ホームへの全部又は一部転換や特別養護老人ホームの併設を促進。

○軽費老人ホーム、ケアハウス、有料老人ホームの居住者のうち要介護の人に対しては介護保険から在宅サービスを提供。

3．介護サービスの事業主体について

○介護サービスの事業主体につい

ては、当面、現行の事業主体を基本とするがサービスの内容の性格等に応じ、できる限り多様な主体の参加を求める。

Ⅳ　介護サービスの利用方法

1．基本的な考え方

○高齢者が自らの意思に基づいて、利用するサービスを選択し、決定することを基本とし、それに対して保健・医療・福祉の専門家が連携（ケアチーム）して身近な地域で支援する仕組み（ケアマネジメント）を確立。

○要介護認定と個別のケア計画（ケアプラン）の作成は区分して考えることが適当であるが、できる限り両者の連携を図ることが必要。

2．要介護認定について

○要介護認定は、保険者がその責任と権限に基づき、「高齢者が介護が必要な状態にあるかどうかを一定の基準により確認する行為」であり、第三者機関のような組織を設け、公正な専門家が客観的基準に基づき行うことが適当。

3．ケアプランの作成について

○ケアチームが、高齢者や家族の相談に応じ、ニーズを適切に把握した上で、ケアプランを作成し、様々なサービス提供機関との調整を行うことが必要。

Ⅴ　家族介護について

○家族介護に対する現金支給については、積極的な意見と消極的な意見があり、さらに今後の広範な国民的議論を期待。

第2　高齢者介護に関するサービス基盤の整備

Ⅰ　介護サービス基盤の整備について

○国や地方公共団体は、サービスモデルで示されたサービス水準の段階的な達成に向けて、基盤整備を総合的かつ計画的に進めていくことが必要。

Ⅱ　介護サービスを担う人材の養成・確保、質の向上について

Ⅲ　予防、リハビリテーションの充実

Ⅳ　経過措置

第3　費用負担・制度に関する主な論点と基本的な考え方

費用負担・制度のあり方に関して、制度分科会で検討された主な論点と基本的な考え方に関する議論の概要を整理。

（別紙）新たな高齢者介護制度における費用負担及び公的介護保険制度のあり方に関する主な論点と基本的な考え方

4

制度骨格をめぐる検討
1994年4月〜1995年12月

(1) 当初の五つの制度骨格案(1994年4月ごろ)

ここで、介護保険制度の「制度骨格」をめぐる検討経過を概観する。まず対策本部が設置された1994年4月ごろに本部事務局が選択肢としてあげたのは、前述したように、①「20歳以上介護保険方式」、②①の別案「40歳以上介護保険方式」、③「老人保健制度方式」、④「65歳以上介護保険方式」、⑤「老人介護制度創設方式」の5つの制度案であった。各制度案は、それぞれに長所と短所を有しており、本部事務局の検討においても一つの案に絞り込める状況にはなかった。

①「20歳以上介護保険方式」

図Ⅱ－5　①「20歳以上介護保険方式」

保険料収入（全国一律の標準料率）	
公費	国（1／4）
	都道府県（1／8）
	市町村（1／8）

〈介護保険〉

①保険者～市町村

②被保険者～20歳以上の国民

③受給者～65歳以上の要介護状態にある被保険者

④保険料

・全国民一律の標準料率を設定。
（保険料）＝均等割＋所得割
課税対象所得は国保並み（総所得）

・被用者分は市町村民税（源泉徴収）、その他は国保税（申告納付）ルートを活用。

⑤事業主負担なし。

⑥市町村の高齢化、財政力等に応じ財政調整。

⑦公費負担1／2（国1／4、県1／8、市町村1／8）

この案（図Ⅱ－5）は、対策本部設置前に設置された省内の検討チームが制度試案とした案の一つである。市町村を保険者、20歳以上の国民を被保険者、65歳以上の要介護の被保険者を受給者とする。保険料率は全国一本の料率（標準料率）とし、事業主負担は入れない。各市町村の財政力や高齢化率の違いに応じて生じる保険料財源の過不足については、全国レベルで財政調整を実施する。給付費の2分の1は公費負担とし、その内訳は国が4分の1、都道府県と市町村が8分の1ずつ負担する。

この案の長所は、介護保険制度

の基本理念として、社会保険方式と市町村主義を融合させた最も分かりやすい制度案ということである。ただし、保険料率を全国一本とする結果、市町村は保険者にとって最も重要な保険料率設定の権限と責任を有しない存在となり、実質的には国が主要な保険者機能を担う「国営保険方式」に近いとも言える。これは、当時の国保をめぐる状況からみて、保険者を市町村とするためには保険料率を全国一本とするような措置が不可欠であると考えたためである。

この案は「実現可能性」という点では多くの課題があった。第一は、20歳以上を保険料を負担する被保険者としているにもかかわらず、受給権者を65歳以上に限定している点である。この方式では、65歳未満の者は受給権がないのに保険料負担が課されることとなるが、このような考え方が社会保険制度として適当か否かは、制度検討の最終段階に至るまで大きな争点となった。第二は、事業主負担や国保の国庫負担が組み込まれていないため、結果として被保険者の保険料負担が過大となるのではないかという点であった。第三は、全国一本の保険料率では、地域によるサービス格差が反映しないことや被保険者の所得把握の面で、地域間で不公平になるのではないか、といった点であった。

②①の別案「40歳以上介護保険方式」

図Ⅱ－6　①の別案「40歳以上介護保険方式」

保険料収入（被保険者1人あたり均等定額）	
拠出金（医療保険各保険者が拠出）	
公費	国（1／4）
	都道府県（1／8）
	市町村（1／8）

〈介護保険〉

①保険者～市町村

②被保険者～40歳以上の医療保険加入者全員

③受給者～40歳以上の要介護状態にある被保険者

④保険料

・被保険者1人あたり均等定額

⑤拠出金

・給付費の1／2のうち、保険料収入で足らざる部分を、医療保険各保険者が40歳未満の加入者数に応じ拠出金として負担。

⑥市町村の高齢化、財政力等に応じ財政調整。

⑦公費負担1／2（国1／4、県1／8、市町村1／8）

この案（図Ⅱ－6）は、①案が有する課題を克服する「別案」として位置づけられる。まず、40歳以上を被保険者、かつ受給権者としていた。これは、①案の被保険者（20歳以上）と受給者（65歳以上）の範囲が異なるという課題を克服しようとするものである。また、財源構成では、公費負担を給付費の2分の1とした上で、残り2分の1は保険料と医療保険者拠出（40歳未満の加入者で案分）で賄うという考え方が盛り込まれていた。この「医療保険者拠出金」という仕組みは、事業主負担や国保の国庫負担も組み込みつつ、各被保険者の所得把握の公平性の問題にも対応するという点で、実現性に優れた案であった。この案は、「市町村」を保険者とし、「被保険者と受給者の範囲」を一致させつつ、「医療保険者拠出」を活用するという制度骨格において、現在の介護保険制度の基本となったと言える。

この案の難点は、「40歳以上」という年齢の区切りが、当時は老人保健事業以外に制度上存在していなかったこともあり、医療・福祉分野において積極的に位置づけることが難しいという点であった。結局、「40歳以上」ではなく、「20歳以上」さらには「0歳以上」にまで下げざるを得なくなるのではないかと懸念されていた。

③「老人保健制度方式」

この案（図Ⅱ－7）は、省内の検討チームが検討したもう一つの制度案で、当時の老人保健制度の仕組みを活用し、医療保険制度の仕組みの上に乗せるものであった。制度運営を市町村と医療保険者の共同事業として行うもので、市町村は65歳以上を対象とする介護給付を行う事業実施主体とし、その費用は公費2分の1と医療保険者拠出金2分の1で賄うこととしていた。このため、医療保険各法において、「要介護状態の発生」を保険事故とする法律改正を行うことを想定していた。

図Ⅱ－７　③「老人保健制度方式」

<table>
<tr><td colspan="2">保険者拠出
（定額制＋所得割）</td></tr>
<tr><td rowspan="3">公
費</td><td>国（１／４）</td></tr>
<tr><td>都道府県（１／８）</td></tr>
<tr><td>市町村（１／８）</td></tr>
</table>

〈老人保健法の改正〉
①事業実施主体～市町村長
②事業内容
・老人保健事業に「介護給付事業」を追加。
・介護給付事業
　65歳以上の要介護老人を対象。
　（在宅給付、施設給付）
③費用負担
・公費１／２（国１／４、県１／８、市町村１／８）
・保険者拠出金１／２
　拠出金は、定額部分と所得比例部分の組み合わせとする。所得比例部分の課税ベースは、医療保険の扱い通り（被用者～標準報酬、国保～総所得）。
〈各医療保険法の改正〉
・要介護状態の発生を保険事故とし、介護給付を保険給付とする。

　この案の長所は、老人保健制度という既存制度を活用でき、制度運営コストも節約できるという点にあった。一方、短所としては、老人保健制度自体が、事業を実施する給付主体と費用を負担する財政主体が分離している点で強く批判されていたことがあげられる。さらに、介護を医療保険に組み込むこととなるため、医療とは異なる介護サービスの基本理念を新たに打立てようとする改革が進まないのではないか、という本質的な問題が懸念されていた。

④「65歳以上介護保険方式」

この案（図Ⅱ－8）は、都道府県及び政令市を保険者とし、65歳以上を被保険者かつ受給権者とするものである。財源構成は、公費2分の1、残り2分の1については被保険者である高齢者が払う「保険料」と「医療保険者拠出金」で構成される「介護基金」で賄うこととしていた。

注目されるのは、「保険料」と「医療保険者拠出金」の負担割合を、高齢者の年金受給額の増大に応じて変動させることとした点であった。この仕組みの下では、高齢化の進展に伴い高齢者全体が払う保険料負担分が増加し、介護保険制度は徐々に高齢者自身が支える制度へと移行していくこととなる。このような高齢者世代と若者世代の負担割合を高齢化の進展という「時間軸」によって調整していく考え方は、当時斬新な発想であり、現在の介護保険制度を形作る重要な仕組みとして導入されることとなった。また、年金からの天引き（源泉徴収）の考え方が盛り込まれていた。

一方、この案は、医療保険者（特に被用者保険の保険者）が自らの被保険者とは関係のない高齢者の介護費用まで負担することとなるため、このような仕組みは法制的に可能なのか

図Ⅱ－８　④「65 歳以上介護保険方式」

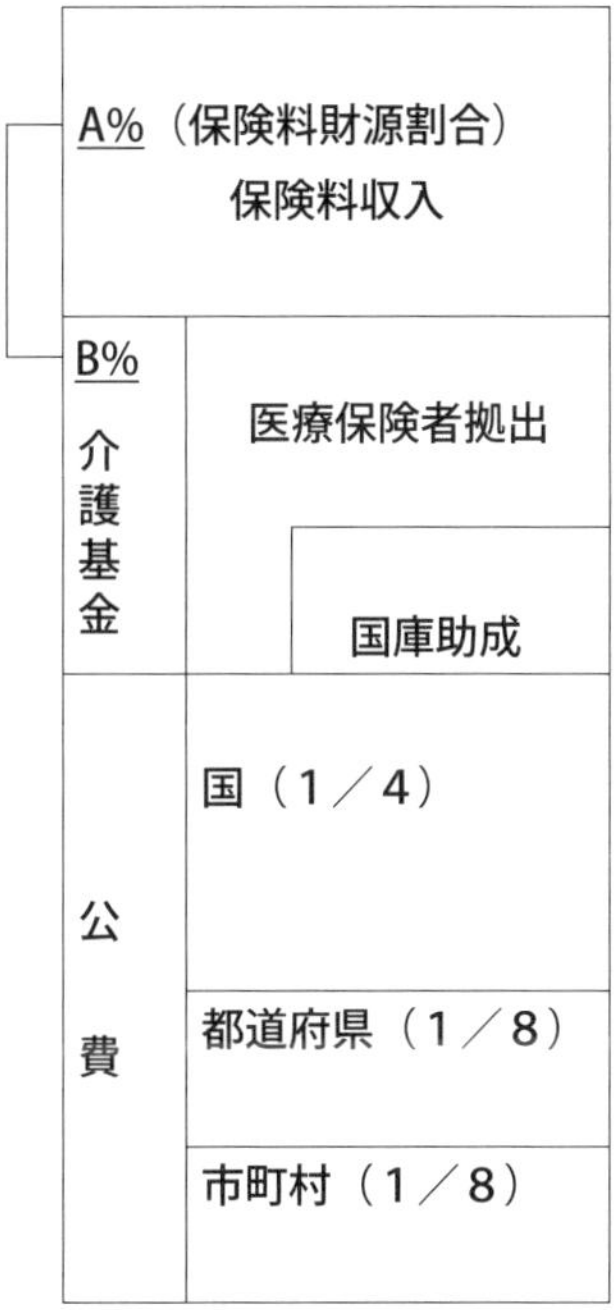

〈介護保険〉

①保険者～都道府県、政令市

②被保険者～65 歳以上の国民、ただし、福祉年金等受給者及び無年金者を除く（これらの者は当面、措置制度で対応）

③受給者～65 歳以上の要介護状態にある被保険者

④保険料

・総費用の A%を保険料収入で確保。

※ A%（保険料財源割合）は、年金受給額の増大に応じ増加することとなる。

・定率保険料～年金受給額×α%（上記により算定）

※当面、α%＝ 0.5 ～ 1%程度か。

・源泉徴収（年金天引き）とする。

⑤公費１／２（国１／４、県１／８、市町村１／８）

⑥介護基金

・国は、介護保険の基盤安定のため介護基金を設置する。

・各医療保険者は、総費用の B（50 － A）%を介護基金に拠出する。必要拠出金額を各保険者加入者数（介護保険被保険者分を除く）で按分する。

・基金強化のため、国費（増税分など）を投入する。

・介護基金は、一般寄付（税控除）を受け付ける。

・介護基金は、ボランティア活動支援事業等を行う。

という問題などが指摘されていた。

⑤「老人介護制度創設方式」

この案（図Ⅱ－9）は、②と③が合体したような案で、市町村は65歳以上を対象とする介護給付を行う事業実施主体とし、その費用は公費2分の1と介護基金2分の1で賄うこととしていた。ただし、③案とは異なり、介護基金は、「年金保険者」と「医療保険者」の拠出のほか、消費税増税分の「国費」も投入するというものである。

この案の特色は、介護制度を医療保険や福祉制度だけでなく、年金制度も組み込んだ制度設計としている点であった。年金制度を活用する考え方は、介護保険論議の草創期から唱えられ、制度の本格的な検討が始まった後も一部の医療保険関係者等を中心に主張され続けたが、年金保険者が介護制度に拠出することが法制的に可能なのかという点や無年金者の扱いをどうするかといった課題があげられていた。こうした年金制度活用論は、最終的には高齢者保険料の「年金天引き」に結びついていった。

図Ⅱ－９　⑤「老人介護制度創設方式」

介護基金	必要額× A% 年金保険者拠出
	必要額× B% 医療保険者拠出
	国庫助成
公費	国（1／4）
	都道府県（1／8）
	市町村（1／8）

〈老人介護法〉

①事業実施主体～市町村長

②事業内容

・介護給付事業～65歳以上の要介護老人を対象（在宅給付、施設給付）

※福祉年金受給者等は、当面措置制度で対応。

③費用負担

・市長村が費用を支弁（実質1／8負担）

・国は1／4、都道府県は1／8を助成。

・介護基金からの拠出　1／2

④介護基金

・介護事業の推進のため介護基金を設置する。

・年金保険者と医療保険者は拠出割合に応じ拠出を行う。

拠出割合は、年金受給額の増大に応じ改定

ア）年金保険者～必要拠出額× A%

イ）医療保険者～必要拠出額× B%

各医療保険者は、各加入者数（年金受給者を除く）で按分する。

・基金強化のため、国費（増税分など）を投入する。

(2) 拡散する制度骨格の省内議論(1994年夏～1995年春)

1994年7月にシステム研究会が設置され、介護保険制度の基本理念や介護サービス体系のあり方について検討が進められるのと併行して、本部事務局においては制度骨格について精力的に検討が進められた。しかし、厚生省内の議論は収束するどころか、拡散する一方であった。各案がそれぞれ長所と短所を有しており、問題点の解決が容易でなかったことに加え、医療保険制度再編と介護保険制度導入を同時に実施する「医療・介護同時改革」を主張する動きが省内に高まったからである。こうした状況下で、当初の5案とは異なる様々な制度案が提案され、延々と検討が続けられていった。

新たな基本理念に基づく介護サービス体系を創設することに主眼を置いていた本部事務局は、一貫して市町村を保険者とする介護保険方式が最もふさわしい制度案と考えていたが、この方式にも種々の課題があることなどから、厚生省内の意思統一は一向に進まなかった。以下、1994年夏から1995年春にかけての厚生省内の制度骨格をめぐる議論の経緯を概観する。

①課題山積の「独立型介護保険方式」

医療保険制度とは異なる介護保険制度を新たに創設する「独立型介護保険方式」が、本部事務局が最も有力と考えていた制度案であった。この案は、制度検討を開始した1994年4月当初から検討されていた（当初の①案と①の別案があたる）が、その後の検討の過程で種々の障害や課題が提起され、それに対して有効な解答が見出せない状況が続いた。

保険者については、「市町村保険者案」が本部事務局では支配的であったが、この案に対しては、地方自治体、特に全国市長会や全国町村会の強い反発が予想されていた。このため、代替案として、国が保険者となり保険財政や給付の責任を負う一方で、市町村が給付事務を実施する「国営＋市町村事業案」が選択肢にあげられた。しかし、この案は、当初の「20歳以上介護保険方式」と同様に保険料を全国一律で設定することから、地域によってサービス格差が大きい状況では地域間で負担が不公平になるという本質的な問題を有していた。

また、被保険者と受給権者のあり方についても、次のような3つの方向で打開を図るべく模索が続いたが、意見を統一するまでには至らなかった。

（ア）独立型介護保険方式―被保険者二元化案

検討当初の①の別案（40歳以上介護保険方式）をベースに、被保険者と受給者の範囲を一元化する「被保険者一元化案」が基本となっていた。この考え方には、前述したように「40歳以上」という年齢の区切りを医療・福祉分野において積極的に位置づけることが難しいという難点があった。また、事業主負担を企業が直接雇用関係を有していない高齢者の費用に充てる仕組みには法制上の問題があるほか、経済界の強い反対が予想された。

(イ) 独立型介護保険方式―被保険者高齢者・現役二分案

そこで、代案として検討されたのが、高齢者と現役世代で制度の基本的枠組みを二分する案であった。具体的には、高齢者は「短期保険」、現役世代は「長期保険」という2つの性格の異なる保険システムとするもので、現役世代について現役期から自らが高齢者になった時に介護給付を受けるために保険料を納付するという、年金の仕組みを組み込んでいた点が他の制度案と大きく異なっていた。このため、現役世代(この案では「第二種被保険者」としている)の保険料は年金保険者が徴収し、年金保険者が保険料納付実績の管理も行うことが考えられていた。この案については、現役世代は現役期には受給権が与えられていない点が難点としてあげられるほか、現役時代に保険料未納だった者について介護給付を出さないで済むのかといった点や保険料納付実績管理のために新たな巨大なデータベースが必要となる点、当時既に膨大な数にのぼっていた国民年金未納者・滞納者の保険料徴収ができないという欠点が指摘された。

(ウ)　独立型介護保険方式―被保険者高齢者・医療保険者拠出金案

もう一つの代案は、当初の④案（65歳以上介護保険方式）を発展させ、被保険者かつ受給権者は65歳以上の者としつつ、現役世代も医療保険者拠出金という形で負担するという案であった。制度案としては最も簡明で、事務的な問題も少なく、実現可能性という点では群を抜いていた。ただし、難点は、「医療保険者拠出金」の導入が制度的に可能かどうかという点で、この案のように現役世代を介護保険の被保険者としないにもかかわらず、医療保険者に費用拠出を求めることは困難だとする指摘が強かった。

②「医療・介護同時改革」を目指す案の提起

このような「独立型介護保険方式」をめぐる議論の混迷に加えて、1994年暮れごろからは医療保険制度改革をめぐる議論が絡み、事態はさらに錯綜していった。これは、1995年には医療保険審議会で医療保険制度改革の審議が開始することが予定されていたことから、厚生省内では保険局や老人保健福祉局を中心に「医療・介護同時改革」を主張する意見が高まってきたからである。この「医療・介護同時改革」の観点からは、次の2つの制度案が新たに提起された。

(ア)　医療保険再編方式（医療・介護2枚看板方式）

図Ⅱ－10　（ア）医療保険再編方式（医療・介護２枚看板方式）

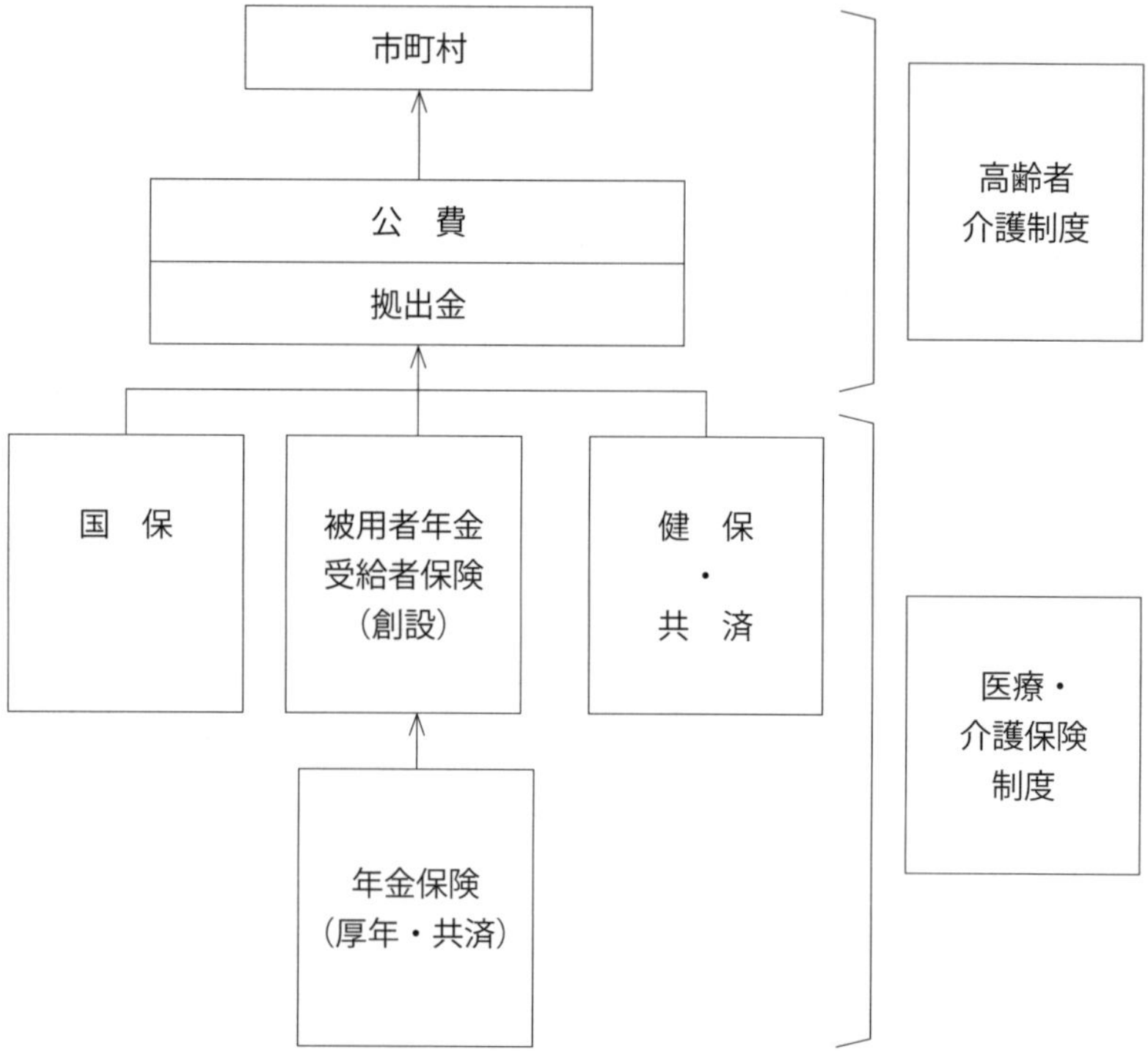

「医療・介護同時改革」を目指す制度案の一つが、「医療保険再編方式（医療・介護2枚看板方式）」（図Ⅱ－10）と呼ばれるものであった。この案は、高齢者介護については各医療保険者（この案では「医療・介護保険者」という「2枚看板」の主体となる）が費用拠出をする方式で、老人保健制度の仕組みを活用したものであった。

　この介護制度の導入に合わせて、医療保険制度を抜本的に再編し、老人保健制

図Ⅱ－11　（イ）高齢者総合保険構想

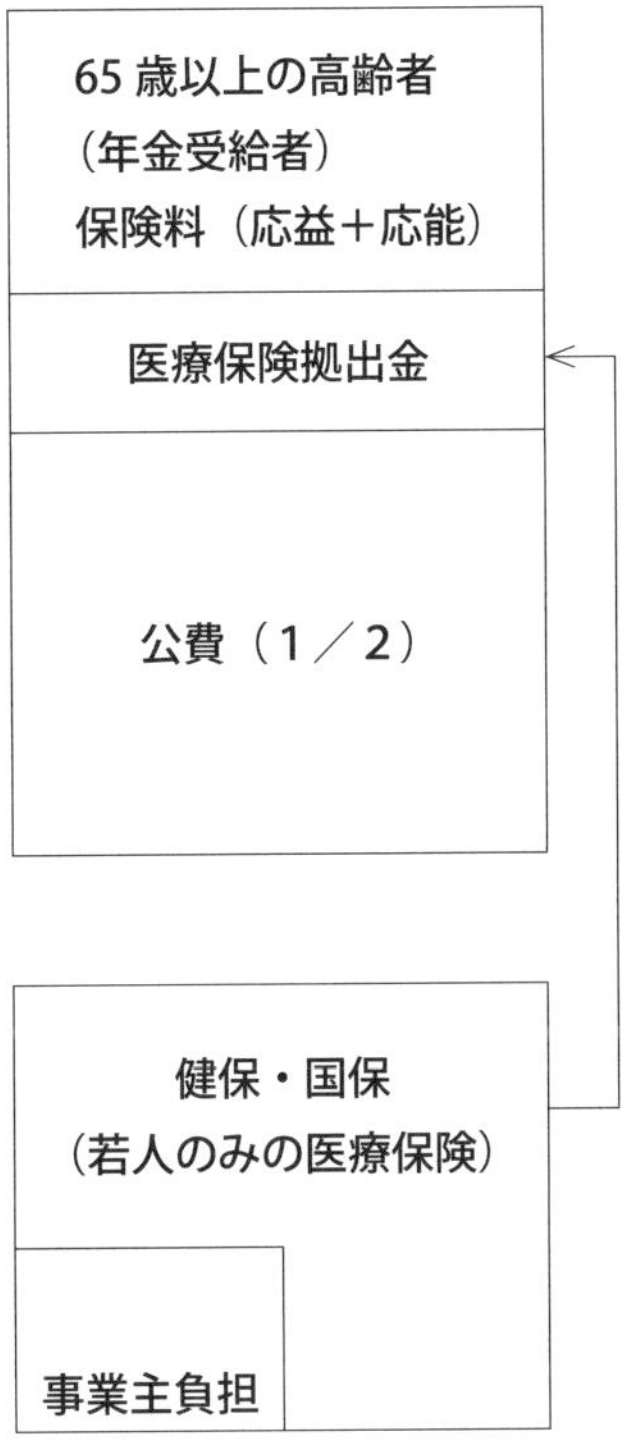

①保険者～市町村または広域な主体
②被保険者及び受給者
　～65歳以上の高齢者及び年金受給者（退職者）
③保険給付
　(1)保健給付
　(2)医療給付
　(3)介護給付
④負担構造
　(1)保険料
　・高齢者に対して「応益＋応能」の保険料を賦課。
　・年金からの天引きを検討。
　(2)医療保険者拠出金
　・世代間連帯の観点から、総費用の一定割合を負担。
　(3)公費
　・総費用の一定割合。

度自体は廃止するという点が大きな特徴であった。医療保険制度の再編案は、健康保険を新たに創設する「被用者年金受給者保険」とその他残りの健康保険の二つに分け、国保とともに3本立てとすることを目指していた。これは、被用者年金受給者（サラリーマンOB）を国保から分離・独立させることにより、健保と国保の間の費用負担をめぐる調整を廃止するとともに、被用者については退職後も一貫した体系で医療・

介護保障を確保することを目指していた。

（イ）高齢者総合保険構想

第二の案（図Ⅱ－11）は、「高齢者総合保険構想」というものであった。この制度案は、高齢者に対する保健（老人ヘルス事業）、医療・福祉サービスを総合的に提供する保険を創設するという案である。これにより、医療保険制度は、①高齢者総合保険と、高齢者以外の者を対象とする②職域健康保険（健保）及び③地域健康保険（国保）の3本立てとするものである。

この案は、保健や介護のみならず、医療についても高齢者を対象とした独立型保険を創設する点が大きな特徴であり、これにより健保と国保の間の費用負担をめぐる調整を担う老人保健制度を廃止するとしていた。

③厚生省内における制度案の乱立

本部事務局が最も有力な制度案と考えていたのは、あくまでも「独立型介護保険方式」であった。「医療・介護同時改革」を目指す制度案は、議論を医療保険制度や老人保健制度をめぐる改革論議にまで大きく拡大させるため、錯綜した利害関係の下で現実的に結論が得られるとは考え難く、結果として、介護保険制度創設を大きく遅らせるのではないかと考えたからである。しかし、本部事務局の動きを「独走」と懸念する厚生省内の関係部局の意向もあり、1995年春には、前記の各制度案に「年金保険活用方式」の主張も加わり、合計10本近い制度案が検討の俎上にのぼり、厚生省として統一的な方針を決めることができない状態に陥っていた。こうした厚生省内の事情も反映して、本部事務局が当初考えた検討スケジュールは大幅にずれ込むこととなったのである。

④関係団体や有識者による提案

制度骨格案については、関係団体や有識者からもさまざまな提案がなされた。これらの提案の内容は、1995年10月27日の老健審制度分科会において、本部事務局から「現在公表されている各介護保険制度案の一覧」として紹介された（表Ⅱ－3）。これによると、保険者は「市町村」とする案が多かったが、当の市町村関係団体は公には意見を明らかにしていなかった。「被保険者」については「20歳以上」とし、「受給者」は「高齢者」とする案が多かった。高齢者の保険料は「年金天引き」、若年の保険料は「医療保険者による徴収」とする案が提案されていた。また、「事業主負担」については、日本経営者団体連盟（日経連）が「労使の話し合い」としている以外は「負担」を当然視しており、「公費」は「50％以上」とする案が大半であった。

日本経営者団体連盟社会保障特別委員会	社会経済生産性本部	健康保険組合連合会東京連合会	日本医師会社会保険研究会
市町村（広域展開を可能とする）	財政面では、全国的な一元化又は調整が適当	国（事業実施主体は市町村）	医療保険保険者が拠出（事業実施主体は市町村）
中高年齢の全国民		20歳以上	医療保険の被保険者
原則70歳以上	高齢者	高齢者	高齢者
定額保険料（年金保険者が徴収代行）	年金から源泉徴収	定額で年金から特別徴収	医療保険料に上乗せ
定額保険料（被用者は事業主が代行、自営業者は国保保険料徴収時に一括徴収）	給与から源泉徴収	定額保険料（医療保険保険者が徴収代行）	
若年被用者負担の一部について、労使の話し合いで負担			有り
50%以上	50%以上	50%	50%以上
現物給付（現金給付は検討課題）	現物給付（現金給付は検討課題）		現物給付+現金給付
定率負担	応益+応能	(65～69歳) 20% (70歳～) 5%	応益負担

表Ⅱ－3　現在公表されている各介護保険制度案の一覧
（1995年10月27日老健審制度分科会、厚生省提出資料）

提案者		山崎泰彦 上智大学教授	自治労	連合 介護システム委員会
保険者 （事業実施主体）		市町村	市町村	複数で設定された場合、公費による財政調整が適当
被保険者 （保険料負担者）		20歳以上	20歳以上	一定年齢以上の所得者
受給者		高齢者		高齢者
保険料	高齢者	市町村毎に決定、年金から特別徴収		
	若年	全国一律基準		
事業主負担		有り	有り	有り
公費負担		50%	50%以上	50%以上
保険給付		現物給付+現金給付	現物給付が原則	現物給付+現金給付
利用者負担			公平・公正な負担	公平な負担

（注）斜罫線は、具体的な言及がないことを示す。

(3) 厚生省内の基本方針統一へ(1995年夏〜12月)

①進展しない医療保険改革論議

厚生省内の混迷状態は、1995年夏から秋にかけて徐々に収束する方向に向かった。これは、1995年3月から医療保険審議会で始まった医療保険制度改革をめぐる論議が実際にはなかなか進展せず、一時厚生省内で高まった「医療・介護同時改革」論の現実的可能性が低くなっていったことが背景としてあげられる。[23]

その結果、介護保険制度導入を先行させる「介護先行」の考え方が厚生省内でも強まり、1995年10月以降は、「介護先行」が可能な「独立型介護保険方式」と「老人保健制度方式」の2つの案に絞られ、さらには「独立型介護保険方式」へと集約されていった。

(23) 1995年7月に医療保険審議会は、医療保険制度改革に関する審議の「中間とりまとめ」を報告したが、その後も審議は大幅にずれ込み、1996年11月にようやく最終報告がとりまとめられた。この提言を踏まえ、その後も紆余曲折を経て、被用者本人負担2割引き上げや保険料引き上げなどを内容とする1997年医療保険改革が行われた。一方、老人保健制度を含む高齢者医療制度の抜本的改革については、2000年4月の介護保険制度施行を念頭に検討が進められたが、それでも意見集約ができず、結局、後期高齢者医療制度の創設を柱とする抜本的改革が実現したのは2006年6月であった。

②「独立型介護保険方式」への方針統一

1995年12月に至り、厚生省内の基本方針もようやく統一されることとなった。省内の一部には「老人保健制度方式」を主張する意見がなお残っていたが、省として市町村保険者による「独立型介護保険方式」を目指すことが決定された。これは、法案の国会提出予定が迫る中でのギリギリの判断であり、制度骨格の検討が始まって既に1年半もの期間が経っていた。

厚生省が最終的にこうした方針を決定するに至ったことについては、次のような背景と事情があげられる。

第一に、システム研究会や老健審での介護保険制度の論議が深まり、社会保険方式の特長とされた「負担と受益の対応関係」が強調される中で、国を保険者としたり、保険料を全国一律とするような、地域の特性やサービス水準を無視した仕組みは採り得ない選択となっていたことである。まさに社会保険方式の基本理念に立脚すれば、「地域保険方式」は当然の帰結であったと言える。

第二に「市町村保険者」を目指すこととした点は、福祉八法以来の高齢者保健福祉における地方分権の流れがあげられる。「地域保険方式」である以上、基礎自治体たる「市町村中心主義」から外れるような制度設計は「時代の流れに逆行すること」を意味していた。当事者である市町村関係者からは強い反対が想定されたが、それ以外のほとんどの関係者や有識者など世論一般は、「市町村中心主義」を当然のことと受け止めていた。このため、厚生省も、地方自治体の反対を押し切ってでも「市町村保険者案」で正面突破する以外にないという意向を固めていった。

第三は「介護」を「医療」から独立した、新たな理念に基づく分野として創設したい、という強い信念である。介護保険制度は、ケアマネジメントや要介護認定、事業者の民間参入など、これまでの医療保険制度にない新しい概念や仕組みの導入を目指していた。この点で長い歴史を有し、過去からの「しがらみ」を引きずった医療保険制度から切り離された、いわば「新大陸」とも言うべき新たな制度を創りだすことが、介護保険制度を追求する関係者の共通の願いとなっていたのである。

③「生活保護受給者」も包摂した介護保険制度

「制度骨格」をめぐる論点の一つとして、老健審などでは目立った議論はなかったが、実質的には大きな意味を有していたものがあった。それは、介護保険制度を導入する際に生活保護受給者を対象とするか否かである。生保受給者について国保では適用除外（国保法第6

条第9号）とされており、介護保険制度においても同様の選択肢がない訳でなかったが、本部事務局及び関係局は、一貫して生保受給者を対象とすることを基本方針に検討を進めた。システム研究会報告では「所得の多寡や家族形態等に関わりなく、サービスを必要とする全ての高齢者が利用できること（サービスの普遍性）」が基本理念として掲げられており、新制度において生保受給者を除外することは理念上あり得なかったし、老人福祉の措置制度との関係でも、低所得者が多かった措置対象者が生保受給者となるような事態は避けなければならないと考えられていた。

こうした基本方針の下で、生保受給者を介護保険制度に包摂するための具体的な検討が行われた。被保険者（高齢者）とする以上「保険料」の支払いの対象となるが、負担能力のない生保受給者については保険料を免除するか、保険料支払い分を生活保護費（公費）で支払うかの方法によるしかない。また、同様な問題は、生保受給者が支払う「利用者負担」についても生じ、利用者負担を免除するか、生活保護費で支払うかということになる。この問題について厚生省内で検討が進められた結果、保険料負担も利用者負担も共に生活保護費で支払うことが決定され、前者は生活扶助費の上乗せで、後者は新たに「介護扶助」を創設することで対応することとなった。生保受給者についても、被保険者である以上保険料や利用者負担を支払うという社会保険の基本が貫かれ、その結果介護保険制度は、「全ての高齢者を包摂し、平等に処遇する制度」を目指すこととなったのである。

④「制度骨格」は未調整のまま「突入」へ

以上のような経緯を経て、厚生省は「独立型介護保険方式」の基本方針を固め、第2次報告を取りまとめた老健審を主な舞台に、1996年2月以降関係者団体との本格的な論戦と調整のプロセスに入っていくこととなった。

しかし、基本方針が固まったと言っても、それはあくまでも厚生省内の話であった。介護給付やケアマネジメントなどのテーマは、それまでの間に、厚生省内だけでなく、老健審などの機会を通じて多様な関係者との間で意見交換や調整が重ねられ、一定の方向が形成されていた。ところが、制度骨格の方は、厚生省内部の検討と調整に大半の時間を費やした結果、この時点では最も重要な交渉相手である市町村関係者をはじめ老健審委員などの関係者とはほとんど調整が行われていない状態にあった。第2次報告に先立つ1996年1月24日に朝日新聞が「厚生省が介護保険の保険者を市町村にするという原案を固めた」という報道を行ったが、この報道に反発する市町村関係委員に対して、老人保健福祉局長が老健審会合冒頭に「厚生省が原案を固めた事実はない」と弁明しなければならないような状況であった。まさしく全くの未調整の状態での「突入」となったのである。

三章

1996年

難産の末の法案提出

1 困難を極める老健審での意見集約

1996年2月〜4月

(1) 第2次報告以降の老健審の動き

①通常国会への法案提出を目指す厚生省

老健審は1996年1月30日、介護サービスの具体的内容・水準・利用手続きや基盤整備に関する事項など、給付費分科会や基盤整備分科会での議論を中心に概ね委員間の意見が一致した論点を「第2次報告」として取りまとめた。

この時点では、本部事務局は、同年通常国会への法案提出という当初の方針を変えておらず、1月後半に召集される第136回通常国会への提出予定法案として「老人介護保険法案(仮称)」を登録していた。

予算非関連法案の国会提出期限は3月上旬であり、残された課題(保険者論や財政設計・

費用負担など、主として制度分科会での議論に関わる事項）についての議論を急ぐべく、第2次報告から半月後の2月15日に老健審が再開された。

第2次報告後の老健審での最大の論点は「保険者論」であった。加えて、被保険者の範囲と若年世代の負担のあり方（保険料として徴収するのか拠出金方式をとるのか、その場合の事業主負担をどう考えるのか等）、保険料の水準、将来的な財政規模、利用者負担の水準などなお多くの論点が残されており、関係当事者がそれぞれに自らの利害に関わる論点を提起し、さまざまな主張が交錯する中で議論は一向に収斂しない状態が続いた。

②市町村保険者をめぐる意見対立―「第二の国保」問題

保険者は基礎的自治体である市町村が担うべき、というのが本部事務局の一貫した考えであった。マスコミも「介護保険は地域保険であり市町村が実施主体となるべき」とする論調が多く、老健審でも有識者委員をはじめ「市町村が保険者」を支持する意見が多かった。

一方、当事者である市町村は、サービス給付に関わる責任主体（給付主体）としての責務については理解を示していたものの、財政主体としての責任を担うことには強い難色を示し、「給付主体と財政主体の分離、給付は現場で財政責任は国」という論理で「国保険者論」を主張していた。

市町村が介護保険制度の保険者（財政主体）となることに強い難色を示していた背景には、市町村が保険者となっている国民健康保険の運営をめぐる問題があった。市町村国保は低所得の被保険者が多く財政基盤が脆弱であり、各市町村は国保財政を支えるために毎年度多額の一般会計繰り出しを余儀なくされていた。高齢化の進行は不可避であり、制度創設後に介護費用が増大していくことは明らかであったため、同じ地域保険方式で介護保険制度を創設すれば国民健康保険と同様の事態が生じる可能性があり、市町村はこれを「第二の国保」問題と呼び、強い懸念を示していた。

③保険料等費用負担についての議論

介護保険制度の財源構成に関しては、公費2分の1、保険料2分の1という考え方については概ね異論はなかったが、保険料については、市町村サイドからは「高齢者保険料」の問題が、医療保険者や経済界からは「若年世代負担」のあり方や具体的な費用徴収の方法の問題が大きな論点として提起されていた。

特に後者の「若年世代負担」をめぐる論点は、制度の適用範囲（被保険者の範囲）にも関わり複雑であった。何らかの負担を若年世代にも求める、という点では概ね意見は一致していたが、具体的な制度設計に関しては、若年世代に負担を求めるのであれば、保険制度である以上若年世代も被保険者として給付を行うこととするべきであるとの意見がある一方、若年世代は介護保険制度によって介護が社会化され、「親世代を私的に介護する負担」から解放されるのであるから、自らに保険給付がなくても（被保険者とならなくても）一定の費用負担をするべきである、さらには老人保健制度（＝医療）で行われている給付が介護保険制度に移行するのであるから、現在の老人保健制度に対して行っている若年拠出金負担は医療保険者が引き続き負担するべきである、といった意見もあった。

若年世代からの費用徴収の方法については、市町村が直接徴収すべしという意見はほとんどなく、基本的には老健制度に倣った医療保険者経由での費用徴収を基本とする案を支持する意見が多かった。この考え方に対しては、健保組合など医療保険者を代表する委員は、そもそも若年拠出の法的性格をどう考えるのか、保険料として構成するのであれば医療保険者は保険料徴収代行機関となり、拠出金として構成するのであれば医療保険者自身が負担義務者になるが、いずれの場合であっても医療保険者が介護保険制度における費用徴収に関して一定の義務を負わなければならないとする論拠が薄弱であるとして強く反対した。さらに経済界を代表する委員は、市町村保険者論に賛成した上で、介護保険制度が地域保険であるのなら、事業主拠出には根拠がないとして反発していた。

④「事務局試案」をめぐる審議の迷走

再開後の老健審は、2月15日、26日、3月8日、13日、21日、28日と、ほぼ毎週開催された。

再開後1回目の2月15日の老健審では、本部事務局は、前年の制度分科会での議論を踏まえて、保険者（事業実施主体）について、「地域保険方式（保険者＝市町村）」、「国営保険方式（保険者＝国）」、「老人保健制度方式（保険者＝医療保険者）」の3案を「高齢者介護保険制度に関する試案」（以下「事務局試案」という）として並列で示し、それぞれの場合について、事業主体、給付主体、保険料算定・徴収方法など、制度の基本設計がどのようになるかを提示した（表Ⅲ－1）。

これに対し、市町村を代表する委員は、新たな介護保険制度創設の意義や新制度における市町村の中心的な役割の重要性については理解するとしながらも、前述したような財政面での不安（高齢者保険料に未納が生じることへの懸念や介護保険制度そのものが「第二の国保」となることへの懸念）、将来における介護費用増大の不安（見通しの不透明さ）、医療保険制度との関係（医療保険、特に国保財政は本当に負担が軽減されるのか）、地域差への対応は十分行えるのか、基盤整備の遅れがある中での制度創設は混乱を招く等々多くの問題点を指摘し、従来通りの「慎重審議、国保険者による制度創設」という主張を展開して歩み寄る気配はなかった。

2月26日以降、本部事務局は、3案併記の「事務局試案」に関してさらに踏み込んだ具体的制度設計案を示した。それぞれの場合の高齢者保険料の算定・徴収方法、若年世代の負担、制度全体の財源構成を示すとともに、地域保険方式を採用した場合の市町村間の財政調整の方法や高齢世代と若年世代の費用負担の設定方法、若年世代負担の徴収に関する方法論（拠出方式と徴収代行方式）、利用者負担のあり方など、保険者論以外の問題についてもかなり突っ込んだ論点を示す資料を提出した。

これに対して委員からは、「事務局試案」で示された3案以外の実施主体案（都道府県保険者案、年金保険者案など）を検討すべき、若年世代の負担のあり方、負担の根拠づけ、介護費用の将来推計などについて資料に基づいたより詳細な議論が必要、といった議論が出され、3月に入ってからは、これを受けた本部事務局提出の追加資料をめぐって議論が展開され、さらに本部事務局から追加資料が提出される、といった状況が続いた。

このように、老健審は、保険者論、保険方式のあり方（医療保険と年金保険の違い、地域保険における保険料設定と財政調整の考え方、保険料徴収実務に関する課題）、若年者負担の方法（負担方式の比較、医療保険者による徴収代行、事業主負担のあり方）など、大きな

表Ⅲ－1　高齢者介護保険制度に関する試案　（1996年2月15日老健審、厚生省提出資料）

	地域保険方式（保険者＝市町村）	国営保険方式（保険者＝国）	老人保健制度方式（保険者＝医療保険者）
基本的考え方	○地域（市町村）単位で保険者を設定し、地域の実情等に応じた保険給付を行うとともに、地域ごとのサービス内容・水準に応じた保険料とする。 ○一方、財政調整を行い、高齢化の状況等に基づく地域間の負担格差を是正する。	○国が保険者となり保険財政及び保険給付について責任を負う。 給付事務は、市町村が行う。 ○保険給付の内容・水準は全国一律。保険料率（額）も全国一律。	○老人保健制度と基本的に同じ仕組みとし、各医療保険者が介護費用について財政責任を負うとともに、市町村が医療保険者の拠出金及び公費を財源として給付事務を行う。 ○各医療保険者は、介護費用に充当するため、新たに、「高齢者介護保険料」を徴収する。
事業主体（保険者）	○給付主体と財政主体が一致。	○給付主体と財政主体が分離。	○給付主体と財政主体が分離。
給付主体	○市町村 ※市町村の連合体（広域連合等）、都道府県とする考え方もある。	○市町村	○市町村
財政主体		○国	○各医療保険者
保険者間の財政調整	○財政調整により、高齢化の状況等に基づく地域間の負担格差を是正する。	―	○医療保険者が拠出する拠出金の算定を通じて、負担の調整を行う。
給付における地域性の反映	○地方自治体の一般施策での対応のほか、地域ごとのサービス内容・水準に応じた保険給付を実施可能。 ・付加給付の実施	○地方自治体の一般施策では対応することが可能。	○地方自治体の一般施策では対応することが可能。
受給者	○65歳以上の要介護認定を受けた被保険者。ただし、65歳未満の初老期痴呆については、特例的に給付。		
保険給付	○在宅サービス ①ホームヘルプサービス、②デイサービス、③リハビリテーションサービス（デイケア、訪問リハビリテーションを含む）、④ショートステイ、⑤訪問看護サービス、⑥福祉用具サービス、⑦グループホーム、⑧住宅改修サービス、⑨訪問入浴サービス、⑩医学的管理等サービス、⑪有料老人ホーム、ケアハウス等における介護サービス、⑫ケアマネジメントサービス ○施設サービス ①特別養護老人ホーム、②老人保健施設、③療養型病床群及び老人性痴呆疾患療養病棟など		
高齢者の負担　保険料の算定	○市町村単位でサービス水準に応じて設定する （法令に基づき保険料算定ルール・水準についてガイドラインを設定） なお、高齢化の状況等に基づく地域間の負担格差は、財政調整により是正する。 ○「定額（応益）＋所得比例（応能）」とする。ただし、当分の間、定額とする。この場合低所得者については軽減措置を講じる。 ※所得段階別定額保険料とする考え方もある。	○全国一律で設定。 ○「定額（応益）＋所得比例（応能）」とする。ただし、当分の間、定額とする。この場合低所得者については軽減措置を講じる。 ※所得段階別定額保険料とする考え方もある。	○医療保険制度に、介護費用に対する拠出金に充当するための「高齢者介護保険料」を創設し、各医療保険者ごとに各高齢者（非扶養者を含む。）に係る介護保険料を設定。
徴収方法	○年金からの特別徴収を検討。特別徴収が困難な者については、市町村が個別に徴収（国保保険料との一体的な徴収）。	○年金からの特別徴収を検討。特別徴収が困難な者については、市町村において納付。	○高齢者介護保険料は、被用者保険の被保険者又は国保の世帯主（組合員）から聴取する（被用者保険の被扶養者である高齢者の分は、その扶養者である被保険者本人から徴収する）。

<table>
<tr><th></th><th></th><th>地域保険方式（保険者＝市町村）</th><th>国営保険方式（保険者＝国）</th><th>老人保健制度方式（保険者＝医療保険者）</th></tr>
<tr><td colspan="2">若年世代の負担</td><td colspan="2">○世代間連帯の理念に基づき、総給付費の一定割合を負担することとし、徴収事務の簡素化･効率化、医療保険者が果たしてきた役割等を踏まえ、医療保険ルートで徴収する。</td><td>○各医療保険者が総給付費の一定割合を若年世代の人数に応じて拠出。</td></tr>
<tr><td></td><td>設定・徴収方法</td><td colspan="2">○各医療保険者がそれぞれに加入する 0 歳（又は 20 歳）以上 65 歳未満の若年世代の人数に応じて拠出する。この場合、各医療保険制度における保険料算定方法に従い、被用者保険の本人及び国民健康保険の世帯主が介護費用を医療保険料と一体的に負担する。

※各医療保険者が拠出するのではなく、若年世代が全国一律定額で負担し、各医療保険者が徴収代行する考え方もある。この場合の若年世代の範囲については、① 20 歳以上、②医療保険の被保険者（被用者保険の本人及び国民健康保険の世帯主）、③一定所得以上の成人、が考えられる。</td><td>○若年世代は、拠出金に充当するための費用を、各医療保険制度における保険料算定方法に従い、医療保険料として一体的に負担する。</td></tr>
<tr><td></td><td>事業主の負担</td><td colspan="2">○医療保険者が拠出する場合、事業主は、被用者である若年世代の負担部分について、被用者保険各法に定めるところにより負担する。
被用者以外の若年世代については、国民健康保険法の定めるところにより、1／2を国費で負担する

※徴収代行の場合、事業主は、被用者である若年世代の負担部分について負担する。ただし、事業主の負担は、企業福祉の観点から労使の話し合いで取り決めることとする考え方もある。</td><td rowspan="2">○事業主は、被用者である若年世代の負担部分について、被用者保険各法に定めるところにより、負担する。被用者以外の若年世代については、国民健康保険法の定めるところにより、1／2を国費で負担する。</td></tr>
<tr><td></td><td>保険者への交付</td><td>○若年世代の負担については、全額をいったんプールし、各保険者ごとに総給付費等に応じて交付する。</td><td>――</td></tr>
<tr><td colspan="2">公費負担</td><td>○給付費の 50％を国、地方公共団体が負担し、その一定割合により財政調整を実施。
○低所得高齢者に係る保険料軽減を行う場合には、公費による補填を検討する。</td><td>○給付費の 50%を国、地方公共団体が負担。
○低所得高齢者に係る保険料軽減を行う場合には、公費による補填を検討する。</td><td>○給付費の 50％を国、地方公共団体が負担。</td></tr>
<tr><td colspan="2">利用者負担</td><td colspan="3">○介護サービス費用の一定割合を負担（定率負担）、また、食費等日常生活費は自己負担とする。</td></tr>
<tr><td colspan="2">財源構成</td><td>1／2｛ 高齢者の保険料 ／ 保険料軽減分 ／ 若年世代の負担（若年世代の拠出／事業主の拠出）
1／2｛ 国、地方公共団体

注１）高齢者と若年世代の負担割合は、要検討。
注２）国、地方公共団体の負担割合は、要検討。</td><td>1／2｛ 高齢者の保険料 ／ 保険料軽減分 ／ 若年世代の負担（若年世代の拠出／事業主の拠出）
1／2｛ 国、地方公共団体

注１）高齢者と若年世代の負担割合は、要検討。
注２）国、地方公共団体の負担割合は、要検討。</td><td>1／2｛ 医療保険者拠出｛ 高齢者介護保険料 ／ 若年世代の負担（若年の拠出／事業主の拠出）
1／2｛ 国、地方公共団体

注１）高齢者と若年世代の負担割合は、要検討。
注２）国、地方公共団体の負担割合は、要検討。</td></tr>
</table>

制度の枠組みについて委員間の賛成・反対が入り乱れ、対立が打開されないまま、制度の基本に関わる議論と個別の論点に関する細かい議論とが並行して展開される状況が続き、議論は迷走・拡散こそすれ、収斂していく見通しのないまま、事態は推移していった。

(2) 連立与党における議論

①与党福祉プロジェクトの取組み

老健審の議論が迷走する中で、政治の側の動きが活発化していった。政治の側で議論の中心的な場となったのは、連立与党福祉プロジェクトチーム（以下「与党福祉プロジェクト」という）である。

与党福祉プロジェクトは、1994年6月の村山内閣（自民・社会・さきがけによる3党連立内閣）発足直後に政策調整会議の下に設置された課題別調整会議の一つであり、同年9月27日の第1回会合以降、新ゴールドプランの策定から介護保険制度創設に至る一連の政治過程において節目節目で極めて重要な役割を果たした会議体である。[1]

その構成メンバーは自民10名、社会7名、さきがけ3名の計20名で、3党が持ち回りで座長を務めることとされていた（資料Ⅲ－1）。

介護保険制度に関しては、与党福祉プロジェクトは、前年以来8回の会合を経て、老健審が中間報告（第1次報告）を取りまとめる直前の1995年6月、「高齢者介護に関する中間まとめ」を取りまとめていた。

資料Ⅲ－1　与党福祉プロジェクト発足時の構成メンバー（1994年7月21日）

自民党	安倍　晋三	社会党	池端　清一
	◯衛藤　晟一		網岡　雄
	木村　義雄		五島　正規
	古賀　誠		◯土肥　隆一
	住　博司		◯今井　澄
	戸井田三郎		日下部喜代子
	◯丹波　雄哉		堀　利和
	◯佐々木　満	さきがけ	◯三原　朝彦
	前島英三郎		渡海紀三朗
	宮崎　秀樹		高見　裕一

注：◯は幹事

この中間まとめでは、急速な高齢化、家族形態の変化、介護の長期化が進む中で、家族の介護負担は過重なものとなっており、「看取りの介護」から「生活を支える介護」への変化を踏まえて「高齢者の自立した質の高い生活を保障」すべく、新たな高齢者介護システムの確立が求められている、とし、新たなシステムは「高齢者の自立支援」を基本理念として、在宅介護の重視やケアマネジメントの導入、高齢者介護施設入所手続きの一元化、利用者負担の公平化を行うことなどを提言した。こうした考え方は、最終的に創設された介護保険制度の基本骨格と一致しており、老健審の第1次報告及び第2次報告とも基本的方向性において同じであった。

また、財政方式については、中間取りまとめ段階では「社会保険方式と公費方式について基本的な整理を行う」として判断を保留したが、中間取りまとめに続き1995年12月に取りまとめた「第2次中間まとめ」においては、社会保険方式の導入を前提に、介護サービス基盤の整備促進、予防やリハビリテーションの充実等について提言を行った。

(1) 社会党出身の村山富市を首班とする村山内閣は、自社さ（自民党、社会党及び新党さきがけ）3党の連立政権であったが、与党の最高意思決定機関として与党責任者会議（3党の幹事長、書記長または代表幹事、総務会座長団、政調会長または政審会長、参議院与党代表の計13名で構成）を置き、政策事項に関する協議と決定を行う機関として与党政策調整会議（3党の政調会長または政審会長等計8名で構成）を設けた。さらに、政策調整会議の下に各省庁別調整会議（略称は省庁別会議）と課題別調整会議（略称はプロジェクト）を設置した。自社さ連立政権の特徴は、省庁別調整会議・課題別調整会議とも、自民3名、社会2名、さきがけ1名を基準に構成することとし、座長についても2か月ごとの持ち回りとしたことである。このように、政策決定にあたっては3党間で民主的に協議を行うという基本原則の下に、与党の意思決定機関が整備されていた。

②橋本内閣の成立―社会保険方式による新たな介護システム創設を宣言

年明けの1996年1月、村山内閣が総辞職し、自民党総裁であった橋本龍太郎を首班とする内閣が成立した。橋本内閣は引き続き自民・社会・さきがけの3党連立内閣であり、橋本内閣発足に当たっての「3党政策合意」の中で、「介護保険制度創設による新たな介護システムの確立を目指すとともに、医療保険制度の運営の安定化のための改革に取り組む」ことが明記され、ここに、介護保険制度創設は自社さ連立政権の主要政策目標として明確に位置づけられることとなった。

橋本首相は、発足直後に召集された第136回通常国会冒頭の施政方針演説において次のように述べ、社会保険方式による新たな介護システムの創設に取り組むことを明確に宣言した。

「国民の老後生活の最大の不安要因である介護の問題については、高齢者や障害者が生きがいをもって幸せに暮らしていけるよう、新ゴールドプランや障害者プランを着実に推進し、介護サービスの基盤整備に努めるとともに、保健・医療・福祉にわたる高齢者介護サービスを総合的・一体的に提供する社会保険方式による新たな高齢者介護システムの制度化に向けて全力で取り組んでまいります。」（1996年1月22日第136回国会橋本総理大臣施政方針演説より、傍線筆者）

橋本首相は、新内閣の厚生大臣に、さきがけの政調会長であった菅直人を任命した。菅厚生大臣は、在任中「薬害エイズ問題」への取り組みで名を馳せることとなるが、市民運動家出身の厚生大臣として、介護保険制度の創設についても重要な役割を果たすこととなる。

③与党福祉プロジェクトの存続

3党連立の枠組みが維持されたことから与党福祉プロジェクトも引き続き存置されることとなった。橋本内閣の下で与党福祉プロジェクトは、老健審での議論と歩調を合わせるようにほぼ毎週のように開催され、介護保険制度について議論を重ねていった。

その過程では、老健審提出の資料をその都度与党福祉プロジェクトに提出させて議論の用に供し、関係団体との調整状況等についても適宜情報提供させた。与党福祉プロジェクト自身も、直接関係団体からの意見聴取を実施し、公式・非公式に本部事務局とも意見交換を重ねるなどして、制度をめぐる様々な課題について主体的な問題意識を形成するとともに、連立与党間のコンセンサス形成も進めていった。このような活動をベースに、与党福祉プロジェクトは、「社会保険方式による新たな介護システム＝介護保険制度の創設」という連立政権の重要政策の実現に、大きな役割を果たすこととなったのである。

(3) 「丹羽私案」の登場

①膠着状態に陥った老健審の審議

1996年1月の第2次報告取りまとめ以降、老健審における議論は膠着状態に陥り、出口の見えない対立が続いていた。

この時期、本部事務局は、「多正面同時進行」での調整作業を続けていた。「1996年の通常国会法案提出」を前提に法制局審査・条文作成作業を進めつつ、他方で老健審での議論を着地させるべく地方団体、経済団体、労働団体など主要関係団体との水面下の調整を行っていた。また、大蔵省・自治省など関係省庁とは財政試算や制度設計をめぐる調整を進め、要介護認定やケアマネジメントといった技術面での重要な各論の制度設計について基礎調査研究会での議論を進めながら医師会や福祉施設団体、研究者との非公式折衝を重ねていた。さらにマスコミや市民団体との意見交換にも積極的に出向いて制度創設への理解と世論形成に努め、与党福祉プロジェクトをはじめ与野党各党の部会・調査会での説明や個別議員のレク対応も根気よく続けていた。

②事態打開を図った「丹羽私案」

老健審の議論が膠着する中、与党福祉プロジェクトのメンバーであり、自民党医療問題基本調査会長（当時）であった丹羽雄哉元厚生大臣は、3月13日に開催された与党福祉プロジェクトにおいて、介護保険制度の試案（「介護保障確立に向けての基本的考え方」（いわゆる「丹羽私案」）と呼ばれる）を公表した。

介護保障確立に向けての基本的考え方　衆議院議員　丹羽雄哉

Ⅰ　高齢化の進展に伴い、介護の問題は老後生活の大きな不安要因となっている。
この問題に対する国民の関心は非常に高く、21世紀に向けて、我が国の介護保障制度をどう確立していくかは、重要な国民的課題である。

Ⅱ　政権与党としては、ますます深刻化する介護問題をこのまま未解決の課題として放置することはできない。国民の強い期待に応え、介護保障体制の確立を目指すため、1月に取りまとめられた「3党政策合意」の考え方を踏まえ、関係者の合意形成を早急に進めていくことが必要である。

Ⅲ　介護保障を巡る論点は数多く、そのすべてについて、一挙に国民的合意を得ようとしても現実的に困難である。そこで、緊急性の高い課題に的を絞り、段階的にその解決を図る実現可能な方針として、

⑴　本格的な介護保障制度は21世紀初頭に確立することを目指しながら、当面暫定的な取り組みとして、整備が立ち遅れている在宅サービスを対象とした介護保険制度を導入する。
ただし、現在の市町村の状況から準備期間を設ける必要があり、その実施は平成10年以降とする。

⑵　特養ホーム、老人保健施設、老人病院などの施設サービスについては、将来の一元化を目指しつつ、当面はゴールドプランに沿って、整備を着実に進める。

⑶　介護保障の確立に当たっては、これからの経済社会の基本方針である地方分権や民間活力の活用と

いった考え方を踏まえて、行政機構の肥大化に結びつくことがないよう効率性を追求する。

1　在宅介護体制の確立

(1)　高齢者の多くは、介護が必要になった後もできる限り住み慣れた家庭で暮らしたいと希望しているが、現実には高齢者と家族を支えるような在宅介護体制ができていないのが実情である。このため、在宅介護を対象とする介護保険制度を新たに導入し、立ち遅れている在宅サービスの充実を優先的に進める。

(2)　対象となる在宅サービスは、ホームヘルプ、訪問看護、ショートステイ、デイサービス、訪問入浴、福祉用具、地域リハビリテーション、住宅改修、医学的管理、グループホーム、有料老人ホームなどのサービス、ケアマネジメントとする。

(3)　ホームヘルプなどの在宅サービスについては、地方公共団体や社会福祉法人、医療法人などのほか、民間企業や住民参加の非営利組織も介護保険の対象とし、多様で効率的なサービス提供を図る。

(4)　在宅サービスの対象者は、65歳以上の寝たきり老人や痴呆性老人とする。65歳未満であって、初老期痴呆など障害者福祉サービスの適用を受けない者を含む。

(5)　在宅介護保険の実施は、市町村におけるケアマネジメント体制づくりなどの準備に十分な時間を置き、平成10年度以降とする。

2　社会保険方式の導入

(1)　在宅介護保険の給付は、高齢者の要介護状態に応じて給付上限を設定し、費用の一定割合（9割程度）をカバーするものとする。要介護認定基準は国が設定し、認定は市町村が行う。

(2) 地方分権の観点から、住民に最も身近な行政主体である市町村を中心とする地域保険とする。
介護費用は、高齢者（65歳以上）、現役世代（40歳以上65歳未満）、公費（50％）で分担する。
低所得者については、別途公的に考慮する。
（参考）国民一人あたりの保険料月額（12年度）
0歳以上の場合　約５００円
40歳以上の場合　約７００円
（老人保健事業対象年齢）
介護保険費用規模は平成12年度で推計１・３兆円

(3) 個人の多様な要望に応えるものとして、国民が自らの努力により老後に備える民間介護保険の適切な育成を図る。民間介護保険は公的介護で充足されない部分をカバーする。これにより、自助と公助が適切に組み合わさった体制を作る。

3　施設サービスの整備について

(1) 特養ホーム、老人保健施設などの施設は新ゴールドプランに沿って平成11年度までに計画的に整備する（特養ホームは29万床、老人保健施設は28万床）。また、社会的入院を解消する観点から医療施設近代化補助金などを活用して一般病院の療養型病床群への転換を進める。

(2) 施設の一元化は将来的な検討課題とし、当面は、利用者負担の施設間の格差是正を図る（食事＋定率1割負担、月6万円程度、低所得者は軽減）。

(3) こうした施設サービスの整備が達成された後、介護保険に対する国民の信頼を得て、できる限り早急に施設を対象とする介護保険の導入を目指す。

4　その他

(1)　在宅介護保険は、在宅サービスの充実・整備を目的とするものであるので、現物給付を原則とする。

(2)　若年障害者に対する介護サービスは、障害者プランに基づき、総合的な障害者保健福祉施策において充実を図る。ただし、脳血管障害などにより介護が必要となった者に対しては、障害認定を受けるまでの間、介護保険の対象とすることを検討する。

この「丹羽私案」は、介護保険制度の基本設計は市町村を保険者とする地域保険とする、公費5割・保険料5割、施設・在宅を通じて利用者負担を定率1割（保険給付9割）としてサービス間の負担の不均衡を解消する、要介護認定基準は国が策定し認定は市町村が行う、要介護度別の給付上限を設ける（要介護度別定額給付とする）、在宅サービスは現物給付を原則とする（現金給付は行わない）などの点で、骨格は本部事務局案に近い内容であった。特筆すべきは、被保険者を40歳以上としたことと、制度施行の時期について、1998年度から在宅サービスを先行施行して施設サービスは新ゴールドプランによる基盤整備を待って1999年度に施行するという、在宅先行・2段階実施方式を提案したことであった。

この「丹羽私案」は、その後の介護保険制度創設に向けての政策形成過程において大きな意義を持つものとなった。「丹羽私案」が提起された背景には、地方団体の介護保険制度創設に対する慎重姿勢への強い懸念があった。地方団体は介護保険制度創設のための最も重要なキイプレーヤーであり、地方団体の理解なしに創設することは不可能であったが、地方団体は新制度創設に対しては理解を示すものの、市町村が保険者となって制度運営の責任を持つことについて、一つは財政面の不安、今一つはサービス基盤整備が追いつかない中での制度実施に対する不安から、慎重な姿勢を崩そうとしなかった。

「丹羽私案」が示された3月13日段階の老健審は、まだ、3案併記の「事務局試案」に対して、都道府県保険者案や年金保険者案が提案され議論されるなどしていた段階にあり、保険者論議は本格的に始まったばかりであった。このような時期に与党福祉プロジェクトのメンバー、それも与党第一党の自民党の医療基本問題調査会長から「市町村保険者による地域保険方式」の提案がなされたことは、実施主体論をめぐるその後の議論の展開に大きな影響を与えることになった。

③丹羽私案による与党内の政治的な背景

同時にこの時期は老健審での議論の膠着を目の当たりにした連立与党、特に自民党内部で「通常国会法案提出」に消極的な意見が強まりつつあった時期でもあった。継続して議論を重ねてきた与党福祉プロジェクトのメンバーの間に党派を超えた方向感の共有が形成されていたのに対して、この段階での与党各党内部の状況を見ると、党によって議論の蓄積にかなりの差があった。党内議論がそれなりに進み、いち早く市町村保険者による社会保険方式で党内取りまとめが進んでいた社会民主党（1月28日社会党から党名変更。以下「社民党」という）やさきがけに対して、自民党は内部で意見が割れており、必ずしも社会保険方式で党内がまとまっている状況ではなかった。また、元来保守政党である自民党内部には、家族介護の評価や現金給付の問題など家族観・社会観に関わる価値観の違いから介護保険制度への消極論を唱える議員も少なからず存在していた。

さらにこの時期は住専問題の処理をめぐって国会が紛糾し、加えて消費税率の引き上げ、所得税・住民税の特別減税の取り扱いなど、総じて「国民負担増」が政治の大きな争点になっており、負担増を伴う介護保険制度の問題を、小選挙区比例代表制という新しい選挙制度の下で実施されることが決まっていた次期総選挙前に処理することへの消極論が自民党内部に広がっていた。このような中で、「通常国会法案提出」にこだわって与党内手続を強行すれば、3党間の温度差が露呈し、足並みが乱れてその後の意見集約も困難になる恐れがあった。

「丹羽私案」は、与党福祉プロジェクトの場で丹羽議員自身が説明したように「合意できるところから制度を施行する」というものであった。特に、自民党内部にあった保険方式導入への懸念の一つであった「高齢者保険料の創設―高齢者への新たな負担」に対して、「基盤整備の遅れている在宅から先行実施し、制度発足時の保険料水準を大幅に軽減する」という「現実的な実施案」を提示することによって、自民党内の懸念を和らげて3党間の意見集約に一定の道筋をつけようとしたものであった。

④「40歳以上被保険者案」は制度骨格に反映

「丹羽私案」は、私案とはいえ、「自民党厚生族の重鎮」の提案であり、その後の本部事務局の制度案作成、与党や自民党内部での介護保険制度創設をめぐる議論に大きな影響を与えることとなった。

「丹羽私案」の提言のうち、「2段階実施論」は、市町村のみならず医師会・福祉団体など事業者団体の強い反対もあって最終的には採用されることなく、2000年4月同時実施となったが、政府提案の介護保険法案附則に、市町村の判断による段階実施の規定が置かれることとなった。

他方、「40歳以上被保険者案」は、後述するように本部事務局が5月15日に老健審に提示した「介護保険制度試案」(以下「制度試案」という)に反映され、最終的に40歳以上を被保険者とする形で制度化されることとなった。被保険者の範囲をどうするかは若年世代の拠出のあり方とも関係する大きな論点の一つであった。本部事務局は、検討開始当初から「40歳以上案」も有力な選択肢として検討していたが、65歳以上案、0歳以上案、20歳以上案等々様々な意見があり、この論点もなかなか収斂していかなかった。「丹羽私案」は、そうした局面を打開し、被保険者範囲問題に決着をつける上で大きなきっかけとなった。

(4)　老健審最終報告――両論併記・多論羅列の最終報告

①最終報告に向けての最終調整

老健審の議論が一向に進展しない状況下で、本部事務局は、3月中旬の通常国会法案（予算非関連法案）提出期限内の法案提出を断念せざるを得ない状況に追い込まれた。そればかりか、通常国会期間中の法案提出すら危ぶまれる状況となりつつあった。

事態を重く受け止めた菅厚生大臣は、政府部内や与党福祉プロジェクト関係者と協議し、「4月中に審議会での最終報告を取りまとめ、与党において調整を行った上で今国会の会期内に法案を提出する」との方針を固め、その旨を3月14日の参議院厚生委員会での答弁で対外的にも明らかにした(2)。

この大臣方針を受け、本部事務局は「今国会会期中の法案提出」を目標に、最終報告取りまとめに向けた作業に入った。

本部事務局は、4月10日の老健審に、かねて地方団体代表委員等から要求があった介護保険制度の財政試算の全体像を示した（図Ⅲ－1）。財政試算では、第2次報告で示された基盤整備の将来推計を前提に介護費用の総額推計を示すとともに、定率1割負担＋施設入所時の食費負担を利用者負担として設定し、公費2分の1とした上で、高齢者保険料と若年者保険料の算定について3つの案とそれぞれ保険料水準の推計を示した。

なお、この段階ではまだ「40歳以上被保険者案」は老健審での検討の俎上に上っておらず、財政試算は0歳以上案と20歳以上案の2案で行われていた。

4月17日の老健審には、「委員限り」として最終報告の素案が示され、審議会の最後に鳥居会長から「次回審議会で報告を取りまとめる」旨の発言があり、次回会合は4月22日とされた。菅厚生大臣の方針決定以降、表舞台の審議会での議論と併行して、本部事務局は水面下で労使団体、医師会をはじめとする関係団体、地方団体等と連日のように報告取りまとめに向けた調整を続けた。

(2)「まず法案について先に申し上げますと、当初は予算非関連法案として3月中にも出したいということで準備を進めてきたわけですけれども、今お話もありましたように、老健審の中での議論がまだまだ残っているというか、必ずしも十分合意を得るに至っておりませんので、今月の末あるいは来月に入った段階で老健審からの最終報告がいただけるのではないだろうかと。それを受けまして、さらに与党のプロジェクトの皆さんやあるいは関係方面といろいろな議論をして、何とか連休前後、あるいはこの国会の会期中に法案として出していく、そういう形で考えております」（1996年3月14日第136回国会参議院厚生委員会　菅厚生大臣答弁）

②「両論併記」「多論羅列」の最終報告

4月22日、ようやく老健審は「介護保険制度の創設について」として最終報告を取りまとめ、厚生大臣に提出した（228頁）。

この最終報告でもなお、保険者論や被保険者の範囲など制度骨格の基本に関わる多くの点について、委員間の意見対立は解消されないままであった。

最終報告の「はじめに」には、「当審議会としては、この段階で意見の分かれているものを含め、これまでの審議の概要を明らかにし、国民の間に広範な関心と議論を喚起」するとし、介護サービスのあり方については「第2次報告をさらに具体化したものを示す」とする一方で、制度論・財政論については「それぞれの問題点ごとにどのような議論がどのような背景や理由で行われたのかをわかりやすく整理することが必要と考え、敢えて下記のような形で取りまとめることとした」と書かれていた。

最終報告は、介護保険制度の目指すべき基本目標として、従来の医療・福祉のリエンジニアリングを実現するという基本的考え方の下、社会保険方式への転換（措置から契約へ）、

厚生省提出資料より作成）
場合、単位：兆円）〉

水準に設定する考え方

ケースB		
1案	2案	3案
総費用　4.4 高齢者負担　0.3 若年者負担　1.6 公　　費　2.0 利用者負担　0.6 高齢者１人当たり月額　1200円 若年者１人当たり月額　1200円	総費用 4.4 高齢者負担　0.9 若年者負担　0.9 公　　費　2.0 利用者負担　0.6 高齢者１人当たり月額　3700円 若年者１人当たり月額　700円	総費用 4.4 経過的公費 0.2　高齢者負担 0.3 若年者負担　1.4 公　　費　2.0 利用者負担　0.6 高齢者１人当たり月額　1800円 →1100円 若年者１人当たり月額　1100円
総費用　4.4 高齢者負担　0.4 若年者負担　1.5 公　　費　2.0 利用者負担　0.6 高齢者１人当たり月額　1500円 若年者１人当たり月額　1500円	総費用　4.4 高齢者負担　0.9 若年者負担　0.9 公　　費　2.0 利用者負担　0.6 高齢者１人当たり月額　3700円 若年者１人当たり月額　1000円	総費用　4.4 経過的公費 0.3　高齢者負担 0.3 若年者負担　1.2 公　　費　2.0 利用者負担　0.6 高齢者１人当たり月額　2400円 →1300円 若年者１人当たり月額　1300円

公費補助（利用者負担軽減・負担増保険者対策補助等）や基盤整備公費補助の上乗せ等がある。

図Ⅲ－１　介護保険財政試算（粗い計算）（1996 年４月 10 日老健審、〈高齢者介護費用の負担について（2000 年度、単価の伸び率３％の

○次の３案を仮定。
　１案：高齢者、若年世代を通じて費用負担者１人当たりの負担額を同水準に設定する考え方
　２案：高齢者世代の負担総額と若年世代の負担総額を同額とする考え方
　３案：人口構造が成熟した時点において、高齢者、若年世代を通じて費用負担者１人当たりの負担額を同
○費用を負担する若年世代については、①０～64 歳とする場合と②20～64 歳とする場合を仮定。

	ケースＡ		
	１案	２案	３案
若年を０～64歳とする場合	総費用　4.8 高齢者負担　0.3 若年者負担　1.7 公　　費　2.1 利用者負担　0.6 高齢者１人当たり月額　1300 円 若年者１人当たり月額　1300 円	総費用 4.8 高齢者負担　1.0 若年者負担　1.0 公　　費　2.1 利用者負担　0.6 高齢者１人当たり月額　3900 円 若年者１人当たり月額　800 円	総費用 4.8 経過的公費 0.2／高齢者負担 0.3 若年者負担　1.5 公　　費　2.1 利用者負担　0.6 高齢者１人当たり月額　2000 円 →1200 円 若年者１人当たり月額　1200 円
若年を20～64歳とする場合	総費用　4.8 高齢者負担　0.4 若年者負担　1.6 公　　費　2.1 利用者負担　0.6 高齢者１人当たり月額　1700 円 若年者１人当たり月額　1700 円	総費用 4.8 高齢者負担　1.0 若年者負担　1.0 公　　費　2.1 利用者負担　0.6 高齢者１人当たり月額　3900 円 若年者１人当たり月額　1000 円	総費用 4.8 経過的公費 0.3／高齢者負担 0.4 若年者負担　1.3 公　　費　2.1 利用者負担　0.6 高齢者１人当たり月額　2600 円 →1400 円 若年者１人当たり月額　1400 円

（注）公費負担については、上表のほかに、若年者負担における公費負担、介護保険制度創設に伴う経過的

高齢者自身の選択によるサービス利用（自己決定）、高齢者の自立支援、医療と福祉の分立による現行制度の矛盾の解消、経済財政とのバランス等を掲げた上で、高齢者と若年者の社会連帯による費用の支え合い、将来にわたっての財源確保と安定的・効率的な制度運営、地域の特性を生かしたサービス提供、運営コストの抑制、といった制度設計上の配意点を示した。

一方、最大の争点である保険者については、市町村保険者を多数意見としながらも地方団体の強い反対に配慮し国を保険の運営主体とする考えを併記し、被保険者の範囲については、65歳以上、40歳以上、20歳以上の三論併記、高齢者と若年者の負担割合も三論併記、若年拠出にかかる事業主負担のあり方についても「義務づけは行わず労使交渉に委ねるべき」「法定7割とすべき」「労使折半原則に従うべき」などの案が並べられ、利用者負担については定率1割の他に、「2割あるいは8％」という意見もあった、などと記されていた。家族介護に対する現金支給についても消極論と積極論を併記していた。

この最終報告は、1995年2月の第1回会合以来、1年余の間に親会だけで30回（分科会も含めれば42回）に及ぶ会合を重ね、ようやく取りまとめたものであった。にもかかわらず、このような「両論併記」「多論並列」の最終報告となったのは、論点ごとに関係当事者の意見対立の組み合わせが異なっていたからであり、加えて、それぞれの関係者が自らの利害に立った主張に終始こだわり続け、介護問題の全体的解決を目指す観点から立場の相違を乗り越えた対応をとることができなかったことが大きな要因であった。

③厚生省、「制度試案」を作成・諮問へ

最終報告は「厚生省において、高齢者介護保険制度の具体的試案を作成し、広く国民に問うことを強く要望する」、「当審議会においては、試案について検討を加えた上で、厚生省の諮問をまって答申を取りまとめる」として、厚生省において関係者と調整の上で制度試案を作成し、審議会に諮問するよう求めた。審議会の最終報告が「両論併記」「多論並列」の形で取りまとめられ、その後の関係者との調整を所管省（事務当局）にゆだねて制度試案の作成を求めるとしたことは、政府の審議会の姿としては極めて異例なことであった(3)。

老健審が「制度試案の作成とその審議会への諮問」を求める最終報告を取りまとめたことにより、介護保険制度創設に向けての「審議会での審議プロセス」は終了し、厚生省による「制度試案作成のプロセス」に入ることとなった。

この後の制度試案策定作業は、菅厚生大臣の示した方針の表現を用いれば「与党における調整を踏まえて、会期内の法案提出を目指す」プロセスであり、これ以降、厚生省は与党福祉プロジェクトとの共同作業による制度試案の作成を行っていくこととなる。

(3) 当時、地方自治総合研究所事務局長であった池田省三は、「RONZA(1996年8月)」において『公的介護保険法案をつぶしたのは誰だ』という論文を掲載し、老健審について「介護保険創設の審議は、むき出しの利権争いとさえいっていいほどの激しいものとなった。議論は混迷し、合意どころか多数意見として集約することもできないまま座礁していった」、「老健審は…結局これらの利害関係をまとめきれず、両論併記、三論併記を羅列した最終報告を出した。そして、厚生省に試案を出すように要請し、これを再検討するという結末に至った。宿題を放り出し、なお厚生省に回答をつくらせて、それを審議したいといったのである。老人保健福祉審議会は、ここでほとんどスキャンダルと化した」と痛烈に批判した。

高齢者介護保険制度の創設について(概要)(1996年4月22日老人保健審議会最終報告)

〈報告の趣旨〉

○ 高齢者介護保険制度については、国民の十分な理解と合意を得ながら、制度の創設と実施を進めていくことが重要である。このため、本報告では、現段階で意見が分かれているものも含め、それぞれの論点ごとに審議会で行われた議論の背景や理由を分かりやすく整理した。

○ 今後、本報告を契機に、国民の間で活発な議論が行われることを期待するとともに、厚生省において具体的な試案を作成し、広く国民に問うことを強く要望する。当審議会においては、同試案について検討を加えた上で、厚生省の諮問をまって、さらに審議を深め、答申をまとめることとしたい。〔傍線筆者、以下同じ〕

第1部　介護保険制度の基本目標

1　高齢者介護問題については、従来の医療・福祉制度のリエンジニアリング（発想と運営方法の転換）として、①社会保険への転換、②高齢者自らの意思に基づくサービスの選択、③高齢者の自立支援、④現行制度の矛盾の解決、⑤経済・財政とバランスのとれた制度の構築を図ることが必要である。

2　介護保険制度の基本的目標としては、次のような点があげられる。

①　高齢者介護に対する社会的支援
②　高齢者自身による選択
③　在宅介護の重視
④　予防・リハビリテーションの充実
⑤　総合的、一体的、効率的なサービスの提供
⑥　市民の幅広い参加と民間活力の活用
⑦　社会連帯による支え合い
⑧　安定的かつ効率的な事業運営と地域性の配慮

第2部　介護サービスのあり方

1　介護給付の対象者

○　介護給付は、加齢に伴う障害や痴呆症状等により介護が必要な状況にある高齢者とすることが考えら

れる。いわゆる虚弱老人も寝たきり予防等の観点から必要なサービスを提供することが考えられる。

2　介護給付の対象となるサービス

（1）在宅サービス

①ホームヘルプサービス、②デイサービス、③リハビリテーションサービス（デイケア、訪問リハビリテーションを含む）、④ショートステイ、⑤訪問介護サービス、⑥福祉用具サービス、⑦痴呆性老人グループホーム、⑧住宅改修サービス、⑨訪問入浴サービス、⑩医学的管理等サービス、⑪有料老人ホーム等における介護サービス、⑫ケアマネジメントサービス

（2）施設サービス

①特別養護老人ホーム、②老人保健施設、③療養型病床群等の介護体制の整った医療施設

3　介護給付額の設定とサービスの水準

○　介護サービスを利用する場合には、介護給付額の範囲内で保険給付を受けることができる。介護給付額は、要介護度に応じて必要とされる介護サービスの費用額に基づき、在宅サービスと施設サービスについて設定される。

○　将来のサービス水準については、新制度にふさわしいものを目指すことが適当であるが、制度創設当初は現実の水準に見合った介護給付額や保険料を設定するなどの方策を講ずる必要がある。

4　介護サービスの利用方法

（1）基本的考え方

○　高齢者が自らの意思に基づいて、利用するサービスを選択し、決定することを基本とし、それに対して、保健・医療・福祉の専門家が連携して身近な地域で支援する仕組み（ケアマネジメント）を確立することが重要である。

（2）要介護認定

○　高齢者の申請を受け、要介護認定機関が認定を行うこととし、その基準は、公平かつ客観的に認定を行うことができるよう、国が定める。

○　要介護認定は、保険者の責任において行うこととし、保健・医療・福祉の専門家によって構成される合議体の審議を経るものとする。保険者が共同で行うことについて検討するものとする。

（3）ケアプランの作成

○　高齢者の依頼に基づき、ケアプラン作成機関の介護支援担当者（ケアマネジャー）を中心に、専門家チームが、高齢者や家族の相談に応じ、そのニーズを把握した上でケアプランを作成し、実際のサービス利用につなぐものとする。

5　介護サービス提供機関

○　当面、施設サービスにおいては現行の事業主体を基本としつつも、在宅サービスについては、利用者本位の効率的なサービス提供という観点から、民間事業者や住民参加の非営利組織など多様な事業主体の参加を求め、サービスの向上を図ることが重要である。

6　予防・リハビリテーションの充実

○　高齢者に関する予防、リハビリテーションの充実を図るため、老人保健事業を積極的に推進するとともに、訪問リハビリテーションの充実、地域リハビリテーション体制の確立等を進めることが必要である。

7　家族介護

○　介護保険制度においては、現物給付が基本となるべきである。家族介護に対する現金支給については、消極的な意見と積極的な意見があり、さらに広範な国民的議論が期待される。

①現金支給に消極的な意見

・現金支給は必ずしも適切な介護に結びつかず、家族介護が固定化するおそれがある。

・高齢者の自立を阻害するとともに、家族の負担が過重となるおそれがある。

・現在最も必要なのはサービスの充実である。

②現金支給に積極的な意見

・高齢者や家族の選択と外部サービス利用との公平性からみて現金を支給すべきである。

・高齢者が家族介護を望んでおり、また、介護に伴い支出が増大している実態は無視できない。

・現物給付が受けられないケースは保険料の見返りとして現金を支給すべきである。

第3部　介護保険制度のあり方

1　介護保険制度の基本的あり方

○介護保険制度の検討に当たっては、①高齢者及び若年者の社会連帯による費用の支え合い、②将来にわたる財源確保と安定的・効率的な運営、③地域の特性に配慮したサービス提供、④運営コストの抑制に配慮する必要がある。

2　保険者

○保険者の機能には、給付主体（サービス給付決定）と財政主体（介護保険料の設定・徴収・管理）の両面があり、給付主体については市町村とする意見が多数である。

○一方、財政主体については、給付主体と財政主体の一致が望ましいことなどから市町村を基本とする方式、保険財政の安定性などから国とする方式などの意見があった。

○市町村保険者とする場合、広域化を積極的に検討すべきであるとの意見のほか、全国で若年者負担分をプールし、高齢化率の差異による費用負担の格差が全国的に調整されるよう、各市町村へ交付することが適当である。また、保険者努力に期待することが困難な事項に起因する保険料水準の格差を是正するため、一定の調整を行うことが考えられる。さらに、保険単位が小さいことによる保険財政の不安定性等に配慮し、保険財政が安定的に運営できるような仕組みを備えることが必要である。

3　被保険者及び受給者

○高齢者介護問題が最大の課題となっていることから、65歳以上の高齢者を被保険者とし、保険料負担を求めることが適当である。この場合、高齢者介護の社会化は家族にとっても大きな受益であることなどから、社会的扶養や世代間連帯の考え方に立って、若年者にも負担を求めることが考えられる。

○　若年世代の要介護状態については、公費による障害者福祉施策で対応するが、初老期痴呆などのような処遇上高齢者と同様の取扱いを行うことが適当なケースについては、特例的に介護保険から給付すべきとの意見が有力であった。

○　こうした考え方に対し、介護サービスの必要性は年齢を問わないことや負担についての若年者の理解を得る観点から、若年者の介護サービスも社会保険化し、被保険者を20歳以上あるいは40歳以上とする意見がある。また、年金と同様に長期保険的な制度とし、若年層も被保険者とした上で、受給者の発生を65歳以上とする意見もあった。

4　介護保険料

○　市町村保険者の場合、市町村のサービス水準に応じた保険料水準の設定が基本となるが、その設定については、当面定額保険料とするが、低所得者には軽減措置を講ずる案や、所得の状況に応じて所得段階別の定額保険料とする案、定額＋定率保険料とする案がある。

また、一定額以上の老齢年金受給者については、年金からの特別徴収を検討するとともに、保険料の未納対策も検討する必要がある。

一方、国が保険者の場合、保険料は全国一律とする意見や地域ごとのサービス水準に応じたものとする意見があった。

5　高齢者と若年者の負担

○　被保険者を高齢者とする場合は、高齢者と若年者の割合については、①高齢者・若年層を通じて1人あたりの平均負担額を同水準とする考え方、②高齢者世代の負担総額と若年世代の負担総額を同額とする考え方、③人口構造が成熟する時点（2020年）においてそれらの額が同水準となるようにするという考え方がある。②、③については、高齢者の負担が大きくなることから、それを軽減し、公費で補填することが考えられる。

○　若年者は世代間連帯、社会的扶養の観点から費用の一部を負担することとなるが、世代間扶養の理解を得るための啓発努力を行う一方、滞納に対する措置を含め、その確実な収納を確保する仕組みが必要である。

○　若年者負担の徴収方法としては、医療保険者が徴収責任を負い、分担金として一括納付する方式のほかに、医療保険者又は年金保険者が徴収代行する方式、保険者が直接徴収する方式がある。確実かつ効率的な方法としては、医療保険者が分担金を納付することが考えられるが、これについては老人保健制度の見直しが必要との意見があった。

○　事業主負担については、企業内福利厚生の一環として労使の話し合いに委ねるべきとの意見、法定した上で被保険者本人分に関する事業主負担は7割又は労使折半とすべきとの意見がある。

6　公費負担

○　介護保険制度に対する公費負担は、介護給付費の2分の1を基本とする意見が多数であった。また、低所得者の負担軽減やサービス基盤のより一層の整備のための公費の投入などに配慮することが考えられる。

○　７　利用者負担

○　受益に応じた公平な負担という観点から、定率負担（１割）とすることが考えられる。これに対しては、２割とする意見、８％とする意見があった。また、低所得者への負担軽減や高額医療費の仕組みを導入することが適当である。また、施設介護については、在宅介護とのバランスなどから、食費等日常生活費は利用者本人の負担とすることが考えられる。

○　８　民間セクターの役割

○　民間の営利、非営利の事業主体により多様なサービス提供が図られるほか、民間保険の参入も考えられる。

第４部　基盤整備等

１　基盤整備

○　高齢者のための介護サービス基盤は、高齢社会の重要な社会資本である。地域の特性を踏まえた上で、全国的にみて均衡ある基盤の整備を総合的かつ計画的に進めていくことが重要である。また、新たなサービス水準の実現に向けて、人材の養成・確保を図る必要がある。

介護サービス基盤のより一層の整備を進める観点から公費の投入を行う等の配慮が必要である。

２　施行の時期と方法

○　施行に当たっては、必要な準備期間を置き、できる限り円滑かつ早期に制度が実施されるよう努力すべき。また、円滑な施行という観点から在宅サービスを先行して実施するなど段階的な施行についても検討する必要がある。

3　その他

○　介護保険制度の創設を機に、老人保健制度や年金制度など関連する社会保障制度についても、制度の全般的な再構築・効率化という観点から、そのあり方について検討する必要がある。

2 老健審最終報告から「制度案大綱」諮問・答申まで

1996年5月〜6月

(1) 厚生省・与党福祉プロジェクトの共同作業による「制度試案」の作成

①与党福祉プロジェクトによる「制度試案」作成要請

老健審の最終報告を受けて、与党福祉プロジェクトは、4月26日、3座長(衛藤晟一〔自民〕、五島正規〔社民〕、荒井聡〔さきがけ〕)名で、政府に対して「与党チームとの調整を図るため、政府においてたたき台としての『制度試案』を作成し提出することを求める」旨の要請書を提出した。

「要請書」（与党福祉プロジェクトチーム「制度試案」作成指示）（1996年4月26日）

急速な高齢化の中で介護問題を解決していくためには、新たな介護制度を創設することが求められている。

このため、与党福祉プロジェクトチームとしては、当チームとの調整を図るため厚生省に対したたき台として介護保険制度に関する試案を作成し、提出することを要請する。当チームとしては、この試案を基にさらに審議を重ね、国民的議論の中でコンセンサスを得て法案化を進めることとしたい。

その際、特に次の点に留意して試案を作成されたい。

① 国民負担のあり方や社会保障制度の効率化、公平化の措置を含め社会保障全体の道筋を示すこと

② 保険者については、まず、市町村の不安を払拭するため財政不安の解消、事務体制の整備、広域化等具体的な対応策を十分に検討すること

③ 介護サービス基盤整備の着実な実施のための方策を明らかにすること

④ 費用は、国、地方公共団体、事業主、高齢者及び現役世代等が納得できるような確実かつ公平に分担するための理念、方策を明らかにすること

また、この際あわせて、民間事業者や住民参加型組織の活用、文教施設等の介護施設への転用、十分な準備態勢の整備にも留意されたい。

また、与党福祉プロジェクトは、連休明けの5月10日の会合において、「介護保険法案の会期内国会提出」方針を改めて確認するとともに、制度試案の作成は与党福祉プロジェクト3座長と厚生省の共同作業で行うこと、制度試案は14日の与党福祉プロジェクトで審議し翌15日の審議会に諮問すること、与党各党は22日までに党内手続きを終えるよう努力することを合意した。

厚生省（政府）が作成する制度試案について、厚生省が単独で作成するものではなく、「3座長との共同作業で作成する」と位置づけたことや、作成手順・スケジュールについてまで言及していることは、従来の政府と与党との関係における政策形成過程では見られなかったことである。

さらに与党福祉プロジェクトは、「介護保険制度の試案作成に当たっての基本的視点」として7項目からなる「視点」を示し、この視点を踏まえて制度試案を作成し、与党福祉プロジェクトに示すよう厚生省に求めた。

介護保険制度の試案作成に当たっての基本的視点（1996年5月10日）

与党福祉プロジェクトチーム
自由民主党座長　衛藤晟一
社会民主党座長　五島正規
新党さきがけ座長　荒井聰

1　老化に伴って生じる介護ニーズに的確に応えられる効率的で公平な、負担と受益のバランスの取れた利用者本位の制度とすること。

2　制度構成は、地方分権という時代の流れを踏まえたものとすること。この場合、市町村に財政・事務両面で過度の負担をかけないための必要な措置を講じること。

3　高齢者、現役世代、事業主等が納得して費用を負担できるような方策を講じること。また、将来にわたって保険財政が安定するような措置を盛り込むこと。

4　社会的入院の解消及び施設間の利用者負担の適正化等を進めつつ、国民負担が過度にならないよう努めること。

5　介護サービスが充実するよう、現物給付を原則とすること。特に、マンパワーの養成確保及び施設整備の促進について配慮すること。

6　規制緩和を進め、多様な民間事業者の参入を促し、介護関係の市場の拡大につながる制度とすること。また、民間保険との適切な連携がとれる給付設計とすること。

7　施行までの間に、十分な準備ができる期間をとること。また、実施に当たって市町村等の不安を少なくするとともに施設整備の状況等を踏まえ、段階的な施行を検討すること。さらに、施行後一定期間内に介護を巡る諸状況の変化を踏まえ、制度を全面的に見直すこと。

この「基本的視点」の書きぶりは包括的・概括的だが、「地方分権の流れを踏まえ市町村に財政・事務両面で過度の負担をかけない」「将来にわたって保険財政が安定するような措置を盛り込む」等、市町村保険者を念頭に置き、地方自治体への配慮を求めるとともに「社会的入院の解消・施設間の利用者負担の適正化」「現物給付を原則とする」「規制緩和を進め多様な民間事業者の参入を促す」など、審議会プロセスで問題となった諸論点について与党の立場から明確に一定の方向性を与えるものとなっていた。

②「制度試案」の提示

本部事務局は、4月26日の与党福祉プロジェクトの指示を踏まえ、連休返上で制度試案の作成作業に取り組み、指示通りまず5月14日の与党福祉プロジェクトに制度試案を提示した。そして、与党福祉プロジェクトの議を経た上で、5月15日に開催された老健審に制度試案を提出した（246頁）。

この制度試案では、最終報告で結論が示されていなかった制度の基本骨格に関わる重要な論点のほとんどについて、具体的な方向性が示されていた。すなわち、①保険者は市町村、②被保険者は40歳以上（65歳以上を「第1種被保険者」、40～64歳を「第2種被保険者」、後述する「修正試案」以降はそれぞれ「第1号被保険者」、「第2号被保険者」と改称）、③費用負担は公費2分の1・保険料2分の1、④医療保険者による第2種被保険者保険料の一括徴収・納付、⑤第1種被保険者保険料の年金からの天引き、⑥在宅先行での1999年度からの制度施行、などである。また給付に関する大きな争点の一つであった家族に対する現金給付についても、原則として当面行わない旨を明記した。

制度設計に関する様々な論点について一定の具体的方向を明らかにしたことで、ようやく「介護保険制度案の全体像」が示されることとなった。

③与党福祉プロジェクトの調整―政治主導による政策決定

制度試案は、与党福祉プロジェクトはもちろん、老健審や与党各党の担当部会・調査会にも示された。この制度試案については、与党福祉プロジェクト・各党担当部会・調査会で連日のように議論が重ねられ、この後、6月6日の制度案大綱の諮問、答申、さらには通常国会終盤の与党合意に至るまで、介護保険制度創設をめぐる議論は与党、なかんずく与党福祉プロジェクト主導で進むことになる。

与党福祉プロジェクトは、老健審の最終報告取りまとめから6月の与党合意に至る最終調整局面でほぼ週2回ペースで開催され、文字通り制度設計の細部にわたって議論を行い、関係者間で意見対立の厳しい論点について多くの判断を下した。

その開催回数は最終的には合計100回以上に及んだ。政府提出の法案について、事前の原案作成過程でこれほどまでに与党が深く、そして真剣に関与した事例はほかにない。この間、与党福祉プロジェクトのメンバーは、制度設計への関与のみならず、それぞれの政党内部での合意形成・意見調整、地方団体をはじめとする利害関係団体の説得・マスコミ対策・国民世論への働きかけなど多くの場面で極めて積極的かつ主導的な役割を果たした。この意味において、介護保険制度の制定過程は、まさに「政治主導による政策形成」と言えるものであった。

その結果、メンバー議員の間には、「介護保険法案は自分たちが作り上げたもの」という強い当事者意識と所属政党を超えた連帯感が生まれ、関係団体や市民団体との間にも従来の政党・議員と支持団体との関係とは質的に異なる強い信頼関係が形成されることとなった。このことは、後に、自社さ政権から自自公政権へと政権の枠組みが変化したことに伴い施行直前になって浮上した「介護保険施行延期論」などの「制度の危機」を切り抜けるに当たって強力な「政治的援軍」となるのである。

特に、与党福祉プロジェクトを引っ張った座長経験者（自民：衛藤晟一、社民：五島正規・今井澄、さきがけ：渡海紀三朗・荒井聡）は、一貫して介護保険制度創設を積極的に支援し続け、2001年の制度施行後も介護保険制度の強い支持者として政治の場で大きな影響力を発揮した。

④政府部内での厳しい折衝と信頼関係の形成

介護保険制度案の作成に際しては、老健審や与党内部だけでなく、政府部内においても厳しい折衝と調整が繰り返された。その中で、政府部内の関係者（特に厚生省、大蔵省、自治省）の間にも次第に一定の信頼関係が形成されていった。彼らは、それぞれの省の所管行政の立場から相手方に対して様々な意見を述べ、厳しい折衝を続けていたが、その一方で、自身の省内や関係団体に対する説得・調整も積極的に行い、政権の最重要課題である介護保険制度創設に向けての合意形成の努力を重ねていた。例えば、後述する「介護財政安定化基金」構想は、慎重姿勢を崩さない地方自治体関係者への説得材料として当時の自治省財政局担当官が発想して本部事務局に提案し、実現に至ったものであった。政府部内においても、厳しい折衝を重ねていく中から、介護保険制度創設に向けて協働していく機運が生まれていたことがうかがわれる。

介護保険制度試案（抄）（1996年5月15日老健審、厚生省提出資料より作成）

I　施行準備と介護サービスの基盤整備について

（略）

II　介護保険制度について

1　保険者

（1）保険者は、市町村及び特別区とする。〔傍線筆者、以下同じ〕

（2）保険運営の安全性、効率性を確保するため、保険運営の広域化、財政調整などの支援措置を講ずる。

①　要介護認定について、事務の共同化、広域化等を進める。

②　給付費が見通しと異なって変動することや保険料未納等による保険財政の不安定性を補完する仕組みを導入する。

③　後述の第2種被保険者の保険料を全国でプールし、市町村ごとの高齢化率の違いに伴う負担の格差を調整するよう、市町村に対して交付するとともに、保険者努力に期待できない事由に起因する保険料負担の格差を財政調整により是正する。

2　被保険者

（1）基本的な考え方（介護保険と障害者福祉の役割分担）

○　高齢者介護が大きな社会問題となっている状況を踏まえ、介護保険制度は、老化に伴う介護ニーズに適切に応えることを目的とする。障害者福祉（公費）による介護サービスについては、障害者プランに即して、引き続き充実を図るものとする。

（2）介護保険における被保険者の範囲

○　介護保険が対象とする老化に伴う介護ニーズは、高齢期のみならず、中高年期においても生じ得ること、また、40歳以降になると、一般に老親の介護が必要となり、家族という立場から介護保険による社会的支援という利益を受ける可能性が高まることから、40歳以上の者を被保険者とし、社会連帯によって介護費用を支え合うものとする。

（3）被保険者の区分

○　給付や負担面の違いを踏まえ、被保険者は、65歳以上の者（第1種被保険者）と40～64歳の者（第2種被保険者）に区分する。

①　介護保険においては、要介護リスクの高まる65歳以上の高齢者が基本となる。40～64歳の者は、自らが要介護となるリスクが低く、しかも老化に伴う介護のケースに限定される。

②　負担の面では、高齢者が中心的な受給者であることから、その居住する地域で受けた介護サービスの水準に応じて保険料を負担することが考えられる。これに対し、40～64歳の者は、社会的扶養の観点から費用を負担する要素もあることから、全国共通のルールによって費用を負担する仕組みとする。

3　介護給付

（1）受給者

○　被保険者であって、老化に伴い介護が必要になった者を受給者とし、いわゆる虚弱老人も寝たきり予防等の観点から必要なサービスを提供する。

第1種被保険者の場合は、高齢者であることから、その原因を問わず要介護者は一般的に介護保険の対象となる。

第2種被保険者については、老化に伴う介護という観点から、具体的な対象範囲を定める（それ以外のケースは、障害者福祉の介護サービスの対象とする。）

（2）介護給付の受給手続

①　要介護認定

○　被保険者が介護保険の給付を受けようとする場合には、保険者に申請して、介護が必要な状態にあることの認定を受けるものとする。認定は、要介護認定機関が公平かつ客観的な基準に従い、専門家の合議によって審査した結果に基づき保険者が決定することにより行う。

○　要介護認定については、効率的な事務処理や専門家の確保といった観点から、要介護認定の事務の共同化、広域化等を進める。

被保険者に判断能力がなく、身寄りもないような場合や緊急に保護が必要な場合については、行政の措置によって、サービス利用を確保するものとする。

②　ケアプランの作成

○　要介護認定を受けた被保険者は、自らの意思に基づき、利用する介護サービスを選択することができる。

○　被保険者は、自らの意思に基づき、ケアプラン（介護サービスの提供に関する計画）の作成をケアプラン作成機関に依頼できる。ケアプラン作成機関においては、専門家が被保険者や家族の相談に応じ、ケアプランを作成の上、実際のサービス利用につなぐ。ケアプラン作成機関は、市町村が設置するもののほか、在宅介護支援センター、訪問看護ステーションなどの在宅サービス機関、介護施設、医療機関であって一定の要件を満たすものが設置できる。

（3）介護給付の内容

①　介護給付額

○　要介護認定を受けた被保険者は、在宅サービスを利用する場合、要介護度ごとに設定された介護給付額の範囲内で、実際に利用した介護サービスについて給付を受けることができる。また、超過分を本人が負担することにより、介護給付額を超えて介護サービスを利用できる仕組みとする。

○　在宅サービスに関する介護給付額は、現実に提供可能なサービス量に見合った水準とし、サービス基盤の整備の進捗状況等に応じて、段階的に望ましい水準の実現を目指すものとする。

○　施設サービスについては、被保険者の要介護度や施設の人員配置状況等を踏まえ、必要とされる費用に基づき、介護給付額を設定する。

②　利用者負担

○　介護サービスの利用者負担は、介護給付の対象となる費用の1割とする。また、施設については、食費は利用者負担とし、日常生活費は給付対象外とする。ただし、負担額が著しくならないよう、医療保険の高額療養費と同様の仕組みを制度化する。

○ 利用者負担の水準については、介護サービスの整備状況や介護費用の水準等を勘案して、一定期間ごとに、適正な国民負担等の観点からその在り方を見直すものとする。

③ 対象となるサービス

○ 介護給付の対象となる介護サービスは、下記のとおりとする。

【在宅サービス】

ア　ホームヘルプサービス

イ　デイサービス

ウ　リハビリテーションサービス（デイケア、訪問リハビリテーションを含む）

エ　ショートステイ

オ　訪問看護サービス

カ　福祉用具サービス

キ　痴呆性老人向けグループホーム

ク　住宅改修サービス

ケ　訪問入浴サービス

コ　医学的管理等サービス

サ　有料老人ホーム、ケアハウス等における介護サービス

シ　ケアマネジメントサービス

【施設サービス】

ア　特別養護老人ホーム
イ　老人保健施設
ウ　療養型病床群、老人性痴呆疾患療養病棟その他の介護体制の整った施設
○　市町村は、地域の非営利組織等が提供する在宅サービスであって、必要かつ適当と認められるものを介護の必要度に応じて設定された給付額の範囲内で給付対象とすることができる。
○　市町村は、地域の実情に応じて独自のサービスを付加給付とすることができる。
（4）介護サービス提供機関
○　介護サービス提供機関は、一定の要件を備え、良質な介護サービスを安定的に提供できる機関とする。
○　介護サービス提供機関の事業主体は、施設サービスにおいては現行の事業主体を基本としつつも、在宅サービスについては、利用者本位の効率的なサービス提供の観点から、民間事業者や住民参加の非営利組織などの多様な主体が参加し得ることとする。

4　費用負担

（1）費用負担の区分
○　介護費用の負担区分は、次のとおりとする。
①　第1種及び第2種被保険者の負担
介護給付費総額の2分の1
②　公費負担
介護給付費総額の2分の1

（2）第1種被保険者の費用負担

○ 第1種被保険者は、市町村が、当該市町村のサービス水準に応じて定めた保険料額を負担する。保険料は、市町村が徴収するものとし、老齢年金受給者のうち、一定の基準に該当する者については、年金からの特別徴収を検討する。保険料の納付義務者は被保険者本人とし、世帯主及び配偶者を連帯納付義務者とする。

○ 保険料未納者については、給付率の引き下げ等の措置を講ずる。

（3）第2種被保険者の費用負担

① 保険料の算定方法と医療保険者による一括納付

○ 第2種被保険者は、自らの介護リスクに備えるとともに、社会的扶養の考え方に基づき費用を負担する。第2種被保険者は就労や所得形態が多様であることから、確実かつ効率的な徴収を確保するため、各医療保険者が自らの保険に加入している第2種被保険者の負担すべき費用を一括納付する方法を採用する。

○ 医療保険者が一括納付する金額は、国が介護給付費総額に基づき定めた第2種被保険者の基準負担額に、各医療保険に加入している第2種被保険者数を乗じた金額とする。各医療保険者は、医療保険各法の定めるところにより、これに係る費用をその被保険者から介護保険料として医療保険料と一体的に徴収する。

○ 被用者保険については事業主負担、国保等については医療保険各法に従い国庫負担を行うものとする。

② 介護保険者への交付（高齢化率の相違に係る調整）

○ 各医療保険者が一括納付した第2種被保険者の保険料は、全国レベルでプールし、市町村の高齢化率の違いによる第1種被保険者の保険料負担の格差が調整されるよう、介護保険者に対しその介護給付費のうち第2種被保険者の負担割合に相当する額を基に交付する。

（4）財政調整

○　保険者努力に期待することができない、以下の事由等に起因する第1種被保険者の保険料負担の格差を是正するため、公費等により一定の調整措置を講ずる。

①　介護施設の集中度の相違

②　災害時の保険料減免等特殊な場合

③　要介護リスクの高い後期高齢者の加入割合の相違

（5）公費負担

○　公費負担は、介護給付費の2分の1とする。

○　介護サービス基盤のより一層の整備を進めるために公費を投入するとともに、現行制度に比し負担が急増しないよう配慮する。

5　施行及び検討

（1）円滑な施行を目指し、必要な準備期間を置くため、平成11年4月から実施に移す。この場合、在宅サービスを先行実施し、社会的入院の解消を図りつつ、施設サービスについては5年後（平成13年）を目途に実施する。

（注）在宅及び施設の給付内容については一本の法律で規定し、施設サービスの実施期間は、別に定めるものとする。

（2）施設サービスについては、介護の質の向上を図るため、介護保険施行前においても、ケアプラン作成の義務づけや介護体制の強化を図るとともに、老人医療を含めた施設間の利用者負担の格差是正等を進めていくものとする。
（3）家族介護に対する現金支給は、原則として当面行わないものとする。
（4）介護サービスの整備状況や介護費用の動向、社会保障をめぐる状況を踏まえ、施行一定期間後に、被保険者の年齢、他制度との整合性を含め、給付内容及び費用負担のあり方等全般的な見直しを行うものとする。

(2)「修正試案」の提示から制度案大綱の諮問・答申へ

①政府・与党内での調整と地方団体の要望

与党福祉プロジェクトの主導によって介護保険制度創設に向けて議論が進められたが、制度試案に対する地方公共団体の姿勢には引き続き厳しいものがあった。全国市長会・全国町村会は「国保険者」「市町村間の保険料格差解消」「在宅・施設同時実施」といった従来の主張を崩さず、5月15日の制度試案提示当日の審議会にも従来の主張を盛り込んだ意見書を提出していた。

また、政府部内でも、法案の国会提出をめぐって、試案提示翌日の5月16日に梶山静六官房長官が「国民の理解を得られておらず、法案提出を急ぐべきではない」と慎重論を示す一方、5月17日の国会答弁で橋本首相が見送り論を否定して、介護保険制度創設の必要性を強調するなど、国会会期末まであと1月余という状況の中で、介護保険法案の取り扱いは大きな政治的テーマとなっていた。

法案を閣議決定して国会に提出するためには、老健審（及び関係審議会）への法案大綱諮問・答申と法案の与党審査手続という2つの大きな手続が残されており、この2つの関門をくぐって法案提出までたどり着くには、最大のキーパーソンである地方団体の理解を得ることが最重要課題であった。与党福祉プロジェクトは、審議の過程で地方団体からヒアリングを行うとともに、3座長自らが全国市長会・町村会の代表と繰り返し直接会談して働きかけを行うなど、与党の立場からの調整を重ねた。

また、本部事務局も、連日のように開催される与党各党の部会・調査会、与党プロジェクトに対応するとともに、地方団体をはじめとする関係団体とも公式・非公式の調整を進めた。厚生省にとって「時間との戦い」でもあるこの調整過程で、本部事務局は様々な論点について修正案を提示した。

5月17日に自民党社会部会・医療基本問題調査会合同部会が行った全国市長会・全国町村会ヒアリングにおいて、全国市長会は、試案受け入れのための条件として、第一種被保険者

（高齢者）保険料に不足が生じた場合の国の財政支援措置、第二種被保険者（若年者）保険料未納分に係る財政ルールの明確化（一般会計補填を行わないこと）など、以下に示す7項目の要望を提示した。また、全国町村会からも同様の内容の要望が示された。

1　公費の部分及び第二種保険料においてルールを法定して、穴が空くことがないよう清算するようにすること
2　第一種保険料について給付費の見込み違いや未納の穴が空いた場合には後年度に保険料の改定を行い、保険者に責任を負わせることのないよう国が配慮すること
3　第二種保険料における未納などの穴埋めに一般会計で補填を行わないルールを明確にすること
4　第一種保険料から年金天引きの徴収の工夫を凝らすこと
5　地方負担部分について交付税措置を確実に行うこと
6　実施には十分な準備期間を設けるとともに、在宅・施設のサービスを同時施行にすること
7　事務運営や要介護認定については県をも対象にした広域化にすること

この要望は、地方団体が初めて制度設計に関し具体的な内容に言及して行った要望であり、その後の本部事務局における修正案作成作業において大きな意味を持つこととなるものであった。全国市長会・全国町村会は、5月21日に開催された社民党厚生部会でのヒアリング

に際しても同様の要望を行った。

②制度案の頻繁な修正―「今週の介護保険」「今日の介護保険」

この要望を踏まえ、本部事務局は、5月23日に開催された自民党社会部会・医療基本問題調査会合同部会に、市町村への支援策として、保険料未納等による保険財政の赤字に対応する「準備金」の設立、中期財政方式の導入、若年保険料及び公費負担に係る後年度清算交付の実施、複数市町村による要介護認定機関の共同設置などの新たな提案を行った。

この提案は、同日、本部事務局から全国市長会・全国町村会に対しても直接説明が行われ、その後、24日・28日と立て続けに開催された与党福祉プロジェクト、28日の自民党地方行政部会・地方制度調査会合同会議、29日に開催された社民党拡大厚生部会でも議論され、その具体的考え方や細部の制度設計について説明・質疑が行われた。

この間、27日には、6月5日の全国市長会総会（介護保険に関する総会決議が予定されていた）を前に、与党福祉プロジェクトと全国市長会幹部・全国町村会幹部との意見交換も行われ、席上、両会幹部はそれぞれ5月17日に提出した「試案受け入れのための条件」を敷衍する形で改めて地方団体側の懸念・要望を書面で示し、その内容に関して突っ込んだ意見交換が行われた。

会合が開催されるたびに様々な修正案が提示され、めまぐるしく議論が展開される事態に、一部の与党議員や各省から「今週の介護保険」とか「今日の介護保険」という、本部事務局にとってはありがたくない揶揄を受ける場面もあった。

③「修正試案」の提示

5月30日、本部事務局はこの間の与党福祉プロジェクトでの議論や各党部会での議論を踏まえ、同日早朝に開催された与党福祉プロジェクトに諮ったうえで、5月15日に提出した制度試案に修正を加えた「介護保険制度修正試案」（以下「修正試案」という）を老健審に提示した。

修正試案は、この間、本部事務局が与党・市町村に提示して議論が行われた修正案をベースとしたものであり、市町村側から示された要望・意見・懸念を踏まえ、市町村保険者を基本としつつ、その負担・懸念を最大限軽減・払拭することに力点を置いていた。具体的には①市町村を国・県が重層的に支える仕組みとして都道府県単位の「介護保険者連合会」を設置すること、②第2号被保険者保険料及び公費負担に関する清算交付方式を導入すること、③第1号被保険者保険料に不足が生じた場合の市町村に対する財政支援の仕組みを導入すること（後の「介護財政安定化基金」）、④要介護認定事務の都道府県への委託を可能にすること、⑤中期財政方式を採用し3年単位の保険料設定とすること、⑥第1号被保険者保険料を所得段階別定額保険料とするとともに、⑦特別徴収（年金天引き）を制度施行当初から実施することなど、実施主体となる市町村に対する配慮を大幅に盛り込んだものであった。

この修正試案に対しては、前進との評価をする意見が多く出される一方で、2段階施行が維持されたことに対しては難色を示す意見も少なくなかった。また、並行して行われていた医療関係団体との調整を踏まえ、介護保険制度における医療に関しては、医療と福祉に関わる主体がそれぞれの機能を発揮しつつ重層的に支え合うことが明確化された。

④老健審への諮問・答申

5月30日の老健審への修正試案提示後、与党福祉プロジェクトメンバーと本部事務局は、新たに提示した修正試案について、連日精力的に全国市長会・全国町村会と水面下での調整を進めた。

その結果、6月4日、与党福祉プロジェクトは会合を開き、この間の地方団体との調整状況を踏まえ、修正試案をベースに6月上旬に老健審をはじめとする関係審議会に介護保険制度案大綱及び関連法の改正法案を諮問することを決めた。この決定を受けて、本部事務局は介護保険制度案大綱・関連法案諮問に向けての最終調整に入った。6月5日の社民党拡大厚労部会、与党福祉プロジェクトに制度案大綱を示した後、6月6日に老健審（介護保険制度案大綱）・中央社会福祉審議会（生活保護法一部改正案要綱）・社会保障制度審議会（介護保険制度案大綱）、7日に医療審議会（医療法一部改正法案要綱）にそれぞれ諮問を行った（「介護保険制度案大綱」264頁）。

1年半に及ぶ長い審議会プロセス、特に4月の最終報告以降の公式・非公式の本部事務局との精力的な協議、さらには与党福祉プロジェクトによる調整を重ねる中で、地方団体にも介護保険制度創設に対する理解は確実に広まっていった。累次にわたって表明された地方団体の意見書・決議も、議論の進展とともに、安定的な財政措置の確保やサービス基盤の整備など、具体的な制度実施に際しての懸念についての対応を求めるものへと、少しずつではあるが変化がみられていた。

それでもなお、地方団体は慎重姿勢を崩さず、老健審への諮問が行われる6月6日の前日、6月5日に開催された全国市長会議（総会）で「介護保険制度に慎重な論議を求める決議」を行い、「国民健康保険と同様の財政負担が生じることのないような十分な財政安定措置の確立」を訴えて市町村が過重な財政負担を負うことのない制度の構築を求め、答申が取りまとめられた10日の会合にも、市長会・町村会連名で慎重な対応を求める意見書を提出した。

このように、最後まで慎重な姿勢を崩さなかった地方団体の姿勢は、後述する通常国会終盤での法案提出をめぐる政府部内・与党との調整の場面に少なからぬ影響を与えることになる。

6月10日、老健審は、少数意見を付した上で「新たな介護制度を創設すべき」とする答申を行い、社会保障制度審議会など他の関連審議会も10日と11日に答申を行った(「老健審答申」281頁)。関係審議会の答申を得たことで、介護保険関連法案の国会提出に向けて残る手続は連立与党3党による事前審査のみとなった。

老健審答申が行われた6月10日、与党福祉プロジェクトの3座長は全国市長会長、全国町村会長と会談し、審議会手続の終了により、以降、法案の与党審査手続に入ることを伝えた(資料Ⅲ―2)。

5日8時　社民党緊急全国政審会長・政策責任者会議
介護保険法案の今国会提出方針を確認
13時　全国市長会総会
「介護保険制度に慎重な論議を求める決議」採択
19時/22時半　与党福祉プロジェクト（2回）
本部事務局、「法案大綱」を提示、討議
「制度案大綱」に修正し了承
6日10時　老健審
「制度案大綱（介護保険制度案大綱）」諮問
10時　中央社会福祉審議会
生活保護法等改正法案要綱諮問
14時　社会保障制度審議会
「制度案大綱（介護保険制度案大綱）」諮問
7日8特半　自民党社会部会・医療基本問題調査会合同部会
「制度案大綱（介護保険制度案大綱）」討議
10時　医療審議会
医療法等改正法案要綱諮問
10日　老健審・中央社会福祉審議会・医療審議会　答申
18時　与党福祉プロジェクト3座長会議
全国市長会・全国町村会との意見交換
11日　社会保障制度審議会　答申
8時　与党厚生調整会議・福祉プロジェクト合同会議
法案与党審査手続について討議
10時　社民党拡大厚生部会
介護保険制度案大綱了承
11時　さきがけ拡大政調役員会
介護保険制度案大綱了承
15時　自民党社会部会
介護保険制度案大綱審議、了承に至らず
12日8時/19時半　自民党社会部会（2回開催）
「政調会長一任」で部会通過
13日10時　与党福祉プロジェクト3座長会議
（丹羽自民党医療基本問題調査会長同席）
11時半/17時　与党政策調整会議（2回開催。2回目は与党福祉プロジェクト3座長・丹羽会長同席）
政府側3省（厚生省・大蔵省・自治省）から意見聴取
「介護保険関連法案の会期内国会提出見送り、懸案事項を整理しその解決を図って次期国会への法案提出を期す」との方針決定
16時　社民党政審役員会
介護保険制度案大綱了承
14日9時　与党政策調整会議
全国市長会・全国町村会と会談。今国会法案提出見送りの方針を伝達
10時　与党福祉プロジェクト3座長・丹羽会長会議
懸案事項の整理と合意文書の作成作業に着手
17日14時　与党政策責任者・与党政策調整会議合同会議
介護保険法案要綱案・懸案事項について合意（「与党合意」）
「介護保険制度の創設に向け、政府・与党一致して積極的に取り組んでいく」
「同制度の創設に当たっては、関係者の意見を踏まえつつ、要綱案を基本として、懸案事項についての解決を図りながら、必要な法案作成作業を行い、次期国会に法案を提出する」旨を合意
18日10時半　自民党政策審議会
11時　自民党総務会
与党合意報告
19日　第138通常国会閉幕

資料Ⅲ－２　老健審最終報告から大綱諮問・与党合意・法案国会提出見送りまでの経過（筆者作成）

4月22日13時　老健審最終報告取りまとめ
「高齢者介護保険制度の創設について（最終報告）」
23日14時　自民党社会部会・医療基本問題調査会合同部会
「老健審最終報告」聴取・討議
26日８時　連立与党福祉プロジェクト
「老健審最終報告」聴取・討議
「介護保険制度に関する試案作成を求める要請書」を本部事務局に提示
5月10日８時　連立与党福祉プロジェクト
関係団体ヒアリング
「介護保険制度の試案作成に当たっての基本的視点」とりまとめ
14日８時　連立与党福祉プロジェクト
本部事務局、26日の要請を踏まえた「介護保険制度試案（厚生省試案）」を提示、討議
15日８時　社民党拡大厚生部会
14時　与党福祉プロジェクト３座長会議
18時半　老健審
本部事務局、「介護保険制度試案」を提示・審議
16日８時半　自民党社会部会・医療基本問題調査会合同会議
「介護保険制度試案」討議
17日８時　与党福祉プロジェクト
「介護保険制度試案」討議
12時　自民党社会部会・医療基本問題調査会合同会議
全国市長会・全国町村会からヒアリング。両会、試案受け入れのための条件として「７項目」を提示
21日８時　社民党厚生部会
全国市長会・全国町村会からヒアリング
22日10時　老健審
「介護保険制度試案」審議
12時　自民党社会部会・医療基本問題調査会合同会議
「介護保険制度試案」討議
23日12時　自民党社会部会・医療基本問題調査会合同部会
本部事務局、地方団体提示の「７条件」に対応した「市町村に対する財政支援策」を提示。
同日、全国市長会・町村会にも「財政支援策」の内容を説明
24日８時　与党福祉プロジェクト
「市町村に対する財政支援策」討議
27日16時半　与党福祉プロジェクト３座長
全国市長会幹部との意見交換
21時　与党福祉プロジェクト３座長
全国町村会幹部との意見交換
28日８時　与党福祉プロジェクト
８時半　自民党地方行政部会・地方制度調査合同部会
「介護保険制度試案」及び「市町村に対する財政支援策」討議
29日８時　社民党拡大厚生部会
30日８時　与党福祉プロジェクト
本部事務局、「介護保険制度修正試案」提示、討議の後了承
10時　老健審
「介護保険制度修正試案」提示・討議
15時半　自民党政調・医療基本問題調査会合同部会
本部事務局、「介護保険制度修正試案」提示・討議
5月31日－６月３日　与党プロジェクト／本部事務局と全国市長会・全国町村会との非公式折衝
４日８時　与党福祉プロジェクト
審議会日程・与党手続日程について調整、修正試案をベースにした関係審議会への介護保険制度案大綱及び関連法改正法案諮問を確認

介護保険制度案大綱

1996年6月6日
老人保健福祉審議会会長あて
厚生大臣諮問

諮問書

老人福祉法（昭和38年法律第133号）第10条の2の2及び老人保健法（昭和57年法律第80号）第7条の規定に基づき、介護保険制度を別添大綱のとおり制定することについて、貴会の意見を求めます。

（別添）

介護保険制度案大綱

Ⅰ　介護保険制度の基本的考え方と実施のための条件整備

1　介護保険制度の基本的考え方

（1）高齢化の進展等に伴い高齢者介護が大きな社会問題となっている状況を踏まえ、高齢者が自立した生活が送れるよう、老化に伴い介護が必要な者に対して社会的な支援を行う仕組みを確立する。

(2) 介護保険は、医療と福祉に関わる各主体が、それぞれの機能を発揮しつつ、重層的に支え合う制度とする。給付は、住民に最も身近な行政主体である市町村が国や都道府県の協力を得ながら実施する一方、安定的かつ効率的な制度運営を確保するため、市町村、国、都道府県、医療保険者などが、それぞれの役割に応じ費用を分担する仕組みとする。

(3) 介護が必要な者が、自らの意思でサービスの利用を選択でき、ニーズに即した介護サービスが総合的、一体的に提供されるような利用者本位の制度とする。また、介護サービスが充実するよう、現物給付を原則とし、マンパワーの養成確保及び施設整備の促進を図る。

(4) 介護サービスの提供主体に対する規制緩和を進め、多様な民間事業者等の参入を促すことにより、介護関係の市場や雇用の拡大につながる制度とする。また、市民参加の非営利団体、地域住民の組織なども参加できる柔軟な仕組みとする。
なお、公的保険を上回るニーズ等に応えるため、民間保険の積極的な活用が可能となるよう努める。

(5) 介護サービスに要する費用は、社会保険制度により、高齢者、現役世代、事業主等が連帯して支え合うこととし、国及び地方公共団体による公費負担も適切に組み入れることとする。

(6) 介護保険の導入は、今後進められる社会保障制度全般にわたる再構築に先行して、その前提条件を整備するものであり、国民負担（租税・社会保険料負担）が過度にならないよう、利用者負担と適切な組み合わせを行った上で、効率的な介護サービスの提供や社会的入院の解消、施設間の利用者負担の適正化等を進めるものとする。この場合、将来にわたって保険財政が安定するよう、利用者負担と保険料負担のあり方について一定期間ごとに見直す弾力的な仕組みとする。

(7) 施行までの間に十分な準備期間を置くとともに、実施に当たっては、市町村等の不安の解消を図り、基盤整備の状況等を踏まえ段階的に施行する。さらに、施行後一定期間内に社会経済の動向や介護をめぐる状況の変化を踏まえ、制度を適切に見直す柔構造の仕組みとする。

2 介護保険制度の円滑な施行のための準備

(1) 介護保険制度の施行に当たっては、国民に対し制度の全体的仕組みや運用の仕方に関する情報を分かりやすく提供して十分な理解を求めるとともに、施行に必要な事前準備として、①要介護認定やケアプラン(居宅・介護施設サービス計画)の作成に係る準備、②介護支援専門員(ケアマネージャー)の養成、③保険料徴収システムの検討などを進め、円滑に実施できるように努める。

(2) このため、できる限り早期に、適切なモデル地域を対象として要介護認定等の試行を行い、実施に当たっての実務上の課題や対応方策に関する調査研究結果を制度施行に反映させるものとする。

3 介護サービスの基盤整備

(1) 基本的な考え方

○ 介護保険制度の円滑な実施のためには、それを支える介護施設や人材などといった介護サービス基盤の整備が極めて重要な課題となる。このため、地域の特性を踏まえつつ、全国的に見て均衡ある介護サービス基盤の整備を計画的に行う。

(2) 施設整備の促進方策

○ 介護サービス基盤の整備を進めるため、介護力強化病院等の療養型病床群への転換、養護老人ホームの特別養護老人ホームへの転換等を進める。療養型病床群のあり方を検討し、施設要件の見直しを行うなど転換促進方策を強化する。また、保育所、学校等の既存公共施設で転用可能なものについて介護サービス提供施設への転用を推進するなど、特に都市部における介護サービス提供施設の整備を促進する。

（3）人材の養成・確保、質の向上など

○　ホームヘルパー、訪問看護婦等の在宅サービスや介護施設で介護にあたる人材の養成・確保については、魅力ある職場づくり、研修の充実、潜在的人材の活用、共同組織や民間機関による人材養成など幅広い観点から計画的な対応策を講ずることにより、サービスモデルで示されたサービス水準ができるだけ早く全国的に達成できるように努める。

○　また、人材の質の向上や職種間の連携を図るため、サービスの質や業務の評価方法を確立するとともに、介護支援専門員の養成に努める。さらに、ホームヘルパーなど介護サービスを担う人材や、介護にあたる家族、ボランティアなどに対して、通信衛星など多様な手段を活用して、介護の知識・技術の普及、啓発に積極的に取り組む。

（4）情報システムの整備と事務、サービスの共同化

○　介護サービスを身近で利用しやすいものにしていくために、保健福祉に関する情報システムの統合・整備等を進め、情報の公開を図るとともに、福祉用具や住宅改修等について、情報提供の拡充や機能評価方法の確立を図る。

○　市町村における要介護認定業務の共同化や介護サービス提供機関の共同設置・利用、ホームヘルパー、訪問看護婦などの人材の確保について、都道府県の協力を得て、事務や基盤整備の連携・協力体制を推進する。また、利用者の便宜を考慮し、被保険者証は健康手帳を活用するなど簡便な事務処理方法につ

いて検討する。

4　国及び都道府県、市町村による計画的な基盤整備

○　介護サービス基盤の計画的な整備を進めるため、国において全国的な整備目標などの基本指針を示す一方、都道府県及び市町村は、介護サービスの基盤整備に関する計画を策定するものとする。こうした計画を通じ、①人材の養成・確保、②介護施設の整備、③各サービス提供機関間のネットワークの確立、④情報システムの確立を計画的に進める。

○　特に、小規模市町村や都市部・へき地などの介護サービス不足地域については、サービス提供体制の広域化、基盤整備等に対し積極的な支援を行う。

Ⅱ　介護保険制度の骨格

1　事業主体（保険者）

○　事業主体（保険者）は、市町村及び特別区とし、国、都道府県、市町村及び医療保険者が、それぞれの役割に応じて重層的に支え合う制度とする。

2　事業主体に対する支援方策

○　保険運営の安定性、効率性を確保するため、保険運営の広域化、財政調整などの支援方策を講ずる。

①　市町村における保険運営を支援するため、都道府県ごとの連合組織（以下「連合会」という。）にお

いて、保険料基準の設定、財政調整、介護サービス提供機関の調整などを共同で行う。

② 給付費が見通しと異なって変動した場合や、保険者努力に期待できない保険料の未納等による保険財政の不安定性について、その対策の全てを保険者の努力に負わせることのないよう、連合会において必要な財政支援を行う仕組みを導入する。

国、都道府県、市町村は、連合会が行う財政支援事業に対して共同して支援を行う。

③ 要介護認定については、市町村が行うほか、連合会、都道府県などへ委託できるものとする。

④ 後述の第2号被保険者の保険料を全国でプールし、市町村ごとの高齢化率の違いに伴う負担の格差を調整するよう、市町村に対して交付するとともに、保険者努力に期待できない事由に起因する保険料負担の格差を財政調整により是正する。

3　被保険者

（1）基本的な考え方（介護保険と障害者福祉の役割分担）

○ 高齢者介護が大きな社会問題となっている状況を踏まえ、介護保険制度は、老化に伴う介護ニーズに適切に応えることを目的とする。障害者福祉（公費）による介護サービスについては、障害者プランに即して、引き続き充実を図るものとする。

（2）介護保険における被保険者の範囲

○ 介護保険が対象とする老化に伴う介護ニーズは、高齢期のみならず中高年期においても生じ得ること、また、40歳以降になると一般に老親の介護が必要となり、家族という立場から介護保険による社会的支援という利益を受ける可能性が高まることから、40歳以上の者を被保険者とし、社会連帯によって介護費用を支え合うものとする。

（3）被保険者の区分

○　給付や負担面の違いなどを踏まえ、被保険者は、65歳以上の者（第1号被保険者）と40～64歳の者（第2号被保険者）に区分する。

①　介護保険においては、要介護リスクの高まる65歳以上の高齢者が自らの要介護リスクについて共同連帯により助け合うとともに、40～64歳の者は、自らの老化に伴う要介護リスクに備えるほか、社会的扶養の観点から費用を負担する。

②　負担の面では、高齢者は中心的な受給者であることから、その居住する地域で受けた介護サービスの水準に応じて保険料を負担することが考えられる。

これに対し、40～64歳の者は、全国共通のルールによって費用を負担する仕組みとする。

4　介護給付

（1）受給者

○　被保険者であって、老化に伴い介護が必要となった者（要介護者）を受給者とし、いわゆる虚弱老人（要支援者）も寝たきり予防等の観点から必要なサービス（予防給付）を提供する。

第1号被保険者の場合は、高齢者であることから、その原因を問わず要介護者及び要支援者は一般的に介護保険の対象となる。

第2号被保険者については、老化に伴う介護という観点から、具体的な対象範囲を定める（それ以外のケースは、障害者福祉施策による介護サービスの対象とする）。

（2）介護給付の受給手続

①　要介護認定

○　被保険者が介護保険の給付を受けようとする場合には、保険者に申請して、介護が必要な状態にあることの認定を受けるものとする。認定は、要介護認定審査会が国の定めた公平かつ客観的な基準に従い、専門家の合議によって審査した結果に基づき保険者が決定することにより行う。

○　保険者は、要介護認定に当たって、要介護状態にならないための予防、要介護状態の軽減または悪化の防止等について必要な指導・助言を行うものとする。

○　要介護認定については、効率的な事務処理や専門家の確保といった観点から、連合会、都道府県などへの委託を進める。

○　被保険者に判断能力がなく、身寄りもないような場合や緊急に保護が必要な場合については、行政の措置によって、サービス利用を確保するものとする。

○　要介護認定等に関する不服申し立ての制度を設ける。

②　ケアプランの作成

○　要介護認定を受けた被保険者は、自らの意思に基づき、利用する介護サービスの種類や介護サービス提供機関を選択することができる。

○　被保険者は、自らの意思に基づき、ケアプランの作成をケアプラン作成機関（居宅介護支援事業者）に依頼できる。

○　ケアプラン作成機関においては、専門家が被保険者や家族の相談に応じ、ケアプランを作成の上、実際のサービス利用につなぐ。

○　ケアプラン作成機関は、市町村が設置するもののほか、在宅介護支援センター、訪問看護ステーションなどの在宅サービス機関、介護施設、医療機関であって一定の要件を満たすものが設置できる。

○　介護施設においては、ケアプランを作成し、これに基づき施設サービスを提供する。

（3）介護給付の内容

①　介護給付額

○　要介護認定を受けた被保険者は、在宅サービスを利用する場合、要介護度ごとに設定された介護給付額の範囲内で、実際に利用した介護サービスについて給付を受けることができる。

○　また、超過分を本人が負担することにより、介護給付額を超えて介護サービスを利用できる柔軟な仕組みとする。

○　在宅サービスに関する介護給付額は、現実に提供可能なサービス量に見合った水準とし、サービス基盤の整備の進捗状況等に応じて、段階的に望ましい水準の実現を目指すものとする。

○　施設サービスについては、被保険者の要介護度や施設の人員配置状況等を踏まえ、必要とされる費用に基づき、介護給付額を設定する。

②　利用者負担

○　介護サービスの利用者負担は、介護給付の対象となる費用の1割とする。また、施設については、食費は利用者負担とし、日常生活費は給付対象外とする。ただし、負担額が著しくならないよう、低所得者に対する配慮も含め、医療保険の高額療養費と同様の仕組み（高額介護サービス費）を制度化する。

○　利用者負担の水準については、介護費用や保険料負担の水準等を勘案して、一定期間ごとに、適正な国民負担等の観点からそのあり方を見直すものとする。

③　対象となるサービス

○　介護給付の対象となる介護サービスは、下記のとおりとする。

【在宅サービス】

ア　ホームヘルプサービス（訪問介護）

イ　デイサービス（通所介護）

ウ　リハビリテーションサービス（デイケア、訪問リハビリテーションを含む）（リハビリテーション）

エ　ショートステイ（短期入所介護）

オ　訪問看護サービス（訪問看護）

カ　福祉用具サービス（福祉用具貸与、購入）

キ　痴呆性老人向けグループホーム（痴呆対応型共同生活介護）

ク　住宅改修サービス（住宅改修）

ケ　訪問入浴サービス（訪問入浴介護）

コ　医学的管理等サービス（居宅療養管理指導）

サ　有料老人ホーム、ケアハウス等における介護サービス（特定施設入所者介護）

シ　ケアマネジメントサービス（居宅介護支援）

【施設サービス】

ア　特別養護老人ホーム（生活介護施設）

イ　老人保健施設（保健介護施設）

ウ　療養型病床群、老人性痴呆疾患療養病棟その他の介護体制の整った施設（療養介護施設）

○　在宅サービスについては、できる限り在宅生活が可能になるように24時間対応を視野に入れた体制として、早朝、夜間及び深夜の巡回サービスを普及する。

○　市町村は、地域の非営利組織等が提供する在宅サービスであって、必要かつ適当と認められるものを介護の必要度に応じて設定された給付額の範囲内で給付対象とすることができる。（この場合、具体的実施方法として、利用券方式の活用などを検討する。）

○　市町村は、地域の実情に応じて独自のサービスを付加給付とすることができる。

（4）介護サービス提供機関

○　介護サービス提供機関は、一定の要件を備え、良質な介護サービスを安定的に提供できる機関とする。

○　介護サービス提供機関の事業主体は、施設サービスについては当面、現行の事業主体を基本としつつも、在宅サービスについては、利用者本位の効率的なサービス提供の観点から、民間事業者や住民参加の非営利組織などの多様な主体が参加し得ることとする。

5　費用負担

（1）費用負担の区分

○　介護費用の負担区分は、次のとおりとする。

①　第1号及び第2号被保険者の負担　　介護給付費総額の1／2

②　公費負担　　介護給付費総額の1／2

○　第1号被保険者と第2号被保険者の負担割合については、両者の1人当たり負担額が同水準となるように設定する。

（2）第1号被保険者の費用負担
○　第1号被保険者の保険料は、低所得者に配慮して、所得段階別の定額保険料とし、中期的（3年程度）な期間ごとに、連合会が設定する都道府県、圏域または市町村単位の保険料基準を参考として定めることができる。
○　保険料は市町村が徴収するものとし、老齢年金受給者のうち、一定の基準に該当する者については、年金からの特別徴収を行う。保険料の納付義務者は被保険者本人とし、世帯主及び配偶者を連帯納付義務者とする。
○　保険料未納者については、給付率の引き下げ等の措置を講ずる。
（3）第2号被保険者の費用負担
①　保険料の算定方法と医療保険者による一括納付
○　第2号被保険者は、自らの介護リスクに備えるとともに、社会的扶養の考え方に基づき費用を負担する。第2号被保険者は就労や所得形態が多様であることから、確実かつ効率的な徴収を確保するため、各医療保険者が自らの保険に加入している第2号被保険者の負担すべき費用を一括納付する方法を採用する。
○　医療保険者が一括納付する金額は、国が介護保険法に基づき介護給付費総額を基に定める第2号被保険者の1人当たり基準負担額に、各医療保険に加入している第2号被保険者数を乗じた金額とする。各医療保険者は、医療保険各法の定めるところにより、これに係る費用を介護保険料として医療保険料と一体的に徴収する。
○　医療保険者が一括納付するため、被保険者から徴収する保険料の収納を確保するため、医療保険各法における未納対策を強化する。

② 介護保険者への交付（高齢化率の相違に係る調整）

○ 各医療保険者が一括納付した第2号被保険者の保険料は、全国レベルでプールし、市町村の高齢化率の違いによる第1号被保険者の保険料負担の格差が調整されるよう、介護保険者に対しその介護給付費実績のうち前述の第2号被保険者の負担割合に相当する額を、精算方式により交付する。

（4）財政調整

○ 保険者努力では対応することができない、以下の事由等に起因する第1号被保険者の保険料負担の格差を是正するため、公費により調整措置を講ずる。

① 要介護リスクの高い後期高齢者の加入割合の相違

② 高齢者の負担能力の相違

③ 災害時の保険料減免等特殊な場合

なお、介護施設の集中する特定市町村の負担の増大については、負担の均衡を図るため、現在国民健康保険で実施されている住所地特例措置を設ける。

（5）公費負担

○ 公費負担は、介護給付費の1／2とする。国及び地方団体は、介護保険者の給付費実績のうち、それぞれ1／4（都道府県及び市町村は、それぞれ1／8）に相当する額を、精算方式により負担する。

○ 介護サービス基盤のより一層の整備を進めるために公費を投入する。

○ 医療保険者については、医療保険各法による国庫負担のほか、現行制度に比し負担が急増する医療保険者に対し、その財政力等に応じて国費による助成を行う。

6　施行

（1）円滑な施行を目指し、必要な準備期間を置くため、平成11年4月から実施に移す。この場合、在宅サービスを先行実施し、社会的入院の解消を図りつつ、基盤整備の状況を踏まえ、施設サービスについては平成13年を目途に実施する。

（注）在宅及び施設の給付内容については一本の法律で規定し、施設サービスの実施期間は、政令で定めるものとする。

（2）施設サービスについては、介護の質の向上を図るため、介護保険施行前においても、ケアプラン作成の義務づけや介護体制の強化を図るとともに、老人医療を含めた施設間の利用者負担の格差是正等を進めていくものとする。また、施行後一定の経過期間内において、療養型病床群等の介護施設への転換を図るものとする。

（3）保険者は、要介護者を介護する家族を評価し、それを支援する観点から、保健福祉事業の一環として、自らの保険料財源により各種の家族支援事業を行い得る。ただし、家族介護に対する現金支給は、原則として当面行わないものとする。

（4）介護サービスの整備状況や介護費用の動向、社会保障をめぐる状況を踏まえ、施行一定期間後に、被保険者の年齢、他制度との整合性を含め、給付内容及び費用負担のあり方等全般的な見直しを行うものとする。

Ⅲ　他制度の改定

他制度について、次のとおり、介護保険制度の創設に伴い必要となる改正を行う。（Ⅱで記載した内容を含む。）

1　老人福祉法関係

（1）事業及び施設に関する事項

ア　介護保険の給付対象となる在宅サービス及び特別養護老人ホームに関する規定を、介護保険法の内容に沿って整理する。

イ　痴呆対応型老人共同生活援助事業（痴呆性老人向けグループホーム）在宅福祉事業に位置づける。

（2）福祉の措置に関する事項

ア　市町村は、介護保険の対象となるサービス等の連携調整を図るなど、地域の実情に応じた体制の整備に努める。

イ　要援護老人がやむを得ない理由により介護保険の対象となるサービスを利用することが著しく困難であるときは、特別養護老人ホームへの入所等必要な措置を採る。

（3）老人福祉計画に関する事項

市町村及び都道府県の老人福祉計画に関する規定を、介護保険法の内容に沿って整理する。

（4）費用に関する事項

（2）イの措置に係る者が、介護保険により当該措置に相当する保険給付を受けることができる者であるときは、市町村は、その限度において費用を支弁することを要しない。

2　老人保健法関係

（1）介護保険の給付対象となる老人保健施設、老人訪問看護に関する規定等を整理する。
（2）老人保健法に基づく医療給付（現物給付）は、介護保険により、相当する給付を受けることができる者に対しては、行わない。
（3）市町村及び都道府県の老人保健計画に関する規定を介護保険法の内容に沿って整理する。

3　健康保険法関係

（1）保険料に関する事項
ア　保険料額は、次の区分に従い、当該掲げる額とする。
（ア）介護保険の第2号被保険者である被保険者　一般保険料額（被保険者の標準報酬月額に一般保険料率を乗じて得た額）及び介護保険料額（被保険者の標準報酬月額に介護保険料率を乗じて得た額）
（イ）（ア）以外の被保険者　一般保険料額
イ　介護保険料に係る労使負担割合は、被用者保険各法に準じ、折半とし、健康保険組合については、規約をもって定めることができる。
（2）政府管掌健康保険の一括納付に要する費用について、国庫補助の対象とする。

4　船員保険法関係

健康保険法の改正と同様の改正を行う。

5　国民健康保険法関係

（1）保険料に関する事項

ア　保険料の徴収目的として介護保険の第2号被保険者の負担分を一括納付するために必要な費用を加える。

イ　一括納付に要する費用に充てるための保険料は、介護保険の第2号被保険者である被保険者について、賦課する。

（2）一括納付に要する費用について、国庫負担の対象とする。

（3）保険料の未納対策を強化する。

6　その他

その他所要の制度の改正を行う。

介護保険制度案大綱について（答申）

1996年6月10日
厚生大臣あて老人保健福祉審議会会長答申

平成8年6月6日厚生省発政第14号をもって諮問のあった標記について下記のとおり答申する。

記

介護保険制度案大綱について（答申）

1　今日、高齢化に伴い、介護が必要な高齢者が増加するとともに、介護の長期化や重度化が進んでおり、介護の問題は、老後生活における最大の不安要因となっている。老後の介護不安を取り除き、人生の最期まで人間としての尊厳を全うしたいという国民の願いに応えるためには、家族愛に根ざしつつ、国民の共同連帯によって、高齢者が自立した生活が送れるよう社会的に支援していくことが必要である。

こうした観点から、当審議会は、老化に伴い介護が必要な者が、自らの意思に基づきニーズに応じた介護サービスを利用できる、新たな介護制度を創設すべきであるという点で、意見の一致をみた。

また、具体的な制度像については、受益と負担が結びつく社会保険の考え方を採るべきであり、諮問のあった介護保険制度の基本骨格は、なお慎重な議論を求める意見もあったが、おおむね理解できるというのが多数であった。

21世紀のわが国社会経済を考えるとき、社会保障制度の構造改革、とりわけ医療保険・老人保健改革は避けて通ることのできない課題である。介護保険制度の創設は、こうした構造改革の一環をなすものであり、本答申によりその具体的な制度像を示すことは、改革への展望を切り拓くものであるとの共通認識が得られた。

介護保険制度の具体案の作成に当たっては、関係者の意見を十分に踏まえ、保険者に運営上の懸念を生ぜしめないようにするため必要な財政上その他の措置を講ずることが必要である。

2　なお、このほか、制度運営等に関する具体的な項目について、次のような意見があった。

(1) 要介護高齢者においては、介護サービスにあわせて、医療サービスも必要である。介護と医療の連携について十分配慮し、医療保険の適切な適用が図られるべきである。

(2) 介護保険制度は、国民一人一人が加入する地域保険としての特性を有していることから、事業主に負担を求める根拠はないという少数意見があった。

(3) 保険料水準や利用者負担については低所得者への配慮が必要である。これに関連し、第一号被保険者の保険料については、将来負担が過重とならないよう配慮すべきとの少数意見があった。

(4) 保険料の未納が生じないような措置を講ずるとともに、やむを得ず生ずる保険料の未納、給付費の変動により生ずる財政不安定の対策として所要の財政上の措置を講ずる必要がある。

(5) 在宅サービスと施設サービスは同時に実施することが望ましい。同時実施が困難な場合にも、基盤整備を急ぎ、施設サービスの実施をできる限り早くするなど混乱が生ずることがないように配慮する必要がある。

（6）家族介護の実態からみて、当分の間、現金支給を行うべきであるという少数意見があった。

（7）特別養護老人ホームが介護保険の対象となることに関連し、養護老人ホームの入所手続きや施設機能のあり方についても、今後検討する必要がある。

（8）成人障害者の適用に関しては、障害者の保健福祉サービスのあり方全体の検討が行われているところであり、既存制度の活用を含め、今後さらに慎重に検討を続ける必要がある。

（9）介護保険の具体案の作成に当たっては、医療保険・老人保健改革の方向や社会的入院解消の道筋を示すとともに、相互の関連を明らかにし、その実施時期を含め全体として整合性のとれた改革を行うべきである。

3
制度設計上の主要論点に関する検討経緯

介護保険制度案は、紆余曲折を経てようやくまとまったが、その過程では、本部事務局内はもちろんのこと、審議会・連立与党各党・与党福祉プロジェクトの場で様々な制度設計上の論点について議論が重ねられ、英知の限りを尽くした検討が行われた。

最も大きな論議を呼んだのは「保険者」と「被保険者範囲」であったが、その他にも制度設計上重要な多くの論点があった。

ここでは、主要な論点となった⑴高齢者保険料、⑵若年世代負担、⑶高齢世代と若年世代の負担割合、⑷事業主負担、⑸保険者財政の安定化（第二の国保問題への対応）、⑹利用者負担について、本部事務局内での検討と老健審での審議経緯をまとめて跡づけておく。[4]

これらの論点に関しても、介護保険制度は、従来の制度にない斬新な仕組みが随所に導入されており、その後他の社会保障制度にも大きな影響を及ぼすこととなったのである。

⑷ 制度設計上の主要論点を議論したのは老健審制度分科会であったが、総じて論点の多くが費用負担や財源論

と密接に関連するものであったことから、１９９６年1月の老健審第2次報告段階では明確な方針は示されなかった。制度設計上の論点について具体的に議論が煮詰まっていくのは、4月の最終報告以降、制度試案（5月15日）、修正試案（5月30日）を取りまとめる段階においてであり、制度案大綱（6月6日老健審諮問）においてその全体像がほぼ確定した。しかし、後述する「年金天引き」のように、制度案大綱諮問（6月6日）に至ってもなお「検討」の文字が消えなかった論点もあった。

(1)「高齢者保険料」について

高齢者に一定の費用負担を求めるという考え方は、社会保険方式の導入を提言したシステム研究会報告において、社会連帯による介護費用保障、サービス受給の権利性の保障、負担と受益の対応の明確化という観点から提言された。また、１９９５年7月の老健審第1次報告でも、社会保険方式の導入を念頭に、「(新制度においては) 高齢者及び現役世代による社会全体の連帯で介護費用を支え合うことを基本とすべき」とされ、さらに、第1次報告の後に開催された制度分科会においても、高齢者自身が保険料を負担することを前提に、「年金天引き」の議論などが行われた。

その意味では、これまで措置制度＝公費負担によって行われてきた高齢者介護サービス（老人福祉）を社会保険方式へと転換し、高齢者を自立した存在として捉え、権利として介護給付を受けると同時に負担も行う「被保険者」として位置づけるべきとの考え方は、当初から制度設計の基本的前提となっていた。

このように高齢者自身の費用負担（保険料負担）は、介護保障について社会保険方式を採用するという介護保険制度の基本理念からすれば当然の論理的帰結であったが、その設定や徴収の具体的な仕組みについては、関係者間の利害対立が避けられない論点が数多く存在していた。しかも、社会保険方式をめぐる審議会での議論が「保険者論」に偏重してきていたこともあり、高齢者保険料についての具体論は十分深まっていたとは言えない状況にあった。

高齢者保険料の問題は、介護保険制度の設計の根幹に関わる問題であった。その具体的な仕組みを議論するためには、まず保険者論を整理した上で、公費割合や若年世代と高齢世代の費用負担割合についての基本的考え方を決める必要があった。加えて、制度創設への国民的な合意形成という観点からは、現実に賦課されることになる高齢者保険料の具体的水準を明らかにすることが必須条件であり、そのためには、介護給付の内容や水準とそれを賄うために必要な費用の総額の見通しを示す必要があった。

また、第2次報告以降、制度設計の具体論が固まっていく中で、「高齢者保険料」の問題は一歩間違えれば大きな火種となりかねないテーマであった。自民党の一部には社会保険方式自体の導入に否定的な考え方があり、その一つの背景には「高齢者保険料の創設＝新たな負担増」への懸念があった。また、市町村が地域保険（市町村保険者）への慎重姿勢を最後まで崩さなかったことにも、高齢者保険料徴収への不安（未納の発生、将来の保険料水準の上昇、保険料算定・徴収事務負担）があった。このように、全ての高齢者から新たに保険料を徴収する介護保険法案は、通常国会明けに解散総選挙が想定されていた当時の政治情勢下で、「大負担増法案」との批判を浴びかねないものでもあった。

こうした厳しい状況下において、本部事務局は、高齢者保険料に関する論点を一つ一つ整理しながら、関係者の議論を深め、その中から解答を見つけ出す作業を続けていった。

①「地域のサービス水準」に応じた市町村単位の保険料設定

まず第一の論点は、高齢者保険料の設定を地域（市町村）単位とするか、全国一律とするかであった。

高齢者の保険料については、制度分科会報告（1995年12月）の時点では「地域ごとのサービスの受益水準を反映した金額の設定を基本とすべきであるという意見があった」とする一方で、「保険料を全国一律にすることも考えられるのではないかという意見」も記されていた。

保険料を全国一律とする考え方は、国を保険者とする「国営保険者方式」ではもちろんのこと、市町村を保険者とする方式でも、対策本部設置前の厚生省内の検討チームが提案した「20歳以上介護保険方式」がそうであったように、「標準保険料」という形で導入するという考え方もあり得た。

しかし、システム研究会や老健審において社会保険方式に関する論議が深まる中で、「地方分権」を基本に「負担（保険料）と受益（サービス水準）の対応関係」を重視した制度設計を目指していた本部事務局としては、地域（市町村）のサービス格差を無視した全国一律の保険料負担は採り得ない選択であった。このため、本部事務局は、老健審に示した事務局試案（1996年2月15日）において、本命と考えていた「地域保険方式」では、高齢者保険料は「市町村単位でサービス水準に応じて設定する」とし、具体的には「法令に基づき保険料算定ルール・水準についてガイドラインを設定する」とする考え方を示した。

この考え方は制度案の最終段階まで変わることはなく、介護保険制度の基本方針の一つとされた。

②「所得段階別定額保険料」の導入

第二の論点は、高齢者保険料の具体的な算定ルールをどうするかであった。

制度分科会報告では、「当面の保険料水準や事務の簡素化、所得捕捉の相違等を考慮すれば、定額制を基本とすることが考えられる」と記されていたように、当初は「定額制」案が本部事務局や老健審で有力視されていた。

しかし、1995年12月20日に老健審に提出された「高齢者介護費用及び基盤整備量の将来推計（粗い試算）」により、サービス基盤の整備と相俟って制度創設後の高齢者介護費用が大幅に増大していくことが示され、それに伴って保険料負担も上昇していくことが明らかになったこと等から、低所得者ほど相対的に負担が重くなる（＝「逆進性」を持つ）定額制のままでは将来の保険料水準の上昇に耐えられないのではないか、という意見が強まった。

こうしたことなどから、事務局試案では、「「定額（応益）＋所得比例（応能）」とする。ただし、当分の間、定額とする。この場合低所得者については軽減措置を講じる」とした上で、※で「所得段階別定額保険料とする考え方もある」と付記された。

その後の老健審では、「定額」、「所得段階別定額」、「定額＋所得比例」の3案が並列の形で議論が進められ、修正試案の段階で、後述する中期財政運営方式の導入と合わせて「所得段階別定額保険料とする」との方向が示され、最終的に「所得段階別定額保険料」とすることが決定された(5)(6)（資料Ⅲ－3）。

(5)「定額（応益）＋所得比例（応能）」という保険料算定方式は、市町村国保において制度発足以来採用されている方式であったが、応益部分と応能部分の割合をどのように設定するか、賦課対象となる「所得」をどのように定義し、また実際にどのように所得を捕捉するかといった点が常に市町村国保運営上の大きな問題となっていた。

特に我が国の場合、高齢者が税制面で優遇されている（公的年金等控除など）ことなどもあり、市町村民税が課税されている（＝課税所得を持つ）高齢者は全体の3割以下であり、圧倒的多数の高齢者は「市町村民税非課税（＝課税所得なし）」階層に属していた。このような状況下で介護保険制度において「応益＋応能」方式を採用すれば、一方で少数の「所得あり高齢者」に大きな所得割保険料が賦課され「保険料格差」が大きくなると同時に、他方で低所得高齢者は一律の応益割負担に耐えられなくなる、といった事態が生じる恐れがあり、さらには介護保険制度導入に伴って所得捕捉等の新たな事務負担増大が生じることを強く忌避している市町村との関係を考えても、現実問題として介護保険制度でこの方式を採用することは困難であった。

(6) 「所得段階別保険料」という方式が採用された背景には、市町村の事務負担をできる限り軽減しつつ、同時に負担能力に応じた保険料負担を求めることができる方式、という現実的な要請とともに、「高齢世代（第1号被保険者）が連帯して担うべき保険料総額を負担する」ことを大前提に、「公費投入によらず高齢世代内部での負担の分かち合いによって高齢低所得者対策を行うべき」という観点があった。

後述のように、高齢者と若者の費用負担割合をどうするかは大きな論点であり、本部事務局内部では、若者世代に高齢者の介護費用について負担を求める以上、受益者である高齢世代が相応の負担をすることは当然であり、高齢低所得者の負担軽減対策についても、その財源は若者の負担や公費に求めるのではなく、所得の高い高齢者が「高齢世代内部の支え合い」という考え方に立って負担すべき、との考え方があった。

実際、介護保険関連法案の国会提出後の1996年6月25日に開催された全国介護保険担当課長会議において本部事務局が示した「第1号被保険者の保険料の算定ルールについて」では、市町村ごとに、賦課すべき第1号被保険者保険料総額を当該市町村の第1号被保険者総数で割った「1人あたり保険料額」を「基準額」としてこれを市町村民税非課税者（＝第3段階）にかかる負担額とし、低所得者（世帯市町村民税非課税者及び生活保護受給者）については基準額×0・5及び×0・75を賦課する第1段階・第2段階、高所得者（市町村民税課税者）については基準額×1・25及び×1・5を賦課する第4段階・第5段階の計5段階を設ける、とされ、まさに、「低所得者にかかる保険料軽減額を高所得者の割増保険料で補填する」という仕組みとなっていた（資料Ⅲ－3）。

資料Ⅲ－３　第１号被保険者の保険料の算定ルールについて
（1996年6月25日、全国介護保険担当課長会議より作成）

○政令により定める保険料率の基準に沿って、中期的（３年）な見直しに基づいて市町村が設定。
○負担能力に応じた負担を求めるという観点から、「所得段階別保険料」とし、低所得者への負担を軽減する一方、高所得者の負担は所得に応じたものとする。

【参　考】所得段階別保険料の設定方法
○所得段階の設定
（例）　第１段階……老齢福祉年金受給者 ｝軽減対象者
　　　　第２段階……住民税非課税（世帯）｝軽減対象者
　　　　第３段階……住民税非課税者（本人）＝基準額（定額）を支払う者
　　　　第４段階……｝住民税課税＝基準額＋所得割（定額）を支払う者
　　　　第５段階……｝住民税課税＝基準額＋所得割（定額）を支払う者
○各段階別金額の算定式
（例）　第１段階……基準額× 0.5　　第４段階……基準額× 1.25
　　　　第２段階……基準額× 0.75　第５段階……基準額× 1.5
　　　　第３段階……基準額

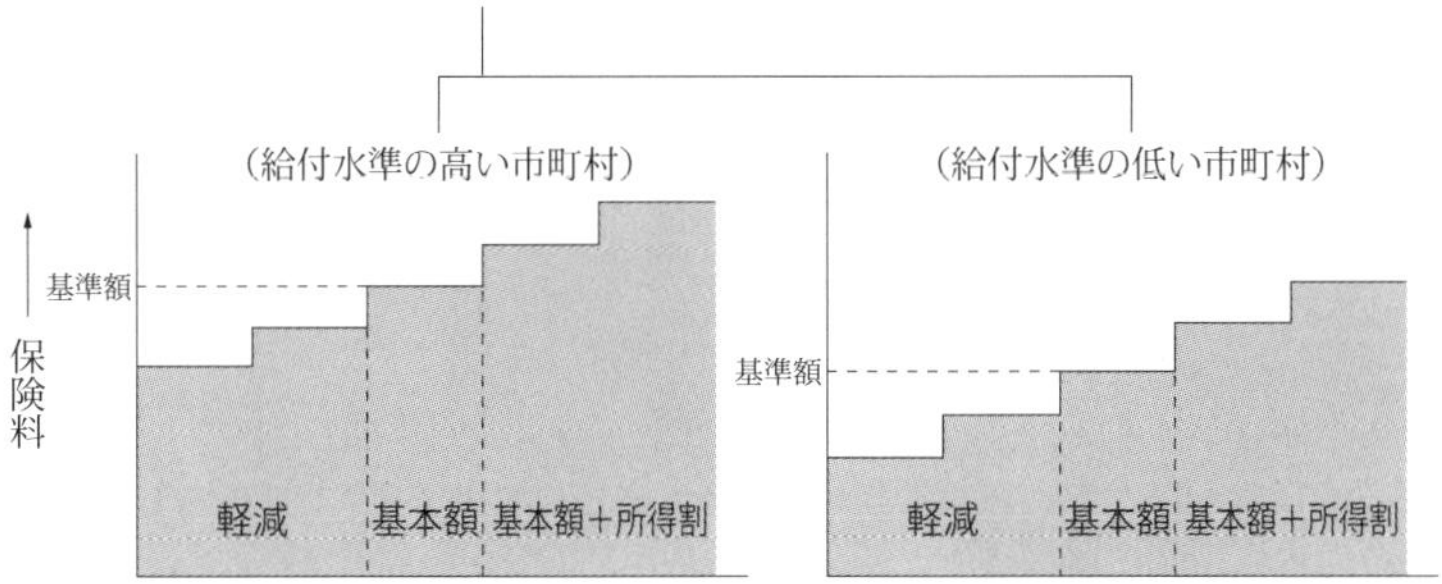

※基準額は各市町村の給付水準により設定

③財政調整交付金による市町村格差の是正

市町村によって保険料が異なるとすると、保険料の地域格差が大きな論点となる。適切なサービス水準の違いによる格差は当然のこととしても、それ以外の不合理な理由に基づき保険料格差が生じるのではないかという懸念が出された。この点については、不合理な格差は是正するとの考え方の下で、高齢者保険料について「高齢化の状況等に基づく地域間の負担格差は、財政調整により是正する」という考え方が示された。

地域保険における財政調整の例としては、市町村国保における財政調整交付金の仕組みがあり、介護保険制度における財政調整については、基本的には国保の仕組みを参考に検討が行われた[7]。

普通調整交付金については、高齢者の所得水準（負担能力）の相違による調整が行われることとなったが、保険者間の年齢構成（高齢化率）の差違による格差、すなわち高齢者（第1号被保険者）の構成割合が高いことによる介護給付費水準（＝保険料水準）や負担能力の格差をどう扱うかが論点となった。これについては、後述するように第2号保険料を財源とする交付金が、全ての市町村において第1号被保険者数（保険料総額）と第2号被保険者数（保険料総額）の比率が同じになるように一律に交付されることによって調整されることから、介護保険制度においては、要介護リスクの高い後期高齢者の構成割合の相違に着目した調整が行われることとなった。

また、特別調整交付金については、国保における調整の対象事由が極めて多岐にわたっており、その多くは国保特有の事情（地域的特殊疾病・流行病、結核・精神疾病、僻地診療所運営費など）によるものであることや、「その他特別な事情」による交付金が市町村の保険者運営の自律性（財政規律の明確化）をかえって阻害する結果になっているとの強い指摘があったこと等から、災害時の保険料減免など介護保険制度の観点から見て真に必要な事情によるものに限定して行われることとなった。

これにより、最終的には、要介護リスクの高い後期高齢者の加入割合の相違、高齢者の負担能力（所得水準）の相違、災害時の保険料減免等特殊な場合、の3点に着目して公費による財政調整を行うこととなり、そのために「財政調整交付金」の仕組みが導入されることとなった（図Ⅲ－2）[8]。

(7) 国保制度における財政調整交付金制度は、被保険者の負担能力（所得水準）の相違と医療費水準の相違に着目して行われる「普通調整交付金」と、災害など特別な事情（省令に列記）に着目して行われる「特別調整交付金」により構成されており、「特別調整交付金」にはさらに「その他特別な事情」により交付される「特々調」と呼ばれる交付金があった。

(8) 財政調整交付金の規模（総額）については、制度案要綱（6月6日）の段階では定められていなかったが、後述する「介護保険法要綱案に係る修正事項」（1996年9月19日　与党介護保険制度の創設に関するワー

図Ⅲ－2　調整交付金の仕組み（概念図）
（1996年6月25日、全国介護保険担当課長会議資料）

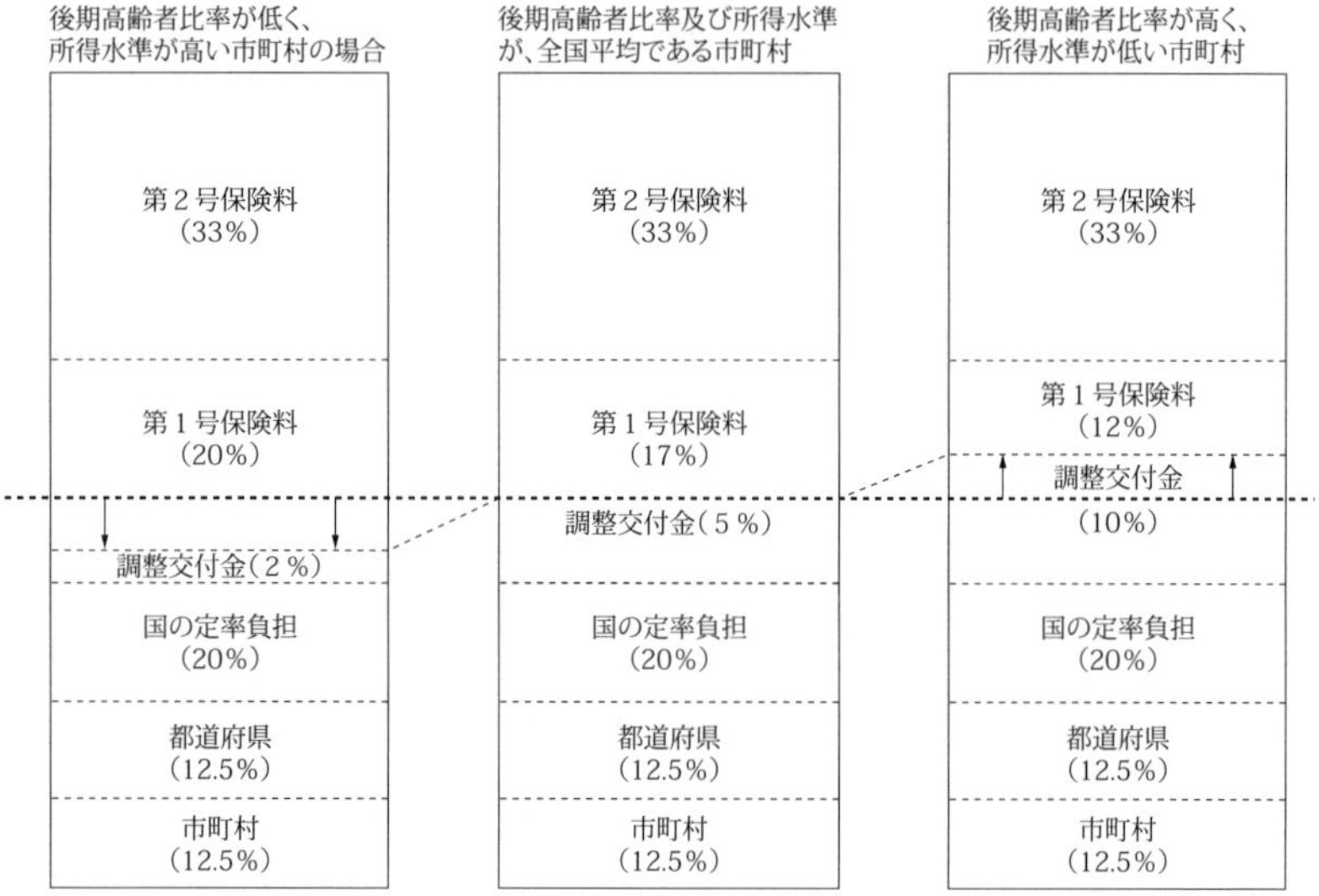

キングチーム）において、「財政調整交付金については国費25％の内枠で措置することとする」「国費25％のうち5％を財政調整交付金として市町村に交付する」とされ、介護給付費総額の5％とすることが決まった。

④「住所地特例」の導入

こうした市町村の保険料格差をめぐる議論の中で、介護施設が集中する市町村では、他の地域から多くの高齢者が転入するため保険料が高くなるという問題がクローズアップされた。

この問題について、本部事務局は、当初は、前記の財政調整の仕組みによって負担調整を図ろうとする考え方を有していた。

しかし、その後市町村関係者との調整

が最終段階を迎えた時点になって、この問題への対応は財政調整交付金ではなく、住所地特例措置の導入により対応すべきという考え方が提起されたことから、修正試案（1996年5月30日）においては「なお、介護施設の集中する特定市町村の負担の増大については、負担の均衡を図るため、現在国民健康保険で実施されている住所地特例措置を設ける」として、財政調整交付金による調整対象から外されることとなった。

財政調整の対象から外された理由としては、介護施設の集中は当該市町村におけるサービス整備水準（＝受益の水準）が高いということでもあり、当該市町村の被保険者にとって一概に「不合理な負担の格差」とは言えないのではないか、例えば、仮に介護施設が多く設置されていても、施設入居者が元々その市町村の住民だった場合は当該市町村の保険料に反映されて然るべきではないのか、ということや、問題となっている「他市町村からの転入入居者」にかかる負担は転出先の市町村との間で調整されるべきものであり、公費によってマクロ的に調整する性格のものではないのではないか、といったことがあった。

これに対して、「住所地特例」は、他市町村から介護施設に転居した高齢者は、転居後も引き続き転居前の市町村の被保険者とする、という制度であり、これにより当該高齢者の介護給付費は転居前の市町村が負担することとなる。あくまでも制度の例外的措置であるものの、この制度によると転居先の市町村は当該高齢者の介護費用負担を負わないで済むこととなるため、介護施設が集中する市町村の保険料を調整する観点からは、調整交付金による調整よりもわかりやすい仕組みであった。

この制度は、国保では1995年から特養や養護老人ホームに入所した者の医療費負担について実施され、その後措置制度の下での老人福祉制度でも施設入居費(措置費)について導入されていたものであり、それが介護保険制度にも導入されることとなった。

⑤高齢者保険料の「特別徴収」の実施――「年金天引き」の導入

高齢者保険料の徴収方法については、文字通り前例のない新たな仕組みとして、公的年金給付からの「特別徴収」が検討された。いわゆる「年金天引き」である。

この仕組みは、第1号被保険者が65歳以上の高齢者であり、これらの者には原則として基礎年金が支給されていることに着目し、市町村(保険者)が算定した高齢者保険料額を社会保険庁(当時)に通知し、社会保険庁が保険料を当該高齢者の年金支給額から「天引き」して市町村に納付する、というものである。[9]

この仕組みは、「年金の公租公課禁止」規定との関係[10]や年金額が低額である場合の問題のほか、市町村と社会保険庁との間の情報共有システム・社会保険庁における事務処理システムの構築、年度途中での賦課額変更(死亡・転居など)への対応の問題など法制面・実務面で克服すべき多くの課題があり、導入は長らく困難視されてきたものであった。しかし、本部事務局は老健審での審議が始まる1994年4月当初の段階からその重要性を認識しており、社会保険庁の協力を得て具体的な検討を進め、その結果、制度分科会報告では「効率的かつ確実な保険料の確保という観点からも、高齢者保険料の年金からの特別徴収について、事務処理システムなど実務上の問題も含め、具体的な検討を進めるべきである」と、踏み込んだ報告が行われた。

この「年金天引き」の導入は、1996年5月17日に全国市長会・全国町村会が示した「7項目の要望」(256頁)にも明記されていた項目であり、保険者を誰にするかにかかわらず、国保の保険料徴収に苦労を重ねていた市町村関係者を含め多くの関係者が賛意を示し、「市町村保険者」を説得する上でも「切り札」といっても過言ではない重要な役割を果たすものであった。(11)

市町村は高齢者保険料に未納が生じ、それが介護保険財政の不安定化を招いて最終的に市町村が一般会計で補填せざるを得なくなる事態を強く懸念していたが、「年金天引き」の導入によって概ね7割程度の高齢者について安定的な保険料収納が確保されることとなることから、未納発生にかかる市町村の懸念払拭の大きな説得材料となったのである。

ただし、社会保険庁の事務処理システムの構築が介護保険制度施行に間に合うかどうかについては不確定な状況が続き、最終段階の介護保険制度案大綱（1996年6月6日）まで「検討」の文字が消えることはなかった。また、介護保険法成立後も、年金天引きのための事務処理システム整備は、制度施行に向けた準備プロセスの中で最も大きな課題の一つとされた。

(9) 当時、社会保険庁は、所得税法の規定に基づいて、課税所得を有する高齢者について所得税の年金天引きを行っており、「年金天引き」の前例がないわけではなかったが、所得税が課税されている高齢者数は極めて少なく、2000万人を超える65歳以上高齢者全体について、市町村ごとに異なる保険料を確実に天引きして全ての市町村に納付する、といった事務の実施は、事務量的にも構築が必要となるシステムの規模においても全く異次元の事務であった。

(10) 厚生年金保険法と国民年金法には、年金支給額に対する「公租公課」を禁止する規定が置かれている。保険料の「年金天引き」が、この「公租公課禁止規定」に抵触しないかが懸念された。この規定については様々な解釈があったが、介護保険制度導入時は、公租公課禁止で除外されていた「老齢年金」のみを対象とすることとなった。なお、その後の2005年介護保険法改正により、遺族年金や障害年金も天引きの対象となった。

(11) 「年金天引き」の対象となる高齢者は、老齢年金受給額が一定額以上の者とし、これに満たない高齢者は市町村が普通徴収することとしていたが、それでも当時約7割の高齢者は「年金天引き」の対象になる見通しが示されていた。なお、この「年金天引き」は、その後、2008年4月に施行された後期高齢者医療制度の高齢者保険料にも導入された。

(2) 「若年世代負担」について

高齢者保険料と並んで、若年世代の負担をめぐる問題は、制度論として難問の一つであった。若年世代については、被保険者として保険給付を行うか否かにかかわらず、世代間連帯や老親に対する扶養責任、さらには家族介護の社会化により介護負担が軽減されるという受益があることを踏まえ、一定の負担を求めるべきという点では関係者の意見がほぼ一致しており、老健審最終報告においても「社会的扶養や世代間連帯の考え方に立って、若年者にも負担を求めることが考えられる」とされていた。しかし、その負担を具体的にどのように仕組むかについては法制面・実務面双方で多くの論点が残されていた[12]。

具体的には、若年世代負担の徴収方法、負担額の設定方法、高齢者と若年世代負担割合、事業主負担などが主要な論点となり、それぞれが制度骨格の議論に深く絡んでいた。

(12)「Ⅱ章4　制度骨格をめぐる検討」の項で述べたように、1995年末の段階で厚生省は「独立型介護保険方式」で介護保険制度を創設する方針を固めたが、若年世代を「被保険者」として位置づけて負担を求めることについては最終報告段階でも明確にされず、若年世代（現役世代）を明確に「被保険者」と位置づけ、「保険料」としての負担を求める方向が示されたのは1996年5月15日の制度試案であった。

①医療保険ルートによる徴収

若年世代の負担に関しては、市町村が普通徴収で直接賦課徴収を行う方法では負担（保険料）の未納が相当生ずるのではないかという点が懸念された。若年世代の負担（保険料）については特別徴収（年金天引き）の仕組みも採り得ないため、未納を防ぐ仕組みをどう設計するかが重要課題となったのである。例えば、年金制度のように現役時代の保険料納付実績に応じて、自分が高齢者になった時に給付が決まるような仕組みができないかという制度案もあったが、納付管理事務の煩雑さ等から困難視された。

こうした点から、本部事務局は、若年世代の負担は、各医療保険者が徴収しまとめて保険者（市町村）に納める「医療保険ルートでの徴収」が現実的であると考えていた。制度分科会報告では「現役世代の負担については、各医療保険者が徴収代行などの形で徴収することが考えられるが、適切な徴収の確保という観点から、さらに検討が必要である」とされた。その後、本部事務局は事務局試案において、若年世代の負担方法として「徴収事務の簡素化・効率化、医療保険者が果たしてきた役割等を踏まえ、医療保険ルートで徴収する」との考え方を明記し、この方針は最終段階まで変わることはなかった。

②「拠出方式」と「徴収代行方式」をめぐる議論

「医療保険ルートでの徴収」とするとしても、その具体的な方法は様々であり、これをめぐる議論は紆余曲折を経ることになった。

具体的な徴収方法としては、「拠出方式」と「徴収代行方式」の2案があった。「拠出方式」

は、一定の算定式に基づいて算定された額（総額）が拠出金として各医療保険者に賦課されるもので、介護保険者が若年者に直接賦課する形をとらない。これに対して、「徴収代行方式」では、介護保険者が個別の若年者に対して賦課し、その徴収を各医療保険者が代行して介護保険者に納付する形となる。本部事務局は、「徴収代行方式」では、医療保険者は若年者の負担について最終責任を負わないため徴収インセンティブが働きにくいことや、仮に未納があった場合には介護保険者が負担可能な者の間で未納分を負担し合うような事態になることを懸念し、「拠出方式」を採用しようとしていた。

しかし、制度分科会報告で「徴収代行などの形で徴収することが考えられる」と記述されたことや、一方で「独立保険方式」を基本とする制度設計を提案しながら、若年者の負担については老人保健制度類似の拠出金方式を提案していることへの批判もあり、本部事務局が事務局試案で「拠出方式」を提案すると、これに対して健保組合関係委員が強く反発する事態となった。この問題は、若年者にかかる保険料徴収事務を誰がどのように担うか、という意味で事務的なテーマであるにもかかわらず、その後も議論は平行線を辿り、ようやく「拠出方式」に集約されたのは最終段階の介護保険制度案大綱においてであった。

③第2号被保険者保険料の算定ルール――「地域保険」と「国営保険」の『2層構造』

若年世代の負担の算定ルールは、制度骨格そのものに関わる重大な問題であった。

この点については、制度試案において、若年世代を「被保険者」として位置づけ、若年世代の保険料は、「世代間連帯」の趣旨から全国一律の方式で決める方向が示された。これは、世代の問題として捉える限りは、若年者が住む地域や職業によって負担額が異なることは不合理とされたからである。

具体的には、若年世代（第2号被保険者）の保険料負担は、まず、第2号被保険者が負担する保険料総額を全国の第2号被保険者総数で割って「第2号被保険者一人あたり負担額」を算出し、その額に医療保険者ごとに加入している第2号被保険者数を乗じて得た額を当該医療保険者が負担する拠出総額とした上で、各医療保険者内で個々の若年者（第2号被保険者）に実際に賦課する負担額は、医療保険各法の定めるところ（被用者保険では標準報酬に対する定率、市町村国保では応能＋応益方式）により介護保険料として算定し医療保険料と一体的に徴収する、という方式が基本となった[13]（図Ⅲ－3）。

こうした若年世代の負担額の決め方を機能面で見るならば、高齢者について「地域保険方式」を導入する一方で、若年世代は言わば全国一本の「国営保険」のような仕組みによって

図Ⅲ－3　高齢者保険料と若年世代負担の関係を示した資料
（1996 年 5 月 22 日、厚生省提出資料より作成）

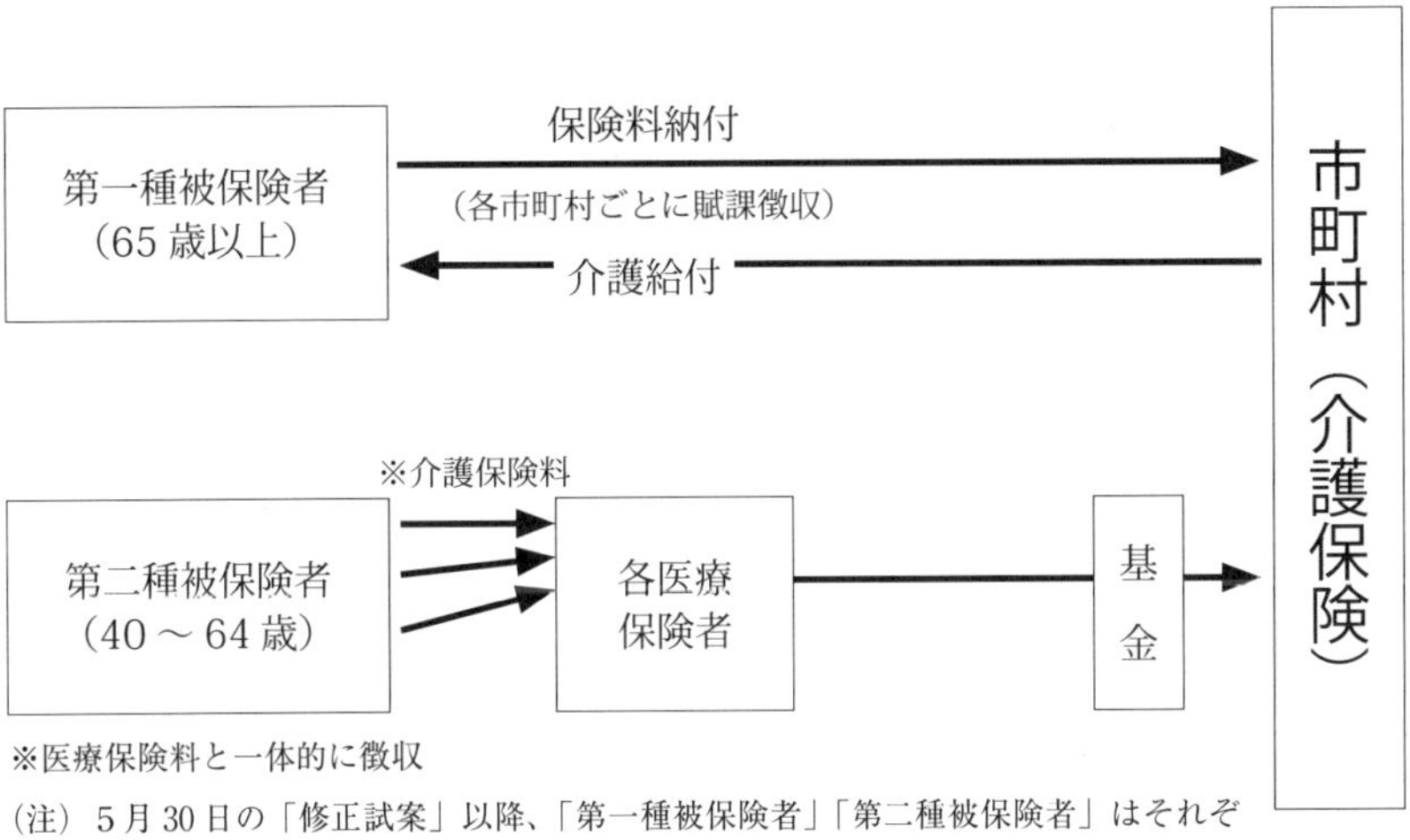

（注）5 月 30 日の「修正試案」以降、「第一種被保険者」「第二種被保険者」はそれぞれ「第一号被保険者」「第二号被保険者」と改称。

運営することになる。すなわち、実質的に介護保険制度は「地域保険」と「国営保険」の「2層構造」という、社会保険制度の歴史において前例のないシステムとなることを意味していた。この「2層構造」の考え方は、市町村関係者が、懸念していた「第二の国保」論に対する説得材料として大きな役割を果たした。(14)

(13) 制度試案（1996年5月15日）では、40～64歳の者（第2種被保険者）は、社会的扶養の観点から費用を負担する要素もあることから、全国共通のルールによって費用を負担する仕組みとするとされ、参考資料のなかでその理由について以下のように述べられていた。

(1) 市町村が第2種被保険者に対し、保険料を直接賦課・徴収することは、次のような問題点がある。

①就労形態や所得形態が、異なる被保険者と自営業者に対し同一の基準で所得割を賦課することが適当かどうか
②市町村にとって新たな事務負担となり、収納率の面で問題はないか
③事業主負担を法制上位置づけることは困難ではないか
(2) これに対し、医療保険者が第2種被保険者の保険料を一括納付する方法は、次の点で、確実かつ効率的な徴収方法と考えられる。
①被用者は被用者保険、自営業者等は国保の算定方式に基づいた賦課となる
②医療保険者が徴収し、一括して介護保険に納付するため、市町村にとって事務負担とならず、しかも、適切な収納率が確保される

さらに、修正試案（5月30日）では、「医療保険者が一括納付する金額は、国が介護保険法に基づき介護給付費総額を基に定める第2号被保険者（注：制度試案（5月15日）での名称から変更）の1人当たり基準負担額に、各医療保険に加入している第2号被保険者数を乗じた金額とする。各医療保険者は、医療保険各法の定めるところにより、これに係る費用を介護保険料として医療保険料と一体的に徴収する」とされた（図Ⅲ－3）。

(14) この「2層構造」は、まさに同じ地域保険である国保が苦しみ続けた被用者保険との高齢化率の格差や市町村間の高齢化率の相違の問題への解答ともなり、その後2008年4月に施行された後期高齢者医療制度でも「高齢者保険料」と「後期高齢者支援金（若年者の保険料）」という形で用いられることとなった。

(3) 高齢世代と若年世代の負担割合について

①「時間軸」による負担割合の調整

高齢世代と若年世代の負担割合に関しても、介護保険制度は前例のないユニークな仕組み

を導入した。これは、制度骨格の検討当初（「65歳以上介護保険方式」）から構想されていたもので、高齢者世代と若者世代の負担割合を、高齢化の進展という「時間軸」で調整する考え方であった。

高齢化と少子化が進展すると、時間の経過に伴い高齢者数は増える一方で、若年世代は減少していく。そうなると、高齢世代と若年世代の負担割合を固定してしまうと、若年世代の1人当たり負担額は将来に向かってとめどなく重くなっていくこととなる。そのような事態を避けたいということで、高齢化率の動きに連動して、両者の負担割合を自動調整することはできないかということが考えられた。

この制度案は、1996年2月26日の老健審で本部事務局から明らかにされ、関係者の賛同を得るところとなった。この仕組みによって、介護保険制度は「世代間連帯」と「世代内連帯」の双方の要素を組み込んだ制度となり、かつ、高齢化が進展するにつれ「世代間連帯」より「世代内連帯」の要素の方が強まっていくこととなるが、この点が高齢者の「自立支援」を基本理念にふさわしいものと受け止められたのである。

具体的な費用負担の調整方法としては、高齢世代・若年世代を通じて費用負担者1人当たりの負担を同水準で設定する考え方と、高齢者世代と若年世代の負担総額を同額とし、その後の両者の構成割合の変化に応じて総額を調整する考え方との2案が示されていた。前者は高齢世代・若年世代の1人当たり負担額が同じになるよう高齢化の進展に応じて両世代の負担割合を自動的に調整していく（＝高齢世代の負担割合が自動的に上がっていく）仕組みであるのに対し、後者は制度発足時に両世代の負担総額を同額で設定し、事後的にその割合を調整していく仕組みであり、1人当たりの負担額で見れば高齢世代により多くの負担を求め続けていく案であった。後者の考え方は、制度の直接の受益者である高齢世代の負担は、受益が間接的な若年世代の負担よりも多くて然るべき、というものであり、健保組合関係者が強く支持した。

その後、老健審では具体的な調整方法をめぐる議論が続いたが、若年世代の範囲（第2号被保険者の対象年齢）が40歳以上とされたことから、修正試案において、高齢者1人当たり保険料額と若年者（40～64歳）の1人当たり保険料額が同額になるように設定し、両者の割合は3年ごとに見直されることとされた。

②高齢化格差が影響しない市町村保険料

さらに、若年世代の負担（第2号保険料）の市町村への配分方法は、市町村が設定する高齢者保険料の性格を決定づけるものとなった。事務局試案では、「若年世代の負担については、全額をいったんプールし、各保険者（＝市町村）ごとに総給付費等に応じて交付する」との

図Ⅲ－4　第2号保険料の算定ルールについて
（1996年6月25日、全国介護保険担当課長会議資料）

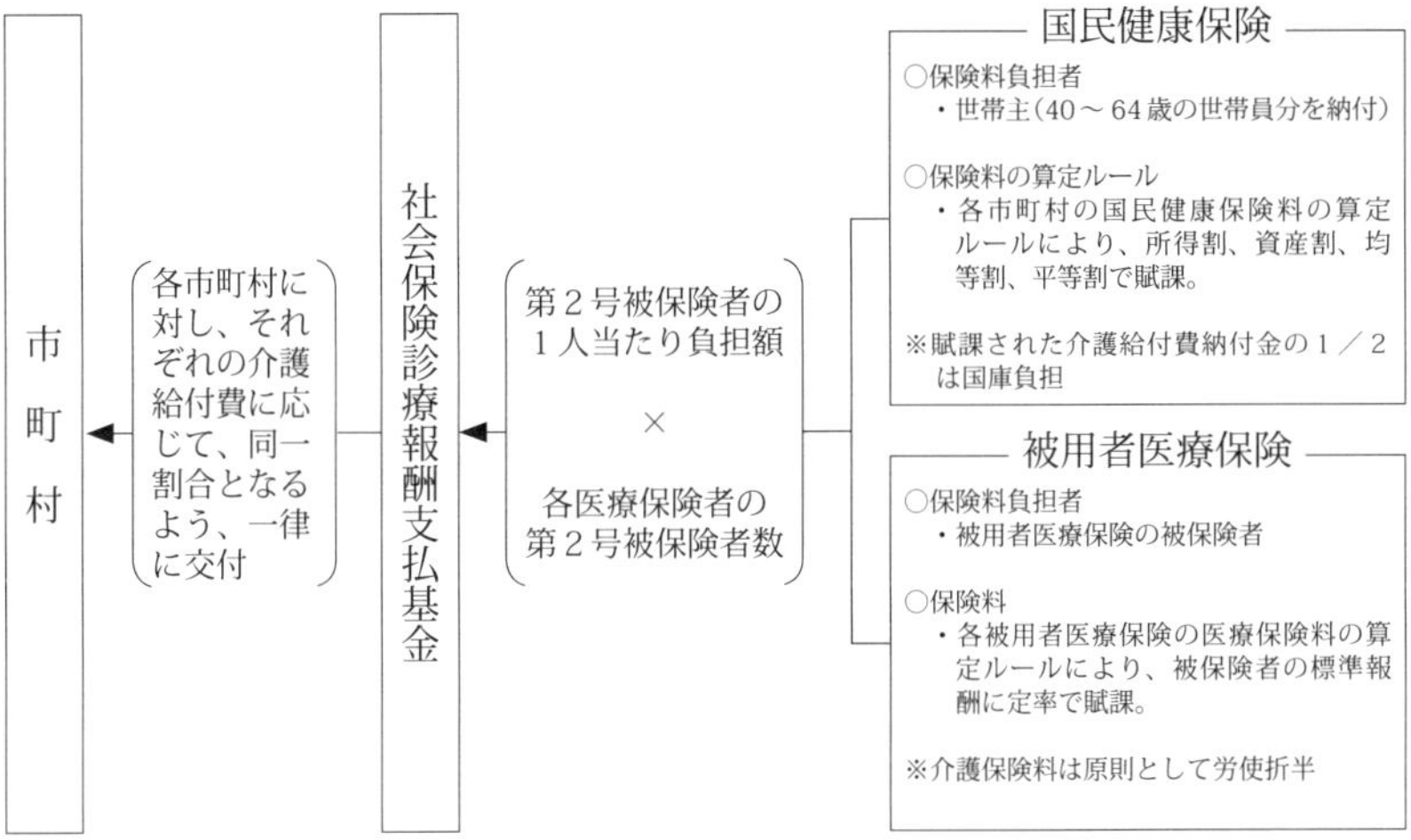

考え方が示され、その後、修正試案において、各医療保険者が一括納付した第2号被保険者の保険料は、全国レベルでプールし、市町村の高齢化率等の違いによる第1号被保険者の保険料負担の格差が調整されるよう、介護保険者に対しその介護給付費実績のうち第2号被保険者の負担割合に相当する額を精算方式により交付するとされた[15]。

この第2号保険料の配分方式は、保険者（市町村）の介護保険財政運営上極めて重要な意味を持つものであったが、それまでの社会保険制度で導入されてきた「世代間の負担調整」の仕組みとは大きく異なるものであったことから、その実質的な意義を市町村関係者をはじめ関係者が十分理解するには時間を要した。とはいえ、この仕組みによって、市町村が設定する高齢者保険料は、基本的に当該市町村のサービス水準のみに応じて設定されることとなり、介護保険制度においては、65歳以上の高齢化率が異なることによって高齢者の保険料水準に格差が生じることはなくなったのである[16]（図Ⅲ－4）。

(15) この第2号被保険者保険料に係る全国プールの仕組みについては、「与党合意」（1996年6月17日）に別紙1として添付された「介護保険法案要綱」において以下のように規定され、社会保険診療報酬支払基金の業務として位置づけられた。
▽基金（＝社会保険診療報酬支払基金）は、年度ごとに、医療保険者から介護給付費納付金（以下「納付金」という。）を徴収すること
▽医療保険者は、納付金の納付に充てるため医療保険各法の規定により保険料または掛金を徴収し、納付金を納付する義務を負うこと
▽基金は、医療保険者から納付金を徴収し、市町村に対し介護給付費交付金を交付すること
(16) この仕組みにより、介護保険制度における財政調整交付金（普通調整交付金）では、高齢化率の差違による負担調整を行う必要がなくなり、高齢世代内部の年齢構成（例えば、要介護リスクの高い後期高齢者比率など）の相違による格差を調整することとなった。

(4) 事業主負担をめぐる議論

若年世代負担をめぐる問題の一つとして、事業主負担の扱いがあった。介護保険制度の給

付は老人福祉制度で提供されてきたサービスと医療保険で提供されてきたサービスとを一元化するものであり、制度発足時点で約2兆円の給付が医療保険から移管され、それに伴って医療保険者の負担（保険料負担）も大きく軽減されること等から、介護保険制度における若年世代の負担に対して引き続き事業主が負担を行うことは、関係者の間でそれほど大きな異論はなかった。ただし、経済団体関係委員からは、健康保険や厚生年金などの被用者保険では保険料は原則折半により事業主負担が法定されているが、介護保険制度においては、仮に事業主が負担するとしても法定ではなく、労使の話し合いで扱いを決めるようにすべきではないかとの意見が出された。その主張は、介護保険制度を一定年齢以上の国民のすべてを被保険者とする「地域保険」として設計するならば、その介護費用を事業主が当然に負担すべき根拠はなく、あくまでも企業福祉の観点から労使が話し合いで取扱いを決めるべきではないかというものであった。また、安易に事業主負担を求めると「産業の空洞化」につながるとの主張もなされた。

これに対して、労働組合関係委員をはじめ多くの委員は、介護保険制度の導入は企業にとっても離職防止などのメリットがあるし、企業の社会的責任の観点から事業主負担についても適切な負担を法定すべき、との意見であった。このため、制度分科会報告では、両論が併記されることとなった。

この事業主負担の法定化をめぐる議論は、その後もなかなか決着がつかず、老健審の最終報告でも両論併記となったが、制度試案の段階で「(第2号被保険者の費用負担について)被用者保険については事業主負担、国保等については医療保険各法に従い国庫負担を行うものとする」として事業主負担が明記された。

その後も6月6日に老健審に諮問された介護保険制度案大綱で、事業主負担が当然視されていることに対して、経済団体関係委員からは「介護保険は国民保険であるから、事業主負担が絡まってくるのはおかしいと主張してきたが、その点が一切無視されている。施行までにはまだ時間があるのだから、もっと議論したい」と不満が出され、6月10日の老健審答申には「介護保険制度は、国民一人一人が加入する地域保険としての特性を有していることから、事業主に負担を求める根拠はない、という少数意見があった」と付記された。

(5) 保険者財政の安定化──「第二の国保」問題への対応

本部事務局が制度を設計する上でとりわけ重要視したのは、市町村から提起された制度設計上の課題に対する回答であった。

全国市長会・全国町村会は、同年5月17日に、試案受け入れの前提条件として7項目にわたる要望を与党に示していた。公費負担や第2号保険料に関する完全清算方式の導入、保険料算定のルール化、一般会計補填の制度的回避措置など、その多くは保険者財政の安定に関する項目であり、これらの項目について市町村が納得する回答を提示できなければ、介護保険制度の創設は事実上困難となっていた。このため、本部事務局は、与党福祉プロジェクトや大蔵省・自治省とも協議を重ねて、最大限市町村の意向を反映した回答を作成すべく努力を続けた。

市町村の財政安定化方策は、①中期財政運営方式の導入、②財政安定化基金の創設（高齢者保険料部分に係る未納・給付費急増対策）、③第2号保険料（拠出金）及び公費（定率負担・財政調整交付金）に係る完全清算方式の導入、④市町村相互財政安定化事業の4点が対策の柱となった。

①「中期財政運営方式」の導入

国保の例に見られるように、市町村にとっては、毎年の保険料改定（引き上げ）は住民や議会との関係で大きな悩みの種であり、政治的な配慮から市町村一般会計からの繰入れを行う要因の一つともなっていた。介護保険制度では、「第二の国保」を懸念する市町村関係者の意見も配慮し、保険料の算定基礎期間を3年間とし、3年に一度全国一斉に保険料を改定する「中期財政運営方式」が採用されることとなった。この考え方が示されたのは、市町村関係者との調整が最終段階を迎えた修正試案においてであった。

介護保険制度において、このような運営方式の採用が可能となったのは、「計画行政」の手法を導入したことに大きな理由があった。

介護保険制度は、「介護の社会化」「普遍的給付・権利としての介護給付」を目指すものであったことから、制度導入後サービス利用の急増が見込まれており、「保険あってサービスなし」という事態を回避するためにも、国（及び地方自治体）において、制度導入と並行して介護サービスの基盤整備を計画的かつ急速に進めていくことが大きな課題となっていた。

このため、本部事務局は、都道府県及び市町村が介護サービスの整備に関する計画を策定し、それに基づき計画的な介護保険事業運営を行う「計画行政」の手法を介護保険制度に導入することを考えていた(17)。

この都道府県及び市町村の計画は、5年間の計画で3年ごとに見直し（ローリング）を行う、とされていたことから、保険料についても毎年度改定を行うのではなく、介護保険事業計画の期間と平仄をあわせて、向こう3年間の財政見通しに基づいて3年を単位に算定を行うこととしたのである。

中期財政運営方式は、保険者市町村の財政運営（事業計画・保険料算定）のみならず、第

2号保険料（拠出金）の算定や介護報酬の改定ルールに関しても採用され、介護保険制度は総じて「3年単位」で運営される制度とされた。(18)

(17) これにあわせて、国においては、1999年度末までは「新ゴールドプラン」に沿って、2000年以降は新たな介護サービス基盤整備計画（「新々ゴールドプラン」と呼ばれていた）を策定して介護サービス基盤の整備に全力をあげることを考えていた。

(18) 中期財政運営方式を採用したことにより、市町村の介護保険会計は、3年を通じて財政の収支をみることとなった。介護給付費は毎年増大していくことが見込まれるので、通常であれば初年度は単年度黒字、次年度は収支均衡、3年目は単年度赤字となって最終年度に3年通期の収支（赤字黒字）が確定することとなる。3年の間に想定外の赤字（保険料収納率の低下（未納欠損）・給付費の急増）があった場合でも一般会計繰入れや保険料改定は行わず、その間は「財政安定化基金」（後述）からの支援によって対応し、中期財政運営期間終了時点での赤字や黒字は次期中期財政運営期間において調整する、という基本的な財政運営ルールが確立されることとなった。

②「財政安定化基金制度」の導入

「財政安定化基金制度」も、「第二の国保」を懸念する市町村に対する配慮から考案された全く新たな仕組みであった。介護保険事業の運営に際して、当初事業計画で見込んでいたよりも給付費が過大となったり、保険料（普通徴収分）の収納率が低い水準にとどまった場合に、国保のように一般会計からの繰入れを行う事態にならないようにするため、市町村保険者に対して、資金の交付または貸付けを行うことができる「財政安定化基金」を都道府県に設置するというものである。

この仕組みは、制度案検討の最終段階から検討が始まり、介護保険法案の国会提出までの間に市町村関係者の意見も踏まえて制度化された。基金の原資は、当初は国、都道府県、市町村一般会計及び第1号保険料からそれぞれ必要額の4分の1ずつを出損する案が提案されていたが、後述する「介護保険法要綱案に係る修正事項」(1996年9月19日)により、市町村一般会計の出損をなくして国、都道府県及び第1号保険料がそれぞれ3分の1ずつ負担し、法定の基金として都道府県に設置することとされた[19]。

高齢者保険料(第1号保険料)については、前述の「年金天引き」による特別徴収の実施により全体の70%の収納が確保され、残り30%の普通徴収部分についても財政安定化基金による財政補填が行われることとされたことから、事実上、高齢者保険料の未納・想定外の給付費急増による一般会計繰入れの懸念は、ほぼ解消されることとなった(資料Ⅲ－4)。

(19) この「財政安定化基金制度」は、自治省との間の折衝・調整過程で、市町村要望に対する対案として当時の自治省財政局担当官が発想し、本部事務局に提案した構想がベースとなっていた。
この制度は、市町村関係者の賛同を得て介護保険制度に導入されたが、これとほぼ同じ仕組みが、2008年4月に施行された後期高齢者医療制度にも導入された。

③第2号保険料・公費負担に係る完全精算交付方式の導入

全国市長会・全国町村会は、「7項目の要望」の第1に、「公費の部分及び第二種保険料においてルールを法定して、穴が空くことがないよう清算するようにすること」を掲げていた。これは、当時の市町村国保における国庫負担が、定率部分については「国庫負担金」としての性格から保険給付費の実績にあわせて完全精算交付（市町村国保会計の決算にあわせて翌々年度に清算）されていたのに対して、財政調整交付金部分については精算が行われず、結果的に法律に定められた額（保険給付費の定率10％［当時］）が完全交付されない事態が常態化していることへの不満が背景にあった。

そこで、本部事務局は大蔵省・自治省と折衝し、介護保険制度においては公費負担全体（国庫負担分（定率部分・財政調整交付金部分）及び地方負担分）について完全精算交付を行い、介護給付費の2分の1の公費が確実に保険者（市町村介護保険会計）に交付されることとした。同様に、第2号保険料部分についても公費同様に完全精算交付方式を導入し、市町村介護保険財政に不測の歳入欠損が生じないよう措置することとした。

この方針は修正試案で初めて示され、介護保険制度案大綱において明記された[20]。

これらの措置により、介護保険会計（歳入）の83％（制度発足時点）について精算交付が行われることとなり、これに高齢者保険料にかかる特別徴収（年金天引き）の実施をあわせれば、介護保険会計における歳入の95％が安定的に確保される見通しとなり、保険者市町村

資料Ⅲ－4　財政安定化基金事業について

（1996年6月25日、全国介護保険担当課長会議資料）

《基金の設置目的・内容》

都道府県に、市町村の保険財政の安定化を図りその一般会計からの操入れを回避させることを目的とした財政安定化基金を置き、次の事業を行うこととする。

（1）通常の努力を行ってもなお生じる保険料収納率の悪化により、介護保険財政に不足が生じる場合、一定の客観的なルールを定めた上で、財政不足額の一部を交付。

（2）給付費の見込誤り、収納率の悪化等を理由として財政収支の不均衡が生じた場合、介護保険財政に赤字が生じないよう必要な資金を貸与。

《基金の財源》

国の負担、都道府県の負担、市町村の拠出金（第1号保険料財源）それぞれ1／3

《要件及び具体的実施方法》

（1）事業の対象範囲は、介護給付及び予防給付（市町村が条例で支給限度額について独自に上乗せする分を除く。）とする。

（2）保険料収納率悪化による収支不均衡の場合の資金交付（補填）

事業運営期間（3年間）を通じて、各市町村において実績保険料収納額が予定保険料収納額を下回り（保険料収納不足）、かつ、基金事業対象の収入額が基金事業対象の費用額を下回った（財政不足）場合、保険料収納不足額（財政不足額が下回る場合は当核財政不足額）の2分の1を交付金として交付する。その際、3年間を通じた実績収納率が著しく低い場合は、交付額を減額する。

（3）給付費増等による収支不均衡の場合の資金の貸付け

① 給付費の見込みを上回る増大等により財政収支の不均衡が生じた場合（基金事業対象の収入額が基金事業対象の費用額に不足する場合）、財政収支が赤字とならないよう、当該不足額について資金の貸付けを行う。その際、3年間を通じた実績収納率が著しく低い場合は、貸付額を減額する。

② 貸付額の償還は、借入れを行った年度の属する事業運営期間の次の期間において、保険料賦課総額に算入し、保険料財源により、基金（都道府県）に対し3年間で分割償還する。

が自らの責任で徴収しなければならない部分は、普通徴収に係る高齢者保険料のみ（全体の約5％）となった。

さらに、その5％部分についても、前項で述べた財政安定化基金による措置が講じられることから、市町村における介護保険財政運営は安定化が大きく図られることになった（図Ⅲ－5）。

(20) なお、地方負担分の内訳については、制度案大綱において、「公費負担は介護給付の2分の1とする。国及び地方団体は、介護保険者の給付実績のうちそれぞれ4分の1（都道府県及び市町村は、それぞれ8分の1）に相当する額を、精算方式により負担する」とされ、都道府県と市町村（一般会計）が折半し、8分の1ずつ負担することとされた。

④「市町村相互財政安定化事業」の創設

「市町村相互財政安定化事業」も、市町村関係者の意見を踏まえた最終段階の調整プロセスにおいて考案され、制度化されたものであった。介護保険制度を市町村が運営していく上では、市町村（保険者）は財政面でも事務処理面でも、一定以上の人口規模を有している方がより安定性が増すことは言うまでもない。この点で、小規模市町村の問題にどう対応するかは、市町村保険者論の大きな課題であった。この対応策として、後述するように、要介護認定事務について複数の市町村（保険者）による共同実施が推進されたが、それより一歩踏

図Ⅲ－5　財政安定化方策の全体像

（1996年1月21日・22日、全国厚生関係部局長会議資料）

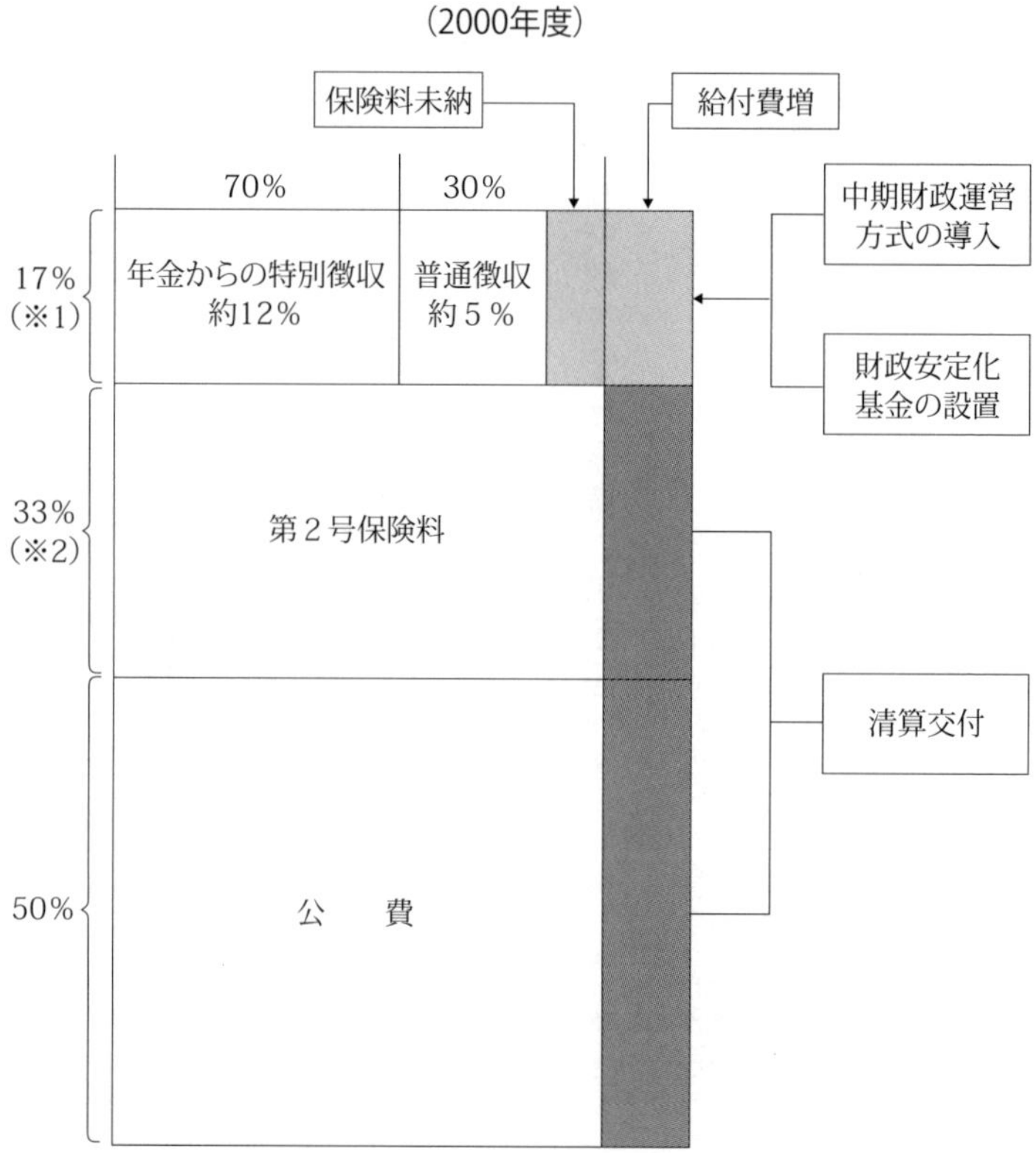

※1　第1号被保険者（65歳以上）と第2号被保険者（40～64歳）の人口比率に基づく割合である。

※2　国費（25％）のうち5％は、市町村の後期高齢者比率や所得水準等に応じた財政調整措置として交付される

み込んで、保険料など財政面まで複数市町村が共同実施するための方策として考えられたのが、「市町村相互財政安定化事業」であった。

この事業は、複数の市町村がそれぞれに独立して介護保険制度を運営するが、保険料については同一（調整保険料）とし、そのための資金を調整する仕組み（財政調整）である。

残念ながら、この仕組みは、市町村間の資金のやりとりが目に見えてしまうこともあって、実際にはそれほど多くの市町村では採用されることはなく、保険者の広域化、制度の共同運営という点では、「広域連合」の方が積極的に活用されることとなった。広域連合は、1996年の地方自治法改正によって導入された仕組みで、複数の地方自治体が行政の一部を共同で実施するために共同で組織を設置するものであり、介護保険制度は、この広域連合を急速に拡大させるきっかけとなった。(21)

(21) 介護保険制度がスタートした2000年4月時点で、介護保険制度を広域連合で運営することとなった市町村は241に達し、28の広域連合が設置された。それ以外の一部事務組合による共同実施の市町村（167）と「市町村相互財政安定化事業」参加市町村（33）と合わせると、全体で441自治体が制度の共同実施に取り組んだ。

(6) 事業運営に対する支援方策

①要介護認定事務の共同化・委託

財政面の支援のほかに、事業運営面からの市町村への支援措置についても検討が行われた。介護保険制度の事業運営については、システム研究会報告以来一貫して「市町村・都道府県・国が重層的に支える仕組み」という考え方が示されており、保険者事務の広域化・共同運営、さらには都道府県の関与の強化といった観点からいくつかの措置が検討された。

事業運営に対する支援策として検討されたのは、要介護認定事務の共同化・都道府県等への事務委託と「介護保険者連合会」の設置である。要介護認定については、老健審最終報告において、国が全国統一の要介護認定基準を策定し、市町村に介護認定審査機関（要介護認定審査会）を設置し専門家の合議によって審査した結果に基づき保険者が認定を行う、という方針がすでに示されていたが、市町村にとって要介護認定はこれまで行ったことのない新たな事務であり、認定審査会委員（専門家）の確保や費用負担など運営面での不安が表明されていた。

そこで本部事務局は、保険者事務の共同化の一環として「要介護認定事務の共同化」の方針を制度試案で示し、さらに修正試案においてその方針を具体化し、要介護認定審査会を保険者が共同して設置することや都道府県などへの委託、後述の「介護保険者連合会」での実施を可能とすることとした。

②「介護保険者連合会」の構想

介護保険者連合会は、「事業主体（市町村）に対する支援方策」の具体策の一つとして、修正試案において「市町村における保険運営を支援するため、保険料の設定、財政調整、介護サービス機関の調整などを共同で行う『介護保険者連合会（仮称）』を都道府県ごとに設置するものとする」として提起されたものである。介護保険者連合会は、都道府県、圏域での介護保険料算定基準の設定や要介護認定事務の実施などのほか、前述の財政安定化基金の設置運営主体となることや介護報酬の審査・支払などの共同事業の実施機関となることも想定されていた（資料Ⅲ－5）。

介護保険者連合会については、設置趣旨や事業内容については審議会でも多くの賛同を得たが、行革等の観点から「新たな連合会組織の設置は行政組織の肥大化につながるのではないか」といった慎重論があり、1996年6月6日の介護保険制度案大綱では「市町村における保険者運営を支援するため、都道府県ごとの連合組織において、保険料基準の設定、財政調整、介護サービス機関の調整などを共同で行う」と、新たな組織の設置については慎重な表現が盛り込まれ、最終的には与党合意（１９９６年6月17日）の別紙で添付された「介護保険法案要綱案」において「国民健康保険団体連合会が行う介護保険関係業務」として位置づけられ、既存組織である都道府県国民健康保険連合会がその事務を担うこととされた[22]。

(22) 介護保険者連合会の事務として想定されていた事務のうち、財政安定化基金は最終的には法定の基金として都道府県に設置されることとされた（介護保険法案要綱案に対する修正事項　１９９６年9月19日）。

(7)「利用者負担」について

①1割の「定率負担」導入

最後の論点である利用者負担については、システム研究会の時から「応益負担」の考え方が強調され、同報告（１９９４年12月）では「応益負担の観点から、その利用したサービスの費用の一定率又は一定額を負担することが適当と考えられる」と述べられていた。

「応益負担」の考え方が強調されながら、「定率負担」だけでなく「定額負担」も併記されていたのは、当時の老人保健制度では高齢者の利用者負担が「定額負担」（入院日額７００円、外来月額１０００円）であったためである。

資料Ⅲ－5　介護保険者連合会（仮称）について

（1996年5月30日、修正試案・参考資料）

《趣旨》

○　安定的かつ効率的な介護保険運営を確保する観点から、市町村に対し必要な財政支援や事務負担の軽減を図るため、都道府県を単位として、介護保険者連合会を設置する。

《連合会が行う業務》

⑴保険料基準の設定

都道府県、圏域または市町村単位の介護保険料算定に関する基準（保険料基準）を設定する。

⑵市町村財政安定化の支援

給付費の変動や保険者努力に期待できない保険料の未納等による保険財政の不安定性について、必要な財政支援を行う。

国・都道府県・市町村（一般会計）は、共同してこの事業を支援する。

⑶要介護認定事務の実施

要介護認定事務を連合会が実施し、市町村の事務負担の軽減、要介護認定事務の効率化を図る。

⑷人材確保事業等の実施

ホームヘルパーや訪問看護婦などの人材の養成確保のための事業を行う。

⑸介護報酬の審査・支払その他の共同事業の実施

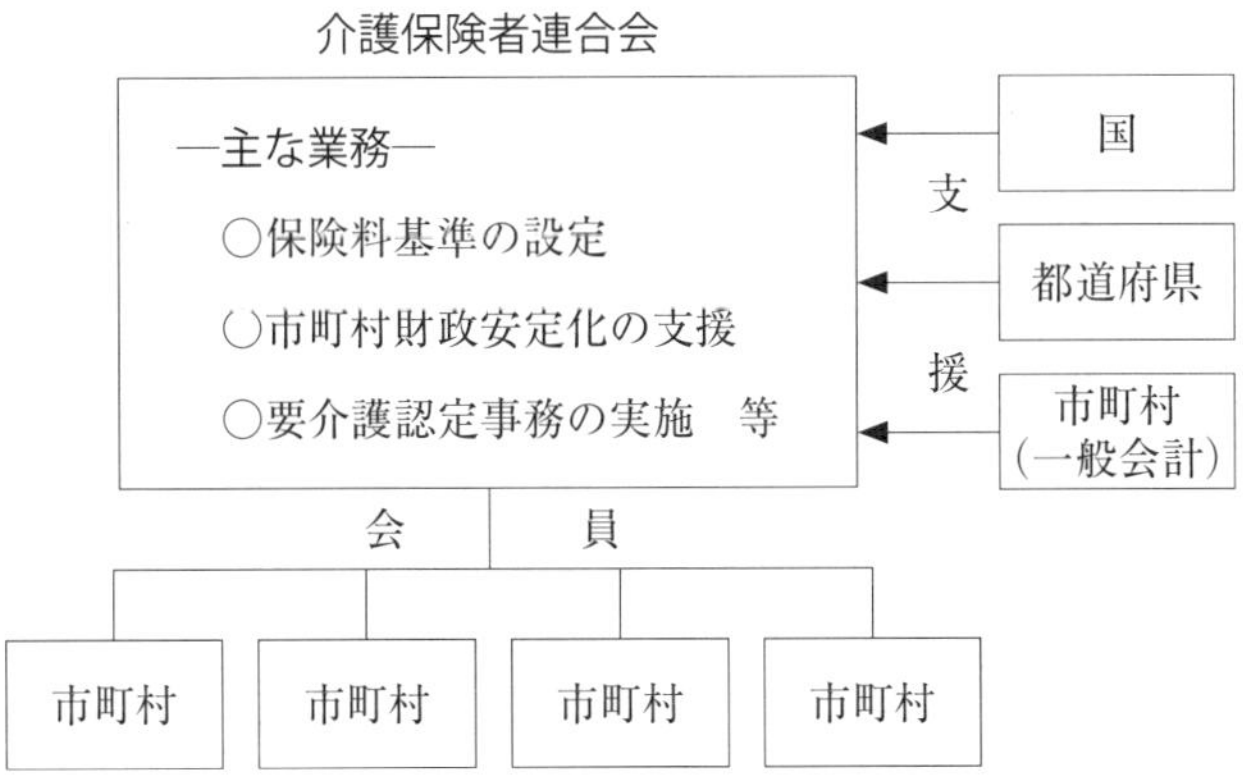

高齢者の利用者負担は、常に政治的な争点になってきたテーマであった。1973年に「老人医療費無料化制度」により高齢者の利用者負担が無料となって以降、老人医療費が増大する中で厚生省は幾度となく利用者負担導入を試みるが、それが実現したのは10年後の1983年に施行された老人保健法であった。ただし、これは、入院日額300円、外来月額400円の「定額負担」であり、その後「定率負担」の導入をめぐり議論は続いたが、1991年に成立した老人保健法改正でも、「定額負担」に物価スライドが導入される代わりに「定率負担」は見送られた。こうした政治的な経緯もあり、介護保険制度に関しても当初は慎重な対応が求められたのである。

その後介護保険制度をめぐる議論が進展する中で、老健審の委員を含め多くの関係者が「定率負担」の導入について意見が一致するところとなり、制度分科会報告（1995年12月）では、利用するサービスや施設によって利用者負担に格差が生じている状況を踏まえ、制度導入後の統一的なルールとして「定率負担を基本に置くべきである」と、明確な方向性が示された。

「定率負担」についてのコンセンサスが形成された背景には、介護保険制度導入によって、高齢者自身が介護サービスの利用を選択できるようになることに対する認識の深まりから、「選択が認められる以上選択したサービスについて応分の負担をするのは当然である」との考え方が共有されたことが挙げられる。同時に、介護保険制度における給付が「要介護度区分ごとに示されたサービスモデルから導かれる介護サービスの費用額」に基づいて設定される「要介護度別給付額」の範囲内で行われることとされたことから、「定率負担」といっても医療保険のような「出来高による青天井の負担」になるわけではない、という理解が形成されていたこともあった[23]（図Ⅲ－6）。

その後、老健審では3月から4月にかけて、本部事務局から「1割負担」とする案が示される中で審議が進み、制度試案において、利用者負担は「費用の1割」とすることが明記された。

②在宅と施設の負担格差の問題

利用者負担については、在宅と介護施設の負担格差をめぐる問題も以前から提起されていた。在宅のケースは、介護費用とは別に食費等日常生活費や居住費などの負担が存在することから、介護費用に関する利用者負担の均衡だけでなく、それ以外の費用負担格差をどう扱うかが検討課題とされていたのである。このうち、食費等日常生活費については、既に老人保健施設の利用料（当時は月6万円）の中に含まれており、さらに1994年6月に成立した健康保険法改正によって医療保険において「入院時給食」の見直し（食費等の一部負担導入）が行われたことから、介護施設についても同様の趣旨の負担を入れることは当然視された。最終的に食費については「標準負担額」を負担することとし、日常生活費は給付対象外とされた。

一方、居住費については、特定施設入所者生活介護や痴呆性高齢者グループホームなど、新たな在宅系サービスの導入を踏まえてその負担のあり方を議論するべきとの意見もあったが、この時点で十分な議論と検討が行われたとは言い難く、具体的な論点としてあがることはなかった。(24)

(23) 介護給付費の設定の考え方については、最終報告（1996年4月22日）において「高齢者は介護の必要度に応じて設定された介護給付額の範囲内で、自らの判断と選択により実際に利用した介護サービスについて保険給付を受けることができることとすることが適当である」とされ、この考え方は制度案大綱においても維持された（図Ⅲ-6）。

(24) 介護施設の居住費に関する負担の問題は、制度施行5年後の見直し（2005年介護保険法改正）において改正事項となり、居住費及び食費を給付対象外とした上で、「補足給付」を行う仕組みが導入された。

図Ⅲ－6　介護給付額の設定の考え方

（1996 年 4 月 22 日、老健審報告・参考資料）

◎介護給付額は、要介護度ごとに必要とされる介護サービスの費用額に基づき、在宅サービスと施設サービスそれぞれに応じて設定することが考えられる。

在宅サービスと施設サービスの比較

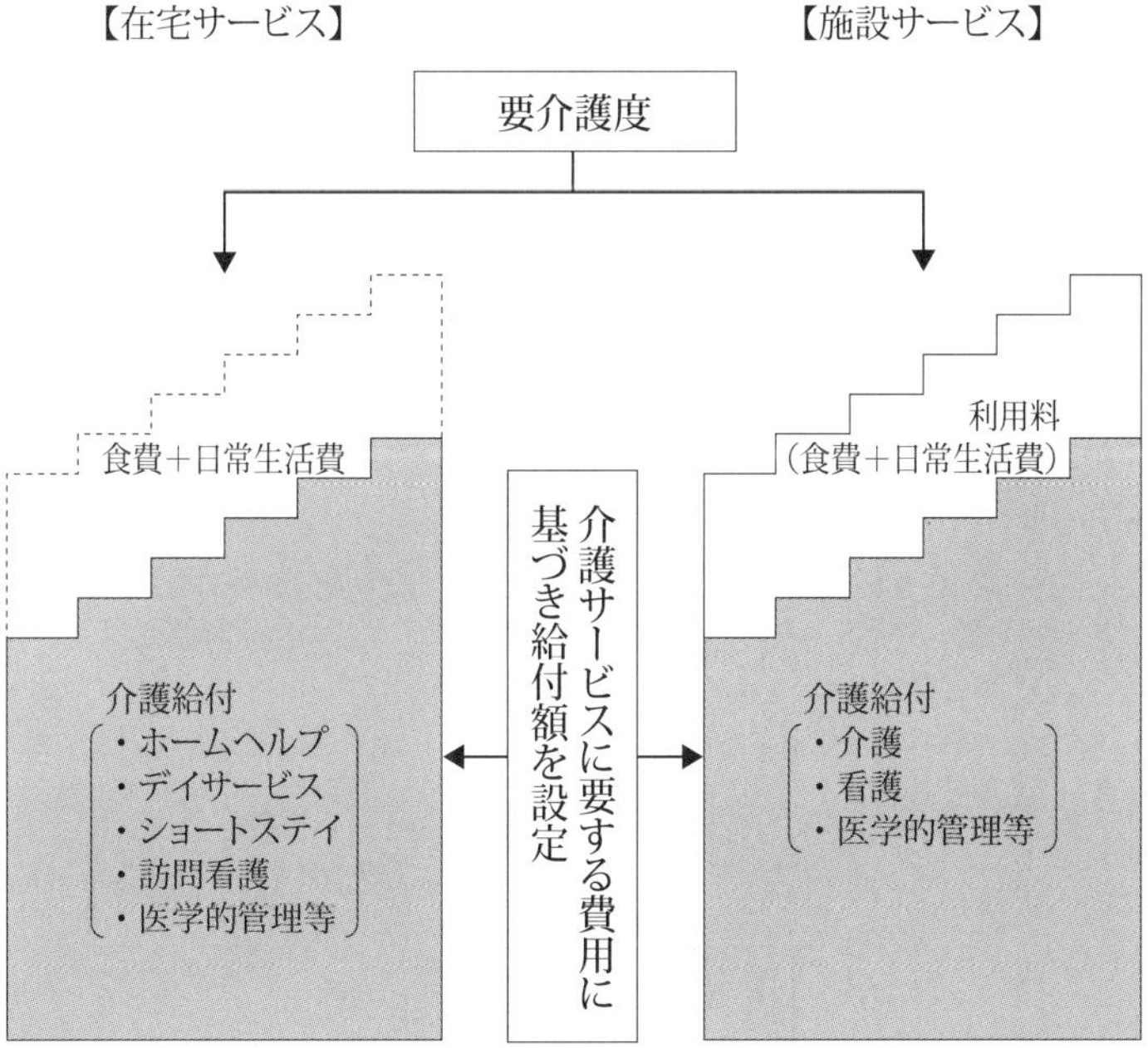

4 通常国会終盤での調整──与党合意と幻の「政府与党合意」

1996年6月

(1) 紛糾する自民党社会部会

①地方団体の意向を踏まえた反対・慎重論の噴出

1996年6月10日の老健審答申を得て、ようやく介護保険制度案はまとまったが、すでに通常国会の会期は間近に迫っていた。同年通常国会の会期末は6月19日であり、会期内に法案提出を行うためには、6月18日の閣議に関連法案の請議を行うのが最終タイムリミットとなっていた。

6月11日、与党政策調整会議・福祉プロジェクト合同会議が開催され、与党プロジェクトメンバーはそれぞれの政党での与党審査手続日程を調整し、14日までには各党での与党審査を終わらせ、同日に与党政策調整会議と与党責任者会議に諮って18日に閣議請議を行うという日程が組まれた。

社民党・さきがけについては問題なく党内手続が進められ、6月13日までにそれぞれ党内手続が終了したが、自民党は党内で議論が紛糾した。自民党でもこの間、社会部会・医療基本問題調査会合同会議を中心に介護保険制度に関する議論を進めており、厚生省からの説明や関係団体・自治体からのヒアリング等を重ねてきていたが、自民党内の状況は、制度の早期創設を求める意見がある一方で、地方団体の慎重姿勢や事業主負担をめぐる経済界の不満を背景に、慎重審議を求める意見もあり、老健審への諮問が行われた6月7日に開催された社会部会・医療基本問題調査会合同会議でも慎重意見が出されていた。

答申後の6月11日、正式な与党審査手続として開催された自民党社会部会では、法案の早期国会提出を求める賛成論の一方で、反対論・慎重論を述べる議員が続出し、部会は紛糾した。

②法案の取り扱いは政調会長一任へ

この時の自民党社会部会長は、与党福祉プロジェクトの座長でもあった衛藤晟一議員であった。衛藤部会長を始め与党福祉プロジェクトのメンバーであった議員は当然ながら早期の法案国会提出に賛成の立場だった。しかし、与党福祉プロジェクトに参加していない議員との間には制度への理解やこの間の審議経過に関する認識に温度差があり、これらの議員からは、地方団体（地元の首長）が完全には納得していない、高齢者からの保険料徴収は新たな増税と同じ、社会保険方式で安定的に財政運営できるのか等々、これまで老健審や与党福祉プロジェクトで議論されてきた論点が再燃し、会期末ぎりぎりになって法案を提出するのは拙速である、との意見が出されていた。結局この日の部会では取りまとめることができず、翌日再審議を行うこととなった。

翌12日朝に開催された社会部会でも、前日同様、反対論・慎重論が出され議論はまとまらず、その日の夜に再度開かれた部会においても事態は変わらなかった。自民党の意思決定は伝統的に「全会一致」が原則であり、このままでは部会了承が得られない事態となることから、衛藤部会長は「新たな介護制度を創設するという点で意見の一致を見た。しかし、老健審の答申に基づく介護保険制度については、市町村を始め、関係団体や国民に十分理解されていないという声もあり、その取り扱いについては政調会長に委ねる。引き続き、内容については、社会部会で慎重な検討を重ねる」という異例の結論を示し、「法案の取り扱いは政調会長一任、内容は引き続き部会で検討」という形で部会審査を終えた。

(2) 与党協議で法案の「今国会提出見送り」が決定

①与党政策調整会議での最終方針決定

一任を受けた山崎拓政調会長は、衛藤部会長・丹羽医療基本問題調査会長らと協議し、自民の党内手続（政策審議会・総務会での了承）に入る前にまず連立与党での調整を先行して行う、というこれまでの自民党の与党審査プロセスとは異なる判断を行い、6月13日に与党政策調整会議（与党福祉プロジェクトの上部組織で、与党各党の政調会長をメンバーとする会議）を開催して、その場に関係省庁（厚生・大蔵・自治）の担当者を呼んで意見を求め、与党政策調整会議で法案の取り扱いについて最終的な結論を得ることとした。

これを受けて13日午前、与党福祉プロジェクト3座長会議が開催され、直後に開催された与党政策調整会議にその方針を報告した。さらに同日夕刻、与党福祉プロジェクト3座長と丹羽会長も同席して再度与党政策調整会議が開催された。席上、自治省財政局長は、同日付けで全国知事会が発表した「介護保険制度案に対する意見」を引用しつつ、「保険料の未納等により生じる保険財政不安の解消、在宅サービスと施設サービスの同時実施、介護認定等事務運営上の懸念といった点について市町村は懸念を抱いており、なお慎重な議論を行うよう強く求めている」と慎重論を述べ、大蔵省主計局次長は「介護保険の基本的方向は理解できるが、介護保険の財政運営上の懸念がなお払拭されていない、民間活力活用の姿が明らかでない、介護のネットワーク作りのためには在宅介護と施設給付は同時実施とすべき、等の問題点が残っている。また、介護保険制度創設は医療保険制度改革と表裏のものであり、医療保険関係者の合意を得てスタートさせることが必要」とし、制度創設の必要性には理解を示しつつ関係者合意を優先することが必要だと述べた。

ヒアリングを終えた後、与党政策調整会議は引き続き協議を行い、その結果「介護保険関連法案の会期内国会提出は見送る、懸案事項を整理しその解決を図って次期国会への法案提出を期する」との最終方針が決定され、その旨を政府与党で合意することとなった。

翌14日、与党政策調整会議は再度会合を開き、与党政策調整会議としては初めて地方団体からヒアリングを行った。ヒアリングの席上、山崎政調会長は前日の会議での決定を地方団体代表者に伝え、「地方団体ともよく相談の上この問題の解決を図りたい」旨の発言をした。

この与党政策調整会議の決定を受け、与党福祉プロジェクト3座長・丹羽会長と本部事務局は懸案事項の整理と合意文書の作成作業に着手し、連立与党内、政府部内（大蔵省・自治省・内閣官房）の調整を開始した。

②「政府与党合意文書」の作成へ

14日に行われた4者（3座長と丹羽会長）の打ち合わせの席上、丹羽会長は、「ここまで制度案を詰めてきたのだから、政府与党合意では法案要綱案を示してそれを基本に必要な法案作成作業を進め次期国会への法案提出を期する旨を明記すべき」と主張し、合意文書は、調整会議の指示による「解決すべき懸案事項」と、「介護保険関連3法案要綱案」を添付した上で、懸案事項の解決を図りつつ政府与党一致して制度創設に取り組む旨の内容とすることが合意された。

14日（金曜日）から週末にかけて、3座長・丹羽会長と本部事務局は、それぞれ与党幹部・政府部内を手分けして文案調整に奔走し、週が明けた17日、国会議事堂の中央に位置する院内常任委員長室に政府与党幹部が集まって、合意文書へのサインが行われる手はずが整えられた。

(3)　梶山官房長官が退席――「政府与党合意」が「与党合意」へ

6月17日当日、常任委員長室には、連立与党の最高意思決定機関である与党責任者会議の

3座長（3党幹事長）、政策調整会議3座長（3党政調会長）、そして大蔵大臣・自治大臣・厚生大臣・内閣官房長官が参集した。

ここで、予定外のハプニングが起こった。

常任委員長室の控室に参集し、待機していた政府側4大臣のうち、かねてから介護保険法案の今国会提出に難色を示していた梶山官房長官が合意文書へのサインに難色を示し、それに反発した菅厚生大臣と議論になり、官房長官が席を立ってしまったのである。官房長官が欠けてしまったことから政府側は閣内で足並みが乱れることとなり、事実上合意文書へのサインができなくなり、久保亘大蔵大臣、倉田寛之自治大臣も程なく控室を後にし、菅厚生大臣が一人残る形となった。

すでに委員長室に着席していた連立与党側の幹部は、政府側メンバーが入室してこないのでしばらく待機していたが、官房長官退席の報を受けてその場で急遽協議し、「政府与党合意」ではなく「与党合意」に切り替え、与党責任者会議座長（3党幹事長）・与党政策調整会議座長（3政調会長）の6名が合意文書にサインすることとなった。このようにして、6月17日の与党合意は取りまとめられた（337頁）。

与党合意では「介護保険制度の創設に向け、政府・与党一致して積極的に取り組んでいく」、「同制度の創設に当たっては、関係者の意見を踏まえつつ、要綱案を基本として、懸案事項

について の解決を図りながら、必要な法案作成作業を行い、次期国会に法案を提出する」の2点が合意され、介護保険関連3法案の要綱案と解決すべき懸案事項が別紙で付されていた。政府与党合意が土壇場で与党合意となったことは、合意文書に「政府・与党一致して」という表現が残っていることからもうかがい知ることができる。

解決すべき懸案事項には、市町村等の関係者の意見を踏まえ、安定した財政運営と市町村における円滑な事務が遂行できる制度とするよう努めるなどの5項目が掲げられた。また、「参考」として、「介護保険制度案の骨子」がつけられ、市町村保険者、被保険者40歳以上、要介護認定の実施と計画的なサービス利用、公費2分の1、利用者負担1割＋食費負担、年金からの特別徴収（年金天引き）、市町村連合組織による市町村支援事業の実施などの制度骨格が明記された。

与党合意がなされた6月17日は通常国会閉会の2日前であった。この与党合意を踏まえ、翌18日朝開催された閣議において、菅厚生大臣は以下の通り発言し、次期国会法案提出に向け、関係閣僚の協力を求めた。

「介護保険関連法案の取り扱いについては、昨日の与党合意事項を尊重し、市町村をはじめとする関係者の意見等を踏まえつつ鋭意調整を進め、次期国会に提出して参りたいと思います。ついては、何卒御理解御協力をよろしくお願い致します。」（1996年6月18日閣議

厚生大臣発言要旨）

また、この与党合意は、同じ18日の自民党政策審議会・総務会に報告され、24日の老健審にも報告された。

こうして、第１３６回通常国会は閉幕を迎えた。

与党合意事項

一　介護保険制度の創設に向け、政府・与党一致して積極的に取り組んでいく。

二　同制度の創設に当たっては、関係者の意見を踏まえつつ、要綱案（別紙1）を基本として、懸案事項（別紙2）についての解決を図りながら、必要な法案作成作業を行い、次期国会に法案を提出する。

平成8年6月17日

与党責任者会議座長
自由民主党　加藤紘一
社会民主党　佐藤観樹
新党さきがけ　鳩山由紀夫

与党政策調整会議座長
自由民主党　山崎　拓
社会民主党　伊藤　茂
新党さきがけ　渡海紀三朗

（別紙1）略

（別紙2）

〈解決すべき懸案事項〉

1　市町村等の関係者の意見を踏まえ、安定した財政運営と市町村における円滑な事務が遂行できる制度となるよう努める。

2　円滑な施行の観点から、在宅・施設両面にわたる介護サービス基盤の一層の整備を計画的に進め、総合的かつ適切なサービス提供が行われるよう、検討を行う。

3　民間活力の積極的な活用を図るため、規制緩和を積極的に推進するとともに、民間保険・民間非営利サービスとの適切な連携がとれる柔軟な制度の仕組みを検討する。

4　社会保障制度構造改革のビジョンを示すとともにその一環として行われる医療制度改革の内容を明らかにする。

5　国民に対する周知の徹底を図り、十分な理解を求める。

（参考）

〈介護保険制度案の骨子〉

1　保険者は市町村とし、国及び都道府県並びに国民の共同により運営する重層的な制度とする。

2　被保険者は、制度発足に当たっては40歳以上の者とする。

3　保険給付は、要介護者の自立支援を基本に、適切な要介護認定を行った上で、在宅・施設両面にわたる介護サービスを計画的に提供する利用者本位の制度とする。

4　公費負担は給付費の2分の1とする。
5　利用者負担は保険給付の対象費用の1割とし、施設においては食費は利用者負担とする。
6　保険料については、65歳以上の被保険者（第1号被保険者）については、年金保険者による特別徴収を行うほか、市町村が徴収を行う。
また、40歳以上の被保険者（第2号被保険者）については、医療保険各法の定めるところに従い医療保険者が徴収の上一括して納付し、高齢化率の調整を図りつつ市町村に配分する。
7　市町村における事務・財政両面にわたる円滑な保険者運営に資するため、市町村の連合組織において、財政支援事業をはじめとする市町村支援事業を実施する。
8　施行に当たっては十分な準備期間を置き、新ゴールドプランの達成状況、基盤整備の進展等を見極めつつ施行日を定める。
9　介護保険制度全体について、法律施行後の推移及び状況変化を踏まえて検討を加え、必要な見直し等の所要の措置を講じる。
10　介護保険制度の創設に合わせ、医療法をはじめとする関係法律の改正を行う。

5 与党ワーキングチーム主導の地方公聴会の実施、与党合意による要綱案の修正

1996年6月〜9月

(1) 与党ワーキングチームの設置と地方公聴会の開催

1996年6月17日の与党合意後、与党政策調整会議は、直ちに「介護保険制度の創設に関するワーキングチーム」(以下「与党ワーキングチーム」という)を設置し、懸案事項の解決と介護保険制度の創設に向け調整を開始した。メンバーは、政策調整会議3座長、福祉プロジェクトチーム3座長以下18名で構成されたが、中心的役割を果たしたのは山崎拓自民党政調会長であった。

与党ワーキングチームの最大の課題は、言うまでもなく地方団体との調整であった。自ら座長となった山崎政調会長は、与党ワーキングチームによる「地方公聴会」の実施という新たな取組みを考えた。政府の審議会でも国会の委員会でもなく、与党の政策責任者が直接地

方に出向いて地方公聴会を開催し、国会提出前の制度案について関係団体との意見調整を行うという取組みは過去に例がないものであった。

与党ワーキングチームによる地方公聴会は、7月12日の福岡市を皮切りに、9月2日までの間、盛夏の中全国7か所（福岡市・横浜市・札幌市・神戸市・高知市・山形市）で開催された。地方公聴会には当該地方の市町村長のみならず、医師会・看護協会・福祉団体、労使団体、学識経験者や要介護高齢者を抱える家族の会など様々な介護関係者の代表が参加し、介護保険制度についてそれぞれの立場から様々な意見を述べた（資料Ⅲ－6）。

地方公聴会での参加者の意見は多岐にわたり、制度設計の細かな内容についても意見が出されたが、総じて介護保険制度の創設に賛成する意見が大多数を占めた。市町村長からは、市町村が保険者となった場合の財政負担（将来の給付増）・事務負担の増大への不安や在宅サービス先行の2段階施行への異論（施設在宅同時実施論）などが述べられた。

他方、本部事務局もまた、7月17日に都道府県高齢者介護主管課長会議を開催し、25日には地方自治体から寄せられた質問事項に対して与党合意を踏まえた包括的・網羅的な回答を作成し自治体に提示した。さらに、幹部職員が手分けをして7月・8月の2か月間に全国47都道府県全てに出向いて市町村関係者を対象にした説明会を開催し、与党合意取りまとめに至る経緯や市町村に対する支援策を中心とした合意内容について精力的に説明を行うなど、

資料Ⅲ－６　与党介護保険制度の創設に関するワーキングチームにおける検討の経過

【設置経緯】

○　６月17日の「与党合意」を踏まえ、関係者の意見を踏まえつつ、懸案事項の解決を図りながら検討を進める場として、６月25日「与党介護保険の創設に関するワーキングチーム」が設置された。

【地方公聴会】

○　与党ワーキングチームは、次期国会への法案の提出を目指して、政府・与党が一体となって取り組み、関係者の意見を幅広く聴きつつ懸案事項を解決することを目的とするものであるが、関係者の意見を聴取する場として、地方公聴会を実施した。

７月12日（金）：福岡公聴会
７月26日（金）：横浜公聴会
８月５日（月）：札幌公聴会
８月21日（水）：神戸公聴会
８月30日（金）：高知公聴会
９月２日（月）：山形公聴会
９月５日（木）：大分公聴会

【論点整理・審議】

○　与党ワーキングチームにおいて、地方公聴会において関係者から出された意見を踏まえ、論点整理・審議を行い、９月17日に「介護保険法要綱案に係る修正事項」について３座長試案が示され、翌18日には、与党６者会議（３幹事長・３政調会長）において、施行時期については平成12年度から在宅・施設の同時実施とするという結論が出された。この修正事項については、19日の与党責任者会議において与党間の正式合意となったところである。

【与党介護保険制度の創設に関するワーキングチーム】

自由民主党
　山崎拓　与謝野馨　松浦功　衛藤晟一　石原伸晃
　陣内孝雄　丹羽雄哉
　（オブザーバー）自見庄三郎
社会民主党
　伊藤茂　田口健二　梶原敬義　五島正規　今井澄
　大脇雅子
新党さきがけ
　渡海紀三朗　小沢鋭仁　堂本暁子　荒井聡　三原朝彦

合意形成に向けて全力で取り組んだ。

(2)「介護保険法要綱案」の修正事項の決定

計6回の地方公聴会終了後の9月11日、与党ワーキングチームは、「地方公聴会における意見陳述を踏まえた介護保険制度に関する主要な論点」として、公聴会での意見を与党合意の「懸案事項」5項目に沿って網羅的に整理した「論点」を取りまとめた。

この「論点」は公聴会での意見をほぼ網羅したもので、対立する意見もそのまま記載していたが、与党ワーキングチームは、政府側（大蔵省・自治省・厚生省）・各関係団体と個別に調整を行いながら、5回の会合を重ねてこの「論点メモ」の意見を一つ一つ整理・集約して対処方針を確定する作業を進めた。この結果、9月17日にワーキングチーム3座長による「介護保険法要綱案に係る修正事項（案）」（3座長試案）を取りまとめ、併せて「公的介護保険制度の実施時期について（案）」についても合意した。

この「修正事項（案）」と「実施時期について（案）」は、翌18日の6者協議（3党幹事長・政調会長会議）において一部修正の上了承され、9月19日の与党責任者会議及び同会議に続いて開催された政府与党首脳連絡会議で最終決定された（347～354頁）。

与党修正の主な内容は多岐にわたるが、ポイントは市町村の財政負担・事務負担軽減のための措置と施行時期の調整（施設・在宅同時実施）であった（表Ⅲ－2、356・357頁）。

前者については、市町村が行う要介護認定事務についてその経費の2分の1を国が負担すること、財政安定化基金を法定の基金とするとともに市町村一般会計からの出捐をなくして国・都道府県・第1号保険料で3分の1ずつ負担する構成とすること、財政調整交付金は国費25％の枠内で措置しその総額は5％とするが、財政調整交付金についても定率負担部分同様に後年度精算を行うこと、財政安定化基金の設置・運営など一部の事務を都道府県の事務として市町村事務運営の支援を行うとともに保険者事務の広域化を促進すること、などが盛り込まれた。

後者については、施行時期については2段階実施ではなく、2000年4月から施設サービス・在宅サービスを同時に施行することとされた。この点は地方団体が当初から一貫して主張してきていた点であり、政府部内でも大蔵省・自治省ともに同時実施を主張していたことから、この与党修正には異論はなかった。

これに関連して、介護サービス基盤整備の充実強化、特に在宅サービスの整備を一層積極的に進めることとし、法施行までに新ゴールドプランを確実に達成することとした。

また、現金給付についても当面は行わないこととし、介護基盤整備への資金投入を優先することとしつつ、ショートステイの利用枠拡大など家族介護支援の観点からの在宅サービスの重点提供を行うこととした。

さらには、民間活力の積極活用・規制緩和の推進等を進めることとし、在宅サービスについての指定要件を公的セクター・民間事業者等で同一化すること等により、民間企業や生協・農協・ワーカーズコレクティブ等の民間事業者の在宅サービスへの参入促進を図ることが盛り込まれた。

(3) 最終的に地方団体も容認へ

山崎政調会長をはじめとする与党ワーキングチームの努力の結果、介護保険制度創設に慎重な姿勢を崩さなかった地方団体も、同じ9月19日付けで全国市長会・全国町村会連名での決議を行い、「与党修正案の中で、本会が行った介護保険制度に関する要望の趣旨――事業主体に対する財政支援方策、都道府県の役割拡大、在宅給付と施設給付の同時施行等――が概ね取り入れられた」として、介護保険制度の創設を前提に、「国は法律案作成に当たり地方自治体など関係者の意見を十分踏まえるとともに、法制定以降においても、特に下記事項についてさらなる検討を行うことを要望する」として7項目の要検討事項を示し、事実上介護保険制度の創設を容認した（３６０頁）。

介護保険制度の与党修正の内容が確定し、その修正を受け入れて地方団体が介護保険制度創設容認の姿勢を明らかにしたことから、ここに、介護保険関連法案の次期国会への提出の道が開かれることとなった。

この過程で、地方団体はもちろんのこと、公聴会に参加して意見を述べた各団体との調整を行い、最終的な合意形成に至るプロセスを主導したのは与党ワーキングチームであり、とりわけ自ら先頭に立って与党修正案を取りまとめた山崎政調会長（連立与党ワーキングチーム座長）が果たした役割は極めて大きかった。９月20日の閣議において、菅厚生大臣は「厚生省としては与党合意の内容を十分尊重し、関連法案の国会提出に向けて早急に必要な法案作業を進めていく」旨発言し、これを受けて橋本首相から関係閣僚に対し、法案作業への協力を求める旨の発言がなされた。

介護保険法要綱案に係る修正事項　1996年9月19日

自由民主党
社会民主党
新党さきがけ

与党介護保険制度の創設に関するワーキングチームにおいては、介護保険制度について、6月17日の与党合意に基づき、介護保険制度の創設にむけ、懸案事項の解決を図るべく調整・検討を重ねてきた。

特に、介護保険制度が国民各層にかかわる重要課題であることから、7月12日から9月2日にかけて、全国各地で7回の地方公聴会を開催し、市町村関係者をはじめ幅広い関係者のご意見を伺ってきたところである。

その後、これら各般の意見を集約し、与党合意に示された懸案事項ごとに論点を整理した上で、対処方策について、今日まで5回のワーキングチーム会合を開催して検討を重ね、その結果を別紙の通り「介護保険法要綱案に対する意見」として取りまとめた。

政府においては、この意見を十分踏まえて、法案の国会提出に向け早急に必要な法案作成作業を進められたい。

＊　＊　＊

（別紙）

介護保険法要綱案に対する意見

懸案事項1　安定した財政運営と円滑な事務運営の確保等

○　介護保険制度の実施主体（保険者）については、介護サービスの性格・地方分権の観点等から市町村とするが、市町村の負担を軽減し、安定した財政運営と円滑な事務運営を確保する観点から、以下の点について所要の措置を講じる。

また、介護保険事業の全般の在り方については、制度実施後の検討規定（見直し規定）を置くこととし、検討に際しては地方公共団体など関係者の意見を十分踏まえる。

1　市町村に対する財政支援の強化

○　介護保険の事務の執行に必要な経費について、国は、現行の老人福祉及び老人医療に係る事務量との増減を勘案し、新規増となる事務である要介護認定に係る軽費の1／2相当額を、法律に基づき市町村に交付する。

○　財政安定化基金を法律に基づく基金とし、都道府県に置くこととするとともに、基金造成費に対する市町村一般会計出捐を解消し、国・都道府県・第1号保険料で1／3ずつ負担する構成とする。

○　第2号被保険者に係る介護保険料の上乗せ賦課による国保財政への影響（介護保険料分を含む国保保険料収納率の低下による財政影響）について、医療保険者の負担増対策の一環として、当該影響額に対する国費による財政支援措置を講じる。

○　第1号保険料の年金からの特別徴収に係る年金保険者の事務費については、公費により措置する。
○　上記の財政支援措置を別途の国費により行い、市町村に対する財政支援を大幅に強化することから、財政調整交付金については国費25％の内枠で措置することとする。
国は、低所得者の保険料軽減に伴う財政措置・後期高齢者の加入割合の相違による要介護者発生率の相違に対する財政措置・災害等特殊事情に対する財政支援等を行うため、国費25％のうちの5％を財政調整交付金として市町村に交付する。
○　財政調整交付金の総額（枠）については、後年度において精算を行う。
なお、調整交付金制度の想定を超える著しく異常かつ激甚な非常災害が発生した場合には、財政調整交付金とは別に支援措置を講じる。
○　市町村及び都道府県の公費負担に対しては、適切な地域財政措置を講じる。

2　市町村の事務負担の軽減と都道府県の役割の拡大
○　介護保険制度の円滑な運営を図るため、以下の事務を都道府県の事務とし、市町村の事務運営を支援するとともに、保険者事務の広域化の促進を図る。
▽財政安定化基金の設置・運営
▽要介護認定に係る審査判定業務の受託（市町村は当該事務を都道府県に委託できる旨の規定を置く）
▽保険財政の広域化の調整及びこれに伴う保険料の基準の提示
▽介護サービスの供給調整

懸案事項2　円滑な制度の施行・サービス提供基盤整備の推進等

1　家族介護の評価と支援

○　現金給付については、当面行わないこととし、介護基盤整備への資金投入を優先することとするが、家族介護に対する適切な評価と支援を行う観点から、ショートステイ利用枠の拡大等家族介護に対する在宅サービスの重点的提供を行う。

2　施行時期

○　施行時期については、平成12年度から在宅サービス及び施設サービスを同時に実施することとする。

3　介護サービス基盤整備の充実強化

○　要介護状態になってもその人らしい自立した生活を送ることができるよう要介護者とその家族を社会的に支援する、という介護保険制度の基本理念を踏まえ、できるかぎり住み慣れた地域や家庭で介護を受けることができるよう、在宅重視の考え方を基本に介護サービス基盤の整備充実を進める。

特に、施設サービス・在宅サービスを同時実施することによって、施設へのニーズ集中による混乱が生じることへの懸念もあることから、法施行までの間における在宅サービスの整備を一層積極的に推進する。

このような観点から、

▽法施行までの間において、新ゴールドプランを確実に達成することとする。
　併せて療養型病床群等の計画的整備を進めるとともに、在宅サービスを中心に、既存施策の拡充・既存資源の活用（公立学校用地・施設の転用等）・民間活力の積極的導入等多様な手法を活用して、マンパワー対策を含めたサービス基盤の整備を積極的に推進する。特に大都市部・整備後進地域については、小規模特別養護老人ホームの整備促進等基盤整備を重点的に支援し、地域間格差の是正を図る。
▽法施行後は、介護保険法に基づく「市町村介護保険事業計画」（市町村）・「都道府県介護保険事業支援計画」（都道府県）・「基本指針」（国）の策定を通じて、新たな介護サービス整備目標を策定して介護サービス基盤の計画的整備を進める。
○　地域の実情に応じて、小規模サービス（小規模特別養護老人ホーム・ミニデイサービス等）についても保険の給付対象とすることができるよう必要な措置を講じる。

4　低所得者対策等
○　災害時の保険料・一部負担の減免措置、特別養護老人ホームの既入所者に係る一部負担金の経過措置など、負担能力のない者に対しては実態に即したきめ細かい対策を講じる。

5　医療との連携・整合性の確保
○　医療と介護の連携・整合性を確保する観点から、法律の目的規定に「医療」が含まれるものであることを明確にする。
○　老人保健施設、療養型病床群については、介護保険法上も医療提供施設としての性格が明確となるような名称に改める。

○　療養型病床群の介護保険法上の取り扱いについては、長期の療養にふさわしいサービスの提供を基本としつつ、医療現場において支障が生じることのないよう、運営基準等において必要な配慮を行う。

○　一般病院や有床診療所の療養型病床群への転換促進など高齢者の介護と医療体系の合理化・効率化（いわゆる社会的入院の解消等）に関する総合的かつ具体的な方策を明らかにし、速やかに実施に移す。

6　情報公開等

○　サービス利用に関する利用者の意見が的確に反映されるよう、苦情処理のためのシステム（オンブズマン）の整備や情報公開を進める。

○　介護関連情報システムの整備・統合や介護支援センターのネットワーク作りの推進を図る。

7　給付と負担の在り方等に関する見直しの実施

○　介護保険制度における給付と負担の在り方に関しては、制度実施後の諸状況を踏まえ、被保険者の範囲、給付の内容・水準その他制度全般について検討を加え、その結果に基づいて所要の見直しを行うこととする。

また、要介護認定の基準のあり方などサービス利用に係る体制についても、必要に応じて継続的な見直しを行う。

懸案事項3　民間活力の積極活用・規制緩和の推進等

○　民間活力の積極的な利用を推進し、在宅サービス基盤の充実とサービスの質の向上・効率化を促進していくため、
①利用者による選択の自由の確保
②在宅サービス分野における民間事業者の積極的評価と参入の促進（供給主体の多様化による競争原理の導入）
③公民サービスの組合せの自由化
を基本として、以下のような措置を講じる。
▽在宅サービス事業者の指定要件を民間事業者・第三セクターと従来の公的セクターとで同一化（ホームヘルプサービス、デイサービス、ショートステイ等）
▽地域の住民参加型非営利組織も積極的に活躍できるような柔軟な基準の策定
▽中山間地域におけるサービス提供主体として、農協を積極的に活用
▽政策融資の拡充等による民間事業者の参入支援策の強化
○　上記の措置を講じることにより、在宅サービスについて、民間企業や農協・生協・ＷＣ（ワーカーズコレクティブ）等民間非営利組織が広くケアプラン策定機関・サービス提供機関として介護サービスへ参入できるようにする。

懸案事項４　社会保障構造改革ビジョン・医療制度改革等
○　社会保障の構造改革については、以下のような点を基本として早急に見直しの方向を取りまとめ、医療・年金・福祉を通じた制度横断的な再編成等により、サービスの質の確保・向上を図りつつ社会保障

給付全体の効率化を図るなど改革の着実な推進を図る。
▽国民負担率の抑制と国民経済との調和を図りつつ国民の多様な社会保障ニーズに適切に対応できる効率的な社会保障制度の確立
▽個人の自立を支援する利用者本位のシステムへの転換
▽公私の適切な役割分担と民間活力の導入の促進によるサービス供給主体の多様化
○ 医療制度改革については、上記社会保障構造改革の一環として、介護保険制度との整合性をはかりつつ、平成9年度の予算編成に向けて今後の改革案の取りまとめを行う。
その際は、療養型病床群への転換促進など高齢者の介護と医療体系の合理化・効率化に関する総合的かつ具体的な方策を明らかにし、速やかに実施に移すなどの諸改革についても併せて取り組む。
懸案事項5　国民の理解・周知徹底等
○ 制度創設に当たっては、引き続き制度の趣旨・内容について広く国民に情報提供し、国民の理解と協力が得られるよう努力する。
○ 社会全体で要介護者とその家族を支えるという意識（介護マインド）を醸成することが重要であり、公的機関を含む様々な地域資源を活用した介護知識・技能の普及、介護を社会的に支援することの必要性やボランティア教育の充実など介護問題に関する教育の在り方についても検討を行う。
○ 政省令など制度の細目を決定するに際しては、地方公共団体など関係者の意見を十分踏まえ、内容を定める。

介護保険法要綱案		与党「介護保険法要綱案に係る修正事項」
第七　費用等 一　費用の負担	1　国は、市町村に対し、介護給付及び予防給付に要する費用の額の１００分の２０に相当する額を負担すること。 2　国は、介護保険の財政を調整するため、市町村に対し、介護給付及び予防給付に要する費用の額の見込額の総額の１００分の５に相当する額の調整交付金を交付すること。	懸案事項1　安定した財政運営と円滑な事務運営の確保等 1　市町村に対する財政支援の強化 ○　新規増となる要介護認定事務に係る事務費の１／２相当額を法律に基づき、国が市町村に交付 ○　調整交付金の総額（枠）については、後年度において清算 ○　財政安定化基金を法律に基づく基金とし、都道府県に設置。基金造成費に係る市町村一般会計出損を解消し、国・都道府県・第１号保険料で１／３ずつ負担
第十　国民健康保険団体連合会	一　国民健康保険団体連合会（以下「連合会」という。）は、介護保険事業を行う市町村が共同して目的を達成するため、次に掲げる業務を行うこと。 1　市町村から委託を受けて行う要介護認定等に関する審査判定業務 2　市町村から委託を受けて行う居宅介護サービス費等の請求に関する審査及び支払い 3　一または二以上の市町村の求めに応じて行う保険料率の算定に関する基準提示 4　指定居宅サービス事業者、介護施設等に対する必要な指導及び助言等 二　連合会は、介護保険の財政の安定に資するため、市町村からの拠出金等を財源として、市町村に対する必要な交付金の交付とその他の援助を行うものとすること。	懸案事項1　安定した財政運営と円滑な事務運営の確保等 2　市町村の事務負担の軽減と都道府県の役割の拡大 ○　以下の事務を都道府県の事務とし、市町村の事務運営を支援し、保険者事務の広域化を促進 ：財政安定化基金の設置・運営 ：要介護認定の審査判定業務の受託（介護保険法に市町村の委託規定を置く） ：保険財政の広域化の調整及びこれに伴う保険料基準の提示 ※1　一の1、3等を行う特別な法人は設置はしない。 ※2　介護保険制度における都道府県の役割の強化に伴い、国民健康保険団体連合会の介護保険関係業務について整理する。
第十一　介護認定審査委員会	市町村から委託を受けて審査判定業務を行うため、連合会に、介護認定委員会を置くこと。	

表Ⅲ－２　介護保険法要綱案と与党ワーキングチームによる修正（対比表）
（厚生省作成資料）

介護保険法要綱案		与党「介護保険法要綱案に係る修正事項」
第一　総則 一　目的等	1　加齢に伴って生ずる心身の変化に起因する疾病等により介護を要する者等がその有する能力に応じ自立した日常生活を営むことができるよう必要な保健医療サービス及び福祉サービスに係る給付を行い、国民の保健医療の向上及び福祉の増進を図ることを目的とすること。	懸案事項２　円滑な制度の施行・サービス提供基盤整備の推進等 5　医療との連携・整合性の確保 ○　医療と介護の連携・整合性の観点から、法律の目的規定に「医療」が含まれることを明確化
五　用語の定義	6　介護施設サービス 7　生活介護施設 8　保健介護施設 9　療養介護施設	懸案事項２　円滑な制度の施行・サービス提供基盤整備の推進等 5　医療との連携・整合性の確保 ○　老人保健施設、療養型病床群については、介護保険法上も医療提供施設としての性格が明確となるような名称に改める （※サービスの名称等についても、施設の名称変更に伴い、変更）
第四　保険給付 二　市町村の認定	（1）介護給付を受けようとする被保険者は、要介護者に該当することについて、市町村の認定（要介護認定）を受けなければならないこと。 （2）予防給付を受けようとする被保険者は、要支援者に該当することについて、市町村の認定（要支援認定）を受けなければならないこと。	懸案事項２　円滑な制度の施行・サービス提供基盤整備の推進等 2　市町村の事務負担の軽減と都道府県の役割の拡大 ○　以下の事務を都道府県の事務とし、市町村の事務運営を支援し、保険者事務の広域化を促進 ：要介護認定の審査判定業務の受託 （介護保険法に市町村の委託規定を置く）

公的介護保険制度の実施時期について

平成8年9月19日
与党介護保険制度の創設に関するワーキングチーム
自由民主党座長　山崎拓
社会民主党座長　伊藤茂
新党さきがけ座長　渡海紀三朗

一、与党介護保険制度の創設に関するワーキングチームで合意した在宅・施設両介護サービスの同時実施を前提とした場合、十三年度に予定されている施設サービスを十一年度に前倒し実施することは困難である。

二、一方、十三年度実施とすると、早期実施を望む国民の声に応えられないし、また、現行の新ゴールドプランは十一年度で終了することになっており、終了後の一年間をどうするかという問題がある。

三、以上を踏まえると、十二年度から実施し、直ちに介護保険法に基づく新しい計画を策定してサービス基盤の計画的整備を進めることが適当と考える。

四、なお、いわゆる「スーパーゴールドプラン」に関しては、介護のみならず本格的な高齢社会における高齢者医療福祉対策万般にわたるものとして策定されるべきものと考えており、前記の介護保険法に基づいて策定される基盤整備計画はその重要な柱の一つとなるものと考えている。

介護保険制度に関する決議

平成8年9月19日
全国市長会
全国町村会

現下の最大の懸案事項となっている介護保険制度の創設については、政府並びに与党において、地方自治体の意見を踏まえつつ鋭意調整作業が進められるとともに、国民健康保険制度と同様の財政負担が生じない仕組みを構築すべく、公聴会の開催等を通じて弛まぬ検討が重ねられてきたところである。

今般、与党修正案が提示され、その中に本会が先に行った「介護保険制度に関する要望」の趣旨―事業主体に対する財政支援方策、都道府県の役割の拡大、在宅給付の同時施行等―が概ね採り入れられたが、新制度をより安定的なものとして築き上げていくためには、なお検討を要する点が少なくない。

よって、国は、法律案を作成するにあたり、地方自治体など関係者の意見を十分踏まえるとともに、法律制定以降においても、特に下記事項について、さらなる検討を加えるよう要望する。

また、介護保険制度の導入にあたっては、それが国民健康保険をはじめとする医療保険改革の一環をなすものと位置づけられており、老人医療費の抑制や社会的入院の解消等を推し進める上で、重要な役割を担うものであることから、社会保障制度の構造改革や国民負担率の在り方の問題をも考慮の上、新制度に先行して医療保険制度の抜本的改革に向けた具体的方策を早急に明らかにすることが肝要であることを改めて指摘しておきたい。

なお、この介護保険制度に対する国民の理解は、現時点で必ずしも十分とは言えないため、引き続き、広く国民の理解と協力を得るための啓発活動等を展開するよう併せて要望する。

1　保険料給付費等の変動に伴い、次期保険料が設定される仕組みとなっているが、保険料の適切な水準が確保され得るかどうかを恒常的に検証すること。

2　国は、25％の定率負担を行い、そのうちの5％相当により財政調整措置を講じることとされているが、この措置が適切かつ十分に機能するかどうかを検証すること。

3　現金給付を含め、家族介護の支援方策について、さらに検討を行うこと。

4　介護サービス基盤のさらなる充実を図るとともに、特に、施設整備については、超過負担が生じることのないよう配慮すること。

5　良好な介護サービスの提供が可能となり、かつ、地域特性が反映されるよう、保険点数の設定など保険設計について十分に配慮すること。

6　要介護認定に関する審査判定及び保険給付に関する処分への不服審査請求の事務処理が、円滑に行えるよう万全の体制をとること。

7　制度発足後一定期間を経過した時点において、市町村等の意見を聞き、必要な見直しを図ること。

6 衆院選・自社さ3党政策合意と介護保険法案の国会提出

１９９６年10月～11月

(1) 政権の枠組みの変化と自社さ3党政策合意

介護保険法要綱案への与党修正が取りまとめられてから約１週間後、１９９６年９月27日に第１３７回臨時国会が召集され、冒頭で衆議院が解散された。

１９９４年６月の自民・社民・さきがけの３党連立による村山内閣発足後、政局は「政界再編」含みの不安定な状態が続き、多くの政党、政治グループが結成されては解体していく離合集散が繰り返された。

旧連立与党では新生党メンバーを中心に新進党が結成され、１９９５年の参議院選挙で40議席を獲得していたが、その後党内対立が激化して離党者が相次いだ。他方、自社さ連立政権内部でも社民・さきがけ新党構想が頓挫する中で、新たな第三極を目指す動きなどもあり、与野党それぞれに内部対立を抱え分裂含みの不透明な状況が続いていた。

衆議院解散の翌日である9月28日、社民党・さきがけから52名の議員が参加し、菅直人・鳩山由紀夫両衆議院議員を共同代表とする民主党（旧民主党）が結成され、社民党に残った議員は土井たか子を新党首に選出して総選挙に臨んだ。

民主党の結党により、総選挙後の連立政権は新たな段階に入ることとなった。総選挙は10月20日、初めての小選挙区比例代表並立制のもとで行われた。総議席数11名減の５００議席（小選挙区３００、比例区２００）で争われた選挙の結果、自民党は28議席増の２３９議席を獲得したが、社民党は改選前の30議席を大きく下回る15議席にとどまり、さきがけも９議席から２議席へと後退した。野党第一党の新進党も１５６議席にとどまって改選前の１６０議席を４議席減らす結果となり[25]、民主党は改選前と同じ52議席を獲得した。

この総選挙後、自民党は社民・さきがけとの連立を解消して単独で政権を担うこととなり、第１３８回特別国会召集に先立つ10月31日、自社さ３党は連立解消・閣外協力を前提に新たな「３党政策合意」を交わした。

(25) 新進党は総選挙後も党内対立が続き、１９９６年12月には羽田孜前党首ら13名が離党して太陽党を結成、１９９７年に入ってからも６月に細川護煕元首相が離党するなど離党者が相次いだ。最終的に新進党は１９９７年12月に解党し、自由党（54名（衆院42名、参院12名））、新党友愛（23名）、新党平和（37名）、国民の声（18名）など６グループに分裂した。

小沢一郎議員率いる自由党は、1999年1月、前年7月の参議院選挙に敗北した自民党との連立の道を歩むこととなった。

3党政策協議について（抄）1996年10月31日

3党連立政権は、「連立政治第1期」と位置づけられる、極めて貴重な2年余の間に、55年体制下ではなし得なかった多くのことを成し遂げた。これらの事柄は、自由民主党単独政権下では全く違う結果がもたらされたであろうことを考えるならば、いずれ歴史的に大きな評価を得るものと確信する。同時に連立政権は新たな創造的発展の時期に入ったと考える。

以上の認識を踏まえ、総選挙後の新たな連立政権の枠組みを展望し、以下の通り合意を得た。

〈1〉懸案合意事項4項目について

1．介護保険制度について

○ 介護保険制度については、3党において選挙前に取りまとめた内容で次期臨時国会に法案を提出し、成立を期す。

（以下略）

この政策合意は、2年間の自社さ連立政権の総括ともいうべきものであった。

政策合意の冒頭には、「3党連立政権は、（略）55年体制下ではなし得なかった多くのことを成し遂げた。これらの事柄は、（略）いずれ歴史的に大きな評価を得るものと確信する」との記述があり、続いて「総選挙後の新たな連立政権の枠組みを展望し、以下の通り合意を得た」として「懸案合意事項4項目」が示されていた。

この「懸案合意事項」の第1は介護保険制度であり、「介護保険制度については、3党において選挙前に取りまとめた内容で次期臨時国会に法案を提出し、成立を期す」と明記されていた。

この政策合意でも述べられているように、介護保険制度創設は、自社さ連立政権が成し遂げた大きな成果の一つであった。

11月7日、第138回特別国会が召集され、同日首班指名が行われて第2次橋本内閣が発足した。自民党は単独で組閣を行い、厚生大臣には小泉純一郎が二度目の大臣として任命された。社民党とさきがけは閣外協力に転じ、ここに自社さ連立政権は正式に幕を閉じることとなった。

(2) 介護保険法案の国会提出

第2次橋本内閣の下、臨時国会は11月29日に召集されることとなった。

9月19日の与党合意成立後、厚生省は法案の国会提出に向け、与党合意に沿って介護保険関連3法案（介護保険法案・介護保険法施行法案・医療法の一部を改正する法律案、以下「介護保険法案」または単に「法案」という）の修正作業を鋭意進めていた（表Ⅲ－3、368・369頁）。

ところが、臨時国会開会を目前に控え、法案の与党審査が行われようとしていた矢先の11月17日、「彩福祉グループ事件」が明るみに出た。この事件は特養の整備補助金をめぐる厚生省現職事務次官と社会福祉法人理事長の贈収賄事件であり、新聞・テレビでも事件が大きく報道されたことから、介護保険法案の与党審査にも影響が出ることが心配された。実際、与党内部からは、総務会を中心に、事務方トップである事務次官が不祥事を引き起こした厚生省の、しかも事件に深く関係する高齢者介護分野の重要法案である介護保険法案の国会提出は容認できない、とする声が上がった。

この事態に対して、小泉厚生大臣は事件発覚翌々日の19日に事務次官を辞任させて後任次官の任命を行うとともに、後任次官の任命に際して厚生省全職員に対して直接訓示を行うなど組織の動揺を最小限に抑えて早期の事態収拾に努めた。この小泉厚生大臣による事案処理が功を奏し、介護保険法案は、11月25日の与党政策調整会議では持ち越しとされたが、27日の小泉厚生大臣と与党3党政策責任者とのトップ会談を経て、翌28日の与党政策調整会議で無事了承を得、同日閣議決定された。

なお、本章の最後に、市町村に対する支援策の全体像（資料Ⅲ－7、370・371頁）及び1996年4月22日の老健審最終報告から制度試案、修正試案、制度案大綱、そして9月19日の与党合意による修正までに至る過程での介護保険制度案の主要事項についての内容の変遷（表Ⅲ－4、372・373頁）を付しておく。

与党合意（介護保険法案要綱案に関する修正事項）	法案要綱の修正点
4　医療との連携・整合性の確保 ○医療との連携の確保等の観点から、目的規定に医療が含まれることを明確にするとともに、老人保健施設、療養型病床群については、介護保険法上も医療提供としての性格が明確となるような名称に改める。	（目的） ○加齢に伴って生ずる心身の変化に起因する疾病等により要介護状態となり入浴、排せつ、食事等の介護、機能訓練、看護及び療養上の管理その他の医療等を要する者等がその有する能力に応じ、自立した日常生活を営むことができるよう必要な保健医療サービス及び福祉サービスに係る給付を行い、国民の保健医療の向上及び福祉の増進を図ることを目的とする。 ○「保健介護施設」→「介護老人保健施設」 「療養介護施設」→「介護療養型医療施設」 「生活介護施設」→「介護老人福祉施設」
○療養型病床群については、長期療養にふさわしいサービスの提供を基本としつつ、医療現場で支障を生じないよう配慮。	［運営基準等において対応］
懸案事項3　民間活力の積極的活用、規制緩和の推進等	
○利用者の選択の自由の確保、在宅分野への民間事業者の参入促進、公民サービスの組み合わせの自由化等を基本に柔軟な制度とする	［居宅サービス事業者の指定基準（省令）等の設定に当たって、非営利も含め、民間事業者の参入促進の観点に立って対応］
懸案事項4　社会保障構造改革ビジョン及び医療制度改革等	
1　社会保障構造改革 ○早急に見直しの方向を取りまとめ、医療・年金・福祉を通じた制度横断的な再編成等により、社会保障給付全体の効率化等の改革を実施。	［社会保障関係審議会会長会議の検討を踏まえて対応］
2　医療制度改革 ○社会保障構造改革の一環として、平成9年度の予算編成に向けて改革案の取りまとめを行う。その際、高齢者の介護と医療体系の合理化・効率化（いわゆる社会的入院の解消等）に関する方策を明らかにし実施。	［医療保険審議会等の検討を踏まえて対応］
懸案事項5　国民の理解・周知徹底等	
○引き続き、制度の趣旨・内容について国民に広く情報提供 ○社会全体で介護マインドを醸成。	［法成立後、制度の施行に向けて、積極的に対応］

表Ⅲ－3　与党合意に基づく法案要綱の修正点　（厚生省作成資料）

与党合意（介護保険法要綱案に関する修正事項）	法案要綱の修正点
懸案事項1　市町村の安定した財政運営と円滑な事務運営の確保	
1　検討規定 介護保険事業全体の在り方について、制度実施後の検討規定（見直し規定）を置くこととし、検討に際しては地方公共団体などの関係者の意見を十分踏まえる。	（附則の検討規定に追加） ○政府は、法律の施行後の検討をするに当たって、地方公共団体等からの意見の提出があったときは、当該意見を十分に考慮しなければならない。
2　市町村に対する財政支援の強化 ○要介護認定の経費の1／2を法律に基づき交付	○国は、市町村に対し、要介護認定又は要支援認定に係る事務費の1／2を法律に基づき交付する。
○財政安定化基金を法律に基づく基金とし、都道府県に置くとともに、市町村の一般会計からの出損を解消し、国・都道府県・高齢者の保険料で1／3ずつ負担する。 ○40歳から64歳までの被保険者に係る介護保険料の上乗せが国保財政に与える影響についての財政支援措置	○都道府県に財政安定化基金を設け、市町村の介護保険財政に附則が生じた場合等に資金の交付又は貸付を行う。 財源は、国、都道府県、市町村（保険料）が1／3ずつ負担する。
3　市町村の事務負担の軽減と都道府県の役割の強化 次の事務を都道府県の事務とし、保険者事務の広域化を推進。 ○財政安定化基金の設置・運営 ○要介護認定に係る審査判定業務の受託（市町村は当該事務を都道府県に委託できる旨の規定を置く）	○都道府県は、要介護認定について、福祉事務所等による技術的事項の協力ができるとともに、市町村の委託を受けて審査判定を行う都道府県に介護認定審査会を置く。 （市町村相互財政安定化事業）
○保険財政の広域化に関する調整やこれに基づく保険料基準の提示	○市町村は、介護保険財政の安定化を図るため、他の市町村と共同で議会の議決を経て協議により規約を定め、一定の保険料率により、財政調整の事業を行うことができる。 ○都道府県は市町村の求めに応じ市町村相互財政安定化事業に係る必要な調整等を行う。
懸案事項2　円滑な制度の施行・サービス提供基盤整備の推進等	
1　現金給付 ○当面、行わず、ショートステイの利用枠の拡大などで家族介護を支援。	［告示において、利用枠の拡大等について対応］
2　施行時期 ○平成12年度から在宅・施設の同時実施。	○12年4月1日から同時に施行する。
3　介護サービス基盤整備の充実強化 ○同時実施を踏まえ、施設へのニーズの集中を避けるため、法施行までに在宅サービスの整備を積極的に推進。 ○法施行までは、新ゴールドプランを確実に達成。既存施策の拡充等の多様な手法の活用、整備後進地域における小規模特養の整備推進等。 ○法施行後の介護保険事業計画等に基づく介護サービス基盤の計画的な整備。	［法成立後、必要な調査等を地方公共団体に指示］

○保険料財政の広域化と都道府県の調整

▶都道府県は、市町村の求めに応じて、保険財政の広域化に係る調整を行うとともに、保険財政を広域化した市町村に係る保険料基準の提示等を行う。

○事務費の交付

▶要介護認定等に係る事務経費の1／2相当額を国が交付。

【事務実施面における支援措置】

○全国一律の要介護認定基準を設定

▶国は、市町村が使いやすい、全国一律の要介護認定基準を設定。

○要介護認定の審査判定事務に係る支援

▶市町村は、審査判定を行う審査会を共同して設置することが可能。

▶都道府県は、市町村の審査会の共同設置を支援するとともに、市町村の委託を受けて審査判定事務を行う。

○国保連の介護保険関係業務

▶介護サービス提供機関からの請求について、報酬の審査・支払事務等を実施。

○保険料の年金からの特別徴収（天引き）

▶第一号被保険者（65歳～）の保険料について、一定額以上の年金から特別徴収（天引き）を実施。市町村の徴収及び被保険者の納付の両面において、合理化、利便に配慮。

▶これにより、市町村が直接に徴収しなければならない保険料は、全体の給付費の約5％程度にとどまる。

資料Ⅲ－7　市町村支援策全体像　(厚生省作成資料)

【財政面における支援措置】

○公費と医療保険者の納付金により給付費の８割をカバー

▶給付費の８割は、公費（全体の５割＝国１／２、都道府県１／４、市町村１／４）と、医療保険者の納付金（全体の３割＝第二号被保険者（現役40～64歳）の保険料）によって、完全にカバー

○調整交付金（国庫）と医療保険者の納付金により市町村間格差を解消

▶国費により財政調整を行い、高齢者の保険料負担の不合理な格差を解消。

①要介護状態になりやすい後期高齢者の加入割合の相違による格差

②高齢者の負担能力（所得水準）の相違による格差

③災害時の保険料減免等の特殊な場合

▶第二号被保険者（現役）の保険料を全国でプールし、各市町村の介護給付費に応じて交付。

＝高齢化率の高い市町村を支援。

○中期的財政運営の導入

▶第一号保険料は、中期的（３年間）な見通しに基づいて設定。

＝安定的な保険料設定が可能となる。

保険料の改定環境も整備（３年に一度、全国の市町村で一斉に改定）。

○財政安定化基金の設置（第一号被保険者の保険料未納対策）

▶都道府県に財政安定化基金を設置し、市町村保険財政の赤字をカバー

＝見通しを上回って生じた給付費の増や、通常の徴収努力にかかわらず生じた保険料未納による赤字に対して、資金を交付・貸与。

▶基金の原資は、国・都道府県・市町村（第一号保険料）が１／３ずつ負担。

○第二号被保険者の保険料未納対策

▶介護保険料の上乗せ徴収（介護保険料＋国保保険料）による収納率の低下に伴う財政影響分について、国費による支援措置を実施。

介護保険制度修正試案（96.5.30）	介護保険制度案大綱（96.6.6）	与党合意による修正事項（96.9.19）
市町村・特別区とし都道府県ごとに介護保険者連合会を設置し事業主体を支援	市町村・特別区とし都道府県ごとの連合組織（連合会）が事業主体を支援	市町村・特別区とし国保連が事業主体を支援、財政安定化基金の設置、認定審査事務の受託等による都道府県の役割の増大と市町村支援の強化
40歳以上を被保険者 65歳以上＝ 第1号被保険者 40～64歳＝ 第2号被保険者	同左	同左
1号＝所得段階別定額、3年ごとに定める、年金からの特別徴収 2号＝医療保険者が医療保険料と一体的に徴収	同左	同左
同左	同左	同左
介護給付費の1/2 国と地方は各1/4を負担	介護給付費の1/2 国は1/4、都道府県及び市町村は各1/8を負担	同左。市町村認定事務費の1/2を国が市町村に交付
同左	同左 労使負担割合は折半、健保組合は規約で定める	同左
保健福祉事業として家族支援事業を実施し、現金給付は当面行わない	同左	現金給付は当面行わないが、ショートステイ利用枠の拡大等の支援策の実施
同左	同左	12年度から在宅・施設サービス同時実施

表Ⅲ－4　介護保険制度案主要事項の内容の変遷　　(厚生省作成資料)

	老人保健福祉審議会最終報告（96.4.22）	介護保険制度試案（96.5.14）
事業主体	給付主体＝市町村 財政主体＝市町村あるいは国等	市町村・特別区
被保険者	65歳以上を被保険者 若年者も費用負担 (若年者は特例的な給付) 20歳以上あるいは40歳以上を被保険者とする案 年金方式の案	40歳以上を被保険者 65歳以上＝ 第1種被保険者 40～64歳＝ 第2種被保険者
保険料	地域ごとの設定、全国一律という案 応益保険料と応能保険料の組み合わせ	1種＝市町村のサービス水準に応じた保険料額、年金からの特別徴収を検討 2種＝医療保険者が医療保険料と一体的に徴収
利用者負担	定率（1割のほかに2割等の意見）	介護給付費の1割 食費等は利用者負担
公費負担	介護給付費の1/2が多数。 総介護費用の1/2の意見	介護給付費の1/2
事業主負担	医療保険料と同様の負担、企業内福利として労使協議にゆだねる、事業主負担法定化を決定	医療保険料と同様 (被用者保険には事業主負担、国保には国庫負担)
家族介護の評価	現金支給に消極的な意見と積極的な意見を併記	現金給付は原則として当面行わない
実施時期	円滑かつ早期実施 段階的施行も検討	在宅サービスは11年4月、施設サービスは13年目途 ＊2段階案（当初月500円）

Ⅳ章

1996年11月〜1997年12月

3会期にまたがった国会審議

1 衆議院における審議

1996年12月〜1997年5月

(1) 第140回通常国会における衆議院審議

介護保険法案は、第139回臨時国会の召集日である1996年11月29日に国会に提出され、12月13日に衆議院本会議において法案の趣旨説明、17日に厚生労働委員会で提案理由説明が行われた。この臨時国会は会期が20日と短いものであったことから継続審議となり、本格的な法案審議は、翌1997年1月に召集された第140回通常国会で行われることとなった。

第140回通常国会では、2月21日から5月21日まで、途中で「健康保険法等の一部を改正する法案」（以下「健保法改正法案」という）の審議による中断をはさんで、計7回約36時間の委員会質疑、委員会における法案審議としては異例の議員間討論、4回の地方公聴会と参考人意見聴取を含めると、合計54時間半の審議が行われた。

審議の過程で、３月28日に衆議院厚生委員会で委員会所属の議員によるフリーディスカッション（議員間討論）が行われたが、これは当時進められていた国会改革の一環として行われた取り組みで、政府（大臣・政府参考人）に対する質疑ではなく、委員会に所属する各会派の国会議員同士が議題となっている法案について意見を述べ合い討論を行うものであり、ここで各政党の介護保険法案に対する考え方が示された。

当時の最大野党であった新進党は、介護保障は社会保険料ではなく租税財源で賄われるべき、目的規定から加齢疾病条項（「加齢に伴って生じる心身の変化に起因する疾病等」による）を削除すべき、などと主張した。新進党はその前身である新生党時代から高齢者医療・基礎年金など高齢者に係る社会保障は租税財源で賄うべきであるとの主張を掲げており、介護についても同様に税方式による制度設計を主張した。

他方、民主党は、加齢疾病条項の削除、介護保険事業計画策定に際しての被保険者の意見反映についての責務規定（いわゆる「市民参加条項」）の追加、制度全般の見直しに係る時期（見直し規定の期限）を法施行後3年を目途とする、などの修正要求を行った。この「市民参加条項」は、Ⅴ章で紹介する「介護の社会化を進める一万人市民委員会」が掲げた「3つの修正・5つの提案」のうち最も重要とされた修正要求であり、民主党の修正要求は基本的に一万人市民委員会の提言を踏まえたものであった。民主党の主要所属議員は旧社民党・さきがけ所属議員であり、自社さ政権の下で介護保険制度創設に関与したメンバーが多く参加していたことから、民主党は基本的に制度創設賛成であり、修正要求も法案賛成の立場からのものであって、新進党のそれとは基本的立場を異にしていた。

(2) 健保法改正法案が先行審議へ

第１４０回通常国会には、介護保険法案とともに健保法改正法案が提出されていた。健保法改正法案は介護保険法案と並ぶこの国会における政府の最重要法案であり、衆議院厚生委員会では、４月４日の参考人意見聴取の後、介護保険法案の審議をいったん中断して健保法改正法案の審議が行われていた。

健保法改正法案の委員会審議は４月８日に開始されたが、同法案の取り扱いをめぐって、４月15日、与党医療保険制度改革協議会（座長・丹羽雄哉元厚生大臣）に民主党が参加した「医療保険制度改革協議会」が開催され、自民・民主両党間で以下のような合意がなされた。

① 両党は、介護保険法案及び健保法改正法案に合意が得られれば、所要の修正を行い今国会において成

立を図るものとする。
② 今次の健保法改正は、医療制度及び医療保険制度の抜本的改革に向けた第一歩としての措置であることを確認する。
③ 前項の抜本的改革の実現のため、民主党は今後、自社さ３党の医療保険制度改革協議会にメンバーとして参加し、同協議会の結論をもとに、平成９年中のできるだけ早い時期に成案を得るものとする。

民主党は、野党ではあったが基本的に介護保険制度創設推進の立場であり、この「３プラス１（自社さ＋民主）」の枠組みの中で、介護保険法案の修正内容についても自民党との間で調整に入った。

しかしながら、健保法改正法案をめぐる自民党と民主党との調整は不調に終わり、最終的に民主党が反対にまわることとなったことから、この「３プラス１」の枠組みは崩れ、いったん進みかけた自民・民主間での介護保険法案の修正協議も頓挫し、法案修正をめぐる議論の枠組みは与党（＋社民・さきがけ）対新進党・民主党という与野党対立の構図の中で進むこととなった。とはいえ、介護保険法案に対する新進党と民主党の基本スタンスの違いは極めて大きく、また新進党の党内対立の激化といった政治情勢もあり、介護保険法案について両党が共同歩調を取ることはなかった。

健保法改正法案の委員会採決は5月7日に行われ、介護保険法案の委員会審議は5月14日に再開されることとなった。再開に先立つ5月12日、委員会での採決に向けて与党と各政党との修正協議が開始され、14日の理事会に新進党・民主党・共産党・21世紀（衆院院内会派）からそれぞれ修正案が提示された。

(3) 出揃った各政党の修正案

各政党の修正案は次のようなものであった。

【民主党の修正案】

① 加齢疾病条項を削除すること

② 介護保険事業計画への被保険者の意見反映に関しての責務規定を創設すること
市町村は、被保険者の権利を保障するため、介護保険事業計画策定への被保険者の参加、保険料決定への被保険者の意見反映、苦情の処理、苦情処理に係る事業者指導、事業者情報の開示・提供などについて包括的に必要な措置を講じるよう努める旨の規定を創設する

③ 付則第2条（検討規定）に期間の定めを設けること
「この法律の施行後3年を目途として」を追加する

④　施行法第１条の経過措置の期間を明示すること
「５年を経過した日以後の日」を「○年以内」または「○年を目途に」と改める

【新進党の修正案】

①　介護保障制度に要する費用は社会保険料ではなく全額公費で賄う制度を構築すること
あるいは、社会保険料であっても強制徴収であり公租公課であることからその料率等徴税に関わる基本的事項を法律に明記すること

②　全ての要介護者を対象とする「介護保障制度」の創設が望ましい。従って法第１条の目的規定から加齢疾病条項を削除すること
併せて、65歳未満の障害者については、障害者プランを拡充し介護施策を充実するとともに早急に制度の対象となるよう努めること

③　市町村ごとに住民も参加する「介護事業評価委員会（仮称）」を設置すること

④　介護施設の療養環境向上に努めること。療養型病床群の施設基準の引き上げを行うとともに介護力強化病院にかかる経過措置を認めないこととすること

⑤　施行法第１条の給付制限にかかる経過措置について時限を明記すること

⑥　制度全般の見直しについて時期を明示すること

【共産党の修正案】

①　法第５条に定める「国の責務」について、希望する全ての要介護者が介護給付を受けられるよう国の責任で体制を整備しなければならない旨を規定するとともに、施設整備費にかかる国庫補助を増額すること

② 住民税非課税世帯の高齢者・低所得者からは保険料を徴収しないこととすること

保険料を徴収しない高齢者・低所得者等にかかる施設入所・在宅サービスについては老人福祉法に基づく措置で対応することとし、保険と措置の組み合わせによる制度とすること

③ 措置制度に基づく介護サービスは保険による給付水準と同等のものとすること

④ 加齢疾病条項を削除すること

⑤ 介護手当を支給すること。介護手当と介護給付の併給を認め選択制とすること

⑥ 公費割合を55％とすること

⑦ 利用料は無料とすること

【21世紀の修正案】

① 市町村ごとに苦情処理機関を設置すること

② サービス事業者・施設事業者に情報開示を義務付け、施設規模と内容、職員構成、有資格者の人数、サービスの種類と内容、価格、苦情手続等について被保険者に情報提供すること

与党自民党は、「法案の骨格部分に関する修正を行うことは困難」とした上で野党各会派と個別折衝を行い、①市民参加条項の追加（「市町村介護保険事業計画の策定・変更に際して被保険者の意見を反映させるために必要な措置を講じることを市町村（保険者）に求める」旨の規定の追加）、②制度全般に関する検討を法施行後5年を目途として行う、の2点について法案修正に応じる旨の修正案を野党各党に示した。

この修正案は民主党・社民党・21世紀（衆院院内会派）との間で合意され、５月16日の衆議院厚生委員会に自民党・民主党・社民党・21世紀の４会派共同提案として提案され、16日、21日の両日政府案とともに委員会質疑が行われた。

(4) 修正可決――市民参加条項と５年後見直し条項の追加

委員会質疑に際しては、民主党及び社民党は確認質問を行い、介護保険法案は21日の同委員会で４会派提案の修正案による修正の上賛成多数で可決された。

衆議院厚生委員会　介護保険関連３法案に対する修正案要綱（1997年5月21日）

1．市町村は、介護保険事業計画を定め、または変更しようとするときは、あらかじめ、被保険者の意見を反映させるために必要な措置を講ずるものとすること（第117条関係）

2．介護保険制度の全般に関する検討は、この法律の施行後を目途として行われるものとすること（付則第2条関係）

3．その他所要の修正を行うこと

法案審議の過程で、本部事務局は、この法案が我が国の社会保障制度体系の大きな柱となる新たな制度を創設するものであることから、できる限り多くの政党の賛成を得て成立されることを目指し、採決ぎりぎりまで新進党と調整を進めたが、結局新進党とは「税方式の採用」という入り口論で相容れず、新進党は修正案の提出は行うことなく、採決に際して法案に反対した。新進党所属議員のうち旧公明党出身の坂口力議員と桝屋敬悟議員は、党内で介護保険法案への賛成を強く訴えたが、税方式を主張する新進党執行部の容れるところとならず、両議員は委員会採決に際して退席し、反対票を投じなかった。共産党は独自の修正案を提出し、法案にも、後述する附帯決議にも反対した。

採決の後、介護サービス基盤の充実、公平・公正な要介護認定基準の設定、低所得高齢者への配慮など16項目の附帯決議（３９２頁）が提案され、共産党を除く各党の賛成多数で可決された。

介護保険法案は翌5月22日の衆議院本会議において賛成多数で可決され、参議院に回付された。

2 参議院における審議

1997年6月～12月

(1) 第１４１回臨時国会における参議院審議

参議院では１９９７年６月13日に本会議での趣旨説明質疑及び厚生委員会での提案理由説明が行われ、17日に厚生委員会において3時間の質疑が行われたが、第１４０回通常国会は会期延長がなく会期末が翌18日であったことから、介護保険法案は参議院において継続審議となった。

参議院では閉会中も法案審査が行われ、秋田県・長野県への委員派遣とそれに基づく委員会質疑など、精力的な審議が続けられた。

同年秋に召集された第１４１回臨時国会では、10月21日から12月２日まで、計９回の委員会質疑が行われ、前国会での質疑・閉会中審査を合わせれば合計10回37時間半、地方公聴会・

参考人意見聴取等を含めて59時間半という、衆議院における審議時間を超える審議が行われた。

参議院においても、新進党は租税方式による介護保障を主張し、「介護保障法案」を対案として提出する方針を明らかにしていたが、最終的には「大綱」の提示にとどまり修正案は提出しなかった。

参議院における法案の修正協議は自民党と民主党・社民党を中心に進められ、基盤整備の確保・充実に関する規定を置くことで大筋の合意が得られることとなった。

これを踏まえ、12月2日、参議院厚生委員会において橋本首相の出席を求めて質疑が行われ、首相質問及び小泉厚生大臣に対する確認質問の後、自民党・社民党・民緑（民主党の参議院院内会派）・太陽党の与野党4会派共同提案による修正案の提案が行われ、「介護保険事業の運営が健全かつ円滑に行われるよう国が講ずべき必要な各般の措置として、保健医療サービスおよび福祉サービス提供体制の確保に関する施策を明記する」旨の条文修正が行われることとなった。

参議院厚生委員会　介護保険関連３法案に対する修正案要綱（1997年12月2日）

介護保険事業の運営が健全かつ円滑に行われるよう国が講ずべき必要な各般の措置として、保健医療サービスおよび福祉サービス提供体制の確保に関する施策を明記すること。（第５条関係）

同日、介護保険法案は参議院厚生委員会で自民党・社民党・民緑・太陽党の賛成多数で修正可決され、19項目の附帯決議が付された（３９２頁）。

(2)　法案の成立

介護保険法案は、翌12月３日の参議院本会議において、委員会で賛成した4会派にさきがけと第二院クラブを加えた６会派による賛成多数で可決された。

法案の参議院本会議での議決に際して、介護サービスの基盤整備など4項目にわたる「介護サービスの基盤整備の推進等に関する決議」が行われた（３９６頁）。法律案の議決に際して本会議で決議が行われる例は極めて稀であり、年号が平成になってからは本例を含め参議院における3例しかなかった[1]。

参議院での修正があったことから、法案は再度衆議院に回付され、12月5日の衆議院厚生委員会での審議・採決を経て、12月9日衆議院本会議において可決され、ここに介護保険法は成立した。

厚生省が1994年4月13日に「高齢者介護対策本部」を設置してから、3年8か月が経っていた。

(1) 他の2例は1993年の地方自治法改正案の参議院議決に際して行われた「地方分権の推進に関する決議」と1999年の食料・農業・農村基本法案の参議院議決に際して行われた「食料・農業・農村基本政策に関する決議」であり、いずれも我が国の主要施策分野における基本政策を定める重要法案の議決に際して行われたものである。

衆議院厚生委員会　介護保険法案、介護保険法施行法案及び医療法の一部を改正する法律案に対する附帯決議（1997年5月21日）

政府は、次の事項について適切な措置を講ずるよう努力すべきである。

一　介護保険制度の円滑な施行を図るため、新ゴールドプランの確実な達成を図るとともに、早急に介護保険事業計画等の策定に向けた準備に取り組み、制度施行後においても、介護サービス基盤の着実な充実が図られるよう、地方自治体が策定する介護保険事業計画の達成のための所要の支援措置を講ずること。

二　介護保険法施行に基づき在宅介護サービスに係る経過的な給付水準を定める市町村について、できる限り早期に全国標準的な給付水準の達成が図られるよう、積極的な支援措置を講ずること。

三　在宅介護サービスについては、民間企業、農協、生協、シルバー人材センター、ボランティア団体等多様な事業主体の活用が図られるよう、事業者の指定基準の設定やサービス提供方法の在り方等において、配慮すること。

四　介護保険制度の施行に向け、社会的入院及び特別養護老人ホームの入所待機者の解消を図るため、長期入院や入所待機の実態の把握、適切なケアマネジメントの方法、在宅サービスと均衡の取れた施設整備の在り方等について具体的な方策を明らかにし、地方公共団体に対して適切な指導を行うこと。

五　療養型病床群については、介護保険制度の円滑な施行を図るため、適切な療養環境を確保しつつ着実な整備を進めるため、介護力強化病院からの転換の支援等所要の措置を講ずること。

六　法施行後における養護老人ホームの在り方については所要の検討を行うとともに、施行日前に特別養護老人ホームに入所している者については、法施行後も、その処遇が急激に変化することのないよう十分に配慮すること。

七　ホームヘルパー、介護支援専門員等介護サービスを担う人材の安定的な確保が図られるよう、民間事業者の参入促進、潜在的な人材の掘り起こし、適切な養成研修システムの確立及び介護報酬上の評価等の措置を講ずること。

八　介護報酬の設定に当たっては、介護の困難度、地域差、要介護度の改善への動機づけ等を勘案すること。
九　要介護認定業務については、介護保険制度の施行までの間に十分な試行を行い、公平、公正な審査判定基準の設定等に努めること。
十　第一号被保険者の保険料及び利用料に係る高額介護サービス費の設定に当たっては、低所得の高齢者に対して配慮すること。
十一　介護保険施設等に対する補助金の公正な執行を図るとともに、被保険者によるサービス選択という介護保険の理念を実現するため、介護サービスに関する情報が、広く被保険者に提供されるよう配慮すること。あわせて、介護保険事業計画の策定等に係る被保険者の意見の反映について適切な方策を講じるよう、地方公共団体を指導すること。
十二　国民健康保険団体連合が実施する苦情処理業務の運用に当たっては、被保険者が申し立てしやすいように、身近な窓口での受付、申立ての方法等に配慮すること。
十三　患者の立場や選択を尊重した医療情報の提供の在り方について、さらに検討を加え、必要な措置を講ずること。
十四　難病患者を含む若年障害者に対する介護サービスについて、高齢者に対する介護保険給付と遜色のないものとなるよう、障害者プランに基づき、その拡充を図るとともに、その確実な達成のため、障害者基本法に基づく市町村障害者計画が全ての市町村で策定されるよう、地方公共団体に対して適切な指導を行うこと。
十五　市町村による安定的な保険財政の運営及び円滑な保険者事務の執行が行われるよう、市町村の実情を踏まえた、適切な支援措置を講ずること。

十六　今後の高齢化の進展を踏まえ、社会保障構造改革を進めるに当たっては、歳出の効率化を図るとともに、その財源の在り方については、社会保障の負担と経済活動との関係、国民負担全体の中での直接税、間接税及び社会保険料の在り方、若年層と高齢者層の負担の均衡、給付と負担の関係の明確性、自己負担と公的支援の役割分担と連携等を総合的に勘案し、検討を加えること。

参議院厚生委員会　介護保険法案、介護保険法施行法案及び医療法の一部を改正する法律案に対する附帯決議（1997年12月2日）

政府は、次の事項について適切な措置を講ずるよう努力すべきである。

一　介護保険制度の円滑な施行を図るため、新ゴールドプランの確実な達成を図るとともに、早急に介護保険事業計画等の策定に向けた準備に取り組み、制度施行後においても、介護サービス基盤の着実な充実が図られるよう、介護保険制度導入に伴う財政影響等を踏まえて、地方自治体が策定する介護保険事業計画等の達成のため、所要の支援措置を講ずること。

二　介護保険法施行法に基づき在宅介護サービスに係る経過的な給付水準を定める市町村について、できる限り早期に全国標準的な給付水準の達成が図られるよう、積極的な支援措置を講ずること。また、離島、中山間地域等の過疎地における介護基盤の早急な整備を支援すること。

三　市町村による安定的な保険財政の運営及び円滑な保険者事務の執行が行われるよう、市町村の実情を踏まえた、適切な支援措置を講ずること。

四　在宅介護サービスについては、民間企業、農協、生協、シルバー人材センター、ボランティア団体等多様な事業主体の活用が図られるとともに、介護サービスの質の向上につながるよう、事業者の指定基準の設定やサービス提供方法の在り方等において、配慮すること。

五　介護施設については、一元化の方向を目指しつつ、その機能・役割分担の明確化を図るとともに、社会福祉の構造を見直す観点から、施設整備費補助金の在り方、社会福祉法人の在り方等について検討を進めること。特に、介護保険制度の施行に向け、地方公共団体において、社会的入院及び特別養護老人ホームの入所待機者の解消を図るため、長期入院や入所待機の実態の把握、適切なケアマネジメントの方法、在宅サービスと均衡の取れた施設整備の在り方等について具体的な方策が講じられるようにすること。

六　療養型病床群については、介護保険制度の円滑な施行を図るため、適切な医療環境を確保しつつ着実な整備を進めるため、介護力強化病院からの転換の支援等所要の措置を講ずること。

七　介護保険法の施行日前に特別養護老人ホームに入所している者については、法施行後も、その処遇が急激に変化することのないよう十分に配慮するとともに、法施行後における養護老人ホームの在り方については所要の検討を行うこと。

八　ホームヘルパー、介護支援専門員等介護サービスを担う人材の安定的な確保が図られるよう、民間事業者の参入促進、潜在的な人材の掘り起こし、適切な養成研修システムの確立及び介護報酬上の評価等の措置を講ずること。

九　介護報酬については、民間事業者の参入を促し、質の高いサービスの選択が可能となるような水準とするとともに、その設定に当たっては、介護の困難度、地域差、要介護度の改善への動機づけ等を勘案すること。また、特別養護老人ホーム等事業者が円滑に介護保険制度に移行できるよう必要な配慮を行うこと。

十　要介護認定業務については、介護保険制度の施行までの間に十分な試行を行い、公平、公正な審査判定基準の設定等に努めるとともに、申請手続の簡素化及び認定業務の迅速化を図ること。あわせて、痴呆の要介護度については、介護の実態に応じた認定が行われるよう配慮すること。また、介護認定審査会は介護保険の根幹をなす重要な機関であることをかんがみ、その委員については、保健・医療・福祉の幅広い専門家による公平性と専門性を重視した構成とすること。

十一　第一号被保険者の保険料及び利用料に係る高額介護サービス費の設定に当たっては、高齢者の所得・資産・生活の実態を踏まえ、困窮する低所得の高齢者に対して配慮すること。

十二　被保険者によるサービス選択という介護保険の理念を実現するため、地方公共団体において、介護事業者等介護サービスに関する情報が、広く被保険者に提供されるよう配慮するとともに、介護保険事業計画の策定等に係る被保険者の意見の反映について、適切な方策が講じられるようにすること。また、サービス提供事業者及び介護保険施設が自らサービスの質の評価を行い、その質の向上に努めるよう指導すること。

十三　国民健康保険団体連合会が実施する苦情処理業務の運用に当たっては、被保険者が申し立てしやすいように、身近な窓口での受付、申立ての方法等に配慮すること。

十四　配食サービス等の介護保険給付に含まれないサービス並びにデイサービスや福祉用具の利用など、介護保険法及び老人福祉法に共通するサービスについては、地域での高齢者の自立生活を支援する観点から、相互の連携に留意し、その総合的な推進に配慮すること。また、独居老人等で介護保険の給付対象とならない者に対する総合的な福祉サービスの推進を図ること。

十五　難病患者を含む若年障害者に対する介護サービスについて、高齢者に対する介護保険給付と遜色のないものとなるよう、障害者プランに基づき、その拡充を図るとともに、その確実な達成のため、障害者基本法に基づく市町村障害者計画が全ての市町村で策定されるよう、地方公共団体に対して適切な指導を行うこと。また、障害者が六十五歳に達し、介護保険の給付対象になることがあっても、それ以前に受けていた福祉サービスの水準を維持することができるよう、必要な措置を講ずること。

十六　介護支援専門員や在宅介護支援センターにおける相談助言、要介護者の立場に立った適切・公正な介護サービス計画の作成、要介護認定等に関する不服申立制度の周知等を通じ、要介護者本人の意向を尊重したサービスが提供され、被保険者の権利が擁護されるよう努めるとともに、自己決定の理念を尊重した新たな成年後見制度の創設について、立法化を含めた検討を行い、必要な措置を講ずること。

十七　要介護認定の基準、特定疾病の範囲、介護事業者の指定基準、介護報酬、保険料の算定方法等、介護保険制度の基本的事項については、適正な手続の下に決定過程の透明化を図りつつ、できる限り早急にその基本的考え方等を明らかにすること。また、法律によって政省令に委ねられた重要項目については、本委員会に報告すること。

十八　今後の高齢化の進展を踏まえ、社会保障構造改革を進めるに当たっては、歳出の効率化を図るとともに、その財源の在り方については、社会保障の負担と経済活動との関係、国民負担全体の中での直接税、間接税及び社会保険料の在り方、若年層と高齢者層の負担の均衡、給付と負担の関係の明確性、自己負担と公的支援の役割分担と連携等を総合的に勘案し、検討を加えること。

十九　地域医療支援病院とかかりつけ医の機能分担・連携をさらに進め、大病院への患者の集中を是正するための適切な措置を講ずること。また、医療機関の広告事項に関しては、認定基準の明確化等を図った上で専門医資格を追加するなど医療における情報提供の推進を図ること。

右決議する。

参議院本会議「介護サービスの基盤整備の推進等に関する決議」（1997年12月3日）

我が国は、来るべき二十一世紀に世界に例のない高齢社会を迎えると予測されている。

このような高齢化が進む中で、高齢者介護の問題は、国民の老後生活における最大の不安要因であると言って過言ではなく、個人の人生にとどまらず、家族、さらには我が国社会全体にとっても極めて重要な課題である。

介護が必要になっても、高齢者が自らの有する能力を最大限活かし、自らが望む環境で、人生を尊厳を持って過ごすことができるような長寿社会の実現は、人類共通の願いである。

このような重要な介護問題の解決に向け、今後進むべき方向を明らかにし、着実に施策を講じていくことは、本院に課せられた責務であり、政府は、特に次の事項について万全の対策を期するべきである。

一、「保険あって介護なし」とならないよう、介護保険法施行までに介護サービスに関する人材、施設等の基盤整備を着実に進めるとともに、地域間格差の解消に努めること。また、法施行後も高齢者の増加に対応して引き続き介護サービスの基盤整備の推進に努めること。

一、市町村が制度を安定的に運営できるよう、その意向を十分反映した各般の支援に万全を期すとともに、広域化の取り組みを支援すること。

一、介護を要する状態の認定については、公平、公正に留意するとともに、迅速な判定を行えるよう必要な措置を講ずること。

一、全ての国民が適切に介護サービスを利用することができるよう、低所得者に対する必要な措置を講ずること。

右決議する。

Ⅴ章

1996年8月〜

政策形成・決定プロセスへの市民参加

——「一万人市民委員会」と「福祉自治体ユニット」

介護保険制度の創設にあたっては、与党福祉プロジェクトや与党ワーキングチームのメンバーの政治家、本部事務局をはじめとする厚生省関係者、大蔵省・自治省といった政府関係者、審議会プロセスに参加している有識者・労使団体・地方団体・関係事業者団体はもちろんのこと、当事者である市民や実際に介護現場で働く人々、「カリスマ首長」「カリスマ職員」と呼ばれた自治体関係者、学者・研究者、マスコミ関係者など、文字通り各界各層の数多くの人々が政策形成プロセスに参画した。しかも、その動きは介護保険法成立後も続き、新たな制度の実施に向けて、多くの人々が様々な活動を展開した。こうした制度創設の功労者たちの取組みは、各種研究資料や関係者の証言の中に残されている。

介護保険制度は、まさに幅広い人々の主体的な関わりと粘り強い努力、連帯・協働の中で大きな社会的合意が形成され、その力があって実現できた制度と言える。

その意味で、介護保険制度の創設過程は、政治過程論のみならず、社会運動論・市民運動論の観点からも特筆すべきものであったと言えよう。ここでは、その象徴的な事例として、「介護の社会化を進める一万人市民委員会」と「福祉自治体ユニット」をめぐる動きを紹介する。

1　介護の社会化を進める一万人市民委員会

(1)　一万人市民委員会発足に向けての動き

介護保険制度を語る上で忘れてはならないことは、制度創設に向けての政策形成・合意形成プロセスに、当事者である市民団体が参画し、大きな力を発揮したことである。

介護保険法案の通常国会提出が見送られ、連立与党による地方公聴会の開催が進む中、1996年7月12日に「公的介護保険を考える集い」が東京ウイメンズプラザで開催された。この集会において、参加者から「介護の社会化を進めるための市民自身の運動体の創設」が提起された。この提案は同じく7月15日に開催された「公的介護システムを巡る市民集会―みんなが語る介護」においても行われ、この動きは多くの賛同者を得て、運動体創設に向けた動きが急速に進んでいった。

その後、数回の準備会合を経て、8月10日、「介護の社会化を進める一万人市民委員会・1億円基金—ネットワーク創設への呼びかけ」として、全国の介護に関わる市民団体に対する呼びかけが行われた（資料V－1）。

この呼びかけには、後に「介護の社会化を進める一万人市民委員会」（以下「一万人市民委員会」という）の共同代表となる樋口恵子東京家政大学教授や堀田力さわやか福祉財団理事長をはじめとする20名の準備会メンバーが名を連ね、「介護の社会化を進めるため、一万人の市民が1万円ずつ拠出し、1億円の基金を作り、本格的な運動を展開します。一人ひとりの市民が主役の運動、自分たちの力で支える運動—介護の社会化を進める一万人市民委員会は、そうした自立したネットワークとして出発したいと考えます」とこの運動の理念・趣旨を明らかにし、組織と運動の進め方について6点の提案が行われた（資料V－2、404頁）。

早くから高齢者介護問題に取り組み、一万人市民委員会の提唱者・準備会メンバーの一人として当初からこの運動に関わってきた池田省三によれば、一万人市民委員会発足のきっかけは、「老人保健福祉審議会における制度設計をめぐる議論が、関係団体の個別利害の主張に終止し、普遍的利害に立った議論が押しのけられ、被保険者であり利用者である市民の意見が極めて軽視されたことへの市民サイドの危機感」であった。

資料Ⅴ－１　「介護の社会化を進める一万人市民委員会・１億円基金」準備会参加メンバー（1996年８月10日）（肩書は当時）

樋口恵子	東京家政大学教授	堀田力	さわやか福祉財団理事長・弁護士
石井暎禧	医療本陣財団石心会理事長	石毛えい子	飯田女子短期大学教授
池田省三	地方自治総合研究所事務局長	上原泰男	連合東京
岡本祐三	神戸市看護大学教授	沖藤典子	作家・評論家
河野正輝	九州大学教授	黒岩卓夫	萌気園診療所所長
久保田真苗	元経済企画庁長官	袖井孝子	お茶の水女子大学教授
菅原弘子	いっと編集長	高木郁朗	日本女子大学教授
高橋紘士	法政大学教授	長尾文吉	全国高齢者問題懇談会会長
橋口和子	退職婦人教職員全国連絡協会長	羽田澄子	映画監督
福山真劫	自治労健康福祉局長	横田克巳	福祉クラブ生協理事長

当時、介護保険制度の創設に向けての国民の支持率は、総理府（現在の内閣府）やマスコミの世論調査で常に70％を超える高いものであった。このことは、過酷な家族介護、長期化する社会的入院など、「介護地獄」とさえ呼ばれる事態を何とかしなければならないという意識が広く国民全体に共有されつつあったことを示すものであったが、他方では、「嫁や妻が高齢者の介護をするのは当然の務め」といった旧来の家族観を持つ人々、救貧主義的な措置制度の枠内で活動する福祉関係者、社会保障負担増を忌避する経営者団体など、新たな公的介護制度の創設に反

資料V－2　一万人市民委員会の提案（1996年8月10日）

（1）1万人・1万円・1億円の運動

私たちは、介護の社会化をめざし、介護保険法案をより望ましい制度内容としていくとともに、その早期成立を図るため、1万人の市民のネットワークを広げ、1人1万円の拠出による1億円基金を創り出して、運動を展開していきたい。1万人・1億円というかつてない規模をめざすことは、介護の社会科を望む市民が社会的多数派であることを表現するものである。

（2）ネットワーク・オブ・ネットワークス

私たちは、介護保険創設をめぐる様々な市民ネットワークがまず集まり、介護の社会化を求める市民の輪を拡げていくことを呼びかける。また、東京の運動ではなく、地域でそれぞれのローカルネットワークが創られ、地域の介護力を充実させていく原動力となることを期待している。したがって、このネットワークは「ネットワーク・オブ・ネットワークス」という性格を持っている。

（3）オルタナティブな提案を

私たちは、介護の社会化の一刻も早い出発を求め、これまでの介護保険創設の議論を踏まえながら、その制度内容について、単なる批判ではなく、実現可能性の上に立ったオルタナティブな対案を対置するという手法をとりたい。したがって、すべてを白紙に戻して、議論するのではなく、前国会で提出されなかった幻の介護保険法案の制度内容を検討し、より望ましい改革案を提起していきたい。

（4）第1段階の運動

私たちは、介護保険法案成立までの期間を第1段階とし、当面3つの目標を置いて運動に取り組みたい。第一に、法案修正事項、関係政令内容の具現化、介護サービス基盤整備計画の推進と上積み―等を具体的に提案して、その実現を求める運動を展開する。第二に、パンフレット発行、市民大集会、関係団体とのディベートなどのアクション・プログラムを実施し、介護の社会化についての市民討議と市民合意を深め、市民の声を霞ヶ関と永田町に投げかける。第三に、介護事業をになう市民団体のネットワーキングを支援し、質の高い介護サービスのあり方を提起し、市民事業の社会的確立を図る。

（5）第2段階の運動

私たちは、法案成立以降を第2段階として、次のような運動を展望したい。第一は自立したローカルネットワークの形成を通じて、地方政府への交渉団体を創設し、地域の介護力を充実させ、要介護者の人間としての尊厳が守られるようなコミュニティ・ケア体制を創り上げる仕事である。第二に市民団体の介護サービス事業を社会的に確立し、介護のクオリティを高めるために、市民事業連合会の創設を目指す仕事である。第三に、老年学研究プロジェクト、市民事業支援プロジェクト、ノーマライゼーションのための町づくりプロジェクトなどの事業を、研究者、実務家、行政マンの協力を得て進め、より豊かな生活を保障する介護システムの向上に貢献する仕事である。

（6）本格的なNGOを

私たちは、こうした仕事を通じて介護の社会化を推進するとともに、介護の内容を充実させ、中央・地方政府への交渉団体、市民の権利擁護機関、市民自治としての介護事業の推進体である本格的なNGO（非政府組織）への道を展望したい。

対ないしは消極的な勢力も根強く、さらには、高齢者介護サービスの担い手であり、介護保険制度において保険者として制度運営の責任を担うことが求められていた市町村自身も、財政面での不安や業務の増大への懸念から制度運営の責任を担うことに躊躇・抵抗するという状況にあった。

池田は、「一万人市民委員会」というネーミングについて「市民レベルでは介護保険を支持する声が圧倒的多数であったにもかかわらず、制度を作る関係者の間には消極派の方が多いとさえいえる政治状況にあるなかで、介護保険推進の声が多数派であることを表現するために『一万人』と名乗った」と述べている。また、「市民一人ひとりが1万円の拠出をして1億円の基金を作る」という提案については、「市民運動の持つエネルギーを具体的に形にし、影響力を持つ運動にしていくためには積極的に自分が資金を提供し、主体的に運動に関わっていく姿勢がなければいけない。社会連帯とか介護の社会化といった問題は、まさにそういう当事者＝市民の主体的関わりがなければ達成できないと考えた」と述べている。

一万人市民委員会の運動がユニークであった点は、「呼びかけ」の提案の中で示されているように、「介護の社会化の実現―介護保険制度の早期成立」を求めながらも、単に制度創設推進を訴えるだけではなく、制度内容について「実現可能性の上に立ったオルタナティブな対案を対置し、より望ましい改革案を提起する」という、提案型の運動を目指した点にあった。

実際、後述するように、発足後の一万人市民委員会は、従来型の「告発型」「陳情型」「反対運動型」団体としてではなく、「提言・対案型」団体として活動を展開していく。街頭運動やビラ撒き・動員といった従来型の運動スタイルを取らず、発足当初から複数の専門プロジェクトを立ち上げて「理想の介護保険の制度作り」に力を注ぎ、その成果を現実の介護保険制度の中に反映させていくことに運動の主眼を置いていた。(1)

このような運動の展開が可能であったのは、一万人市民委員会が、市民団体メンバーを中心としながらも、学者・研究者、医療福祉現場の専門家、マスコミ関係者、国・地方の行政関係者など幅広い人々が参加する、文字通り「介護の社会化を目指す広範な組織的ネットワーク」を構築できた運動体であったことがあげられる。

そして、中央（永田町・霞ケ関）において法案制定プロセスに積極的に関与する活動（ロビイング）を展開しながら、地域での市民ネットワークを構築し、明確な運動目標を設定して広範な活動を展開していったのである。(2)

(1) この「専門プロジェクト」は一万人市民委員会の活動の大きな特色の一つであり、後述するように5つのプロジェクトが設置され、法案の修正や地域でのケアネットワーク作りのための理論武装が行われたが、準備会は「呼びかけ」と並行して8月の時点で「専門プロジェクトの先行活動」として介護保険法案を研究者・実務家が多角的に検討する研究会を開催し、法案修正項目、政省令での重要事項、介護サービス基盤整備計画などについての取りまとめ作業を開始していた。

（2）

一万人市民委員会のネットワーク作りに大きな力を発揮した人物として、前述の池田省三（当時は地方自治総合研究所事務局長）と一万人市民委員会事務局長としてこの活動を中心的に支えた菅原弘子㈱いっと編集室編集長の2人の存在があげられる。

池田は地方自治総合研究所事務局長として社会保障関係の学問研究に造詣が深く、菅原同様「反対運動型」「利害調整型」の運動を排し徹底的に「理念先行型」「政策提言型」の運動の構築に尽力するとともに、自治労書記時代の人脈・経験を生かして一万人市民委員会の組織運営や対霞ヶ関・永田町のロビイング活動などで大きな役割を果たした。

菅原は長らく高齢社会問題を扱う雑誌「いっと」の編集に携わってきた経歴から多くの福祉関係者・有識者・文化人と人的つながりを持っており、このネットワークは一万人市民委員会の結成・運営に大きな力となった。菅原は自らの編集者としての活動を通じ、かねてから「地域住民は受動的に福祉サービスを受けるだけの立場に甘んじることなく、自ら課題に主体的に取り組み、政策を提案する「市民」へと成長しなければならない」ことを痛感しており、一万人市民委員会結成に当たって、「理想的な制度設計のために理念構築を優先し、理念の共有を運動体の中核にしていくべき」という考え方を持っていた。このことは、一万人市民委員会が多くの学者・研究者・有識者の参加を得て「提言型運動」を展開していくことにつながり、また、出版人としてのネットワークは数多くのマスコミ関係者・ジャーナリストの一万人市民委員会への参画・支援につながった。

（2）一万人市民委員会の創設

「介護の社会化を進める一万人市民委員会・1億円基金―ネットワーク創設への呼びかけ」は大きな反響を呼び、「呼びかけ人・賛同人」として400名を超える市民が名を連ね、最初の提案からわずか2か月後の1996年9月4日、「一万人市民委員会」の創設集会が開かれた。

創設集会では、会の代表に樋口恵子と堀田力を選出し、事務局長には菅原弘子が就任した。そして、「介護サービスの質と量の飛躍的向上―スーパーゴールドプランの策定」、「市民の期待に応えた介護保険制度のための法案づくり」、「地域ネットワークづくり」の3項目の提案を採択するとともに、一万人市民委員会の基本綱領ともいうべき「わたしたちのめざすもの」が採択された。

9月4日は前述した介護保険法要綱案への与党修正が取りまとめられる前の段階であり、「わたしたちのめざすもの」では、サービス受給の権利性の保障や市町村保険者、現物給付原則など、与党修正前の介護保険法要綱案の内容と軌を一にするものがある一方で、スーパーゴールドプランの策定、介護保険事業計画への市民参加、在宅介護・施設介護同時実施、第2号被保険者を20歳以上とする、加齢条項の削除、オンブズマンの法制化など、その時点での法案要綱に盛り込まれていない事項や法案要綱とは異なる内容の事項も提起されていた。

この「わたしたちのめざすもの」は、一万人市民委員会の基本方針として、その後の活動を支える基調的文書となった（資料V－3）。

(3)　一万人市民委員会の活動

資料Ⅴ－3　一万人市民委員会「わたしたちのめざすもの」
（1996年9月4日）

1　スーパーゴールドプラン策定で介護サービスの拡大を
①　基盤整備の推進とスーパーゴールドプランの策定
②　社会的入院の解消計画の立案と療養型病床群の縮小
③　人間的な生活を保障する介護施設を
④　介護保険事業計画への市民参加
⑤　介護労働に社会的に公正な報酬を

2　市民の期待に応えた介護保険法案へ
①　サービス給付を受ける権利の保障
②　在宅介護・施設介護の同時実施
③　第2号被保険者は20歳以上の者
④　「加齢」条項の削除
⑤　オンブズマンの法制化
⑥　市民事業の介護保険適用

3　修正してはならない部分
①　市町村を保険者とすること
②　現物給付に限ること
③　保険料の事業主負担

一万人市民委員会は、代表2名を含む14名の運営委員会と20名の評議員により構成され、常設の事務局を置いて毎月2回というハイペースで運営委員会を開催し、政府や各政党の動きなど介護保険法案をめぐる動向を分析して対策を協議するとともに、「NEWS-LETTER」や「DOCUMENT」の発行、各種パンフレットの作成、総選挙立候補予定者へのアンケート、シンポジウム・集会の開催・報告、専門プロジェクトでの研究活動、政府・政党・関係団体への働きかけ（ロビイング）、マスコミへのパブリシティ、地方組織のネットワーク化など多彩な活動を展開していった。

さらに、法案成立後の展開をも視野に入れ、介護報酬や要介護認定・ケアマネジメントなど施行に向けて具体化すべき課題や新しい介護システムに向けて市町村が取り組むべき課題など、施行後に介護保険制度が実際に現場で機能していくための取組みについても積極的な提案・運動を展開した。

①ニューズレター・パンフレットの発行

一万人市民委員会は、1996年9月の委員会創設後、介護保険法が成立した1997年12月までの間に、会報であるニューズレターを計10回（年度末までに11回）刊行し、その時々の一万人市民委員会の活動を詳細に報告し、広く会員に情報提供した。また多くのドキュメント、ブックレット等の刊行を通じ、一万人市民委員会の提案の解説、介護保険制度に関する基本データ、後述する専門プロジェクトの報告やシンポジウムの詳細などの情報を積極的に会員に提供した（資料V－4）。

資料Ⅴ－4　一万人市民委員会の活動（1）刊行物

（1998年3月まで）

NEWS-LETTER NO.1	一万人市民委員会設立総会の報告（1996.9.15）
NEWS-LETTER NO.2	総選挙立候補者への調査結果報告（1996.10.15）
NEWS-LETTER NO.3	介護保険法案、ようやく国会へ（1996.11.15）
NEWS-LETTER 号外	高齢社会を市民の手でデザインするネットワーク
NEWS-LETTER NO.4	介護保険法案に市民修正を（1997.2.21）
パンフレット	介護保険法案に市民修正を―3つの修正と5つの提案（1997.3.11）
ブックレット	武蔵野市長とのディベート全記録（1997.3.30）
NEWS-LETTER NO.5	介護保険法案衆院修正（1997.6.1）
DOCUMENTS NO.1	介護保険制度基本資料集（1997.6.20）
DOCUMENTS NO.2	要介護認定・ケアプラン資料集（1997.6.20）
NEWS-LETTER NO.6	一万人市民委員会第2年次総会―報告・議案（1997.9.12）
自治体改革プロジェクト報告	福祉自治体への転換戦略（1997.9.23）
法制度プロジェクト報告	介護基盤緊急整備法の策定を（1997.9.23）
NEWS-LETTER 号外	高齢社会を市民の手でデザインするために（1997.10.11）
NEWS-LETTER NO.7	福祉自治体ユニットの創設（1997.11.30）
NEWS-LETTER 号外	介護保険法案、参院厚生委員会で可決（1997.12.2）
NEWS-LETTER NO.8	一万人市民委員会―地方組織の活動（1998.3.16）

②シンポジウム・集会の開催、パンフレットの発行

創設直後の1996年9月30日、「自治体サミット―わが町の福祉プラン」と題して初めての大規模なシンポジウムを開催したのを皮切りに、一万人市民委員会は、介護保険法案を読む会、福祉先進自治体首長との公開討論、後述する「市民修正」を議題とした集会・シンポジウム、要介護認定・ケアプランをテーマにしたシンポジウム、運営委員が直接出向いて参加する地方での小討論集会などをほぼ毎月のように開催した（資料V－5）。

③総選挙立候補者へのアンケート

1996年10月の第41回衆議院総選挙に際し、一万人市民委員会は全立候補者1089名に対して「介護保険に関する意識調査アンケート」を行った。

調査項目は「介護の主体」「保険者」「給付を受ける年齢」「保険料負担年齢」「保険料の労使負担」「保障内容のありかた」「現金給付」「高齢者の保険料負担」「介護保険の施行時期」「基盤整備」「オンブズマン制度」「基盤整備計画への市民参加」など、介護保険法案の主要論点をほぼ網羅した包括的なもので、質問の最後に「介護保険法案への賛否」を問うものであった。

資料V－5　一万人市民委員会の活動（2）シンポジウム・集会等

1996年

9月4日	介護の社会化を進める一万人市民委員会創設集会・記者会見
9月30日	シンポジウム・自治体サミット—わが町の福祉プラン
10月15日	衆議院議員立候補者への調査結果・記者会見
12月5日	介護保険法案を読む会
12月15日	武蔵野市長との公開討論

1997年

3月11日	シンポジウム・介護保険に市民修正を！・記者会見
5月10日	緊急集会・介護保険に市民修正を！
5月20日	記者懇談会
6月20日	シンポジウム・市民合意ができる要介護認定へ
7月11日	シンポジウム・介護保険のこれから
9月17日	介護基盤整備緊急措置法の市民立法構想提案・記者会見
9月26日	一万人市民委員会第2回総会・シンポジウム「まったなしの介護保険」

1998年

4月25日	わがまちの介護をデザインするシンポジウム—市民と自治体が創る介護保険事業計画

このアンケートは452名の候補者からの回答を得、一万人市民委員会はこの調査結果を出身政党別に整理・分析し、総選挙投票日（10月20日）直前の10月15日に記者会見を行い、マスコミに公表して市民の投票への参考資料としての活用を求めるとともに、アンケート結果を踏まえた「一万人市民委員会の立場と評価」を発表した。[3]

(3) このアンケート調査結果はマスコミでも大きく報道された。調査結果によれば、介護の主体を「社会的介護を中心に」とする立候補者が7割を占め、家族介護中心と回答したものはわずか一人で、介護の社会化の必要性に関する認識が広く共有されていることが明らかになった。また、保険者は市町村とするものが社会民主党70%、さきがけ66・7%、民主党93・9%であったのに対し、自民党43・8%と半数を下回っており、この時点でなお党内に論議があったことがうかがわれる。

他方、厚生省案の「40歳以上被保険者」に対しては、給付については「年齢に関係なく給付」「20歳以上に給付」とする回答が各党とも大多数を占め、40歳～64歳の給付に係る加齢・特定疾病条項について「賛成」とする回答は少数にとどまった。負担についても「20歳以上」とする回答が多数を占めるなど、厚生省案への支持は少数にとどまっていた。

また、「高齢者の保険料負担」については、「高齢者も負担すべき」とする回答がさきがけ100%、自民党66・7%、社会民主党66・7%、民主党72・7%と多数を占めており、当時の最大野党であった新進党でも45・9%が負担すべきと回答した。総選挙前の調査において高齢者の負担増を正面から支持する候補者が多数を占めたことは注目に値するものであった。

介護保険法案への賛否、という問に対しては、「賛成」「条件付賛成」と回答したものがさきがけ100%、社会民主党93・4%、民主党87・8%、自民党85・4%と圧倒的多数であり、新進党でも51・4%が賛成と回答していた。

④専門プロジェクトの活動

前述のように、一万人市民委員会は、介護保険法案への具体的な提案、地域におけるケアシステム確立に向けての「理論武装」を進めるため、５つの専門プロジェクトを設置した。これらの専門プロジェクトの検討成果は随時公表・出版され、広く市民の討議に付された。

これらの専門プロジェクトでは、介護保険法案のみならず、成年後見などの権利擁護、高齢者虐待問題など我が国の高齢者介護を取り巻く様々な問題や市民参加・情報公開など地方自治のあり方、市民事業の活性化を通じた福祉のまちづくりなど、介護保険制度の枠組みを超える広範な視点からの検討が行われ、介護保険法案の国会審議プロセスにとどまらず、介護保険法成立後に各地域で展開された地方組織の活動に大きな影響を与えることになった。

（ｉ）法制度研究プロジェクト

行政法・社会保障法等の研究者、福祉行政の実務家、市民事業の参画者を中心に、成年後見制度、ＮＰＯ法案を含めた理論的検討と介護保険法案への具体的な対案の策定が進められた。特に介護保険法案は新法であり、重要事項の多くが政省令に委任されていたことから、政省令事項の点検を中心に研究が進められた。

法制度研究プロジェクトの大きな成果は、後述する「３つの修正と５つの提案」と「介護基盤整備緊急措置法の提案」であった。

（ⅱ）老年学研究プロジェクト

医師・介護業務の実務家・福祉研究者を中心に、当時まだ日本では研究の蓄積がなかった老年学を本格的に研究し、欧米の研究成果を紹介するとともに、実際の介護現場に適用することで実践的にもその成果を定着させていくことを目指した。

特に、成年後見制度などの権利擁護システムや高齢者ケア論についての知見の蓄積に力を入れ、その成果は高齢者虐待問題やケアマネジメントの実践論、施設ケア改革（後に制度化されることとなる個室ユニットケアや認知症ケア改革）に生かされることとなった。

（iii）市民事業支援プロジェクト

介護保険制度における民間事業者の位置づけについては、1996年6月6日の「介護保険制度案大綱（諮問）」において、「在宅サービスについては、利用者本位の効率的なサービス提供の観点から、民間事業者や住民参加の非営利組織など多様な主体が参加しうることとする」として、事業者についての規制緩和を行って民間事業者の展開する在宅サービス事業を介護保険の給付として位置づける方向が示されていた。

これを踏まえ、市民事業支援プロジェクトは、生協・農協・ワーカーズコレクティブなど、全国各地域で展開されている市民団体・市民事業の地域的・全国的交流を支援するとともに、市民事業が効率的コストによる介護の質の向上の要であることを明らかにし、これらの市民事業を介護保険制度に公正に位置づけるための活動を展開した。

また、当時検討が進められていた特定非営利活動促進法（ＮＰＯ法）の制定に向けた活動も行われた。

（ⅳ）福祉まちづくりプロジェクト

当時展開されていた「福祉のまちづくり」が、ややもすればハード面を中心として進められていたことに対して、福祉まちづくりプロジェクトは、介護保険法施行後を見据え、サービス提供計画を含めたソフト面でのまちづくり条例の制定など、市民参加による総合的な福祉まちづくりを展開していくための提案を行い、活動を進めた。

（ⅴ）自治体改革プロジェクト

前述のように、一万人市民委員会は、当面する介護保険法案の修正・早期成立に向けた活動を展開すると同時に、法案成立後、制度の理念を具体化し「現場レベルでの介護の社会化」を実現するための取組みを進めていた。

そのためには、保険者となる市町村が積極的に役割と責任を担い、主体的に課題に取り組んでいくための「自治体改革―自治体行政の転換」が重要であると考えていた。

自治体改革プロジェクトでは、従来の措置型サービスからの転換、施設サービスの再編、ケアマネジメント体制の確立、行政組織の再編、市町村事業計画はじめ自治体行政への市民参加のあり方など、介護保険制度創設に向けて市町村が準備すべき課題を整理し、これらの課題を解決していくための方策や自治体改革の方向について研究を進め、具体的提案を行った。

福祉のまちづくりプロジェクトと自治体改革プロジェクトの活動は、介護保険法成立後、各市町村に策定が義務づけられた「市町村介護保険事業計画」の策定に向けた各地域での取組みへと発展していく。

後述するように、衆議院修正により、市町村が介護保険事業計画の策定・変更を行うに際して「被保険者の意見を反映させるため必要な措置を講じる」べき旨を規定した「市民参加条項」が新設されたことを受け、一万人市民委員会は、介護保険法成立後の活動の中心に「介護保険施行に向けた地域のケア体制の確立〜住民参加による介護保険事業計画の策定」を掲げ、地方版一万人市民委員会や市民団体とのネットワークを生かし、各自治体で進められる介護保険施行に向けての取組み、特に介護保険事業計画の策定プロセスに積極的に参加し、具体的な提言を行う活動を展開していった。

後述する「福祉自治体ユニット」も、このような流れの中で、自治体に求められる役割と責任を積極的に引き受け、住民主体の福祉行政の展開を目指す先進的自治体の首長の連合組織として結成された。

⑤地方組織のネットワーク化

一万人市民委員会は、「ネットワーク・オブ・ネットワークス」という方針を掲げ、創設当初から地方の市民ネットワークの組織化に力を注ぎ、発足1年後の1997年7月の段階で6つの地方組織（地方版一万人市民委員会）が結成された。

この活動は1997年12月の介護保険法成立後も積極的に展開され、これに応えて各地域に次々と「地方版一万人市民委員会」が生まれ、最終的には都道府県17、市町村11の28団体が結成された。

介護保険法成立後、これらの地方組織や一万人市民委員会のネットワークに参画した市民組織は、市町村介護保険事業計画策定への参画やオンブズマン組織の結成、介護保険総合条例制定の提言など、「介護保険施行に向けた地域のケア体制の確立」のため様々な運動を各地域で展開していくこととなる。

(4)　「3つの修正・5つの提案」

一万人市民委員会は、介護保険法案の国会審議に先立ち、法制度プロジェクトにおいて政

資料Ｖ－６　３つの修正・５つの提案（1997年3月11日）

１　市民が求める３つの修正

修正１　市民の手で介護保険の運営を

修正２　サービス選択の権利の保障を

修正３　誰もが必要な介護サービスを受けられるために

２　豊かな未来への５つの提案

提案１　スーパーゴールドプランの早期策定と実施

提案２　社会的入院の早期解消策と介護施設の「自宅」化

提案３　成年後見法の早期制定と要介護高齢者の権利擁護

提案４　市町村中心・市民事業支援の地域ケアシステム

提案５　社会的に公正な介護報酬の設定

府提案の介護保険法案についての問題点を検討し、「介護保険法案は、介護の社会化を進める上で重要な役割を果たすものであるが、『嫁・妻・娘が介護するのは当然』という旧家族観を持つ人々や、負担ばかりを問題にする人々によって当初の理念が忘れられ、制度設計にゆがみが生じている」として、より市民の期待に近づける法案とするべく「介護保険に市民修正を！――３つの修正・５つの提案」を取りまとめた。

この提案は１９９７年３月11日に開催されたシンポジウム「介護保険に市民修正を！」の場で提起され、承認された。

以降一万人市民委員会はこの提案を実現すべく、与野党国会議員、政府関係者に対する徹底的なロビイングを展開していく（資料Ｖ－６）。

この「３つの修正・５つの提案」は、１９９

6年9月の創設集会において採択された「わたしたちのめざすもの」を発展させ、具体的な提案――「運動目標」としたものであった。

①3つの修正

3つの修正の第1「市民の手で介護保険の運営を」は、政府提出の介護保険法案に情報公開・市民参画・オンブズマン機能といった制度運営への市民参加の規定が欠落していることを指摘し、国民健康保険制度に準じた「介護保険運営委員会」の設置を求めるものであった。介護保険運営委員会の構成・権能については、男女同数の被保険者代表によって構成されるものとし、保険者市町村はこの委員会に介護保険制度に関する全ての情報公開を行うこととするとともに、介護保険事業計画の策定にあたっては、この委員会が審議を行い、その結果を市町村に勧告することを義務づけることを求めていた。

また、委員会に苦情処理機関を設置し、被保険者（利用者）の苦情を受け付け、調査を行って改善が必要と認められるときには、保険者及びサービス提供機関に勧告を行い、改善が図られなかった場合には調査結果を公表する権能を付与することを求めていた。

3つの修正の第2「サービス選択の権利の保障を」は、介護保険関連3法案の一つである介護保険法施行法（新法である介護保険法の施行に際しての経過措置について規定する法案）

の中で、法施行段階でサービス基盤整備が十分でない市町村については第1号被保険者の保険料水準を引き下げて法定基準以下のサービス給付を行うことを認める、という経過措置規定が置かれており、その経過措置撤廃の期日が「施行後5年以降のサービス給付が円滑に行うことができる日」とされていることに対し、経過措置による限定給付措置そのものの必要性は認めつつ、その終期を明確に「法施行後5年間（2005年まで）」と定め、2005年までに全ての市町村で介護保険法の完全実施を実現することを求めるものであった。

また、この「限定給付措置」に関連して、介護保険法案の中に、要介護認定に際して認定審査会が「利用者が留意すべき事項」を述べることができ、保険者はその意見に基づいて利用者にサービスの種類を指定することができる、という規定が置かれていることに対して、このような規定は従来の措置制度の考え方の残滓を残すものであり、介護保険制度の基本理念である「自己決定・自己選択」の理念に反するものであるとして、規定の削除を行うか、最低限規定を施行法に移し、前記の「限定給付」を行う期間（法施行後5年間）に限って認める時限の経過措置として実施することを求めていた。

3つの修正の第3「誰もが必要な介護サービスを受けられるために」は、介護保険法案第1条（目的）に、「加齢に伴って生じる心身の変化に起因する疾病等」による要介護状態に対してサービス給付を行う、と規定されていることに対して、要介護状態は加齢や疾病が原因でなくても生じるものであること、介護保険法案自身が65歳以上の第1号被保険者については原因の如何を問わず要介護状態になった場合にはサービス給付を行うこととしていることを指摘し、同条の規定を、当初の本部事務局原案にあった「要介護状態にあるものがその有する能力に応じ自立した日常生活を営むことができるよう必要な給付を行う」に改めることを求めるものであった。

また、介護保険法案は、第2号被保険者（40歳～65歳未満の被保険者）については「加齢に伴う特定疾病（脳血管障害・初老期痴呆・骨粗鬆症等）により生じる要介護状態」についてのみサービス給付を行う、と規定していることについても、サービス給付を年齢によって区別する理由はなく、全ての要介護者に対して必要なサービス給付を行うよう改めるべきであるとしていた。

この修正提案は、「わたしたちのめざすもの」の中で提起されていた「第2号被保険者は20歳以上の者」との主張と連動するものでもあった。

②5つの提案

「3つの修正」が、審議中の介護保険法案の内容の具体的修正を求めるものであり、目前の活動方針に関わるものであったのに対して、「5つの提案」は、法案成立後・制度施行に向けての課題を念頭に取りまとめられており、一万人市民委員会の中長期の活動方針を示すという性格を持つものであった。

5つの提案の第1「スーパーゴールドプランの早期策定と実施」は、介護保険法施行にあたって「保険あってサービスなし」という事態が生じることのないよう、サービス基盤整備の遅れを一刻も早く解消すべく、新ゴールドプランの前倒し実施と新たなサービス基盤整備計画（スーパーゴールドプラン）の早期策定・実施を提案するものであった。

そのための財源として、介護保険制度創設に伴って生じる公費負担の減少分（国費で約5000億円）を前倒しして基盤整備に投入することを提案していた。

5つの提案の第2「社会的入院の早期解消策と介護施設の『自宅』化」は、当時大きな社会問題となっていた老人病院への要介護高齢者の長期入院、いわゆる「社会的入院」の実態を明らかにし、早期にその解消計画を策定して医療費の適正化を図ることを求めるものであった。社会的入院解消を進める中で、介護保険制度が適用されることとされていた療養型病床群については、「老人病院の一種であり、計画的にベッド数を削減して将来的には介護保険給付対象から外すべき」とし、また特別養護老人ホームなどの介護施設については、量・質両面での向上を図って限りなく「自宅」に近い環境を整えることを提案していた。

後者の提案は介護保険法施行後、「特養の個室ユニット化」を求める運動として具体化していくこととなる。

５つの提案の第３「成年後見法の早期制定と要介護高齢者の権利擁護」は、老年学プロジェクトでの検討・問題提起を踏まえて、介護保険法では十分にカバーされていない要介護高齢者、特に認知症高齢者の権利擁護のために「成年後見法」の早期制定を図り、財産管理のみならず身上監護も含めたサポートを公正に行えるシステムを整備することを提案するものであった。

５つの提案の第４「市町村中心・市民事業支援の地域ケアシステム」は、最も住民に身近な基礎的自治体である市町村が、地域ケア計画（介護保険事業計画）の立案、介護保険財政の運営、要介護認定、ケアプランの作成・サービス確保・利用調整、サービス利用者の権利擁護など、介護保険制度の運営を主体的・積極的に担っていくべきこと、そしてそのような市町村の取組みに地域住民が積極的に参画・支援し、市民参加の下にそれぞれの地域に相応しいケアシステムを構築していくことを求めるものであった。また、ＮＰＯをはじめとする地域の介護サービスに関わる市民事業を市町村が積極的に支援・育成していくことを求めていた。

５つの提案の第５「社会的に公正な介護報酬の設定」は、介護報酬を不当に低水準に設定すれば多様な事業主体の参入を阻害し、サービス拡大が望めなくなるばかりでなく、将来的に介護サービスの質が確保されなくなるとし、介護労働を専門職として確立させること、多様な主体の参入を促し介護労働市場を健全に形成していくために社会的に公正な介護報酬を設定すべきことを提案するものであった。

(5) 衆議院審議と一万人市民委員会の活動

一万人市民委員会は、この修正案のパンフレットを1万部作成し、国・地方の議員、行政実務者、研究者、介護の社会化に取り組む市民団体に送付し、修正実現に向けての運動展開を呼びかけるとともに、自らも国会において修正を実現すべく各政党へのロビイングを開始した。

①衆議院厚生委員会での審議――地方公聴会・参考人質疑への参画

衆議院厚生委員会での法案審議は1997年2月21日から始まり、3月12日・17日にはそれぞれ全国2か所（計4か所）で地方公聴会が開催された。このうち、新潟で行われた地方公聴会では一万人市民委員会のメンバーであり前社会保障制度審議会委員の大川昭雄が公述人として参加し、一万人市民委員会の修正案を紹介し提案を行った。また、4月4日の委員会で行われた参考人意見聴取では一万人市民委員会の運営委員である池田省三が市民修正を求める意見陳述を行った。

②与野党国会議員への働きかけ

4月4日の参考人意見聴取を終えた後、衆議院厚生委員会は介護保険法案の審議をいったん中断し、健保法改正案の審議に入った。

健保法改正案の委員会審議が進む中、一万人市民委員会は4月上旬から介護保険法案の市民修正実現に向け各政党へのロビイングを開始した。4月14日民主党（五島正規衆議院厚生委員会理事、今井澄参議院議員ほか）、4月18日・22日・25日自民党（津島雄二衆議院厚生委員会筆頭理事、塩崎恭久参議院議員、加藤紘一幹事長ほか）、4月23日新進党（国民生活政策拡大会議での意見陳述）など、精力的に各政党に市民修正の働きかけを行った。

③介護保険法案修正の動き・民主党の修正協議参加——「3プラスI」

3月28日、衆議院厚生委員会は議員間のフリーディスカッション（「議員間討論」）を行った。この討論で、各政党の介護保険法案への賛否、修正に関する考え方が概ね明らかになったことから、一万人市民委員会は、それまでの委員会での質疑及び議員間討論での各党議員

資料V－7　衆議院厚生労働委員会における各政党の意見と一万人市民委員会の評価　（一万人市民委員会作成）

□総論的事項
×財源を税方式とする—新進党
×保険と措置の組み合わせの制度とする—共産党

□市民参加
○保険者の責務として市民参加による運営を義務付ける—民主党
○介護保険事業計画への市民参加について明文規定を置く—民主党
○市民参加・オンブズマン機能・情報公開の確立—民主党
○介護事業評価委員会（仮称）の設置—新進党・社民党

□加齢条項・障害者への適用拡大
○目的規定から加齢条項を削除—民進党・民主党・社民党
×第２号被保険者への保険給付廃止—新進党
△特定疾病の対象疾病に難病を追加—民主党
○障害者プランの充実—新進党・民主党
○障害者プラン完成後の若年障害者への介護保険の適用の検討—民主党

□一部負担の廃止
△一部負担の廃止—新進党

□給付内容の見直し
○配食サービス・送迎サービスの保険給付への追加—民主党
×要支援認定に関する環境要件の加味—民主党
○療養型病床群に関する経過措置の廃止—新進党
△養護老人ホームを介護施設に追加—新進党
△バウチャー方式の検討—新進党

□検討条項の見直し
○付則第４条の見直しの時期を施行後３年に短縮—新進党・民主党
○院に小委員会を設置し、施行状況をチェック—新進党

□給付制限に係る経過措置の見直し
○保険者による給付制限期間を「５年以内」とする—新進党・民主党

□その他
○スーパーゴールドプランの策定・施設基準の見直し（個室化等）・マンパワーの養成確保—新進党・民主党・社民党
○市町村の財政運営・保険者事務実施（要介護認定等）に関する支援の強化—新進党・民主党

（注：一万人市民委員会としての評価　　○は賛成、△は要検討、×は反対）

の発言を整理し、一万人市民委員会としての評価を加えて総括表にまとめ、公表した（資料Ⅴ－７）。

各政党の修正意見は、一万人市民委員会の提案と共通するものが極めて多く、創設以来の一万人市民委員会の活動が一定の成果を挙げていたことがうかがわれる。

４月15日、与党医療保険制度改革協議会に民主党が参加した「医療保険制度改革協議会」の初会合が開催され、健保法改正と介護保険関連３法を今国会で成立させることなどを中心とした自民・民主の合意が行われたことから、介護保険法案の修正協議も自民（＋社民・さきがけ）と民主による「３プラス１」の枠組みで進められることとなった。

民主党は基本的に介護保険制度創設に賛成の立場であり、この枠組みの中で民主党は「市民修正」の内容を軸に修正内容の検討を行い、自民党との間で実務者レベルでの修正項目の絞り込み作業に入った。

この段階では、

（ⅰ）介護保険事業計画策定に当たって被保険者（市民）の意見を反映させるために必要な措置を講じるものとする条文（責務規定の追加）

（ⅱ）国保連が行うオンブズマン業務の運営に関する第三者委員会の設置

（ⅲ）加齢条項の削除

（ⅳ）障害者プランの着実な推進・障害者プラン完成時における若年障害者への介護保険適用に関する検討
（ⅴ）介護保険の標準サービス実施時期について２００５年度以降の適当な日から期限を付した日とするよう修正

など、一万人市民委員会が提案してきた修正項目を中心に協議が進められており、一万人市民委員会はこの「３プラス１」の枠組みに大きな期待を寄せ、その動向を注視していた。

④健保法採決後の状況転換─民主党の離脱と一万人市民委員会の対応

ところが、健保法案修正をめぐる自民・民主の協議が不調に終わり、民主党は健保法案採決に際して反対に回ることとなった。このため「３プラス１」での介護保険法案修正協議の枠組みも崩壊し、介護保険法案の取り扱いは、与党対野党（新進党・民主党）という、通常の法案審議の枠組みで進むこととなった。

当時の野党第一党は新進党であり、税方式を主張し社会保険方式による介護保障に反対の立場を採っていたことから、この政治状況の変化によっていったん進みかけた介護保険法案修正の動きは頓挫する恐れがあった。

この状況に危機感を強くした一万人市民委員会は、市民修正の再構築を目指して再度ロビイングを開始した。

健保法改正案の採決（5月7日）の翌日、一万人市民委員会は衆議院厚生委員会の与野党理事（自民党津島雄二、新進党岡田克也・山本孝史、民主党五島正規）と面談した。自民党の津島理事は、「3プラス1の枠組みは崩れたが介護保険に関するこの間の民主党との修正協議の内容は自民党としても尊重すべきものと考えており、市民修正は実現させた上で早期の採決・委員会通過を図りたい」と述べ、新進党の山本理事も「党としては『税方式』を主張しており法案への賛否については現段階で申し上げられないが、政府案に対する修正に関しては一万人市民委員会と多くの点で共通認識を持っている」と述べ、委員会所属議員のレベルでは法案修正について一定の合意が形成される可能性があることが明らかになった。

一万人市民委員会は、5月10日、東京・南青山の健保会館で「介護保険に市民修正を！　5・10緊急集会」を開催し、参加者にこの間の活動経過を報告し、市民修正実現のための努力を継続する姿勢を明らかにした。また、民主党の健保法修正案反対による介護保険修正協議からの離脱を強く批判する見解を公表した。

⑤衆議院修正の実現——法案修正・付帯決議・確認質問

5月12日、衆議院厚生委員会での法案採決に向け、与党と各野党との修正協議が開始され、

14日の理事会に野党各会派（新進党・民主党・共産党・21世紀［衆院院内会派］）がそれぞれ修正案（修正事項）を提示した。

自民党理事は各党と個別に折衝を行い、最終的に、①被保険者の意見反映に関する規定の追加（市民参加条項の追加）、②制度見直し時期を法施行後5年を目途とする旨の検討規定の修正、の2点を与党案として提示し、自民・社民・民主・21世紀との間で合意が成立した。新進党は税方式の採用という入り口論で対立し、具体的な修正論議に入らないまま法案反対の態度を固めた。

5月16日、自民・社民・民主・21世紀4会派共同提案による修正案が衆議院厚生委員会に提出され、介護保険法案は21日の同委員会で修正の上可決された。

一万人市民委員会は、委員会採決前日の19日に「第1回記者懇談会」を開催し、介護保険法案修正に至る経過説明と修正案に対する評価を行うとともに、衆議院本会議通過後の5月27日、「介護保険法案の衆院通過にあたっての見解」を運営委員会の責任で取りまとめ、公表した。

この「見解」の中で、一万人市民委員会は、「市民修正は市民参画の道を拓いた」として、衆議院での法案審議の過程で各政党が「3つの修正・5つの提案」を真摯に受け止め法案の問題点解明に努力したことに敬意を表し、市民参加条項が明文化されたことを評価するとともに、付帯決議・確認質問を通じて一万人市民委員会の主張の多くが取り入れられたことを指摘し、「市民団体の提案が国会審議の場で一つの軸となり得たことは初めてのことであり、これからの政治のあり方を考える上でも大きな意味を持っていると考える」と総括した。

他方で、市民修正のうち、介護保険給付完全実施の時期の明確化や加齢・疾病条項の削除について、ほとんどの政党が主張したにもかかわらず実現しなかったことについて、立法府・行政府に対する市民の不信感を募らせるものであり、制度的な問題であると同時に政治的にも厳しい批判が行われてしかるべきである、とした。特に民主党に対しては、「最も市民修正を理解しその実現に努力した政党として高く評価したいが、３年も持たない弥縫策にすぎない健保法改正案にこだわることにより今後30年を規定する介護保険法案の修正協議から離脱したことは、政治的選択として極めて疑問であることを率直に指摘したい」として苦言を呈した。

そして、「『おまかせ福祉』から『市民が創る介護保険』へ転換する」、「提案型の市民運動を地域で展開する」として、どのような負担・どのようなサービスを選ぶのかはその地域に住む市民の「自己決定と選択」に委ねられるべきことを指摘して、介護保険制度の実現にあたっては、行政への依存体質から脱却し、パターナリズムから市民の当事者主義への転換を何よりも重視すべきとした上で、法案成立後も、要介護認定やケアマネジメントの手法、介護報酬のあり方、自治体の役割とモデル介護保険条例の策定などについて理論的・実践的提案を行って介護保険を市民の期待に少しでも近づけるための努力を行っていく、と述べて「見解」の結語とした。

(6) 参議院審議と一万人市民委員会の活動

介護保険法案の参議院での審議は、第140回通常国会終盤の1997年6月13日に本会議での趣旨説明質疑及び厚生委員会での提案理由説明が行われ、17日に厚生委員会において3時間の質疑が行われた後、参議院において継続審議となった。

参議院では閉会中も法案審査が行われ、秋田県・長野県への委員派遣とそれに基づく委員会質疑が行われたが、本格的な審議は同年9月29日に召集された第141回臨時国会に持ち越された。

① 一万人市民委員会第2回総会

臨時国会開会に先立つ9月26日、一万人市民委員会は日本教育会館一ツ橋ホールで第2回総会を開催した。

第２回総会では、総選挙立候補者への意識調査や「市民修正」提案とその実現に向けてのロビイング、シンポジウム・集会の開催、各プロジェクトの活動報告、地方組織の結成状況など、委員会の活動第１年次（１９９６年９月～１９９７年８月）の活動報告が行われ、その中で、介護保険法案の衆議院修正可決の過程で「市民修正」が実現されたことが報告され、「市民の期待に少しでも法案を近づけるという目的がある程度達成された」との総括が行われた。

そして、第２年次（１９９７年９月～１９９８年８月）の活動として、介護保険法案の早期成立と２０００年施行に向けて引き続き参議院審議に向けてのロビイングを展開すること、法成立後の政省令対策についても積極的に発言・提案していくことが提案され、了承された。

さらに、「介護保険法成立後も在宅サービス・施設サービスの決定的不足が解消される見込みは立っていない」として、「介護保険基盤整備緊急措置法」の制定を提案し、主張していくことが提言された。

第２回総会終了後、引き続いて「まったなしの介護保険」と題して、一万人市民委員会結成１周年記念シンポジウムが開催された。

このシンポジウムは３つのセッションから構成され、第１セッションでは「介護の社会化への政党の責任─臨時国会での姿勢を問う」として、与野党5党（自民党・新進党・民主党・社会民主党・共産党）の参議院政策担当議員が参加して臨時国会における審議に臨む各党の姿勢が議論された。第2セッションでは「厚生省VS一万人市民委員会─介護保険のここがわからない」として、虚弱高齢者や認知症高齢者の要介護認定問題やケアマネジメントのあり方を中心に、一万人市民委員会運営委員と本部事務局幹部による質疑応答・意見交換が行われた。第3セッションでは「シルバービジネスの社会的責任─介護保険への展望を聞く」として、介護事業を展開する民間事業者がそれぞれの企業理念と戦略を語り、討議が行われた。

②介護基盤整備緊急措置法の提案

介護基盤整備緊急措置法案については、第2回総会に先立って9月17日に行われた一万人市民委員会の記者会見において、法制度研究プロジェクト報告としてその概要が明らかにされた。

同報告では、「介護保険法案が成立しても、在宅サービス・施設サービスの決定的不足が解消される見込みは立っておらず、新ゴールドプランが達成されても2000年の介護保険施行時点で特養待機者は解消されず在宅サービスも想定されるニーズの半分程度しか確保されない」として、介護保険制度創設に伴い、これまで介護費用に投入されてきた国庫負担が毎年度約5000億円減少することに着目し、この公費負担（国庫負担）減少分を前倒しして介護基盤の整備に投入することを提言していた。

介護基盤整備緊急措置法案の骨子は以下のようなものであった。

（i）介護基盤整備計画策定と予算化

介護保険法施行に先立つ1998年度から5年間を「介護基盤緊急整備期間」とし、当該期間中に介護サービスの整備率が100％となるよう、国は5か年計画の「介護基盤整備計画」を策定し、必要な予算措置を講じる。

（ii）財源措置

（i）で策定した計画に基づいて行われる介護基盤整備に使途を限定した公債（介護基盤整備債［仮称］）の発行により財源を確保し、その償還財源として介護保険創設後に生じる国庫負担減少分を充てる。

この場合、介護基盤整備の進捗に伴い給付費が増大し、将来的に国庫負担減少分は縮小していくこととなることから、計画期間は5年間とし、基盤整備費用と給付費増大のバランスを図る。

（iii）サービスの地域単位

中学校区を単位とするサービス圏域を設定し、サービスモデルを設定する。

中学校区は概ね人口1万3000人、2005年度の高齢化率19・6％を前提にすれば65歳以上高齢者は2568人、寝たきり・認知症発生率6％として153人、虚弱高齢者発現率6％として153人を想定して、施設サービスを含めてこの中学校区の圏域で必要なサービスネットワークが完結することを基本とする。

（iv）サービス基盤の整備

在宅サービスについては、整備が遅れていることに鑑み、人材養成の方策を講じるほか、優秀な民間セクターの参入を促進するよう、施行時点での介護報酬を高めに設定するものとし、在宅介護関係のサービス基盤整備を重点的に行うこととする。

施設サービスについては、100人定員規模の特別養護老人ホームの建設は基本的に行わず、中学校単位で完結する介護施設として、グループホーム、ケアハウス、小規模特別養護老人ホームを中心に配置することを基本とする。

（v）介護基盤整備計画評価システム

被保険者代表・保険者代表・介護サービス提供事業者・学識経験者によって構成された「介護基盤整備計画評価委員会」を設置し、計画進行のモニタリング・評価・見直しを定期的に行うものとする。

各市町村においては、介護基盤整備計画に基づいて1998年度から介護保険事業計画の策定を前倒しで進め、被保険者代表の参画する介護保険運営委員会を設置して計画進行のモニタリング・評価・見直しを定期的に行うものとする。

介護基盤整備緊急措置法の提案は、立法措置の実現という意味では最終的に達成されることはなかったが、参議院での審議において介護保険制度施行後のサービス基盤の整備が大きなテーマとなり、最終的に「基盤整備に係る国の責務の明示」について法案修正が行われることとなった。

また、この提案で示されたサービス圏域の設定による地域完結型サービス体制の整備・住民参加による計画策定・評価・見直しといった介護事業運営に関する基本理念は、介護保険法施行後の各市町村における事業計画策定に大きな影響を与えることとなった。

③参議院厚生委員会での審議―参考人質疑・地方公聴会・中央公聴会への参画

第１４１回臨時国会における介護保険法案の審議は、10月21日、参議院厚生委員会での参考人意見聴取を皮切りに開始された。同日の参考人意見聴取には、一万人市民委員会から池田省三運営委員が出席し、介護基盤緊急整備措置法の必要性、加齢疾病条項の削除、利用者の権利擁護システムの構築などについて意見陳述を行った。

この後、参議院厚生委員会は本格的な法案審議に入り、一万人市民委員会は、民主党の今井澄、朝日俊弘、社民党の清水澄子の各参議院厚生委員会所属議員と協議を進め、衆議院修正後の介護保険法案を前提に、問題点の整理と参議院での法案修正に向けての協議を進めた。

この間、11月11日に山形県と高知県、20日に愛知県と大分県の計4か所で地方公聴会が開催され、それぞれの地で一万人市民委員会の地方会員が意見陳述を行った。

また11月27日には中央公聴会が行われ、8名の参考人が意見陳述を行ったが、一万人市民委員会からは、高橋紘士立教大学教授・運営委員（民主党推薦）、岡本祐三神戸市立看護大学教授・評議員（自民党推薦）、安岡厚子サポートハウス年輪コーディネーター・会員（社民党推薦）、池田徹生活クラブ生協千葉理事長・運営委員（公募）の4名が参加し、意見陳述を行った。

参考人8名のうち4名までが一万人市民委員会のメンバーであり、しかもそれが与野党・公募を通じ党派を超えての選出であったことは特筆すべきことであり、一万人市民委員会の運動がいかに幅広い裾野を持っていたかを示すものであったと言えよう。

④参議院修正に向けての各党への働きかけ

11月21日、一万人市民委員会は、民主党の今井、朝日、社民党の清水の各委員会所属議員に加え、山本正和参議院厚生委員長（社民）を交え、最終的な参議院修正への対応について協議を行った。

この時点で、新進党は租税方式による介護保障法案を対案で提出する旨を記者会見で明らかにしており、参議院で大幅修正が行われれば衆議院回付の段階で法案成立阻止に回る、との態度を示していた。結果的に新進党からは「大綱」の提示はあったものの、修正法案・対案は提出されなかったが、法案の早期成立を目指す立場からは野党第一党である新進党への対応は非常に判断が難しい局面であった。

修正協議事項の案としては、基盤整備への国の責任明示、介護保険給付への配食サービス・移送サービスの追加、加齢疾病条項の削除などが議論されたが、各党との協議の結果、一点に絞り込んで参議院修正を実現する、との方針が確認され、一万人市民委員会が最も重視した「基盤整備への国の責任の明示」に絞って自民党と折衝することとなった。

⑤参議院修正・法案成立

その後12月2日、参議院厚生委員会は、橋本首相への質疑と小泉厚生大臣への確認質問を行った後、民主党の今井議員が自民・民主・社民・太陽各党共同提案による修正案の趣旨説明を行い、採決が行われた。

修正内容は、介護保険事業の運営が円滑に行われるよう国が講ずべき必要な措置として「保健医療サービス及び福祉サービスを提供する体制の確保に関する施策を明記すること」というものであり、19項目の附帯決議も採択された。

介護保険法案は翌日の参議院本会議で採決が行われ、採決の後に自民・民主・社民・太陽各会派共同提案による「介護サービスの基盤整備の推進等に関する決議」が採択された。

参議院修正があったことから法案は衆議院に回付され、委員会質疑を行った後、9日の衆議院本会議で可決・成立した。

介護保険法の成立後、各市町村は2000年度施行に向けての準備に入ることとなった。一万人市民委員会は、第2回総会での活動方針に沿って、国レベルで政省令事項や介護報酬に関する施行準備事務への提言を積極的に発信していくとともに、各地域における市町村の施行準備を支援するための活動を具体化させていった。

特に、基礎的自治体におけるケアシステム構築の設計図とも言うべき介護保険事業計画の策定に向けて、「介護の社会化」という理念を基礎としながら、実現可能性のある建設的な提案を活動の基軸に据えた運動を進めていくこととなる。(4)

(4) 介護保険法成立後の1998年4月25日、一万人市民委員会は「わが町をデザインするシンポジウム・市民と自治体が創る介護保険事業計画」と題するシンポジウムを福祉自治体ユニットとの共催で開催した。

このシンポジウムでは、介護保険事業計画・基盤整備の法的位置づけやその意義について、同年1月13日と4月21日に開催された全国介護保険担当者会議の資料に沿って厚生省介護保険制度施行準備室（法案成立後の1997年12月17日に高齢者介護対策本部事務局を改組し新たに設置された組織）から説明が行われ、引き続いて福祉自治体ユニットの構成自治体の一つである三鷹市の担当課長から介護保険事業計画策定の基本手順（基礎調査の実施→サービス見込み量の設定→供給量確保策の検討→サービスの振り分け（各サービスの必要整備量の設定）→計画策定）について実務面も含めた解説が行われた。

それらを前提に、池田省三運営委員から、一万人市民委員会としての地域戦略について問題提起がなされ一万人市民委員会地方組織の代表3名を交えたシンポジウムが開催され、「わがまちの事業計画をどう創る」と題して議論が交わされた。

2 福祉自治体ユニット

介護保険法案は、第１４０回通常国会終盤の１９９７年6月13日に、参議院本会議での趣旨説明質疑及び厚生委員会での提案理由説明が行われ、17日に厚生委員会において3時間の質疑が行われた後、継続審議とされた。参議院では閉会中も精力的に法案審査が行われ、介護保険法案の国会審議は、同年９月29日召集の第１４１回臨時国会において最終段階を迎えた。

(1) 福祉自治体ユニット結成に向けての動き

法案成立が最終段階を迎えたこの時期、市町村長の間では対照的な二つの動きが見られた。一つは、基盤整備が進んでいない都市部の自治体を中心に、介護保険制度の必要性は認めつつも、サービス基盤整備の遅れや要介護認定・保険料賦課徴収をはじめとする新たな事務負担、さらには将来的な財源確保への不安などから、制度施行後の混乱を恐れて「慎重審議」を求める動きであり、もう一つは、高齢化の進展が早い小規模市や町村を中心に、介護保険制度の創設を契機に基礎自治体の役割を改めて問い直し、福祉サービスを新たな産業として発展させ、自治体行財政システムの改革・地域経済の活性化を通じて新たな地方自治創設を目指そうとする動きであった。

この後者の動きが、福祉自治体ユニットの結成へとつながっていくこととなる。

第１４１回臨時国会開会に先立つ９月26日、一万人市民委員会は日本教育会館一ツ橋ホールで第２回総会を開催した。第２回総会には、前項で詳説した法制度研究プロジェクト報告（介護基盤整備緊急措置法創設の提案）とともに、自治体改革プロジェクトの第一次報告書が提出された。この報告書は後述する福祉自治体ユニット設立発起人の市町村長有志も参加して起草された。

「福祉自治体への転換戦略―安心と参加の地域づくりへ―」と題されたこの報告は、介護保険制度導入にあたっては、保険者としての役割を果たす市町村の保険福祉施策の抜本的な改革が不可欠であり、自治体政策の優先順位をハコモノづくりの公共事業から住民の健康と福祉を守る保険福祉施策へと転換させなければならないとして、措置制度からの転換、ローカルオプティマム（地域ごとのサービス効率の最適化）の創造、多元的サービス供給の実現と民間サービス・非営利参加型サービスの振興育成、介護福祉サービス条例の制定と市民参加による介護保険事業計画策定、自治体庁内組織の改革など、自治体行政の転換に向けた様々な具体的提言を行っていた。

この第2回総会の1週間後、介護保険制度創設を契機に自治体を改革し、住民サイドの福祉行政を進めていこうとする市町村長有志が集まり、新たな組織を立ち上げるべく行動を起こした。

設立準備会に先立つこと6か月前の1997年4月から、市町村長有志は月1回のペースで介護保険制度の勉強会を重ね、介護保険制度は住民に一番近い基礎自治体の責任で行うべきであるとの確信を得ていた。

10月1日に開催された設立準備会では、北良治北海道奈井江町長、岩川徹秋田県鷹巣町長、大橋荘治宮城県涌谷町長、中村仁山形県最上町長、矢崎和広長野県茅野市長、森貞述愛知県高浜市長、光武顕長崎県佐世保市長など、福祉行政に実績を挙げていた全国27名の市町村長が設立発起人となり、設立趣意書を採択し、全国市町村に参加の呼びかけを行った（資料V－8－1、V－8－2）。

(2) 福祉自治体ユニットの結成

福祉自治体ユニットの設立総会は、１９９７年11月23日東京ウイメンズプラザで開催された。設立総会には、発起人の呼びかけからわずか1か月半の間に全国81自治体の首長が賛意を示し、４６３名の自治体職員・市民が参加した設立総会は、会場に入りきれない参加者のために急遽第２会場が設定されテレビ中継が行われるなど、熱気に満ちたものとなった。当日配布された「福祉自治体ユニットの設立に当たって―市町村のめざすべき福祉施策―」には、「ユニットの基本理念」として、

① 自治体行財政の転換の必要性
② 介護保険制度からの出発
③ ナショナル・ミニマムとローカル・オプティマム
④ 新しい福祉産業と地域振興
⑤ 福祉自治体ユニットのめざすもの

の５点が示されていた。

(1)自治体行財政の転換の必要性

中山間地域、半島、離島など超高齢社会が現実となっている多くの市町村においては、すでに福祉施策と地域互助システムの連携が大きな効果をあげており、福祉先進自治体の経験

資料Ｖ－８－１　福祉自治体ユニット設立発起人名簿

（あいうえお順）（肩書は設立当時）

・生田秀正（鳥取県：日野町長）
・石倉徳章（島根県：八雲村長）
・今井清二郎（群馬県：富岡市長）
・岩川徹（秋田県：鷹巣町長）
・大橋荘治（宮城県：涌谷町長）
・川口博（秋田県：小坂町長）
・菅野典雄（福島県：飯館村長）
・上林宏（長崎県：吉井村長）
・菊池正（岩手県：遠野市長）
・北良治（北海道：奈井江町長）
・木村昇（宮城県：河南市長）
・坂本昭文（鳥取県：西伯町長）
・坂本祐之輔（埼玉県：東松山市長）
・佐藤正一郎（秋田県：羽後町長）
・砂尾治（兵庫県：五色町長）
・中村仁（山形県：最上町長）
・中谷延之（富山県：宇奈月町長）
・藤田幸治（福島県：棚倉町長）
・藤波彰（埼玉県：八潮市長）
・藤本昭夫（大分県：姫島村長）
・星川剛（山形県：尾花沢市長）
・増田邦夫（広島県：芸北町長）
・松本繁夫（埼玉県：小川町長）
・光武顕（長崎県：佐世保市長）
・森貞述（愛知県：高浜市長）
・若林茂生（広島県：御調町長）
・矢崎和広（長野県：茅野市長）
・菅原弘子（事務局）

☆私たちも福祉自治体ユニットを応援します。

池田省三　（財）地方自治総合研究政策研究部長
岩淵勝好　ジャーナリスト（産経新聞論説委員）
大熊一夫　フリージャーナリスト
大熊由紀子　ジャーナリスト（朝日新聞論説委員）
太田仁史　茨城県立医療大学付属病院長
大森彌　東京大学教授
岡本祐三　神戸市看護大学教授
京極高宣　日本社会事業大学学長
高橋紘士　立教大学教授
田中滋　慶應義塾大学教授
辻山幸宣　中央大学法学部教授
乳井昌史　ジャーナリスト（読売新聞論説委員）
外山義　東北大学工学部助教授
羽田澄子　記録映画作家
早川和男　国際居住福祉研究所長
樋口恵子　東京家政大学教授
堀田力　さわやか福祉財団理事長
皆川靭一　ジャーナリスト（共同通信論説委員）
宮武剛　ジャーナリスト（毎日新聞論説副委員長）
村田幸子　ジャーナリスト（NHK 解説主幹）
山口昇　公立みつぎ総合病院管理者
渡辺俊介　ジャーナリスト（日本経済新聞論説委員）

【団体】
・高齢社会をよくする女性の会有志
・介護の社会化を進める一万人市民委員会
・（財）さわやか福祉財団

資料Ⅴ－８－２　福祉自治体ユニット（仮称）設立趣意書
（住民サイドの福祉行政を進める市町村長の会）

来たるべき21世紀に向けて、我が国は大きな社会構造の変化のときを迎えています。

それは、高齢社会と呼ばれ、しかも、我が国の高齢化は他国の類をみない速さで進展していくことが予想されています。

このような状況の中で、介護を必要とする者が増加するとともに、痴呆等いわゆる要介護度の重度化が進み、もはや介護は家族で支え切れるものではなく、社会全体で支援していく体制を構築していく必要に迫られています。

このように介護問題が普遍化、社会化された時代において、我々市町村の責任と義務はきわめて大きいものがあります。

なぜなら、介護問題は生活現場そのものの問題であり、生活現場に一番近い政治家である我々がこれに真剣に取り組み、住民の生活を保障していくことが重要となるからです。

これまでの福祉八法改正による措置権の移譲、老人保健福祉計画の策定・推進は言うまでもなく、今後、公的介護保険の保険者として位置付けられる予定であり、我々市町村長の福祉施策への理解・取組がこれからの日本の福祉（社会）を決定するといっても過言ではありません。

そこで、市町村長は、それぞれの市町村で福祉施策を推進すると共に、お互い連携を深め、情報の把握・交換を行い、合意に達した施策については、共同行動をとって、国民や国・県といった行政機関にも提言し、その実現を図ることも責務であると考えます。

よって、我々は下記の活動を行うことを中心として、本会を設立するものであります。

１．研究（研修）活動

福祉政策に係る第一人者とされる講師を招き、福祉政策、関連する地方自治・財政政策の知識を深めるとともに、専門家との交流・情報交換を行う。

２．企画・提言活動

福祉政策に関して、共同目標を設置して取り組むとともに、必要であれば国・県への提言を行う。

３．連携（交流）活動

上記１・２の活動を始め、設立趣意に添う活動のため、会員（市町村長）間の交流・支援を行う。

平成９年10月１日

福祉自治体ユニット（仮称）設立発起人一同

を共有し、今後都市部において急速に進行する高齢化を展望した理論・実践両面での対策を考えていく。

②介護保険制度からの出発

高齢者福祉施策を大きく転換する介護保険制度の創設を出発点として、新たな地域ケアシステムの構築を目指す。

具体的には、従来の「救貧の色を強く残した措置制度」から「誰でもいつでもどこでもサービスを利用できる普遍主義」への転換、「最期を看取る介護」から「高齢者の自立を支える介護」への転換、そして「行政が給付する福祉」から「利用者が自ら選び取る社会サービス」への転換、を目指し、こうした地域ケアシステムを、国に頼るのではなく市町村が自らの役割として、介護保険制度の運営の中から実現していく。

③ナショナル・ミニマムとローカル・オプティマム

介護保険を全国標準的なサービス水準を保障する「ナショナル・ミニマム」と位置づけ、市町村は、介護保険という「ナショナル・ミニマム」を基礎としつつ、介護保険のみに頼ることなく、市町村の独自事業や住民互助活動、ボランティアの育成・支援など地域の様々なサービス資源を最大限掘り起こし、活用して地域事情に適合した最適のサービスを提供する「ローカル・オプティマム」を目指す。

④新しい福祉産業と地域振興

これまで経済のお荷物と考えられてきた福祉を「新たなサービス産業」として捉え、地域の雇用を創出し地域経済を活性化する可能性を秘めたものと位置づける。特に、高齢化が進行している地域ほど介護保険の大きな財源が動くこととなることから、介護保険制度は高齢地域・過疎地域の活性化の鍵となるものであり、介護サービスの地域経済への波及効果を重視して、「福祉から地域振興を発展させる」ことを目指す。

⑤福祉自治体ユニットのめざすもの

以上述べられてきた基本理念を踏まえ、もはや家族に頼ることのできない高齢者介護を、「自立支援」に基礎を置いた「介護サービスの社会化」によって乗り越えていくべく、基礎的自治体たる市町村は、自身を含め、改めて首長の意識変革、職員の意識変革を求めていく。同時に住民自身にも、自らの住むまちは自らが作り上げていくという意識を持って「情報公開」と「市民参加」による福祉自治体の創造に主体的に参画することを願う。

そして、「公共事業重視の『土建自治体』から「住民の生活を重視する『福祉自治体』への転換、「お仕着せ福祉」「おまかせ福祉」からの脱却を訴え、「ユニットの基本理念」は締めくくられていた。

設立総会では、10名の幹事・2名の監事及び4名の代表幹事を選出し、会則の採択を行った後、基本理念を踏まえた「共同宣言」を採択して閉幕した（資料V－9）。

代表幹事には、岩川徹秋田県鷹巣町長、坂本祐之輔埼玉県東松山市長、森貞述愛知県高浜市長、光武顕長崎県佐世保市長が選出された。

(3) 福祉自治体ユニットの活動①──研究プロジェクト

一万人市民委員会同様、福祉自治体ユニットも、「告発型でも陳情型でもない」提案型の活動を目指していた。そこには、中央政府と地方政府との対等な関係という観点に立脚して責任を持った提言型の活動を進めていく、「地方分権」とは地方政府による自己決定・自己責任・自己財源であり、来るべき高齢社会においては、基礎自治体たる市町村こそが当事者─主役となる、という、地方分権のあり方に関する福祉自治体ユニットの基本的認識、参加自治体の首長たちの強い自負が見て取れる。

資料Ⅴ－9　福祉自治体ユニット共同宣言
（住民の側に立った福祉行政を進める市町村長の会）

私たち市町村長一同は、「住民の生活を守る」ため、「住民に最も近い政治家」として、住民の声を尊重しながら、あらゆる施策において不断の努力を重ねてきました。

振り返れば、戦後の荒廃期、住民の生活をいかに立て直すか、高度経済成長期、住民の生活をいかに豊かにするか、国全体がひとつの目標に向かうなかで、我々の諸先輩も共同歩調で歩んで参りました。

その過程を経て、経済成長に伴い、農村部から都市部への人的・物的資源の集中により、農村部では、過疎化、特に若年層の流出により地域社会の空洞化、都市部では、環境問題等いわゆる「都市問題」が出現し、市町村長の抱える問題、目指す目標は多種多様となりました。

しかしながら、今日、我が国では高齢社会を迎え、再び全市町村長が「介護支援」という共通の課題を持ち、「いかに住民の人権（生活）保障を図るか」という共同目標を掲げその解決に取り組む時代が来たのです。

そして、この福祉問題は、住民の生活に密着した問題であり、これまでの国・県の、行政やサービス提供者側に立った指導を中心とした体系から発想を転換し、第一に利用者たる住民が自らの意志を発揮し、行政側は、住民にもっとも近いところで支援する市町村が主役となる体系を構築していく必要があるのです。

このために、市町村長が先頭に立って、イデオロギーにとらわれることなく、住民の意志に根づいた実践的な行動により解決の責任を果たさなくてはならないのです。

これを実現するためには、政策の過程（立案・実施・評価）が公開（情報提供）され、住民参加により、住民の意志が発揮され、行政との「共同作業」を行える機会を設ける必要があります。

公的介護保険制度は、まさに、これまでの行政の措置を中心とした閉ざされた体系から、住民参加（自己選択）、民間参入という需給両サイドからの開かれた体系への転換を図るものであり、介護問題の社会化・普遍化を前提とした解決への原動力となる可能性を秘めています。

私たちは、この公的介護保険制度の第一の責任者となることから、これを足がかりにし、「福祉自治体」（住民の側に立ち、住民の生活を保障する）を目標に、それぞれの市町村がひとつひとつのユニット（単位）として施策を進めるとともに、連帯したひとつのユニット（単位）として、国民に共同の福祉政策を提起していく役割を果たす責任をもった活動を行っていきます。

1997年11月23日

発足初年度の活動として、福祉自治体ユニットは、3つの研究プロジェクトを発足させ、調査研究を進めてその成果を具体的な提言にまとめて、実現に向けて国・自治体・国会・地方議会・マスコミ・関係団体に提案していくこととした。

①介護サービス基盤整備プロジェクト

サービス基盤の整備は介護保険制度の円滑な施行に向けての基礎自治体最大の関心事であり、懸案事項でもあった。介護保険制度が施行されてもサービス基盤の整備が十分でなければ市町村は住民に責任を取りえないこととなるからである。

福祉自治体ユニットは、新ゴールドプランの実現さえ不安を持つ市町村が少なくない中、緊急に基盤整備の財源措置を講じて計画的にサービスの質・量を向上させる思い切った施策が必要である、として、一万人市民委員会の提起している「介護基盤整備緊急措置法」制定の提案に連携しつつ、介護サービスの量・質を向上させる計画を研究して国・国会に提案する、とした。

②要介護者権利擁護プロジェクト

要介護高齢者の財産管理と身上監護を含む権利擁護システムの構築は、「高齢者の自立支援」を目指す介護保険制度を支える重要なサブシステムであるが、介護保険制度はこの点については極めて不十分であり、国レベルの取組みは、法務省に設置された成年後見制度研究会の報告を踏まえて、１９９９年を目途に政府において民法改正案・成年後見制度策定案を取りまとめる、というにとどまっていた。

一方、自治体レベルでは、東京都が１９９３年に「東京都精神薄弱者・痴呆性高齢者権利擁護センター（すてっぷ）」を開設、また大阪府が１９９７年10月に「大阪後見支援センター（あいすてっぷ）」を発足させるなど、国に先行する形で独自の権利擁護システムの構築に動いていた。

福祉自治体ユニットは、これら先進自治体の経験を調査研究し、各市町村への広がりを図ると同時に、法務省の成年後見制度案に対しても積極的に提言をしていく、とした。

③福祉産業による地域活性化プロジェクト

介護保険制度は在宅サービスについて大幅な規制緩和を行い、営利・非営利の多くの団体が参入してくることを想定していた。また、措置制度からの転換により施設入所についても利用者の選択が拡大することから、特定施設入所者介護やグループホームなど多様な介護施設の増設も予想されていた。

これらのサービス拡大による地域経済・地域雇用への波及効果を調査研究し、新たな地域産業振興の可能性を探り、地域振興策を提言していく、とした。

同時に、社会福祉協議会や第三セクターなど、これまで介護サービスの中心的提供者であった事業体について、経営・コスト・専門性等の観点からそのあるべき姿を調査研究するとともに、地域の介護サービスのコーディネートに関する市町村の役割を明らかにする、とした。

さらに、介護報酬についての検討を進め、それぞれの介護サービス提供者の経営・利潤を保障する価格水準を検討し提言する、とした。

(4) 福祉自治体ユニットの活動②──情報交流・研修活動

福祉自治体ユニットの活動のもう一つの大きな柱は、参加市町村相互の情報交流と研修活動であった。

ユニットのこの活動の背景となったのは、急ピッチで進む国サイドの介護保険制度施行に向けた準備作業の動きであった。厚生省は、1997年6月25日に全国介護保険担当課長会議(以下「全国課長会議」という)を開催し、介護保険法の施行準備作業に着手した。

このような国の動きを受けて、福祉自治体ユニットは、参加各市町村での施行準備及び円滑な運営のための情報収集と提供、さらに自治体の関心の高い、次に示すような新制度の主要課題に備えた実務者集中研修会を定期的に開催することとした。

ⅰ　要介護認定システム
ⅱ　ケアマネジメントシステム
ⅲ　介護保険給付と市町村単独事業のあり方
ⅳ　介護保険に関する市町村共同事業・連携システム
ⅴ　介護保険と広域連合・一部事務組合の制度論

第1回の介護保険研修会は、介護保険法成立後、1998年1月13日に開催された全国課長会議の直後の1月23日に実施された。

この時点で、ユニット参加の市町村数は97となっていた。

研修会では、①制度施行までの全体スケジュール、②要介護認定とケアマネジャー養成、③介護報酬、④保険料設定についてそれぞれ厚生省介護保険制度準備室から説明が行われた後、特に市町村の関心の高い①要介護認定基準設定のスケジュール、②認定審査会における一次判定（コンピューター判定）と二次判定の手順・認定更新期間の設定の考え方、③ケアマネジャー養成目標数と試験実施手順、受験資格、④介護報酬における地域差設定の考え方、

⑤保険料設定の基本的枠組みについて担当者から詳細な説明が行われ、さらに、⑥介護保険事業計画の策定手順とスケジュール（ニーズ調査・基盤整備進捗状況の把握等）、⑦事務処理システムについてもその時点での厚生省の考え方が説明され、最後に参加者との質疑応答・意見交換が行われた。

参加者からの研修会への評価は非常に高く、その後研修会は概ね月1回のペースで開催されることとなり、介護保険制度施行までの間、厚生省が開催する全国介護保険担当課長会議と歩調を合わせながら開催された。

研修会は、福祉自治体ユニットの重要な活動の柱となると同時に、介護保険制度の円滑な実施に向け大きな役割を果たすこととなった。

(5) 福祉自治体ユニットの活動③——提言・提案・要請行動

国民皆保険・皆年金制度創設以来の大制度改正と言われた介護保険制度の施行準備作業は、質・量両面とも膨大なものであり、まさに国・都道府県・市町村をあげての大事業であった。その意味では、２０００年4月までの2年間は決して十分な準備期間とは言えないものであった。

福祉自治体ユニットは、研究プロジェクトや各種研修会等を通じて介護保険制度の円滑施行・市町村への定着に尽力したが、同時に、当事者である自治体首長の立場から、現場に即した問題提起を積極的に行った。

さらに、制度施行直前、政権の枠組みの変化を背景に生じたいわゆる「施行延期論」「特別対策」をめぐる動きに対しても、法定通りの制度実施を求めて積極的に行動した。

福祉自治体ユニットが本格的な活動を展開するのは、法案成立後、施行準備期間に入ってからであり、福祉自治体ユニットは、自治体職員向けの各種研修会・研究プロジェクトを通じて自治体の施行準備を支援するとともに、多くの提言・要請行動を行った（資料Ⅴ－10）。

資料Ｖ－10　福祉自治体ユニットが行った主な提言・要請行動
（1997年12月法案成立から2000年4月制度施行まで、
福祉自治体ユニット資料より作成）

1998年4月9日
「介護保険施行に向けたサービス基盤整備についての要請」
（対自由民主党　山崎拓政務調査会長）
1998年11月17日
「介護保険施行に関する決議（現金給付・家族ヘルパー導入に反対し2000年4月制度施行を求める緊急アピール）」
1998年12月11日
「介護保険の2000年実施を強く要望する」（要請行動）
1999年5月28日
「介護保険制度の2000年4月実施を求める緊急アピール」
1999年8月28日
「平成12年度予算概算要求に関する要望書」
（対宮下創平厚生大臣）
1999年10月25日
「介護保険制度の保険料凍結案に反対する要望」（要請行動）
1999年11月12日
「介護保険制度見直しの撤回を求める要請書」（要請行動）
（「3党合意は認められない！　590団体集会」共催）
1999年11月24日
「介護保険制度の直前見直し案への緊急要望」（要請行動）

Ⅵ章

1998年～1999年

法施行に向けた準備作業

介護保険法案は、1997年12月9日衆議院本会議で可決成立し、それ以降、2000年4月まで、2年半弱にわたる介護保険制度の施行準備作業が進められることとなった。以下、本章からⅨ章まで、この法施行に向けた動きを4つの局面に分けて辿っていくこととする。法成立後の動きも、成立までの苦難に匹敵するような「山あり、谷あり」の困難な道程であった。「走りながら考える」を合言葉に法施行に向けた準備に全力を尽くしてきた人々も、最後は、「転びながら考える」、「七転び八起」といった言葉を口にするようになった。

まず、本章では、法施行のために必要とされる「準備作業」の動きを跡づける。介護保険法は成立したが、法律自体は制度の大枠を規定しているに過ぎず、制度の具体的な設計は、この広範多岐にわたる「事務的作業」を通じて行われることとなった。しかも、介護保険法は、前章で明らかにしたように、当初の想定よりも国会への法案提出から成立までに時間を要し、また、要介護認定や介護保険事業計画への住民の参画といった新しい仕組みの導入、さらには基盤整備などさまざまな取組みが求められることから、すべての市町村で体制を整えることを考えれば、2年半という準備期間は、決して余裕のあるものではなかった。

具体的には、後述のとおり、厚生大臣の諮問機関である医療保険福祉審議会（以下「医福審」という）と、全国の都道府県等の介護保険担当者を集めて定期的に開催された全国課長会議という2つの場において、「ループ」のような手順、すなわち、それぞれの事項について、全国課長会議で説明し、各自治体からのフィードバックを受け、医福審での審議を経て、また、全国課長会議で説明をする、という手順を踏みながら、一つ一つ内容を確定していったのである。

1 施行準備に向けた体制づくり

(1) 法案成立前の全国課長会議の開催

厚生省は、介護保険法案の国会成立前、介護保険法が参議院で継続審議となった1997年6月25日の段階で、早くも全国課長会議を開催し、実質的な施行準備に着手した。通常の制度改正であれば、法案成立前に、まだ成立していない法案の内容を前提に表立って政府が施行準備を開始することは、「国会軽視」の批判を受けるおそれがあり、「国会の審議権（法案修正権）侵害」にもつながりかねないものであった。

しかし、前国会において衆議院での可決を経て、参議院での審議が一定程度行われ、閉会中審査も精力的に進められていたことや、1961年の国民皆保険・皆年金実施以来と言われた「社会保障制度の大改革」である介護保険制度の円滑な実施に向け、実施主体となる市町村において準備すべき事項が山積しており、前広の情報提供が求められていたことなどを踏まえ、与党とも相談した上で、法案成立前の全国課長会議開催という異例の措置に踏み切ったのである。

この会議の配布資料の中で、厚生省は「厚生省介護保険制度準備体制について」として、①新たに市町村から職員派遣を受け入れ、高齢者介護対策本部事務局の体制を強化した上で、7月に「介護保険制度準備室」へと改組し、本格的な制度準備に入ること、②関係部局担当者を含めた「介護保険制度準備チーム」を編成し、テーマ別に制度準備の検討に入ることとし、全部で15の準備チーム[1]を設置すること、を明らかにした。

また、同会議の資料の中で、２０００年4月の制度施行までの準備日程（ロードマップ）の全体像を示すとともに、審議中の介護保険法案の条文に沿って、市町村及び都道府県が担うこととなる事務を個別に列記（市町村事務：10分野36項目、都道府県事務：4分野15項目）した。その全てについて具体的な事務内容と施行までの準備スケジュールを個表の形で示して、国・都道府県・市町村がどのような役割分担に基づいてどのように準備作業を進めていくかについての詳細なロードマップを示した（資料Ⅵ－1・Ⅵ－2・Ⅵ－3、４７０頁～４７７頁）。

さらに、介護保険制度に関する各自治体からの質問・照会を広範に受け付け、その内容を整理して、150頁に及ぶ「介護保険制度Q&A集」を作成して翌7月に全国の自治体に配布した。

(1) ①組織体制検討チーム、②市町村等の事務処理チーム、③要介護認定、介護支援サービス（ケアマネジメント）チーム、④事務処理システムチーム、⑤介護報酬チーム、⑥介護保険事業計画・基盤整備チーム、⑦民間活力チーム、⑧療養型病床群チーム、⑨地域リハビリテーションチーム、⑩政省令チーム、⑪保険料天引きチーム、⑫支払基金チーム、⑬国保連合会チーム、⑭保険料設定チーム及び、⑮マンパワーチームの15チーム。

(2) 推進本部及び施行準備室の設置

このように、厚生省は、介護保険法成立前から、すでに実質的な施行準備作業をスタートさせていたが、介護保険法が1997年12月9日に成立したことを受け、その直後の12月17日、新たに事務次官を本部長、老人保健福祉局長を本部長代理、大臣官房審議官を事務局長とした「介護保険制度実施推進本部」及び、その実働部隊の中核を担う「介護保険制度施行準備室」を設置し、2000年4月の施行へ向けて、市町村などが円滑に準備を進めることができるよう、制度の細部の検討や基盤整備などの準備を本格化していった。

当時の小泉厚生大臣は、政府広報において、次のように述べている。

「介護保険は、新たな社会保険の創設であり、実施に当たっては、いろいろ予期せぬ問題もあるかとは思いますが、制度の検討状況などについて、市町村、保健・医療・福祉関係者、また広く一般に、随時情報提供を行い、共通の問題意識の上に立って、幅広い意見を伺いながら、一つ一つ問題の解決を図りながら、着実に準備をすすめてまいりたいと考えております」

厚生省は、いくつもの課題を並行して検討を進めていった。具体的には、前述の15チームの検討体制をそのまま引き継ぎ、同時並行して課題の検討を進め、２０００年４月に全体として完成するイメージであり、まさに、「走りながら考える」という言葉がぴったりの状況であった。

(3)　様々なルートを通じた情報発信

介護保険制度を円滑に施行するためには、準備段階から国民、地方自治体、サービス事業者などの関係者に、制度の詳細内容に関わる各種情報を前広かつ丁寧に伝えていくことが必要不可欠であった。

この情報発信の中心的舞台となったのが、①厚生労働大臣の諮問機関である医福審と、②全国の都道府県等の介護保険担当者を集めて定期的に開催された全国課長会議であった。

医福審は、1997年の健康保険法等の一部改正法により、医療保険審議会と介護保険制度の制度化に向けた審議の舞台であった老人保健福祉審議会が統合してできた審議会であり、老人医療も含めた医療保険制度と介護保険制度に関する事項を審議することをその任務としていた。具体的には、①健康保険制度その他の医療保険制度及び老人保健制度のあり方に関する事項並びにこれらの制度の全般にわたる改善に関する基本的事項、②健康保険事業、船員保険事業及び国民健康保険事業に関する重要事項、③老人の保健及び福祉に関する重要事項、及び④介護保険に関する重要事項が審議事項として定められており、この審議会の下に、制度企画部会、運営部会、老人保健福祉部会及び介護給付費部会の4つの部会が設置されていた。

このうち、介護保険制度の施行準備に直接関係するのは、介護保険に関する重要事項（介護給付費部会において調査審議する事項を除く）を審議する老人保健福祉部会と、介護保険の給付対象となる介護サービスの費用の額の算定基準や運営基準のうち受給資格の確認、サービスの取扱方針等サービスの取扱いに関する部分について調査審議する介護給付費部会の2部会であった。1997年10月28日当時の老人保健福祉部会の部会長は、井形昭弘（愛知健康科学総合センター長）で、委員は20名（部会長を含む）、介護給付費部会の部会長は、星野進保（総合研究開発機構理事長）で、委員は21名（同前）であった（名簿は、資料Ⅵ－4、478頁）。

一方、医福審の審議と並行して、全国課長会議が当初は3か月に1回程度、1999年後半に入ると1～2か月に1回程度の頻度で開催され、地方自治体関係者に対して広範多岐にわたる情報提供や、膨大な論点についての国としての考え方の提示が行われた（資料Ⅵ－5、479頁）。

特に、介護保険制度を実施する上では、各種事務処理システムの構築を施行までに間に合わせることは必須であった。事務処理システムは、一定の開発期間が必要となることから、各自治体に対し、事務処理の流れや各種事務処理システムの標準的な仕様をできるだけ早く示す必要があった。このため、1998年4月21日に開催された全国課長会議においては、審査・支払いシステム、被保険者管理システムについての標準的な仕様や各種事務の具体的な流れとともに、当時の社会保険庁が実施することになっていた年金天引きの事務処理の概要等が示され、同年7月29日に開催された会議においては、保険料の賦課、収納、滞納対策に係る事務処理手順が示された。

これらの会議で配布された会議資料は、各回、平均で約500頁の大部のものであり、そ

資料Ⅵ－１　介護保険制度施行準備日程（案）

（1997年６月25日、全国課長会議資料）

		国	都道府県	市町村
1997（平成９）年度	1	○全国会議Ⅰ	介護保険関係市町村会議	
	2		○介護保険事業事務内容の検討 ○準備組織の検討 ○介護保険事業支援計画策定等予算の検討	○介護保険事業事務内容の検討 ○準備組織の検討
	3	○介護支援専門員指導者研修（１期）		○寝たきり老人等の把握調査
	4	○全国会議Ⅱ ○介護支援専門員指導者研修（２期） ○介護保険事業計画需要調査指示 ○事務処理システム標準仕様の提示 ○介護支援専門員標準テキスト刊行 ○介護保険事業計画基本指針案提示	介護保険関係市町村会議 ○要介護認定事務の受託、介護認定審査会共同設置の調整 ○市町村相互財政安定化事業、広域連合等の調整	○介護保険事業計画策定予算の検討 ○要介護認定事務の委託、介護認定審査会共同設置の検討 ○被保険者管理等国保連委託の検討、事務処理システム基本の検討
1998（平成10）年度	1	○介護支援専門員に関する省令制定 ○全国会議Ⅲ ○事務処理システム標準仕様の提示（2次） ○介護支援専門員試験委員会設置 ○介護支援専門員実務研修実施要綱通知 ○事業者指定・施設指定基準策定	○準備組織設置 介護保険関係市町村会議	○準備組織設置
	2	○要介護認定基準確定 ○標準サービス事例提示 ○介護保険事業計画基本指針作成 ○全国会議Ⅳ ○要介護認定等試行的事業実施 ○介護支援専門員指導者研修継続（第３期） ○介護給付費部会（中間まとめⅠ）	○介護保険事業計画等の市町村説明 ○介護保険事業計画の技術的助言 ○圏域設定など介護保険事業支援計画策定作業 ○要介護認定等試行的事業実施 ○介護支援専門員試験実施 ○介護支援専門員研修開始・継続（通年）	○需要調査など介護保険事業計画策定作業 ○必要基盤整備量推計 ○要介護認定等試行的事業実地

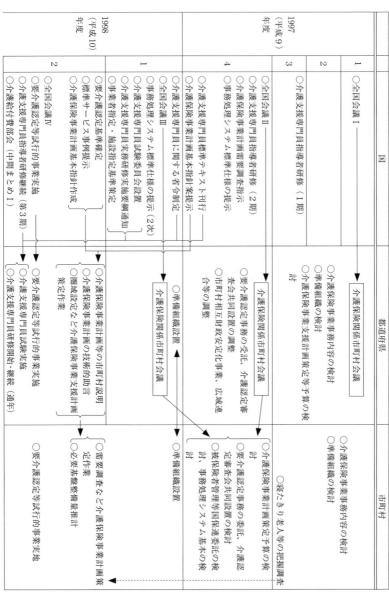

1998（平成10）年度	3			
	4	○介護給付費部会（中間まとめⅡ） ○政省令、条例準則等の公布等		
1999（平成11）年度	1	○介護支援専門員指導者研修継続（第4期） →	○介護支援専門員実務研修受講試験・実務研修継続（通年）	
		○介護サービス基盤の見込み等とりまとめ ↔	○介護サービス基盤の見込み等とりまとめ ↔	○介護サービス基盤の見込み等とりまとめ
		○介護報酬基本骨格案	○介護認定審査会設置（受託）	○介護認定審査会設置
	2	○介護保険運営費の国庫負担等概算要求	○事業者・施設の指定	
	3	○年金受給者情報作成及び通知 ――	（社会保険事務所） →	○年金受給者情報の受理及び本人特定 ○被保険者管理等事務システム稼働
		⇔ ⇔ ⇔ ⇔ ⇔ ⇔ ⇔ ⇔ ⇔ ⇔ ⇔	⑩給付申請受け付開始、介護認定開始 （○介護保険審査会設置）	⇔ ⇔ ⇔ ⇔ ⇔ ⇔ ⇔ ⇔ ⇔ ⇔ ○保険証交付
	4	○介護報酬の諮問答申		○保険料率の決定
			○介護保険事業支援計画策定 →	○介護保険事業計画策定
		○介護保険関係予算の確定 ――	○介護保険関係予算の確定 ――	○介護保険関係予算の確定
		○特別徴収開始（12年4月） ←	（社会保険事務所） ――	○特別徴収対象被保険者及び特別徴収保険料額の決定
2000（平成12）年度	1		○主管組織の設置	○主管組織の設置
		○介護支援専門員指導者研修継続（第5期） →	○介護支援専門員実務研修受講試験・実務研修継続（通年）	○介護保険特別会計設置
			○事業者・施設の指導・監督	○保険料賦課、徴収
			○国保連介護給付費審査会設置・業務開始	

資料Ⅵ－2　介護保険制度における市町村及び都道府県の事務

（1997年6月25日、全国課長会議資料）

1. 介護保険制度案における主な市町村事務

(1) 被保険者の資格管理に関わる事務

① 被保険者の資格管理
② 被保険者台帳の作成
③ 被保険者証の発行・更新
④ 住所地特例の管理

(2) 要介護・要支援認定に関わる事務

① 要介護認定・要支援認定事務
② 介護認定審査会の設置

(3) 保険給付に関わる事務

① 現物給付の審査・支払（国保連に委託）
② 居宅サービス計画（ケアプラン）等作成を依頼する旨の届出の受付等
③ 償還払い（特例サービス費等）
④ 種類支給限度基準額の設定・区分支給限度基準額の上乗せ等
⑤ 居宅介護福祉用具購入費・住宅改修費の支給等
⑥ 高額介護サービス費の支給等
⑦ 給付の適正化関係事務
⑧ 市町村特別給付の実施
⑨ 第三者行為求償事務（国保連に委託）
⑩ 他制度による給付の調整
⑪ 食事に係る標準負担額の減免・一部負担金の減免等

(4) 保健福祉事業に関わる事務

① 保健福祉事業の実施

(5) 市町村介護保険事業計画の策定に関わる事務

① 市町村介護保険事業計画の策定

(6) 保険料の徴収に関わる事務

① 料率の決定等
② 普通徴収
③ 特別徴収
④ 督促・滞納処分
⑤ 保険料滞納被保険者に係る各措置
⑥ 保険料の減免

(7) 条例・規則等に関わる事務

　① 介護保険に固有の条例等の制定

(8) 会計等に関わる事務
　① 特別会計の設置、予算・決算・収支・支出に係る事務
　② 国庫定率負担・都道府県負担・調整交付金・事務費交付金の申請・収納等
　③ 支払基金の交付金申請
　④ 市町村一般会計の繰入れ（定率（給付費の１／８）負担）
　⑤ 財政安定化基金への拠出・交付・貸付申請・借入金の返済
　⑥ 積立金（基金）の設置・管理
　⑦ 統計事務

(9) 介護保険制度関連の他制度に関わる事務
　① 国保保険者としての事務
　② 生活保護の介護扶助・生活扶助（保険料）に係る事務

(10) その他
　① 広報

2. 介護保険制度案における主な都道府県事務
(1) 市町村支援に関わる事務
　① 保険者指導・支援
　② 介護認定審査会の共同設置等の支援
　③ 審査判定の受託及び受託した場合の都道府県介護認定審査会の設置
　④ 都道府県介護保険事業支援計画の策定及び市町村介護保険事業計画作成に対する助言
　⑤ 市町村相互財政安定化事業の支援
　⑥ 介護保険審査会の設置・運営
　⑦ 経過的な区分支給限度額基準を定める特定市町村の支援

(2) 事業者・施設指導に関わる事務
　① 保険取扱事業者・施設の指定・許可・指導・監督

(3) 財政支援に関わる事務
　① 給付費に対する定率負担金の交付
　② 財政安定化基金の設置・運営

(4) その他の事務
　① 国保連の指導監督
　② 特別徴収に係る経由機関（社会保険事務所）としての事務
　③ 介護保険関連の他制度事務（生活保護）
　④ 居宅介護支援専門員の養成
　⑤ 必要な条例・規則等の制定

資料Ⅵ－３　市町村事務及び都道府県事務に係る「個表」の例

（1997年6月25日、全国課長会議資料より作成）

〈市町村事務〉

⑵① 要介護認定・要支援認定事務 （第27条～第37条）

○内容

1　被保険者の申請（指定居宅介護支援事業者又は介護保険施設による申請代行）
2　市町村による要介護認定調査・指定居宅介護支援事業者等への要介護認定調査の委託
3　主治医（市町村医師・指定医）からの意見聴取・診断命令
4　市町村から介護認定審査会へ通知（審査判定依頼）
5　介護認定審査会による審査判定
6　市町村による認定
　・介護認定調査会の意見がある場合はサービスの種類を指定できる
7　被保険者への結果通知（要介護状態区分・介護認定審査会意見を被保険者証に記載）
8　要介護認定・要支援認定の更新・変更・取消し手続き

○検討項目

1　申請～認定～通知までの事務体制の構築
2　指定居宅介護支援事業者等による代行申請の取扱い
3　調査員たる市町村職員の研修の実施・指定居宅介護支援事業者等への調査委託の検討（守秘義務）
4　主治医の把握方法・指定医の確保・市町村医師の活用

○スケジュール

	9年度				10年度				11年度				12年度
	1	2	3	4	1	2	3	4	1	2	3	4	1
国		○要介護認定用ソフトウェア開発						○政省令・通知等					
県													
市町村			○要介護認定モデル事業（347カ所）── 全市町村 ────								○審査会設置 ────		
											○事務局設置 ────		
					○調査委託の検討・研修 ────								
									○条例制定				
											○準備認定開始 ────		

○申請から認定

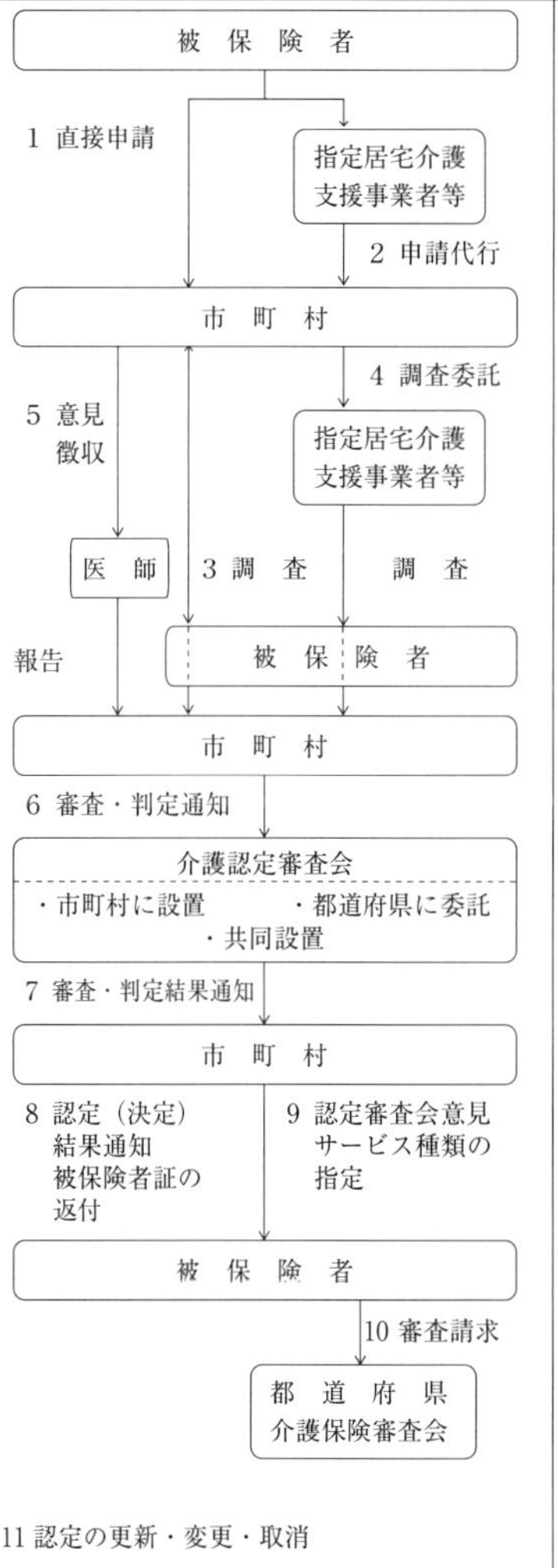

1　被保険者が市町村に認定を申請

2　指定居宅介護支援事業者又は介護保険施設は被保険者に代わって申請が可能

3　市町村職員が訪問調査を実施

4　指定居宅介護支援事業者等に訪問調査を委託
介護支援専門員は守秘義務等が課される

5　市町村は、疾病又は負傷の状況等について主治医の意見を求める

6　市町村は訪問調査及び医師の意見を介護認定審査会に通知

7　要介護認定・要支援認定・該当する要介護状態区分等審査判定を行い、結果を市町村に通知
必要に応じて市町村に意見を付す

8　介護認定審査会の結果判定に基づき認定（決定）を行う
結果を被保険者に通知、非該当の場合は却下

9　介護認定審査会が市町村に意見を付した場合、市町村はサービスの種類を指定・認定審査会意見書への記載

10　決定の内容に不服がある場合は都道府県に設置された介護保険審査会に審査請求を行う

11　3か月から6か月程度（未定）で認定の更新を行う
随時必要に応じて変更・取消を行う

(5)① 市町村介護保険事業計画の策定

（第 117 条）

○内容

1 市町村介護保険事業計画

・基本指針に即して３年毎に５年を１期とする介護保険事業に係る保険給付の円滑な実地に関する計画を策定

2 計画で定める事項

・介護給付対象サービスの種類毎の量の見込み

・サービスの種類毎の見込み量確保の方策

・事業者相互間の連携確保、その他のサービスの円滑な提供を図るための事業

・保険給付の円滑な実施を図るために必要な事項

○検討項目

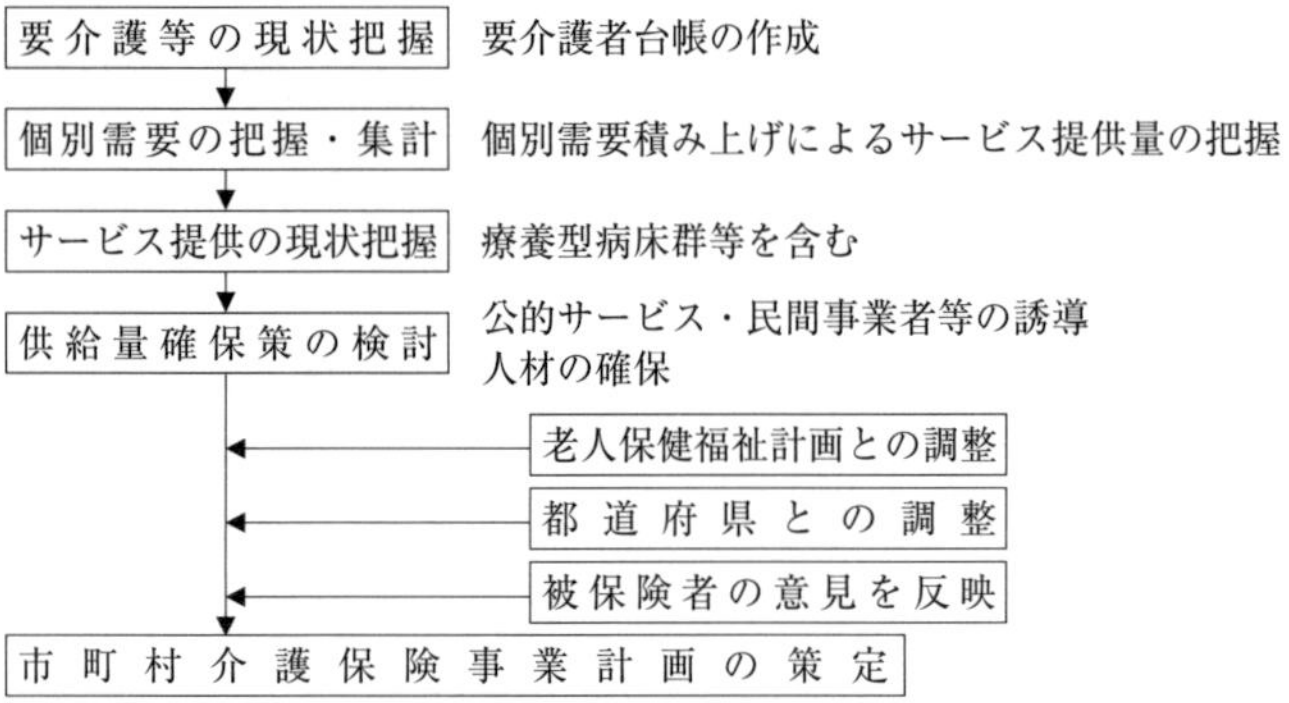

○スケジュール

	9年度				10年度				11年度				12年度
	1	2	3	4	1	2	3	4	1	2	3	4	1
国					○基本指針 ○都道府県介護保険事業支援計画作成指針 ○市町村介護保険事業計画作成指針							提出	
県				○市町村の状況把握	○支援計画策定作業 ○計画策定委員会等 ○市町村に対する指導				○介護サービス基盤等の見込み量の取りまとめ			○策定 ○予算確定	
市町村			○要介護者等の状況把握（台帳の整備）		○事業計画策定作業 ○計画策定委員会等 ○基礎調査				○介護サービス基盤等の見込み量の取りまとめ			○策定 ○予算確定	

〈都道府県事務〉

(1)④　都道府県介護保険事業支援計画の策定及び市町村介護保険事業計画作成に対する助言　(第118条、第119条)

○内容

1　第116条に定める基本方針に即して、3年毎に、5年を1期とする介護保険事業に係る保険給付の円滑な実施の支援を目的とする都道府県計画を策定
2　市町村介護保険事業計画作成上の技術的事項についての必要な助言

計画の構成 → ①圏域設定（入所定員・サービス量の見込み）
②介護保険施設等の施設整備
③人材養成・支援　等

○検討項目

1　サービス量見込み（圏域内におけるサービス調整）
・都道府県が定める区域ごとの介護保険施設入所定員総数
・その他の対象サービス量の見込み
2　給付サービス提供のための施設整備
3　介護支援専門員その他の対象サービス従事者の確保、質的向上
4　施設相互間の連携確保、対象サービスの円滑な提供
5　その他介護保険事業の円滑な実施のための事業

○スケジュール

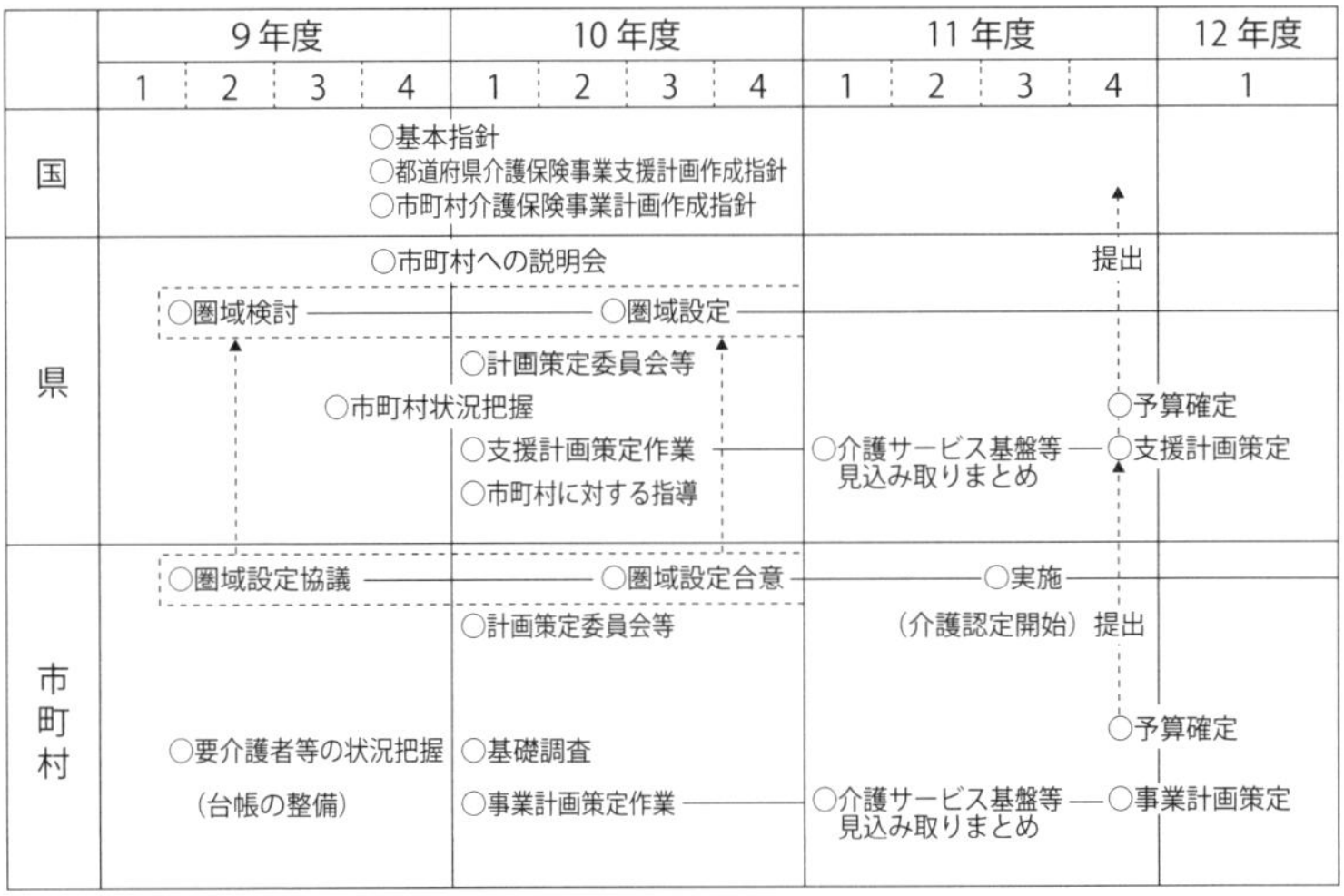

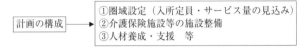

資料Ⅵ－4　医療保険福祉審議会委員名簿（1997年10月28日現在）

○老人保健福祉部会

青柳俊	日本医師会常任理事
※井形昭弘	愛知県健康科学総合センター長
柿本善也	奈良県知事
加藤隆正	介護療養型医療施設連絡協議会会長
蒲生洵	日本歯科医師会常務理事
喜多洋三	大阪府守口市長
京極高宣	日本社会事業大学学長
見坊和雄	全国老人クラブ連合会副会長
下村健	健康保険組合連合会副会長
多田羅浩三	大阪大学医学部教授
中西敏夫	日本薬剤師会常務理事
中村博彦	全国老人福祉施設協議会会長
成瀬健生	日本経営者団体連盟常務理事
野中一二三	京都府園部町長
樋口恵子	東京家政大学文学部教授
堀江侃	神奈川県国民健康保険団体連合会理事長
水野肇	医事評論家
村上忠行	日本労働組合総連合会総合政策局長
山口昇	全国老人保健施設協会会長
山崎摩耶	日本看護協会常任理事

（注）※印は部会長を示す。

○介護給付費部会

※星野進保	総合研究開発機構理事長
青柳俊	日本医師会常任理事
安東敏眞	全国デイサービスセンター協議会副会長
井形昭弘	愛知県健康科学総合センター長
柿本善也	奈良県知事
加藤隆正	介護療養型医療施設連絡協議会会長
蒲生洵	日本歯科医師会常務理事
喜多洋三	大阪府守口市長
京極高宣	日本社会事業大学学長
見坊和雄	全国老人クラブ連合会副会長
下村健	健康保険組合連合会副会長
田中滋	慶應義塾大学大学院経営管理研究科教授
中西敏夫	日本薬剤師会常務理事
中村博彦	全国老人福祉施設協議会会長
成瀬健生	日本経営者団体連盟常務理事
野中一二三	京都府園部町長
橋本泰子	大正大学教授
堀江侃	神奈川県国民健康保険団体連合会理事長
村上忠行	日本労働組合総連合会総合政策局長
山口昇	全国老人保健施設協会会長
山崎摩耶	日本看護協会常任理事

（注）※印は部会長を示す。

資料Ⅵ－5　全国介護保険担当課長会議の開催経過（法施行まで）（筆者作成）

開催日	主な内容
1997年6月25日	・厚生省介護保険制度準備体制について
1998年4月21日	・介護支援専門員の養成について ・介護保険事業に係る保険給付の円滑な実施を確保するための基本的な指針の概ねの案
1998年7月29日	・1998年度高齢者介護サービス体制整備支援事業 ・要介護者等に対するサービスの利用事例
1998年10月29日	・介護報酬の主な論点と基本的な考え方 ・介護保険における療養型病床群の取り扱い
1999年1月27日	・保険料の設定について ・1998年度高齢者介護サービス体制支援整備事業の実施状況について
1999年4月20日	・介護事業者の指定基準について ・要介護認定基準について ・第1号保険料率の推計のためのワークシート
1999年7月29日	（都道府県等要介護認定担当者会議として開催） ・要介護認定について
1999年8月3日	・介護報酬の骨格について ・要介護認定の事務処理について ・介護療養型医療施設の利用者数の見込み方
1999年9月17日	・事前サービス調整について ・準備要介護認定における事前準備体制について
1999年11月29日	・介護保険法の円滑な実施のための特別対策
2000年1月26日	・2000年度介護保険の保険者の予算編成について ・介護報酬の設定等について
2000年3月7日	（全国高齢者保健福祉関係主管課長会議として開催） ・適切な認定調査実施のための対応方針 ・居宅サービス計画の策定事務について（法施行に間に合うように計画作成を勧奨する等）
2000年3月8日	・介護報酬について ・居宅介護支援事業者の給付管理業務について

のうち、事務処理システム等に係る部分だけで、毎回１００頁から２００頁に及ぶものとなっていた。法の実施に必要な一つ一つの事務処理について、その流れをフロー図形式等で詳しく示したため、大部なものになったのである。このような資料の作成が可能だったのは、当時、各自治体から施行準備室に研修生として派遣されていた、多くの優秀な自治体職員の活躍があったからである。彼らは、自治体の事務処理に精通しており、派遣元の自治体等の意見も聞きながら作業を進めた。厚生省の職員だけでは、このような作業は到底困難であった。

(4) 自治体の準備体制づくりと「カリスマ職員」の登場

都道府県や市町村等も、この時期、介護保険施行準備に向けた庁内組織を立ち上げているが、ほとんどの都道府県においては、専任の課長を置き、その下に、10名前後の専任の職員を置く体制を組んだ。政令指定都市においては、概ね専任の部長が置かれた。

当時は、３０００以上の市町村が存在したが、小さな市町村にとっては、要介護認定事務等を単独で行うことは困難な状況であった。そのため、厚生省は、事務の広域的実施の推進に取り組み、全国のかなりの地域で、要介護認定業務を中心に広域的実施に向けた取組みが進められた。

各自治体においては、多くの優秀な職員が施行準備作業に携わった。これら職員はお互い横のつながりを持っており、例えばこの時期、首都圏の自治体の介護保険制度の施行準備を担当する職員の有志が、「自治体介護保険研究会」[2]という会合を月1回の頻度で開催し、そこで、互いに問題点について意見交換をしながら、施行へ向けた作業を進めていた。毎回の会議には、厚生省の職員も参加し、真剣な議論を重ねた。厚生省としても、全国に各種の方針を示す前に、この会議において意見交換を行うことにより、内容の詰めを行うことができ、また、この会議を通じて、各自治体における施行準備上の問題点を把握することができたのである。

自治体においては、新しい制度の施行ということで、福祉畑の職員だけではなく、全庁的に職員を選抜し、施行準備業務に従事させていたところも多かった。読売新聞が1998年10月から12月にかけて実施した全国首長アンケートでも、新世紀初頭の重要政策課題についての問（複数回答）に対し、92％の首長が、「公的介護保険や医療、少子高齢化対策など福祉施策」と回答し、2位の「雇用・景気対策など地域経済の活性化」の50％を大きく引き離していた。当時、介護保険制度は、「地方自治の試金石」と言われ、地域のサービスは住民参加の下で地域が、主体的に決めるという基本精神が重視されていたことから、地域に必要なサービスをつくっていくには制度横断のまちづくり的な発想が求められていた。このように、それまでの福祉制度にない斬新さがあったことから、福祉畑の職員ではない人材もスムーズに受け入れられた面もあったのである。そうした中から、介護保険制度の「カリスマ職員」と呼ばれる職員が数多く登場した。

(2) このメンバーの一人は、「自治体職員としてこの仕事（介護保険）に携わった人間は、ただ単なる仕事ではなく、大げさに言えばすべてに優先して、人生をかけて、時間を注いでいた」と述べている。『いっと』48号（いっと編集室2000年3月号）。

2 市町村事業計画の策定準備と保険料の円滑徴収に向けた取組み

(1) 基本指針の策定――市町村における保険料水準の議論に向けて

介護保険法においては、市町村が策定する介護保険事業計画及び都道府県が策定する介護保険事業支援計画によって、介護サービス基盤の整備方針を定める仕組みとなっており、これらの計画は、厚生労働大臣が定める「介護保険事業に係る保険給付の円滑な実施を確保するための基本的な指針（基本指針）」に即して定めることとされていた。一方、第1号保険料の水準は、高齢者にとって最大の関心事項でもあった。円滑な施行のためには、市町村は、できるだけ早く保険料の概ねの額を住民に示すことが必要であったが、これは介護保険事業計画に基づき決定される仕組みとなっていた。

このため、1998年4月21日の全国課長会議資料において、この基本指針の概ねの案が示され、この中で、市町村におけるサービスのニーズを把握するための調査手法や、それを受けた介護サービスの種類ごとの量の見込みを定める手順等が明らかにされた。

なお、後に保険料高騰の元凶のように言われた療養型病床群については、4月頃の段階では、「介護保険制度創設を間近に控え、要介護者のための療養型病床群の整備の促進が必要である」（同会議資料）というように、むしろ整備を促進する方針が明らかにされ、2000年度当初の目標として、全国ベースで19万床を目安に整備していくこととされていた。

(2) 要介護者等に対するサービスの利用事例の提示

その後の1998年7月29日の全国課長会議では、保険料の額の算定の際、在宅サービスの算定の基礎となる「要介護者に対するサービスの利用事例について」が示された。これは、在宅サービスについて、要支援から要介護5までの各区分におけるいくつかの典型的なサービス利用事例を明らかにし、次の3つの基本的な考え方に基づいて作成されたものであり、法案審議時点で示されていたサービスモデルを改善したものとなっていた。

①　予防、リハビリテーションの重視
サービスの利用に当たっては、要介護状態の軽減若しくは悪化の防止又は要介護状態となることの予防に資するという介護保険の基本理念を踏まえ、通所リハビリテーション、通所介護の利用に配慮したこと
②　総合的、かつ、効率的なサービス利用
要介護高齢者の生活全般を支えるため、保健・医療・福祉にわたる各サービスが総合的・一体的に提供されるとともに、個々の高齢者の必要性に見合った適切かつ効果的なサービスが効率的に提供されること
③　在宅の重視
要介護状態となっても、可能な限り、住み慣れた家庭や地域で、その有する能力に応じて自立した生活を営むことができるよう、24時間対応を視野に入れた支援体制の確立を目指すこと

例えば、要支援であれば、「機能訓練の必要性にかんがみ、週2回の通所リハビリテーションが利用できる水準」、最重度の要介護5であれば、「生活全般にわたって、全面的な介助が必要になることから、早朝、夜間の巡回訪問介護を含め、1日3～4回程度のサービスが利用できる水準」、「医療の必要度が高い場合に、週3回の訪問看護サービスが利用できる水準」というものであった（図Ⅵ－1）。

このサービス利用事例は、各市町村における在宅サービス量の見込みの算出（＝保険料算出）の基礎となるとともに、後の要介護度別支給限度額の設定や、各在宅サービスの介護報酬の設定のベースとなった。

これに併せて、施設サービス量の見込みの算出方法についても考え方が示された。それによれば、各市町村が行った実態調査の結果を踏まえ、「施設サービス必要者数＝施設入所・入院者―そのうち要支援・自立該当者等＋必要性を精査した特養待機者＋社会的な長期入院者」という算式で算出することとされていた。

(3) 参酌標準の提示

こうした経緯の後、1999年4月5日に、厚生省は医福審に「介護保険事業に係る保険給付の円滑な実施を確保するための基本的な指針」を諮問した。

この指針案は、介護給付等対象サービスを提供する体制の確保に関する基本的事項を定めるとともに、全国的な均衡を図るという観点から、市町村介護保険事業計画及び都道府県介護保険事業支援計画を作成するにあたって即すべき事項を定めることとされていた。具体的には介護給付等対象サービスを提供する体制の確保が計画的に図られるようにすることを目

図Ⅵ－1　サービス利用事例（1998年7月29日　全国課長会議資料）

要支援

通所型　通所サービスの利用意向が高い場合（通所サービスに重点を置いた組み合わせ）

<table>
<tr><th></th><th>月</th><th>火</th><th>水</th><th>木</th><th>金</th><th>土</th><th>日</th></tr>
<tr><td>午前</td><td rowspan="2">通所介護
または
通所リハ</td><td></td><td></td><td rowspan="2">通所介護
または
通所リハ</td><td></td><td></td><td></td></tr>
<tr><td>午後</td><td></td><td></td><td></td><td></td><td></td></tr>
<tr><td colspan="8">短期入所　6か月に1週</td></tr>
</table>

福祉用具貸与　歩行器

訪問型　通所サービスの利用意向が低い場合（訪問サービスに重点を置いた組み合わせ）

<table>
<tr><th></th><th>月</th><th>火</th><th>水</th><th>木</th><th>金</th><th>土</th><th>日</th></tr>
<tr><td>午前</td><td></td><td></td><td rowspan="2">通所介護
または
通所リハ</td><td>訪問介護
（月1回）</td><td>訪問介護
（家事援助）</td><td></td><td></td></tr>
<tr><td>午後</td><td>訪問介護
（家事援助）</td><td></td><td></td><td></td><td></td><td></td></tr>
<tr><td colspan="8">短期入所　6か月に1週</td></tr>
</table>

福祉用具貸与　歩行器

要介護5

訪問型　通所サービスの利用が不可能な場合（訪問サービスによる組み合わせ）

	月	火	水	木	金	土	日
午前	訪問介護（巡回型）	訪問介護（巡回型）	訪問介護（巡回型）	訪問介護（巡回型）	訪問介護（巡回型）	訪問介護（巡回型）	訪問介護（巡回型）
	訪問看護				訪問看護		
午後	訪問介護	訪問介護	訪問介護	訪問介護	訪問介護	訪問介護	
			訪問リハ				
	訪問介護（巡回型）	訪問介護（巡回型）	訪問介護（巡回型）	訪問介護（巡回型）	訪問介護（巡回型）	訪問介護（巡回型）	訪問介護（巡回型）
短期入所　6か月に6週							

福祉用具貸与　　特殊寝台、マットレス、エアーパッド

通所型　通所サービスの利用が可能な場合（通所サービスを含む組み合わせ）

	月	火	水	木	金	土	日
午前	訪問介護（巡回型）	訪問介護（巡回型）	訪問介護（巡回型）	訪問介護（巡回型）	訪問介護（巡回型）	訪問介護（巡回型）	訪問介護（巡回型）
	訪問介護	訪問介護	訪問介護	訪問介護	通所介護または通所リハ	訪問介護	
午後	訪問看護			訪問看護			
	訪問介護（巡回型）	訪問介護（巡回型）	訪問介護（巡回型）	訪問介護（巡回型）	訪問介護（巡回型）	訪問介護（巡回型）	訪問介護（巡回型）
短期入所　6か月に6週							

福祉用具貸与　　特殊寝台、マットレス、エアーパッド

要介護５

医療型　医療の必要性の高い者（週３回の訪問看護を含む組み合わせ）

	月	火	水	木	金	土	日
午前	訪問介護（巡回型）	訪問介護（巡回型）	訪問介護（巡回型）	訪問介護（巡回型）	訪問介護（巡回型）	訪問介護（巡回型）	訪問介護（巡回型）
	訪問看護	訪問リハ	訪問看護		訪問看護		
午後				訪問介護		訪問介護	
		訪問入浴（隔週）					
	訪問介護（巡回型）	訪問介護（巡回型）	訪問介護（巡回型）	訪問介護（巡回型）	訪問介護（巡回型）	訪問介護（巡回型）	訪問介護（巡回型）
短期入所　６か月に６週							

福祉用具貸与　特殊寝台、マットレス、エアーパッド

的として、市町村介護保険事業計画において介護給付等サービスの種類ごとの量の見込みを定めるにあたって参酌すべき標準が示されており、各市町村はこの標準を参酌して、必要な介護サービス量を見込み、それに基づき第1号保険料を算定することになった。

また、同年4月20日の全国課長会議資料では、この指針案と併せて、「ワークシート」と言われる「介護保険事業計画におけるサービス量の見込み等の算出手順」が示された。この中では、第1号保険料算出のために、サービス量を見込むための手順が教示されており、各市町村においては、このワークシートを活用して、第1号保険料の試算を行うこととなった。

(4) 保険料の円滑徴収に向けた取組み

他方、制度実施前からの市町村の最大の懸念は、介護保険制度が国民健康保険の二の舞となり、財政運営に苦慮するのではないか、ということであった。介護保険制度においては、国、都道府県、医療保険者が重層的に市町村の保険財政を支える仕組みにするとともに、財政安定化基金等の措置が盛り込まれていたが、法律成立後も、全国市長会や全国町村会からの要望の中では、安定的な財政運営の確保に関する事項に重点が置かれていた。

国としても、これらの要望を真摯に受け止め、当初想定していた措置から一歩踏み込んで、

① 保険料の特別徴収（年金天引き）の対象となる者の基準を、当初想定していた年額36万円以上から年額18万円以上に引き下げ、年金天引きの対象者を拡大する（これにより、特別徴収の対象者が、全体の7割程度から8割程度に拡大）、

② 保険料の設定方法について、6段階での設定や、各段階の第3段階に対する割合を変えられるなどの弾力化措置を設ける、

③ 国民健康保険料（税）の賦課限度額を医療分と介護分で別建てとする、

などの措置を講ずることとした（このほか、全国市長会、全国町村会からは、「遺族年金及

び障害年金についても、年金天引きの対象とすべき」という意見や、「財政安定化基金の市町村負担分をなくし国と都道府県の負担にすべき」、「調整交付金を含め国費が25％とされているのを、調整交付金は25％の外枠で5％分確保すべき」との意見が出されていた)。

3 療養型病床群をめぐる苦悩

(1) 保険者を悩ませた療養型病床群の扱い

1998年7月に、高知県は県内全市町村の介護保険制度の第1号保険料の平均月額が3800円になるとの試算を公表した。当時、第1号保険料の平均月額は2500円(1996年度価格)程度と一般に理解されていたことから、この試算結果は大きく報道され、反響も大きかった。高知県の場合、介護保険施設、特に療養型病床群のベッド数が非常に多く、それが介護保険制度対象になるという前提で試算を行っていたことが要因であった。このことが一つの契機となって、各市町村が保険料算定の基礎となる介護サービス量の見込みを行う際、療養型病床群をどのように見込むかが大きな問題となった。

各都道府県においては、すでに、介護保険法の制定と併せて行われた医療法改正により、医療計画の記載事項として一般病床のうち「療養型病床群に係る病床の整備の目標」が定められたことを受け、当該整備目標の制定作業に取りかかっていた。各都道府県は、地域の実情に応じて当該整備目標を定めたが、介護保険制度の実施により受け皿の体制整備が求められていたことや、当時、厚生省健康政策局が示した指針が、地域の現実の整備実態を重視し、絞り込みをかけたものになっていなかったことから、全国的にみて、当初想定されたよりもかなり多くの療養型病床群の病床数が医療計画に計上されていた。

療養型病床群については、介護保険3施設の中では報酬が一番高く、保険料への影響が大きな一方、医療スタッフは相対的に充実してはいるものの、療養環境の面では転換型は、食堂や談話室、浴室のないものも存在し得た（なお、介護保険制度では、転換型の設備基準で、医療法に上乗せして、シャワー等の設備を備えることが厚生省から提案されていた）。このように療養型病床群が長期の療養を前提としたものとはなっていなかったことを捉えて、医福審の中でも、労働組合関係委員が、療養型病床群について、「今までやってきたものと何ら水準が変わらないということであれば、何のために介護保険をつくったのか、という根本の問題に行き着く」との主張を行った。今井澄議員も、その著書の中で、「今病院を名乗っているところで社会的入院を引き受けているところは、介護施設に転換すべきです。医療中心から介護中心にはっきりと転換し、現在のようなあいまいな形をなくすべきです」と述べた。加えて、施行後3年間は、療養環境がさらに劣る介護力強化病院が経過的に存続することが認められていたため、療養型病床群の取扱いに関係者は頭を痛めることになったのである。

(2) 療養型病床群についての考え方の提示

1998年10月29日に開催された全国課長会議において、「介護保険における療養型病床群の取扱いについて」という資料が提示された。これは、前述の高知県の保険料試算等において、療養型病床群の見込み方に問題があるのではないか、との問題意識から示されたものであった。

この中では、

① 40歳未満や40歳から64歳までの長期療養患者は介護保険から給付を受けられないことから、療養型病床群のうち、医療保険適用部分も相当数残る可能性があること、

② 介護療養型医療施設の必要入所定員総数について、医療計画の整備目標だけで高低を論ずるのではなく、都道府県が策定する介護保険事業支援計画の検討を進める中で、施設入所（院）者の実態調査の結果等を踏まえて、必要量を精査すべきであること、

③　介護療養型医療施設に入院する者については、原則として医療保険からは給付をしないこととされているため、65歳以上の者等についても介護保険適用以外の必要な病床を医療保険適用部分として確保しておく必要があること、

などが示され、療養型病床群がすべて介護保険適用になるわけではないことを強調した内容となっていた。[3]

また、同課長会議の資料では、市町村が介護保険制度における総費用（総費用が出れば保険料の算出が可能）の見込額の試算を簡易に行うことを目的として、その手順を示す資料が提示された。介護保険制度は、住民の参加の下で、保険料水準とサービス水準を決定していくプロセスを重視しており、そのために、このようなツールを活用して、住民に積極的に情報公開をしていくことが期待されたのであった。[4]

(3) このときの課長会議資料には、「医療保険適用の療養型病床群については、介護保険の適用となる要介護者について給付しないという給付制限はなく、また、介護保険の短期入所療養介護（ショートステイ）の施設として活用することもできることから、総合的な在宅支援機能を担う施設として活用することも可能である」と記されている。

(4) １９９９年１月に、全国市長会は全国の市における介護保険料の試算結果を公表した。それによれば、全国の市の平均額は、月額３０４０円であった。

(3) 第1号保険料の中間集計結果の公表

1999年7月26日、厚生省は、ワークシートに基づいて算出した全国の市町村の第1号保険料(基準額)について、中間集計結果を公表した。それによれば、加重平均保険料基準額(月額)は、2885円であった。当時の想定が、2500円~3000円の範囲であったことからすれば、この集計結果は、その範囲内に収まるものであった。

また、市町村ごとの分布を見た場合、2000円から4000円までの間に、市町村割合にして90・4%、人口割合にして97・5%が収まったものの、4000円を超える市町村も78市町村存在した(図Ⅵ−2)。

この時点においては、療養型病床群の介護保険・医療保険の適用区分について、未だ精査中の市町村、都道府県が散見された。このため、同年8月3日に開催された全国課長会議において、介護保険事業支援計画を策定する各都道府県に対して、医療機関ごとの介護療養型医療施設の指定の意向を調査によって把握するとともに、医師会、病院団体等と積極的に話し合い、指定の方針を検討し、市町村にその方針を周知することを求めた。

なお、この時点で、療養型病床群の高齢者人口に対する割合が多い都道府県における介護

図Ⅵ－2　市町村ごとの保険料基準額の分布

（1999 年 7 月 26 日　厚生省公表資料）

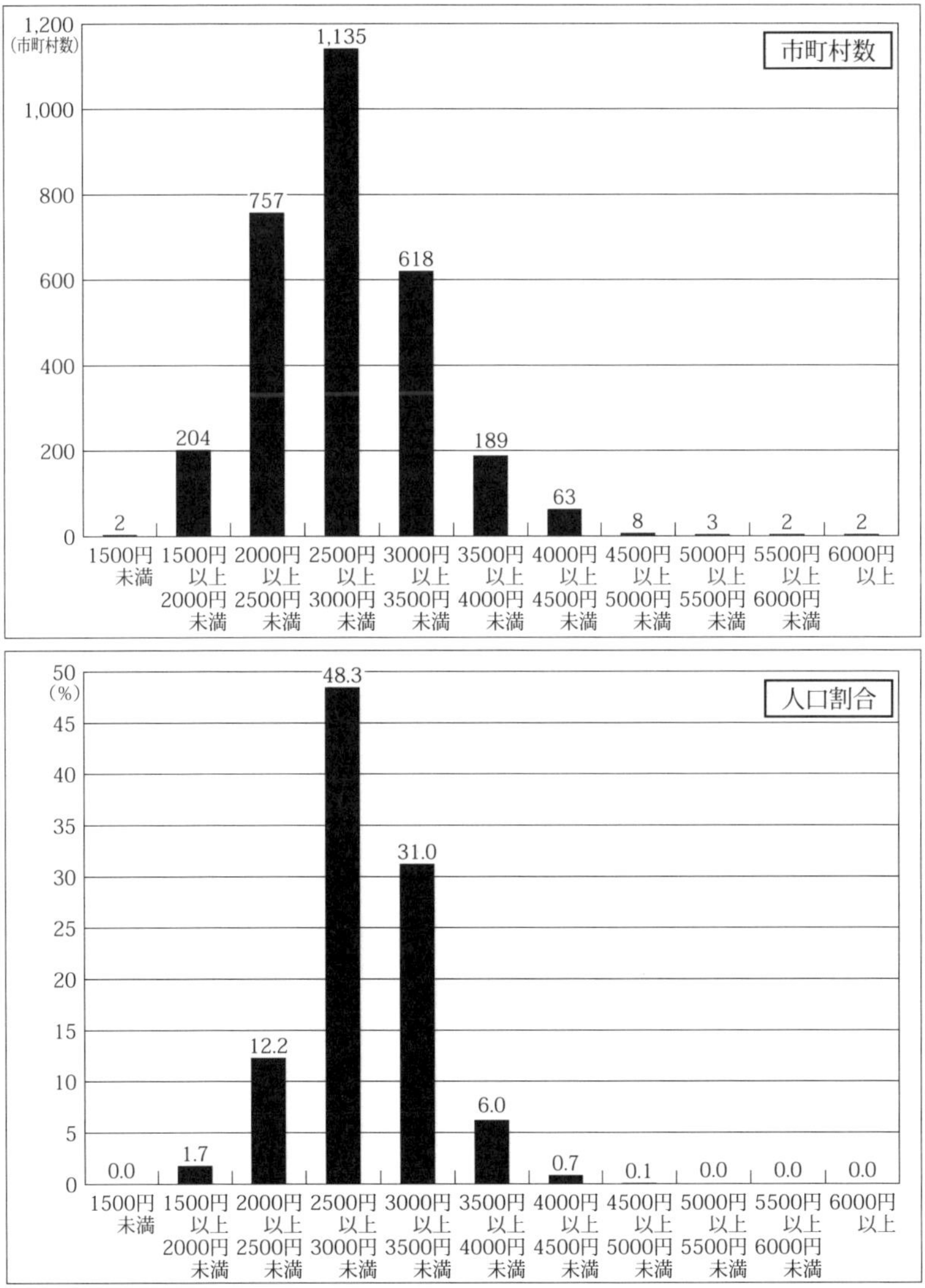

療養型医療施設の指定意向のある療養型病床群の割合は、全体の概ね45%〜55%の範囲となっていた。

(4) 参酌標準案の提示

施設の多い都道府県においては、保険料の額を抑えるためには、療養型病床群の取扱いを検討するより他はなかった。これは、介護保険法施行法により、①施行の際に現存する特養は介護保険制度の指定があったものとみなされ、また、②施行の際に現存する老健施設は開設の許可を受けたものとみなされることから、いずれも自動的に介護保険制度から給付が行われることになり、施行当初において、施設入所者比率を調整できるのは、医療保険適用と介護保険適用との双方があり得る療養型病床群のみであったからである。

1999年7月、厚生省は、各市町村が介護保険事業計画を定める際に参酌することになる「施設サービスに係る参酌標準案について」として、次のような方針を示した。

① 施設全体のサービス量見込み（利用者数）に関する参酌標準
介護保険施設の利用者の総数の見込みについては、目標年度における65歳以上人口のおおむね3・4%

を標準として、定めることが必要である。この場合においては、目標年度における65歳以上人口に対する75歳以上人口の割合の見込みを勘案した補正を行うことが望ましい。
② 施設種類ごとのサービス量見込み（利用者数）に関する参酌標準
指定介護老人福祉施設、介護老人保健施設及び指定介護療養型医療施設のそれぞれの利用者の数の見込みについては、おおむね8（40％）：7（35％）：5（25％）程度の比率を参考として、地域の実情に応じて定めることが必要である。

その上で、厚生省は、療養型病床群の多い都道府県に対して、重点的な対策として、病状が安定した長期療養患者のうち、①合併症をもつ糖尿病の患者、慢性呼吸器疾患など密度の高い医学的管理及び治療を必要とする患者、②急性期後で積極的なリハビリテーションを必要とする患者、③40歳未満の者、40歳から64歳までで介護保険の対象とならない患者のために、医療保険適用の療養型病床群が必要であるとし、介護保険施設の指定にあたって十分留意するよう、連絡を行った。医療機関の側にすれば、医療保険の療養型病床群の方が、要介護認定に関係なく患者を入院させることができるなど、柔軟な運営が可能となる側面があった。

さらに、9月17日に開催された全国課長会議資料では、介護療養型医療施設の指定について次のような考え方を示した。

○ 老人保健福祉圏域全体としては、必要病床数の枠内でも、特定の市町村にのみ偏りのないように留意すること。療養型病床群が集中している地域について介護保険適用部分の割合を下げるなど対応を検討すること。

○ 申請が集中した場合、同じ地域における施設の療養型病床群等の病床数に占める介護保険適用部分の割合が著しく不均衡とならないよう留意すること。

○ 指定申請を行った医療機関の間で、市町村間、地域間の均衡、施設ごとの均衡に大きな差がない場合は、原則として、療養環境の整備されたものから指定を行うこと（完全型→転換型→介護力強化病院）。

このような経緯を経て、介護保険制度の指定を受ける療養型病床群の数はかなり抑えられ、結果的に、2000年4月の段階では、全国で約11万5000床にとどまることとなった。ただし、療養型病床群が病院側の判断で、医療保険適用と介護保険適用のどちらかを選べるという制度は、「奇妙な制度」（今井澄議員）ではないかという指摘もあった。

(5) 介護保険施設の適切な選択の推進

また、介護保険制度の施行を前に、措置制度の下で潜在していた施設サービスへのニーズが顕在化し、施設の利用意向が高まる状況が見られた。特に中所得者層にとっては、サービス利用時の負担がこれまでの負担能力に応じた応能負担から、1割負担と食費の自己負担に変わり、従前の制度より負担がかなり減少することになったため、この動きに一層拍車がかかることとなった。

このような動きを受けて、厚生省は、1999年夏、施設の適切な選択を促進するため、①介護支援専門員に対して、まず、在宅生活が可能かどうかという観点から検討して支援すべき旨を徹底するよう指導する、②施設においても、運営基準に基づき、在宅復帰の検討・支援を行うよう徹底する、③保険者において、介護保険施設の入所者等が法令に定める入所要件に該当しないと認める場合には、保険給付を行わないことができることを厚生省令で明確化する、などの措置を講じた。

4 介護報酬とサービス提供事業者をめぐる検討

(1) 「介護報酬の主な論点と基本的考え方（中間取りまとめ）」の公表

介護報酬は、給付費用額を決定づけるとともに、サービス事業者の事業運営や介護サービスへの参入状況に大きな影響を及ぼす重要な事項であった。

介護報酬についての具体的な検討は、1998年4月、医福審介護給付費部会において開始され、同部会での精力的な審議を踏まえ、同年10月26日に「介護報酬の主な論点と基本的考え方」の形で中間的に議論が取りまとめられた。この時期に公表したのは、介護保険事業に参入を予定している事業者の準備に資するため、できるだけ早い時期にその基本的な考え方を示す必要があったことに加え、その内容についての関係者からの建設的な提言を期待してのものであった。

その主な内容は、次のとおりである。

(1)　施設・在宅サービス共通の論点

①　介護報酬における地域差の勘案方法としては、全国横断的な地域区分とした上で、措置費からの円滑な移行、地域区分の主たる要因は人件費であると考えられることから、国家公務員の調整手当の級地区分を基本とする。

②　要介護度の改善の誘因の付け方については、介護保険施設等において、要介護者の要介護度が改善した場合、一定期間、要介護度改善の加算を行うことが考えられる。

(2)　施設サービスにおける介護報酬の論点

①　報酬の基本構造は、要介護度に合わせて人員配置も加味した報酬を設定すべきである。

②　サービスの対価という観点からは、定員規模により、報酬に差を設けるのは適当でない。

③　逓減制については、介護保険では、要介護度に応じて報酬を設定することとされているので、入所期間による逓減制を設ける必要性は低いという考え方もあり、今後、更に検討を加える必要がある。

④　必要な医療の評価については、できるだけ包括的に評価し、出来高部分を多くは設けないことを原則としつつ、リハビリテーションについては、介護保険の理念を踏まえ、実施状況に応じた評価を行うことが適当と考えられる。

(3)　在宅サービスにおける介護報酬の論点

①　訪問サービスの訪問に不可欠な交通費については、報酬設定上費用として評価することが適当であ

る。

② 訪問介護については、サービスに要する時間を念頭に置き、標準的なサービスの組合せを考慮の上、介護報酬を設定することが現実的であると考えられる。なお、訪問介護については、介護の必要の程度がサービスの内容や時間に現れることとなるので、要介護度別に評価する必要はないと考えられる。

③ 訪問看護については、療養上の世話等の組み合わせとそれに要する時間等により評価することが適当と考えられる。急性増悪等の場合の介護保険と医療保険の具体的な給付の区分けの方法について、更に検討する必要がある。

④ 通所介護・通所リハビリについては、サービスの実態等に鑑みれば、6段階ではなく、3段階程度の評価でよいと考えられ、人員・設備基準の違いを加味し、時間の長短に応じた評価を設けることが適当と考えられる。また、入浴、食事、送迎等のサービス内容に応じた評価をすることが適当である。

⑤ 訪問入浴サービスについては、通所困難な重度の者に提供されていること等を勘案すれば、要介護度に関わらず、平均的な費用で単価設定してよいと考えられる。

⑥ 訪問リハビリについては、重度になるとメニューが減ることも考えられることから、要介護度に関わらず、平均的な費用で算定してよいと考えられる。

⑦ 福祉用具貸与については、個別に価格設定すると、複雑な仕組みになることや価格が硬直化するおそれがあること等から、実際の賃貸価格で償還する方式を基本とすることが適当と考えられる。

⑧ 短期入所生活介護、短期入所療養介護については、基本は、介護保険施設を短期間利用するサービスであることから、施設との均衡を考慮する必要がある。また、長期入所の高齢者と比較して、入所者の状態が安定せず処遇に手間がかかること等から、長期入所の施設サービスと比較して、手厚く評

価することが適当と考えられる。

⑨　痴呆対応型共同生活介護については、著しい行動異常が見られる場合や疾患が急性の状態にある場合等の対応は念頭においていないことから、要介護度の中度までの者に手厚く配慮することが適当と考えられる。

⑩　特定施設入所者生活介護については、要介護者は、特別養護老人ホームにおける直接処遇職員による介護サービスを参考として報酬を設定することが適当であり、要支援者は、要介護者より緩和した別途の人員配置とした上で、それに応じた評価とすることが適当と考えられる。

⑪　居宅療養管理指導については、通院困難な要介護者等を対象に訪問して行う継続的な医学的管理に基づく、居宅介護支援事業者等に対する介護サービス計画の策定等に必要な情報提供、介護サービスを利用する上での留意事項等の利用者及び家族等に対する指導・助言を中心に評価することが適当と考えられる。

⑫　居宅介護支援については、利用者にとっては、サービス利用についての苦情、サービス担当者や事業者の変更等に関し継続的な相談・助言が受けられること、支給限度額管理のための介護サービス計画に関する情報を定期的に審査支払機関に提出する必要があること、簡素・簡明な報酬が望ましいこと等を考慮すれば、制度創設後、当分の間は、月毎に定額の報酬を支払う方法が適当と考えられる。

(2) 介護報酬の骨格と仮単価の公表

介護報酬は、その後、具体的な検討が進められ、1999年7月に介護報酬の骨格が、8月にこれを受けた仮単価が公表された。最終的な報酬額は、2000年度予算案の決定を受けて設定することとなるが、この時点までに報酬額が明らかにならないと、事業者として介護保険事業に参入するかどうかの検討が施行に間に合わなくなること、市町村においても、保険料を決めるにあたっての給付費の見込みの検討ができなくなることから、厚生省の責任において公表したものであった。

仮単価は、原則として、現行（当時）の診療報酬、措置費等の単価を前提に、要介護度別に設定されたが、訪問系サービスについては、事業者の参入を確保する観点等からの配慮が行われた。

特に、訪問介護のうち身体介護の仮単価については、訪問介護に携わる現場のホームヘルパーや参入を検討している事業者をはじめ、関係者の関心が高まっていたが、厚生省は、経常事務費、減価償却費等の間接経費や移動時間等を勘案して、30分以上1時間未満の単価として、402点（最終的には「単位」という名称になる。1点=10円、4020円）と

4000円を超える額を示した。[5] 1999年度の措置制度下における国庫補助金単価が、身体介護（1時間程度）が3730円であったことから、この金額は、ホームヘルパーなど現場職員の処遇改善や事業者の参入にかなりのプラスの影響を与えた。

他方で、介護支援専門員に対する報酬である居宅介護サービス計画費については、要介護度別に1か月あたり、要支援650点（同6500円）、要介護1及び要介護2が720点（同7200円）、要介護3から要介護5までが840点（同8400円）と、金額がかなり抑えられた。[6]

また、1999年8月3日の全国課長会議においては、介護報酬の地域区分の考え方が示された。地域区分については、介護報酬の骨格において、「地域区分の主たる要因は人件費である」とした上で、「国家公務員の調整手当の級地区分を基本としつつ」、「必要に応じ、客観的な指標等を踏まえ、必要な補正を加えて用いることが適当」であるとされた。この考え方を踏まえ、各都道府県に対し「級地区分によった場合に、著しく不合理」なケースがないか、意見照会が行われた。

なお、骨格は公表されたものの、①要介護度改善の評価を介護報酬で行うかどうか（いわゆる成功報酬の問題）、②訪問介護の「身体介護」と「家事援助」の区分についてどこで線を引くか、などの課題については、この時点では決着がつかず、最終的な報酬設定までの間に検討を行うことになった。

(5) なお、30分未満の単価も210点で、国庫補助金単価の1870円（巡回型（30分程度））からかなり引き上げられている。

(6) 在宅介護支援センターの費用を参考に、人件費のほか利用者関係機関への訪問旅費、通信連絡費等を勘案して設定された。

(3) 訪問介護をめぐる議論

①複合型の設定

介護報酬は、最終的に2000年1月28日に、医福審介護給付費部会において了承を得たが、その直前になって、訪問介護の区分のあり方について、議論が再燃することになった。訪問介護サービスについては、実際の現場では、身体介護と家事援助が一連のサービスとして混在して提供される場合が見られ、両者が混合して提供される場合には、身体介護と家事援助のいずれとも判断しがたい中間的な場合があり得た。このような場合の線引きをどのようにするかというのは、難しい問題であり、当時も線引きのやり方について、地域によって非常にばらつきがあった。(7) 他方、介護報酬の単価については、身体介護重視の考え方の下で、家事援助型との間にかなりの額の開きがあり、身体介護と家事援助の2区分のみで制度を構築した場合に、利用者と事業者の間でかなりの混乱が発生することが予想された。

　このような混乱を避ける観点から、介護報酬においては、身体介護と家事援助の折衷的な単価として、新たに「複合型」を設定し、両者の中間的なケースに当てはめる措置が緊急的にとられることとなった。これについては、「施行直前におけるこのような変更は現場に混乱を招く」との指摘もあったが、結果的に、混乱が生じることはなかった。

(7) これに先立つ、1999年10月25日付けで、厚生省は「訪問介護の業務の区分について（案）」という文書を発出した。これは、「業務内容を整理し、身体介護中心業務、家事援助中心業務としての位置づけの明確化を図る」ための検討文書であった。検討作業は、第1段階で、個別のサービス行為ごとに、①基本サービス（身体介護、家事援助に共通するサービス）、②身体介護サービス、③家事援助サービスのいずれかに分類し、それぞれの考え方を整理することとし、第2段階で、1回の訪問の中に、身体介護、家事援助の双方のサービス行為が混在する場合に、いずれの単価の適用となるかについて整理するというものであった。

②同居家族に対する訪問介護をめぐる議論

　また、家族介護に現金給付を行うかどうかは、基本構想の検討時から大きな論点の一つであったが、結局は介護保険給付の対象とはならなかった。しかし、市町村関係者を中心に、家族介護に対して現金給付をはじめとする支援策を講ずるべきとの主張は根強く存在した。

　このような中で、ホームヘルパーが、自身の同居する家族に対して、介護保険事業所に所属するホームヘルパーとして訪問介護サービスを行った場合に、介護保険給付の対象とするかどうかが、医福審の市町村関係委員から問題提起された。

これを受け、厚生省は、1998年10月の医福審老人保健福祉部会に「住民参加型訪問介護サービスの取扱いについて」と題する資料を提出した。この中で、①現金給付の持つ問題点との関係（現金給付は導入しないという方針と矛盾するのではないか、家族の介護負担を軽減し、高齢者の生活の質の向上を図るという制度の趣旨と矛盾するのではないか）、②一般の家族介護（特に家事援助）との区別の問題、③同居家族に提供する訪問介護に係る介護報酬の水準（介護報酬の水準を通常の場合より低く設定すべきではないか）、④保険給付が可能となる事業者及び地域の限定（市町村の判断で認めるか、近隣に他に利用可能なサービスがない等のやむを得ない場合に限定すべきか）という論点を提示した。

同部会では、「ケアプランに従い、事業所の指示に基づく身体介護が条件であれば、有資格者に対する給付は問題ないのではないか」、「ケアプランの位置づけがあれば、家族労働ではなく社会化された労働である」という積極的な意見があった一方で、「社会から家族へ密室化させていくプロセスであり、介護の質が低下し、密室化した中での虐待が増える」、「認めるとしても、過疎地域や離島等の例外的な扱いとするべきである」といった慎重な意見があった。

この点は新聞紙上等でも議論になり、「有資格者の家族への支給は、地域経済の活性化につながる」、「狭い地域社会で、ヘルパーとして報酬を得ているそばで、家族介護には報酬がない状態が続くことは、近隣関係をぎくしゃくさせるおそれもある」、「家族ヘルパーを保険給付の対象とすることは現実的な案であるが、家族にしわ寄せがいかないよう、具体的な条件を詰めるべきである」との賛成意見の一方で、「現金給付は制度が目指す方向と逆行する」、「家族介護に現金給付を認めれば自治体のサービス供給不足を解消できなくなる」、「家族介護への安易な依存は、基礎自治体としての責任放棄に等しく断じて認められない」といった反対意見もあった。

最終的には、1999年6月の医福審合同部会において、一部委員に強い反対の意見があったものの、全体としては、一定の条件の下で認めることはやむを得ないのではないか、という方向になり、続く7月の合同部会で、厚生省は、「同居家族に対する訪問介護の取扱いについて（案）」として、制度の具体的な内容を提示した。

③「基準該当サービス」としての実施

この中では、離島、僻地その他の地域においては、指定事業者による訪問介護だけでは十分な訪問介護サービスの提供が期待できない場合があるとした上で、市町村の判断により実

施の可否が決まる「基準該当サービス」として、

① 訪問介護の提供を受ける者が、指定事業者による訪問介護サービスの提供が期待できないこと、

② 居宅介護支援事業者が作成する居宅サービス計画に従い、訪問介護事業所の責任者の具体的な指示に基づいて行われること、

③ 入浴、排せつ、食事等の介護（身体介護）をその主たる内容とすること、

④ 訪問介護員等がその同居家族を介護する時間の全勤務時間に占める割合が、概ね2分の1を超えないこと、

といった要件を満たす場合に介護保険給付の対象とする案が示された。

医福審の場で、学識経験者代表委員は、「同居家族におけるサービスの提供には基本的に反対であるが、制度の出発時点においては、日本は急激に高度経済成長した社会であり、地域間格差が著しいので、その格差を埋めるために、地域や期間を限定し、人的な資格要件を設けた上ならば、認めても仕方がない気もするが、今回の案では、地域限定があまりにも大雑把すぎる。『離島、僻地それに準ずる地域』にしない限り認められない」という意見を述べた。他方、市町村関係委員は、このような措置を評価しつつも、前記④の「2分の1」という要件に対し、「『2分の1を超えない』という要件を、どうして基準化しようとするのか。

もっと現場を信用すべきではないか」という意見を述べ、同要件の削除を含め、当該措置が有効に活用できるようにすることを主張した。

最終的には、1999年9月20日の答申書において、「同居家族に対する訪問介護は、指定訪問介護事業者による訪問介護だけでは必要なサービス見込みを確保することが困難と市町村長が認めた地域において実施されるものである」ことを明記するとともに、「法施行後一定の期間に限定すべきであるとの強い意見があった」こと、2分の1の要件について、「現在行われている家族介護の実態から見て厳し過ぎるので、このような要件は設けるべきではないという意見があった」ことを盛り込み、諮問案のとおりで決定された。

(4)　いわゆる「成功報酬」をめぐる議論

介護報酬に関する重要な論点の一つとして、介護サービスが提供されたことにより、対象者の要介護度が改善された場合には制度上は介護報酬が下がるのは不合理であり、何らかの評価を行う仕組みとすべきではないか、という問題（いわゆる「成功報酬」）が提起されていた。

この論点については、1998年6月29日に開催された医福審介護給付費部会において、

㈠要介護者単位で改善等に対する評価を行う方法と、㈡事業所・施設単位で改善等に対する評価を行う方法の2つが提案された。

このうち、㈠は、各々の要介護者等の要介護度を指標にし、要介護度が改善した場合には個人単位で評価を行う方法で、具体的には、要介護度が改善した場合であっても、一定期間（例えば、次の要介護認定がなされるまで）は、以前の要介護度により給付を行うこと等が想定されていた。この方法は仕組みが簡単でわかりやすいという利点がある一方で、要介護者にとっては、自らの努力で改善しても一部負担金が変わらないこと、在宅サービスを利用していて、要介護度が改善した後に利用者が事業者を変更した場合、改善に成功した事業者に対する評価がなくなること、といった問題点が指摘されていた。

他方、㈡は、施設や事業所単位で一定期間の要介護者等の全体の改善状況を評価する方法で、具体的には、要介護者単位で見た場合に要介護度が悪化した人がいても、施設・事業所として全体的に改善傾向が見られれば評価を行うこととし、具体的には、有意に改善が見られる事業者・施設に対し、加算もしくは一定期間1点あたりの単価を引き上げる等の対応が想定されていた。この方法は改善等に対する評価が、直接的に施設・事業所に反映されるという利点がある一方で、具体的な指標の確立や定期的に状況を把握するための仕組みが必要になること、在宅サービスのような複数の事業者がサービスを提供している場合に、改善に寄与した事業者を特定するのが困難なこと、客観的評価を行う手法の確立が必要になること、といった問題点が指摘されていた。

こうした検討を経て、要介護度改善の評価を報酬上評価するかどうかについては、報酬上の評価には馴染まないとする見解（介護給付費部会の委員の言葉を借りれば、「要介護度の改善は、『報酬上の評価で報いる』のではなく、『花束を贈呈すべき話』である」）が多数を占め、結局見送られることになった。

(5)　介護支援専門員の養成

サービス利用の核として期待された介護支援専門員については、1998年4月10日付けで、「介護支援専門員に関する省令」が公布され、介護支援専門員の対象者（対象資格）が明らかとなった。介護保険法においては、介護サービス計画に提供されるサービスが位置づけられることが現物給付の要件とされており、制度施行段階で円滑にサービスが提供されるよう、短期間に4万人を超える数の養成を行う必要があると認識されていた。

このため、保健・医療・福祉の専門性を尊重しつつ、現に要援護高齢者等に関する自立支援の実務に習熟し、意欲と能力のある人材を幅広く求める観点から、実務研修の前提となる試験の対象職種はできる限り幅広く認めることとし、その上で、試験により、介護保険制度、要介護認定、介護支援サービスの理念・方法などの基本的な知識を確認するとともに、実践的な研修を通じて高い資質を確保することが、養成にあたっての基本方針となった。

厚生省では、この時点で、養成者数が低調に推移するのではないかとの強い危機感があった。介護保険制度の政省令事項を審議していた医福審老人保健福祉部会においても、「間口を広げすぎではないか」との意見が一部の委員から出されたが、これに対し、井形昭弘部会長は、「理解と情熱と技術をもっていて、参加したい人には、たくさん集まっていただくのが一番正しいことではないか。間口は広げるけれども、やがて5年、10年先には必ず見直しの時期が来るし、オーバーサプライになる可能性もある。コンペティションがある。淘汰が行われる。そして、その中であるべき姿、あるべき教育、あるべき資格が改めて議論されていく」という形で議論を整理し、了承された。

(6) 指定事業者の指定基準の決定

介護事業者の指定基準については、1999年3月末までに公布するため、医福審の老人保健福祉部会・介護給付費部会の合同会議で、1998年12月から取りまとめに向けた議論が精力的に行われた。この時期に公布するのは、介護保険制度に参入しようとする事業者に対し、事前に基準を示し、積極的な参入を促す必要があり、また、１９９９年10月からの準備要介護認定の開始を控え、市町村が居宅介護支援事業者に訪問調査を委託することや、準備要介護認定の開始とともに、居宅サービス計画の策定が始まるという事情があったためである。

医福審で議論になったのは、まず、訪問看護で従事者１名での基準該当サービスを認めるかどうかという点であった。これについては、看護関係委員から、「訪問看護ステーションの設置がない市町村については、基準該当により１人（開業）を認めてほしい」、「サテライト型では、必ず本体が必要となり、また、地域を越えてそういうものをつくっていく時にそれなりのいろいろな問題がある」と制度化を求める意見があったが、医福審では、「看護婦１人の在宅ケアは非常に線が細い」、「（前年の12月に）サテライト方式が規制緩和されて可能になっており、それを普及させていく努力が必要なのではないか」、「１人でこれだけの仕事量をこなし、質を高める目的で研修等を受けることが可能なのか」という主張が強く、３月15日の答申書では、「訪問看護ステーションの設置促進を図る努力を一層進めるとともに、過疎地域等におけるサービスの確保という観点を含め、引き続き検討する」こととされ、制度化は見送られた。

また、介護老人福祉施設における個室等において室料の徴収を認めるかどうかについて、福祉施設関係委員から、「個室料をとってこそ、新しいニーズに応えるハードづくりが進んでいく。このままだと今までと同じように4人部屋が解消されず、個室化は進まない」、「個室、2人部屋をつくると相対的に補助金が少なくなり、法人の自己負担金が多くなる」との主張があった。医福審では、施設整備費補助が入った施設で室料の徴収を行うのは、施設側の二重取りになりおかしいのではないかとの意見が大勢を占め、答申書では、個室等の室料負担は、当該施設が国若しくは地方公共団体の高率の補助金等を受けないで整備された居室である場合に限られることとされた。併せて、答申書においては、「介護保険制度施行後、現在の施設整備費補助金制度や社会福祉法人制度のあり方等が総合的に見直される際には室料負担をより広範に求めるようにすべきとの意見があった」旨が盛り込まれた。

さらに、後述のとおり介護保険施設等の運営基準で、身体拘束を禁止する規定が盛り込まれることとなったのは特筆すべき点であった。例外的に認められる場合について議論はあったものの、最終的には、「生命または身体を保護するための緊急やむを得ない場合を除く」とされ、併せて、答申書では、「それぞれの介護の現場において、家族や関係者の意見を聞きながら、処遇の工夫などその具体的な取扱いについて、さらに検討を深めていくことが望まれる」とされた。

このほか、答申書においては、①介護療養型医療施設の食堂や浴室の整備に係る経過措置、介護老人福祉施設の（5人以上の）大部屋解消について、一定の期限を付して行うべき、②居宅介護支援事業者に、すべての市町村に対する居宅介護サービス計画の提出を義務づけるべき、③訪問介護を担当する者の要件については、当面、3級研修を修了した者もその対象にすることはやむを得ないと考えられるが、その場合においても、採用後の研修機会の確保等を通じて、サービスの質の向上に努めるべき、といった意見が付された。

最終的に、同年3月31日に、「指定居宅サービス等の事業の人員、設備及び運営に関する基準」、「指定居宅介護支援等の事業の人員及び運営に関する基準」、「指定介護老人福祉施設の人員、設備及び運営に関する基準」等の介護事業者の指定基準が公布された。

その後、同年6月になって、基準該当の短期入所生活介護の扱いが議論となった。これは、都道府県の独自制度や、地域での託（宅）老所的な取組みを念頭に置いたものであった。医福審においては、時に夜勤の扱いが議論となった。一部委員が夜勤体制の構築を強く主張したが、夜勤を義務付けた場合コストが大幅に上がり、10名未満の利用を前提とした場合には運営が不可能になることから、最終的には、夜勤の義務付けは行わず、同年8月23日の答申書において、「併設されている通所介護事業所等との密接な連携により、短期入所している要介護者等の心身の状況等に対応する十分な介護体制が、夜間も含め確保されるよう留意すべきである」とされた。

なお、この時期、厚生省は、民間の介護関連サービス事業者が円滑に介護市場に参入することを目的として、これら事業者と厚生省の担当幹部が意見交換をする「介護関連事業振興政策会議」を設置し、同年9月29日に第1回会合を開催した。

5 サービス基盤の整備と新たな課題への挑戦

(1) 「大盤振る舞い」のサービス基盤整備

介護保険制度の施行に向けて厚生省が重点的に取り組んだ課題の一つが、サービス基盤の整備であった。「保険あってサービスなし」という批判に対して、質、量ともに高齢者のニーズに応えたサービスを用意することが強く求められたからである。

このため、１９９９年度予算と同時期に編成された１９９８年度第３次補正予算では、介護保険の円滑な実施に向けた諸施策として、特養や痴呆性老人グループホームなどの整備のほか、特養の大部屋解消、高齢者生活福祉センターの設置促進、痴呆介護研究研修センターの整備、介護予防事業や介護支援事業など介護保険関連サービスの基盤整備のための経費が盛り込まれた。

資料Ⅵ－6　1999年度予算における介護サービスの整備水準
（厚生省資料より作成）

※【　】内は新ゴールドプランで設定された目標値

1．在宅サービス

①訪問介護員（ホームヘルパー）17万8500人【17万人】

②短期入所生活介護（ショートステイ）6万3000人分【6万人分】

③日帰り介護（デイサービス）1万7150か所【1万7000か所】

④在宅介護支援センター　1万か所【同左】

⑤老人訪問看護事業所　5000か所【同左】

2．施設サービス

①特別養護老人ホーム　30万人分【29万人分】

②老人保健施設　28万人分【同左】

③介護利用型軽費老人ホーム　8万3400人分【10万人分】

④高齢者生活福祉センター　600か所【400か所】

１９９９年度予算においても、介護保険制度の円滑実施に向けて、訪問介護員等について新ゴールドプランの目標値を上回る水準の整備を図る予算を計上するなど、意欲的な予算が組まれた（資料Ⅵ－6）。こうしたサービス整備関連経費のほかに、１９９９年10月から市町村が要介護認定事務を開始するため、要介護認定事務費交付金が創設されるとともに、要介護認定に係る調査員及び審査委員の養成研修のための経費や介護保険事業の広域化を図る市町村に対する広域連携のためのシステム経費等の補助費用が計上された。

また、１９９９年度第2次補正予算及び２０００年度当初予算においても、介護関連施設を積極的に整備する方針が示され、両者を合わせて、特養1万5000人分、老健施設1万1000人分、介護利用型軽費老人ホーム6500人分、高齢者生活福祉センター400か所、短期入所生活介護8000人分、通所介護1300か所、痴呆性老人グループホーム700か所、訪問看護事業所1000か所の整備のための予算が盛り込まれた。

このように介護保険制度の施行に向けて、「大盤振る舞い」と言われた予算措置が講じられた。サービス基盤の整備に向けて、政府あげて取り組もうとする姿勢がうかがえる。

(2) 認知症ケアの本格発進

①整備が急がれるグループホーム

介護保険制度の施行は、「高齢者ケア改革」という点でも新たな時代の幕開けであった。最優先課題は制度の円滑な施行であったが、施行準備が本格化した1998年の時点において、すでに将来を見通した改革を目指すいくつかの挑戦が始まっていた。

その第一が、認知症ケアに対する本格的な取組みである。当時の推計によれば、我が国の痴呆性高齢者（当時の呼称）は1990年時点で99・4万人にのぼるとされていた。すでにスウェーデンなどではグループホームが普及し、認知症高齢者のケアに有効であることが明らかになっていたが、我が国での取組みは緒に就いたばかりであった。1994年12月のシステム研究会報告や1995年11月の老健審介護給付分科会報告において、グループホームに積極的に取り組む方針が示され、厚生省は1995年1月に「痴呆性老人のグループホームのあり方についての調査研究会委員」を設置し、全国9か所のグループホームをベースに制度化に向けて検討を開始するとともに、1997年度からグループホームの運営費補助事業（一か所あたり年間約1700万円補助）を導入した。

しかし、この当時、国内での取組みは極めて限られていたのが実情であった（1999年3月末現在で103施設）。このため、厚生省は1998年以降、整備のペースを一挙に高める取組みを相次いで打ち出した。1998年度第3次補正予算では、市町村・社会福祉法人によるグループホームの施設整備費補助制度（一か所あたり約4000万円補助）を導入し、200か所整備することとした。その後も1999年度2000か所、2000年度500か所を整備する方針を定め、1999年12月に策定された「ゴールドプラン21」では、2004年度末の見込みとして3200か所という意欲的な目標が定められた。2000年度には施設整備補助制度の対象を医療法人に拡大（1か所あたり約2000万円補助）するとともに、施設整備補助の対象とならない民間改造型グループホーム[8]に対しても500万円の初年度設備費の補助を行う制度が導入され、本格的な普及に向けた政策が強力に進められ

ていったのである。(9)

②「自宅でない在宅」グループホームへの期待

グループホームの導入は、単なる新規サービスの追加を超えた、高齢者ケアのあり方そのものを問い直す試みであった。スウェーデンのグループホーム研究の第一人者であり、認知症ケアの黎明期に政策と現場をリードし、東奔西走する中で亡くなった外山義(10)京都大学教授（当時）は、その最後の著書『自宅でない在宅』の中で次のように述べている。少し長いが引用したい。

〈自宅でない在宅〉「在宅か施設か」という二元論の中間に、たしかに「自宅でない在宅」というものがあろう。しかし筆者は、むしろ中間というより、高齢者の居住が施設と在宅とに二極分解していく構図のなかで、それを止揚する立体的なオルタナティブ（alternative：他にとりうる道）として「自宅でない在宅」を積極的に位置付けたいと思う。それはたんに、住む場所の問題ではない。たとえ住みなれた自宅を離れて施設に移ったとしても、再び個人として生活領域が形成され生命力が萎むことがないのなら、施設も「自宅でない在宅」でありうる。ポイントは、そこが処遇の場なのか、生活の場なのか、である。それは職員と高齢者の関係を見ればわかる。高齢者が一方的にケアを受けるような「垂直な関係」か、一人の市民として住んでいる「水平の関係」か、である。〈グループホームの本質─「垂直」から「水平」、さらに「横断」へ〉大規模な施設での集団生活にくらべ生活の単位が小さくなり、一人ひとりの顔が見えるようになり、個々の高齢者の持ち味や生活のペースがつかめてくると、痴呆性高齢者自身の表情が変わり、スタッフと高齢者間の人間関係が大きく変わってくる。〔中略〕従来の施設における「垂直」の関係から、側面から支える「水平」の関係へと、さらには適宜役割を変化させ交換しながらの「横断性」の概念による人間関係の実現に向けて、関係が変化していくのである。

ここで述べられている内容は、認知症ケアにとどまらず、全ての高齢者ケアとりわけ施設ケアのあり方そのものを視野に置いていると言えよう。それゆえに、グループホームは、その後、高齢者ケア全体を大きく変えていく発火点となり、新たな時代の幕開けを牽引することとなったのである。

③認知症介護の研究・研修拠点の整備

１９９８年には、認知症介護技術に関する研究・研修の中核として「高齢者痴呆介護研究センター」（２００５年から「認知症介護研究・研修センター」へ改称）が全国で３か所整備された。(11) このセンターに求められる機能は、認知症高齢者に対して在宅・施設サービスを提供する機能を有し、認知症介護技術に関する研究・研修を行うにふさわしい療養環境を提供すること、福祉・看護・医学・心理系大学及び研究機関と研究・研修面で連携すること、地域における介護サービス機関等との間で幅広い連携・協力関係を確保することであった。これらのセンターを中心に、認知症高齢者に対する研究を進めるとともに、認知症介護指導者養成事業の実施を通じて、全国の高齢者介護の指導的立場にある者及び介護実務者に対し研修を行い、認知症介護技術の向上を図ることとなった。

(8) 民間改造型グループホームへの助成は、当時、民間レベルで始まっていた「宅老所」の取組みに対応するものであった。先駆的な例としては、「ことぶき園」（出雲市、１９８７年開設）、「よりあい」（福岡市、１９９１年開設）、「のぞみホーム」（栃木県壬生町、１９９３年開設）、「このゆびとーまれ」（富山市、１９９３年開設）などがあげられる。

(9) 厚生省の積極的な整備方針に沿ってグループホームは急速に整備された。２０００年10月に施設数６７５か所であったものが、２００３年10月には３６６５か所とゴールドプラン21の目標年次より早く見込み数を超え、介護保険制度施行10年後の２０１０年10月には1万か所に達し、２０１４年10月現在で1万１７７０か所、利用者は約17・３万人にまで増大している。グループホームは、介護保険制度導入によってサービスが飛躍的に拡大した事例の一つと言える。

(10) 外山義は、１９５０年岡山市に生まれ、１９７４年東北大学工学部建築学科卒業の後、１９８２～１９８９年にスウェーデン王立工科大学研究員として高齢者ケアと住環境をめぐる研究に取り組む。１９８９年厚生省国立医療・病院管理研究所、1996年東北大学助教授を経て、1998年より京都大学大学院教授（居住空間工学講座）。2002年11月9日死去、享年52歳。我が国のグループホームの普及や介護施設の個室・ユニットケア導入を主導し、高齢者ケア・介護施設の改革に大きな成果をあげた。外山義が中心となって関わった代表的建築としては、グループホームでは「炉端の家」（岡山県笠岡市、1996年）、「こもれびの家」（宮城県名取市、1997年）などがあり、そのほかに老人保健施設「ケアタウンたかのす」（秋田県鷹巣町〈当時〉、1998年）、個室・ユニット型特養「風の村」（千葉県八街市、2000年）、「けま喜楽苑」（兵庫県尼崎市、2001年）、「ゆうらく」（鳥取県西伯町〈当時〉、2003年）などがある。

(11) 高齢者痴呆介護研究センターは、東京センター（〈社福〉浴風会）、大府センター（〈社福〉仁至会）及び仙台センター（〈社福〉東北福祉会）の3か所が設置された。

(3)「個室・ユニットケア」の導入

①「個室・ユニットケア」の夜明け

グループホームとともに、高齢者ケア改革の第二の柱となったのが、介護施設の「個室・ユニットケア」の導入である。1997年当時の特養は4人部屋が5割を超えており、1人部屋は2割強にとどまっていた。一方で、5人以上の部屋がいまだ5％も残る状況であったため、厚生省の取組みはもっぱら5人以上の大部屋解消に向けられていた。すでに介護施設は個室が基本となっていたスウェーデンなど北欧諸国と比べ、その格差はあまりに大きかった。

こうした状況下で、特養の多床室における入居者の行動を詳細に分析した「特別養護老人ホームの個室化に関する研究」（全国社会福祉協議会、１９９６年３月）は、４人部屋の中では会話は非常に少なく、四隅をそれぞれ占有し、お互いに背を向け合って生活していること、入居者は同居者との関係で大きな生理的ストレスにさらされ、多くのトラブルが発生していることなどを明らかにし、「多床室では入居者が交流している」という従来からの考え方に疑問を提起した。この研究に委員として参加した外山義は、同報告書の中で、個室は、入居者のプライバシーが保護されるほか、入居者個々の生活リズムに合わせたアイデンティティーのある生活が実現できること、個室の方が家族は気兼ねなく訪問でき、交流が多くなることなど、多くの効果があることを訴えた。さらに、今後の方向として、①プライベート、②セミプライベート、③セミパブリック、④パブリックという4種類の空間が階層的に構成され、個室が小グループを形成しながら段階的に性格の異なる共有空間で繋がれていく構成を提唱した。その後、「介護保険施設における個室化・ユニットケアに関する研究」（財）医療経済研究機構、２００１年３月）において、ユニットを「入居者にとっての生活単位」と定義し、ユニットケアを「生活単位＝介護単位」を目指すものであると位置づけた。

介護現場でも個室・ユニットケアを模索する動きが始まっていた。１９９０年代半ば以降、「シオンの園」（福島県）、「きのこ老人保健施設」（岡山県）、「せんだんの杜」（宮城県）などでは、施設をいくつかのユニットに分け、それぞれのユニットごとに介護職員を配置することにより、入所者の生活単位と介護単位を一致させる取組みを始めた。1998年以降は、外山の設計指導監修によって、全室個室・ユニットケア型の新規施設が続々登場した。老人保健施設「ケアタウンたかのす」（秋田県、1998年）、個室・ユニット型特養「風の村」（千葉県、2000年）、「けま喜楽苑」（兵庫県、2001年）、「ゆうらく」（鳥取県、2003年）などである。こうした研究と実践の動きは、1999年に、ユニットケアの実証的研究と普及推進を目指して、実践者と研究者の有志が参加した「特養・老健ユニットケア研究会」の結成へと結びついていった。

②制度化へ向けた動き

このような先駆的な取組みは国を動かし、厚生省は、2000年度予算において特養の整備形態の多様化として、「グループケアユニット型」という新たな形態を打ち出した。ここでは、「グループケアユニット」を「いくつかの居室や共有スペースを一つの生活単位として整備し、家庭的な環境の中で、少人数ごとに処遇する形態」（2001年1月26日全国課長会議資料より）と定義し、具体的には、1グループの定員として、個室・2人部屋の場合は10人程度、3～4人部屋の場合は15人程度とした。また、老健施設についても、施設整備費補助金に「グループケアユニット加算」が設けられた。これら助成措置では、必ずしも個室は必須要件とはされていない。この時期は、厚生省においても、ユニットケアのソフトを活かすハードのあり方について検討の途上であり、ハード・ソフトを統合したユニットケアのコンセプトを構築する過程での経過的な措置という位置づけがなされていたと言えるだろう。

その後、厚生省は、2001年9月の全国課長会議で、ユニットケアを行う「新型特養」を積極的に整備する方向性を打ち出した。この新型特養は、「グループケアユニット」の考え方をさらに推し進め、国として、今後全室個室・ユニット型のハードを整備していくことを明確に示したものであった。併せて、2002年度の施設整備補助金から補助基準の見直しを行い、「新型特養」については、ユニット以外の部分を補助対象とすることとして、従来型の特養とは別の補助単価を導入した。これに対応して、2003年度から、ユニット部分の入居者について、居住費（いわゆるホテルコスト）として、ユニット部分の建築費・光熱水費相当額を入居者が負担することとされた。さらに、2003年4月より実施された介護報酬改定では、ユニットケアを行う特養を「小規模生活単位型」特養と命名し、従来型の特養よりも高い報酬を算定するとともに、指定基準の改正を行い、小規模生活単位型ホームについて別章を新設して、「ユニットケア」について初めて法令上の定義規定を置き、基準（施設基準・人員基準）・運営（処遇基準）が法令で体系的に規定されることとなったのである。[12]

(12)「小規模生活単位型」特別養護老人ホームに関する基準においては、「ユニット」は、概ね10室程度以下の個室と、それに近接する共同生活室とが一体となって構成される空間と定義された。同時に、ユニットケアを①入居者一人一人の「自律的な日常生活」を支援し、②入居者が相互に社会的関係を築くことを支援することが規定され、ソフトとしてのユニットケアについても運営のあり方が示された。さらに、この規定について解釈通知を示し、ユニットケアの特徴を生活単位と介護単位とが一致する点にあることとし、ユニットケアにおいては、入居前後の生活の連続性に配慮するため、一人一人の個性、心身の状況、入居に至るまでの生活歴とその中で培われてきた生活様式や生活習慣を具体的に把握した上で、その日常生活上の活動を適切に援助することを求めた。また、入居者が相互に社会的関係を築くことを支援するという点では、単に入居者が家事の中で役割を持つことを支援するだけでなく、入居者同士の頼り、頼られるといった精神的な面での役割が生まれることを支援することも求めていた。

(4)「身体拘束ゼロ」を目指して

①抑制廃止に取り組む、先駆的な現場

介護保険制度の施行に伴う第三の高齢者ケア改革としては、「身体拘束禁止」をめぐる取組みがあげられる。当時の医療・介護現場では、病院の入院患者や介護施設の入所者を安全の確保などの名目で、衣類で縛ったり、器具を使って身体を拘束する行為が日常的に行われていた。こうした身体拘束をはじめとする行動制限は「抑制」と呼ばれ、医療・介護の提供

や高齢者本人の安全確保の観点から、その必要性が当然視されていた。

この状況に疑問を抱いた老人医療の現場において、1980年代後半から抑制廃止運動が動き始めていた。この先駆的な取組みは、抑制（縛られること）により患者は人間らしさ（尊厳と誇り）が失われ死（抑制死）に至る、という基本認識に基づき、抑制廃止を目指すもので、1990年代後半からマスコミなど各方面で取り上げられるようになっていった[13]。

この取組みが全国的に一気に広がる契機となったのが、1998年10月30日の「抑制廃止福岡宣言」である。この宣言は、福岡市で開催された全国介護療養型施設連絡協議会の全国研究会において、抑制廃止に向けて取り組んでいた福岡県内10病院が行ったものであった[14]。この宣言では、「老人に自由と誇りと安らぎを」というスローガンの下、「①縛る、抑制をやめることを決意し、実行する、②抑制とは何かを考える、③継続するために、院内に公開する、④抑制を限りなくゼロに近づける、⑤抑制廃止運動を、全国に広げていく」という5つの目標が高く掲げられた。この動きは前日付けの西日本新聞の一面トップ記事によって全国へ配信され、医療・介護の現場に大きな反響を巻き起こした。

②すべてのケア関係者に意識改革を迫る課題

身体拘束は、ケアの本質に関わる課題である。厚生労働省「身体拘束ゼロ推進会議」が

2001年3月に作成した『身体拘束ゼロへの手引き』は、身体拘束がもたらす3つの弊害を挙げている。第一は「身体的弊害」として、本人の関節の拘縮や筋力の低下、じょく瘡の発生などの「外的弊害」を引き起こすとともに、食欲の低下や心肺機能の低下といった「内的弊害」をもたらすこと、さらには拘束することによる大事故の発生の危険性があることである。第二は「精神的弊害」である。本人に対して、多大な精神的苦痛を与え人間としての尊厳を侵すとともに、家族に与える精神的苦痛も大きい。自らの親や配偶者が拘束されている姿を見たとき、混乱し、苦悩し、後悔している家族は多い。第三は「社会的弊害」として現場の看護・介護スタッフの士気の低下を招くばかりか、医療介護施設に対する社会的な不信を惹起させることである。

一方、現場も含め医療・介護関係者の中では、身体拘束は転倒・転落防止といった安全確保のために必要であり、廃止は不可能ではないかという意見が強かった。こうした反対意見を乗り越え、身体拘束を廃止していくためには、転倒・転落の原因を分析し、昼夜逆転の生活リズムの改善による夜間徘徊の減少や事故防止の環境づくりなどの取組みのほか、「起きる」、「食べる」、「排泄する」、「清潔にする」、「活動する」という5つの基本的事項について、その人に合った十分なケアを徹底することが求められる。しかも、その実行には、トップである病院長や施設長、看護・介護の責任者が決意し、組織一丸となって取り組むことが不可欠となる。その意味で、身体拘束廃止は、現場のみならず病院・施設の責任者など多くの関係者に、大きな意識改革を迫るものであった。『身体拘束ゼロへの手引き』の前書きには、そのことを端的に表現した次のような一文がある。

「身体拘束をしないケアの実現にチャレンジしている看護・介護の現場を見ると、スタッフ自身が自由さをもち、誇りとやりがいをもってケアに取り組んでいる姿に出会う。身体拘束をしないことにより「自由」になるのは高齢者だけではない。家族も、そして、現場のスタッフ自身も解放されるのである」

③運営基準に盛り込まれた「身体拘束禁止」規定

抑制廃止を目指す現場の動きは、介護保険制度の施行に向けて、高齢者ケアのあり方を検討していた国の動きに大きな影響を与えた。１９９９年2月8日の医福審老人保健福祉部会において身体拘束禁止に関する審議が行われ、その結果、介護保険施設の運営基準に「サービスの提供に当たっては、当該入所者（利用者）又は他の入所者等の生命又は身体を保護するため緊急やむを得ない場合を除き、身体的拘束その他入所者の行動を制限する行為を行ってはならない」という身体拘束禁止規定を盛り込むことが決定され、１９９９年3月31日付けの厚生省令として公布された。[15] さらに、施行通知によって、「緊急やむを得ず身体拘束を行う場合には、その態様及び時間、その際の利用者の心身の状況、緊急やむを得なかった理由を記録しなければならない」と規定し、安易な運用が行われないような配慮が行われた。

国の動きを受けて、現場では、「老人の専門医療を考える会」による身体拘束廃止に向けたシンポジウムの開催（札幌、東京）や日本看護協会による「虐待ゼロを目指すマニュアル」の作成など身体拘束廃止に向けた取組みが活発に展開されていった。介護保険制度施行後も、厚生省による「身体拘束ゼロ作戦」の推進のほか、医療介護関係者や自治体の取組みが推進され、その結果、身体拘束禁止は、介護保険制度の大きな成果の一つとして位置づけられることとなった。[16]

(13) 抑制廃止をめぐる経緯は、吉岡充、田中とも江編著『縛らない看護』（医学書院、1999年）に詳しい。これによると、抑制廃止の先駆的な取組みは、1986年、東京都八王子市の上川病院において吉岡充理事長及び田中とも江総婦長（当時）のリードにより、抑制を「縛る」と表現し、抑制帯を捨てることから始まった。吉岡充は厚生省長寿科学総合研究「痴呆性老人の人権に関する研究」において、抑制の弊害や抑制を廃止した症例報告、そのための工夫などの報告を行い、田中とも江は1994年6月の全国老人ケア研究会で抑制廃止の取組みを発表した。この2つのレポートは、現場で実際に改革に取り組む者からの報告であり、医療従事者や関係者に重く受け止められ、上川病院の取組みは1995年には朝日新聞のコラムや厚生省機関誌「厚生」などに取り上げられた。ただし、まだこの時点における評価は、「理想的なことに先駆的に取り組んでいる」という肯定的なものとともに、「抑制廃止などありえない」、「上川病院は特殊な例外的な病院」といったものも多くあったとされている。

(14) 宣言に参加したのは、南小倉病院、北九州湯川病院、遠賀いそべ病院、有吉病院、北九州古賀病院、正信会水戸病院、原土井病院、松尾内科病院、水城病院、大牟田共立病院であった。これらの病院は、1年前から上川病院の抑制廃止の考え方を積極的に取り入れ、自らの現場で試行的に実行し抑制廃止宣言へと踏み切った。

(15) 身体拘束禁止規定は、介護保険法に基づき、指定介護老人福祉施設（特養）、介護老人保健施設、指定介護療養型医療施設、短期入所生活介護、短期入所療養介護、痴呆（認知症）対応型共同生活介護、特定施設入所者生活介護を対象としていた。この規定の違反行為を行った事業者は、指定取消を含む処分の対象となり得るものであった。

(16) 介護保険制度の施行後、厚生省は、2000年6月に有識者をメンバーとする「身体拘束ゼロ作戦推進会議（座長：井形昭弘）」を設置し、2001年3月から身体拘束禁止の趣旨や具体的なケアの工夫や実例等を盛り込んだ『身体拘束ゼロへの手引き』の普及を図るなどの取組みを推進した。全国の自治体では身体拘束ゼロ推進のための推進協議会や相談窓口の設置などが図られた。身体拘束ゼロの普及に向けての取組みは、医療介護の現場において現在に至るまで続いている。

(5)「介護予防」の推進

①「認定漏れ対策」から「介護予防」へ

第四の高齢者ケア改革としてあげられるのが、「介護予防」の推進である。議論の出発点は、従来の措置制度でサービスを受けていた人の中で、介護保険制度の施行に伴い要介護認定によって、介護給付の対象外となる人に対する対応であった。市町村側からも、認定漏れとなった人のサービスが途切れないようにすることを検討してほしいとの要望が出されていたのである。

そうした中で、厚生省など関係者においては、この問題を単なる「認定漏れ対策」ではなく、要介護状態を予防する視点を強調していくべきではないかという意見が高まっていった。認定漏れとなった者は、現時点では要介護状態でないとしても、心身の状態が少しでも悪化すれば要介護状態になりかねない「介護予備軍」と言える層であり、こうした人々には予防を強化することこそ重要ではないかという問題意識であった。

予防は、介護保険制度の基本構想を検討し始めた時点から、一貫して重要なテーマであり、1994年12月のシステム研究会報告や1995年11月の老健審基盤整備分科会報告においても、予防・リハビリの重要性が指摘された。しかし、予防の概念整理の不十分さやリハビリの制度的乱立などにより、具体的な展開までに至らなかったのが実情であった。そうした状況下で平成12年度予算において導入されたのが、「要介護認定で介護保険の対象外となった高齢者を含め、在宅の高齢者に対して、要介護状態とならないようにする（介護予防）とともに、自立した生活の支援（生活支援）を行うための対策を推進する」ことを目的とした「介護予防・生活支援事業」であった。この事業では、「介護予防」という言葉が初めて用いられ、予算額も破格の367億円が計上され、市町村の要望を踏まえたメニューの整備がなされた。

②「介護予防・生活支援事業」の実施

介護予防・生活支援事業は、図Ⅵ－3に示すように、対象者を「自立者」のみならず、「要支援者」や「要介護者」まで広げ、それぞれについて必要なサービス内容を「生活支援事業」と「介護予防・生きがい活動支援事業」に区分していた。[17] この事業は、予防の概念から言えば、健康な高齢者の心身機能の維持・向上を図る「一次予防」を老人保健事業とともに担いながら、虚弱な高齢者が要介護にならないように予防する「二次予防」に重点を置き、さらに要介護の高齢者が重度化することを防ぐ「三次予防」もカバーするものであった。これまでの予防をめぐる議論の混乱を収拾させ、体系化を図ろうとした点で画期的であった。

具体的には「生活支援事業」としては、配食サービス事業、外出支援サービス事業、寝具洗濯乾燥消毒サービス事業などのほか、軽度生活援助事業（軽易な日常生活上の援助を行う事業）や住宅改修支援事業（住宅改修に関する相談・助言を行う事業）、訪問理美容サービス事業（移動車や出張チームで訪問し、理美容サービスを行う事業）が掲げられた。「介護予防・生きがい活動支援事業」としては、介護予防事業（転倒骨折・閉じこもり予防のための介護予防教室や軽度の痴呆性高齢者を対象としたアクティビティなどの痴呆介護教室を行う事業）、生きがい活動支援通所事業、生活管理指導事業（基本的生活習慣の欠如や対人関係が成立しないなど、いわゆる社会適応が困難な高齢者に対する日常生活の指導管理を行う事業）などが示された。

これら事業は、市町村が自らの選択により行う方式（メニュー事業）とされ、市町村の自主性に配慮した仕組みが採用された。また、これらのサービスが個々の高齢者の状態に応じて提供されるよう、市町村の基幹型在宅介護支援センターの中に、「地域ケア会議」(18)を設置し、そこで、介護予防・生活支援の観点から効果的な介護予防サービスを総合調整する機能を持たせる考え方が示されていた。この地域ケア会議を通じて、市町村は、要介護認定などの情報を総合的に活用し、自立・要支援となった高齢者に対して、介護予防・生活支援の観点からサービスの必要な人を特定し、具体的なサービス内容を盛り込んだプランを策定することとされた。

こうした「介護予防事業」や「地域ケア会議」などの考え方は、介護保険制度施行5年後の見直しの中で、２００５年の介護保険法改正における「予防重視型システムの確立」の観点からの「新予防給付」や「地域支援事業」の導入へと結びついていった。

(17) 介護予防・生活支援事業は、２００１年度には予算額５００億円が計上され、施行直前の政治混乱の中で１９９９年11月に決定された特別対策に基づき、「家族介護支援事業」が事業に追加された。その中では、重度で低所得世帯の高齢者を介護する家族を慰労するための「家族介護慰労事業」も盛り込まれた。

(18) 地域ケア会議は、地域型在宅介護支援センターの統括のほか、介護保険対象外者に対する介護予防・生活支

図Ⅵ－3　介護予防・生活支援事業の利用対象者のイメージ

（1999年11月29日　全国課長会議資料）

<table>
<tr><td colspan="2"></td><td>自立者</td><td>要支援者</td><td>要介護者</td></tr>
<tr><td rowspan="3">介護予防・生活支援サービス</td><td>生活支援</td><td colspan="3">○配食・外出支援・寝具乾燥・緊急サービスなど
○軽度・一時的な生活支援（軽度生活援助事業）</td></tr>
<tr><td rowspan="2">介護予防</td><td colspan="2">○転倒予防・痴呆予防・閉じこもり予防などの事業
○食生活・生活習慣改善事業</td><td></td></tr>
<tr><td>○生きがい活動支援通所事業
○援助困難者の生活管理指導</td><td colspan="2"></td></tr>
<tr><td colspan="2">老人保健サービス</td><td colspan="3">健康教育、健康相談、健康診査、機能訓練、訪問指導など</td></tr>
</table>

援サービスの調整、介護サービス機関（ケアマネジャーを含む）の指導・支援を業務とし、保健・福祉担当者や地域住民などによるチームが構成員となり、1チームが80人から100人の高齢者を担当するイメージであった。

(6) 「ゴールドプラン21」の策定

以上のような動きを踏まえつつ、1999年12月19日に、新ゴールドプランの後の介護サービス整備などの方向性を示す「今後5年間の高齢者保健福祉施策の方向～ゴールドプラン21～」が、大蔵大臣、自治大臣及び厚生大臣の3大臣合意によって定められた。

このプランは、(ア)活力ある高齢者像の構築、(イ)高齢者の尊厳の確保と自立支援、(ウ)支え合う地域社会の形成、(エ)利用者から信頼される介護サービスの確立の4点を基本的な目標とした。その上で、この基本的な目標を達成するために、今後取り組むべき具体的施策として、以下の6項目を掲げた。

①介護サービスの整備（人材確保と研修強化、介護関連設備の整備、施設処遇の質的改善）
②痴呆性高齢者支援対策の推進（痴呆性老人グループホームの整備、痴呆介護の質的向上、権利擁護体制の充実）

③元気高齢者づくり対策の推進（総合的な疾病管理の推進、地域リハビリテーション体制の整備、生きがい・介護予防・社会参加の推進）
④地域生活支援体制の整備（あたたかな地域社会づくりの支援、生活支援サービスの充実、居住環境等の整備）
⑤利用者保護と信頼できる介護サービスの育成（情報化と利用者保護の推進、多様な事業者の参入促進、福祉用具の開発・普及）
⑥高齢者の保健福祉を支える社会的基盤の確立（長寿科学の推進、福祉教育の推進、国際交流の推進）

あわせて、各市町村が策定する介護保険事業計画における介護サービス量の集計等を踏まえ、5年先の2004年度における介護サービス提供の見込量が掲げられた。これまでのゴールドプランや新ゴールドプランは文字通り介護サービス基盤の整備計画であり、掲げた数値は基盤整備の目標値であったが、今回は「提供の見込量」とされた。これは、介護保険制度の導入を踏まえ、在宅サービスなどは事業者の自由な参入と活動によってサービス提供がなされることとなるため、これまでのように行政主導で目標値を定め、整備を進めていく手法とは異なってくることなどによるものであった。介護サービス提供量として掲げられたものは、表Ⅵ－1のとおりである。

表Ⅵ－１　平成 16 年度における介護サービス提供量
ゴールドプラン 21 資料

各地方公共団体が作成する介護保険事業計画における介護サービス見込量の集計等を踏まえ、平成 16 年度における介護サービス提供の見込量は下記のとおりである。

（訪問系サービス）

区　分	（新 GP 目標）平成 11 年度	平成 16 年度
訪問介護 （ホームヘルプサービス）	— 17 万人	225 百万時間 （35 万人）注 1
訪問介護 訪問看護ステーション	— 5,000 か所	44 百万時間 （9,900 か所）注 2

注 1：訪問介護員（ホームヘルパー）の人数については、一定の前提条件の下で試算した参考値である。
注 2：訪問看護ステーション数については、一定の前提条件の下で試算した参考値である。

（通所系サービス）

通所介護（デイサービス）／ 通所リハビリテーション（デイ・ケア）	— 1.7 万か所	105 百万回 （2.6 万か所）

注：デイサービス／デイ・ケアのか所数については、一定の条件の下で試算した参考値である。

（短期入所（ショートステイ）系サービス）

短期入所生活介護／ 短期入所療養介護	— 6 万人分 （ショートステイ専用床）	4,785 千週 （9.6 万人分） （短期入所生活介護専用床）

注：短期入所療養介護については、介護老人保健施設及び介護療養型医療施設の空床により提供される。

（施設系サービス）

区　分	（新 GP 目標）平成 11 年度	平成 16 年度
介護老人福祉施設（特別養護老人ホーム）	29 万人分	36 万人分
介護老人保健施設	28 万人分	29.7 万人分

注：介護療養型医療施設については、
　・療養型病床群（H11.1.1 現在 158,401 床）
　・老人性痴呆疾患療養病棟（H10.7.1 現在 5,360 床）
　・介護力強化病院（H10.7.1 現在 134,417 床）
　の中から申請を受けて都道府県知事が指定を行うこととなる。

（生活支援系サービス）

痴呆対応型共同生活介護（痴呆性老人グループホーム）	—	3,200 か所
介護利用型軽費老人ホーム（ケアハウス）	10 万人分	10.5 万人分
高齢者生活福祉センター	400 か所	1,800 か所

（平成 11 年 12 月 19 日大蔵・厚生・自治 3 大臣により合意）

Ⅶ章

1992年〜2000年

要介護認定の導入

1 要介護認定の素案の検討

本章では、法施行に向けた準備作業において重要な課題とされた「要介護認定の導入」を取り上げる。要介護認定は、介護保険制度を形成する大きな柱の一つであった。しかも、厚生省が導入を目指した要介護認定システムは、それまでの老人福祉・医療分野では実施されたことのない、全く新たな仕組みであった。このため、調査研究の段階からモデル事業の実施、さらに導入のための現場の準備まで、一貫して、本部事務局が中心となって取り組むこととなった。その間の動きを、1992年頃の素案検討の時点から、2000年の導入準備に至るまで概観する。

(1) 介護保険制度の「成否」を握る課題

要介護認定は、文字通り、介護保険制度の「成否」を握る課題であった。

様々な場面で介護保険制度の給付内容や負担をめぐる議論が交わされていたが、そうした議論も、要介護の高齢者が「公正・公平」に認定されることが大前提となっており、適切な要介護認定システムが導入できない限り、介護保険制度の構想そのものが頓挫しかねないと言っても過言ではなかった。

主な論点は、第一は、どのような手順でいかなる機関や専門家が認定に参画するかという「認定プロセス」であり、第二は、高齢者の状態をいかに正確に測定（アセスメント）し、その結果を基に要介護度を適切に判定し、給付に結び付けていくかという「要介護認定基準」であった。このうち、要介護認定基準は特に難問であった。それまでの老人福祉、老人医療の分野には、介護保険制度にふさわしい基準や仕組みは存在していなかったからである。[(1)]

(1) 当時存在していた基準としては、障害老人・痴呆性老人の日常生活自立度判定基準があった。これらの基準は、高齢者の寝たきり・痴呆の自立度という状態を表す簡便な方式であったが、それぞれの自立度はサービスの必要量や内容には結びついたものではなかった。

(2) 「革新性」を追求した要介護認定システム

そうした中で追求された要介護認定システムは革新的なものであった。何が革新的であったか。その第一は、認定プロセスの「透明性」である。具体的には、認定調査に基づく「一次判定結果」と主治医の意見をベースに、複数の専門家の合議体である認定審査会で「二次判定」を行うプロセスが検討対象とされた。それまでの老人福祉の世界では、措置という形で行政内部の「ブラックボックス」の中で給付決定が行われていたし、医療の世界では医師個人の判断に決定が委ねられてきたことに比べると、その「透明性」は際立っていた。

第二は、要介護認定の「客観性」である。高齢者の状態を正確にアセスメントし、その結果によって必要とされるサービス量がコンピュータによって論理的に導き出されるような、客観的な要介護認定基準の開発が目指された。高齢者の要介護度を何らかの「物差し」で測れないのかということは、日本に限らず世界においてさまざまな取組みが行われていたが、当時は限られた研究レベルのものに過ぎなかった。それを、全体では200万人以上とも見込まれる要介護高齢者に一斉に適用し、サービス給付まで結び付けようとする点において、まさに空前の巨大プロジェクトであった。

当然ながら、こうした「革新性」に対しては、関係者においても実現不可能ではないかという意見は根強く存在した。透明性の高い認定プロセスに対しては、実際に多くの利害関係者の介入を排除できるのかという点からの懸念があり、客観性の高い要介護認定基準に対しては、妥当性と現実性の両面から「夢物語」という声すら聞かれていた。そのような厳しい状況下で、約10年の長期にわたる試行錯誤とこれに取り組んだ人々の強固な意志と地道な努力によって、従来とは全く異なる発想に基づく要介護認定システムが導入されたのである。

(3) 制度本体の議論から切り離された検討過程

要介護認定の導入において特徴的なのは、その検討過程である。介護保険の制度化は、既に述べてきたように、国民各層において様々な論議が交わされる中で、多くの関係者の参画や関係団体との調整によって成案が形作られていく、オープンな検討手法が採られた。これに対して、要介護認定は、一貫して本部事務局のメンバー（特に企画官以下の若手メンバー）が中心となって、限られた研究者や関係者が参加する「研究プロジェクト」において検討が重ねられ、ある段階までは表立った議論は慎重に避けられてきた。いわば密室での検討であった。これは、要介護認定が介護保険制度の「かなめ」であり、しかも本部事務局が追求した「革新性」ゆえに、その扱いを利害関係者の議論に委ねるならば、到底成案を得られないのではないかという本部事務局の危機感が強く働いたからである。その結果、要介護認定基準のあり方などの主要事項は老健審から切り離された形で検討が進められ、しかも、国会での審議も考慮して、最終決定は介護保険法案成立後にまでずれ込むこととなったのである。こうした検討過程は、要介護認定という事柄の性格上やむを得なかったという面があるが、一方で、要介護認定のロジックが最終段階まで公表されないなど、その「密室性」ゆえに、制度導入後もしばらくの間、要介護認定に対する不信と批判が続くという結果を招いたことは否めない。

(4) 北海道における先駆的な研究(1992年〜1994年春)

要介護認定システムの素案の議論が始まったのは、介護保険制度の本格的な検討に先立つ1992年度〜1993年度に北海道で実施された研究プロジェクトからである。この研究プロジェクト(「高齢者総合ケアシステム研究プロジェクト」)は、当時の北海道医師会長を座長とする総勢38名の大規模なもので、北海道の行政・医療・看護・福祉・自治体関係者のほかに、厚生省の老人保健・福祉・保険分野の担当課長(3名)や医療福祉分野の研究者などが多数参加する異例の布陣であった。

研究プロジェクトは、高齢者一人ひとりのニーズを個別に評価し、最もふさわしいサービスを提供するシステムの確立を目指すことを目的に、①高齢者のニーズの把握と評価(そのための「高齢者データセット」の開発)、②ケアプランの策定と実行(その手引きとなる「高齢者ケアプラン策定指針」の開発）、③適切なケアの調整、④ケア度合いに応じた費用保障（高齢者のケア度合いの指数化）の４つを主なテーマとしていた。一見して明らかなように、これらのテーマは、その後の介護保険制度の要介護認定やケアマネジメントの論点を網羅するものであった。

①試行されたＭＤＳ方式（ＭＤＳ、ＲＡＰｓ、ＲＵＧ－Ⅲ）

研究プロジェクトが北海道の老人病院や特養、老健施設の高齢者（１９９２年度は約１０００名、１９９３年度は約１３００名）を対象に試行したのが、米国で１９８７年のナーシングホーム改革の一環として開発されたＭＤＳ方式である（図Ⅶ－１）。ＭＤＳ（Minimum Data Set）という約３５０項目にわたるアセスメント票によって、個々の高齢者の状態を包括的に評価し、その評価結果に基づき、18の問題領域別の留意点を記したＲＡＰｓ（Resident Assessment Protocols）に沿って対象者ごとにケアプランを作成するとともに、高齢者などの慢性疾患患者のケアの度合いを分類する方式であるＲＵＧ－Ⅲ（Resource Utilization Groups－Ⅲ）を活用し、個々のケースに応じた費用保障に結び付けていくものであった。このうちＲＵＧ－Ⅲは、ＭＤＳから得られる情報をベースに、個々の高齢者のケア指数（ＣＭＩ、Case Mix Index）に着目して、高齢者を第１段階の「臨床像による分類」、第２段階の「ＡＤＬによる分類」、第３段階の様々な観点から「細分化された分類」から成る44の分類に区分するものであった。ＣＭＩは、対象者が医師、看護師、ＯＴ、ＰＴなどケアスタッフから受けたケア時間に、それぞれの職種の平均給与による重みづけを行った値を、重みづけしたケア時間全体で除した値である。すなわち、高齢者ケアの費用のうち最も大きな比重を占め、対象者の重症度によって大きく変動する「人件費」に着目したものとなっていた。

この方式は、米国のナーシングホームの質の向上のために開発されたものであって、そもそも我が国の介護保険制度を想定したものではない。しかし、介護保険制度に向けて検討が始まる中で、厚生省関係者を中心に、要介護認定やケアマネジメントのシステムに活用が可能ではないかと考えられるようになっていった。厚生省が１９９３年11月に省内に設置した検討チームの検討結果は翌年の１９９４年にまとめられたが、そこでは「専門家（ケアマネジャー）又は専門家チームが、高齢者の心身の状況等を総合的に判定・評価（「要支援度ランク」に該当することを判定）」することや「『要支援度ランク』に応じた標準的な給付水準を設定する」とされ、具体的な方式の一つとして研究プロジェクトが試行していたＭＤＳ方式が視野に置かれていた。

図Ⅶ－１　米国の高齢者ケアシステム
（1994 年３月「高齢者総合ケアシステム研究プロジェクト報告書」より作成）

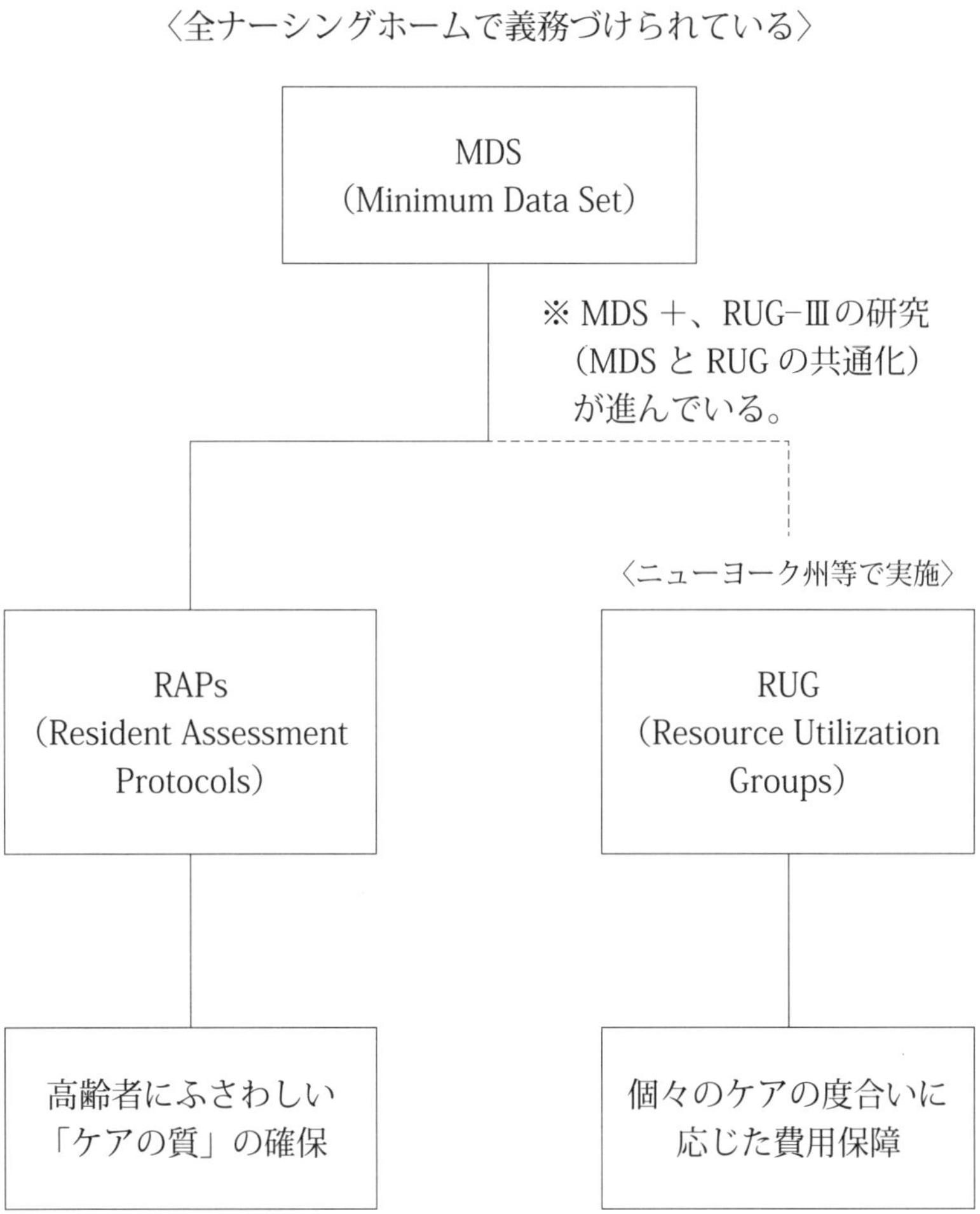

②高齢者ケアに大きな影響を与えた研究成果

北海道における2年間の研究成果は、その後の我が国の高齢者ケアに大きな影響を与えた。最も大きな成果は、高齢者データセット（ＭＤＳ）と高齢者ケアプラン策定指針（ＲＡＰｓ）を活用した「高齢者ケアプラン方式」という考え方が導入されたことであった。報告書では、この方式に取り組んだ現場スタッフの意見が紹介されている。それによると、高齢者データセットについては、当初は確認に時間がかかったが、２回目以降は患者のアセスメントの視点を持つようになり、記入が早くなったという意見が記されている。高齢者ケアプラン策定指針については、多くのスタッフが高い評価を与えている。ケアプランを立てる意欲と自信がついてきた、患者に対する目配りやふれあいの時間が増加し、排せつ・食事・レクなどのケア内容に多くの改善が見られた、状態変化の原因が考察でき予測が可能となった、医療職と介護職が共通の視点でアセスメントとケアができるようになった、という意見が寄せられている。こうした研究成果は、その後、高齢者ケアプラン方式が我が国に普及していく重要な契機となった。(2)

一方、ＲＵＧ－Ⅲによるケアの度合い分析については、報告書は必ずしも歯切れが良くない。研究で得られたＣＭＩと米国のデータの比較のためにタイムスタディ調査が行われたが、

「臨床像ごとのCMIについては（中略）患者・入所者特性に応じたケア資源の配分がある程度行われていることがうかがわれる。ただし、（中略）該当者が5人未満と極めて少ない分類が19存在し（中略）、アメリカと全く同等の基準が必要であるかどうかについては、今後さらに評価・検討を要する（同報告書）」とされた。

(2)「ケアプラン」という言葉が我が国で人口に膾炙されるようになったのは、この北海道研究プロジェクトからである。1993年7月には、厚生省老人保健福祉局は「介護計画検討会」を設置し、高齢者ケアプラン方式（MDS－RAPs方式）の普及に取り組んだ。高齢者ケアプランの考え方は、後の「高齢者介護・自立支援システム研究会」の報告書に強い影響を与え、介護保険制度におけるケアマネジメントの考え方へ結びついていった。その後、MDS－RAPs方式の在宅ケア版であるMDS－HC／CAPs（Minimum Data Set－Home Care/Client Assessment Protocols）が作成されたほか、関係3団体が作成した3団体ケアプラン策定指針や日本介護福祉士会、日本社会福祉士会、日本訪問看護振興財団などが作成したケアプラン方式など様々な提案がなされ、現場に広まっていった。

(5)「ケアパッケージ方式」を基準素案に採用（1994年後半～1995年）

1994年4月に厚生省に高齢者介護対策本部が設置され、介護保険制度の検討が本格的に始まった。本部事務局における当時の作業の中心は、システム研究会での介護保険の基本論や制度論であったが、要介護認定も当初から重要な課題として位置づけられていた。ただし、1994年当時の本部事務局では、要介護認定とケアマネジメントは分離して考えられておらず、アセスメントや要介護認定基準は、個々の高齢者に対して必要とされるサービス量の決定のみならず、ケアプランの策定にも結びつくことが念頭に置かれていた。(3) しかし、現実にはこうした条件を満たすような具体的な方式はなかなか見当たらず、論議が深まることはなかった。

(3) 1994年12月にまとめられたシステム研究会報告では、要介護認定とケアマネジメントの関係は十分な整理がなされておらず、報告書では「要介護状態の判定に際しては、高齢者の心身の状態を客観的に評価（アセスメント）することが求められるが、このような判定は、……（中略）……ケアプランの策定にも結びつくようなものであることが望ましい」としている。本部事務局が両者を別建てとする考え方を公に明らかにしたのはその半年後の1995年5月18日の老健審においてであった。

⒤MDS－RUG方式の限界

当初有力と考えられたMDS－RUG方式については、44の分類が米国における高齢者ケアの考え方や実態に基づいていたこともあり、様々な問題点が明らかになった。例えば、当時の我が国の高齢者ケアの現場では該当事例が存在しない分類が少なくなく、該当率もばらつきがあったほか、想定された高齢者の状態像に応じたケア提供量の違いが見られなかった。また、MDSのアセスメント票が約350項目にのぼっていたことも、膨大な対象者が予想される要介護認定では実務的に大きな問題をはらむものであった。

この他にオーストラリアが導入していたＣＡＭ方式（Care Aggregated Module）と呼ばれる要介護認定基準も検討対象となった。この方式は、高齢者を失禁、問題行動、移動、トイレ、洗面、着脱衣などの14項目について自立度を4段階で評価し、その合計点数により要介護度を５つに分類するものであった。アセスメントの作業も容易であるなど簡明な方式であったが、問題は、点数の重みづけについて科学的根拠が明らかでなく（タイムスタディなどの実証研究も実施されていない）、分類の適切さをチェックできるデータベースも存在していない点であった。そうした状況下で、本部事務局において要介護認定基準案として浮上したのが、「ケアパッケージ方式」と呼ばれる方式であった。

②浮上した「ケアパッケージ方式」

「ケアパッケージ方式」は、本来、要介護認定を想定して設計されたものではない。全国社会福祉協議会が１９９４年3月にまとめた「特別養護老人ホームのサービスの質の向上に関する調査研究報告書（調査研究委員長・柄澤昭秀日本社会事業大学教授）」において提案された方式である。(4) この調査研究は、特養入所の高齢者の状態像（高齢者タイプ）と提供される介護サービスの提供量（高齢者ケアパッケージ）との「法則性を見つけること（同報告書）」を目的としており、全国27か所の特養入所者２１１２人を対象に高齢者に提供されている介護業務（１５８種類の介護業務分類コード[5]）ごとの介護サービス提供量を1週間記録し、そのデータを統計的手法によって分析していた。その結果、施設入居者については８つの基本属性[6]が明らかになり、「この８つの基本属性の組み合わせにより、14の高齢者タイプに分類される（同報告書）」と報告していた。

この調査研究結果に対して、要介護認定基準案を模索していた本部事務局は、大きな関心を寄せていた。要介護認定システムは、高齢者の状態を正確に測定した結果を一定の基準で評価し、要介護度を判定するものであり、しかも、要介護度は、提供すべきサービス量、すなわち介護保険制度の支給額にリンクしたものでなければならない。そうした点で、「ケアパッケージ方式」は、我が国の介護現場で提供されている日常的なサービス量（高齢者ケアパッケージ）をベースに高齢者の状態像（高齢者タイプ）を分類するものであり、要介護認定とサービス量との関連性という条件を満たすことが期待されたのである。

しかし、要介護認定基準として採用するには、当時得られたデータは特養に限られており、他の介護施設や在宅ケアへの妥当性を検証する必要があるなど検討すべき課題は山積していた。このため、広範かつ多様な介護現場を対象に大規模なモデル事業を実施することによって、問題点を抽出し、要介護認定基準への活用に向けて精査していくことが大きな課題となったのである。

(4) この調査研究において実務面で中心となったのは、当時、全国社会福祉協議会に所属していた筒井孝子である。

(5) 「介護業務分類コード」は、特養において提供されている介護サービスの分析結果に基づき、入所者と直接接触する直接ケア（パーソナルケア）として、「洗面の介助を行う」「口腔内を清潔にする」「うがいをさせる」など158種類にのぼっていた。

(6) 8つの「基本属性」は、「排泄後の後始末」「金銭管理の能力」「移動能力」「知的状態、問題行動の有無」「寝返りの可否」「食事の自立度」「聴力の程度」「視力の程度」とされた。

2　要介護認定基準（試案）の公表とモデル事業の実施

(1)　基礎調査研究会の設置（1995年4月）

１９９５年4月、厚生省は基礎調査研究会を設置した（資料Ⅶ－1）。基礎調査研究会の座長は井形昭弘が務め、学識者のほか医療・看護・福祉関係者等が参加した。設置目的は「わが国におけるケアマネジメントに関する検討のための基礎資料の取集・分析を行うこと」とされたが、本部事務局が最も期待したのは、要介護認定のモデル事業を実施し、アセスメント案及び要介護認定基準案を検討することであった。

基礎調査研究会は、１９９５年9月18日に介護保険制度の審議を行っていた老健審に対して第1回目の報告を行った。その内容は、全国19地域における先進的なケアマネジメントの実施例を分析したものである。その上で、今後の調査研究方針として、この19地域の調査対

資料Ⅶ－１　高齢者ケア支援体制に関する基礎調査研究会メンバー
（肩書は当時）

（座長）井形昭弘（国立療養所中部病院長）
石井岱三（全国老人福祉施設協議会会長）
糸氏英吉（日本医師会副会長）
岩田克夫（全国デイサービスセンター協議会会長、全国在宅介護支援センター協議会会長）
岡本祐三（神戸市看護大学教授）
鎌田ケイ子（東京都老人総合研究所主任研究員）
斉藤正身（霞が関南病院長）
白澤政和（大阪市立大学生活科学部教授）
高尾和彦（高知県健康福祉部長）
竹中浩治（厚生年金事業振興団常務理事）
田中　滋（慶應義塾大学大学院経営管理研究科教授）
中西敏夫（日本薬剤師会常務理事）
橋本泰子（西南女学院大学数授）
藤岡道治（日本歯科医師会常務理事）
松田　朗（国立医療・病院管理研究所長）
宮坂雄平（日本医師会常任理事）
山口　昇（全国老人保健施設協会会長）
山崎摩耶（日本看護協会常任理事）
（注）1996年7月に、この基礎調査研究会を改組して設置された「高齢者ケアサービス体制整備検討委員会」では、上記の委員のうち、糸氏英吉及び高尾和彦が退任し、新たに、青柳俊（日本医師会常任理事）、高田寛文（滋賀県健康福祉部次長）、西田正（京都府園部町環境福祉部長）及び松井基雄（大阪府守口市福祉部長）が就任した。

象地域において「ケアマネジメントに関する調査研究を継続するとともに、高齢者の要介護度の分類等高齢者のニーズのアセスメントに関する基礎調査資料の収集・分析を行う予定である」との考え方を示した。

(2) 要介護認定基準(試案)の公表(1996年3月)

このような方針に沿って、基礎調査研究会は、1995年10月~11月、全国19の地域と50の関係機関(介護力強化病院、老健施設、特養)の利用者3357人を対象に調査研究を実施した。調査結果は、1996年3月28日の老健審に「要介護認定基準とケアプラン作成について(ポイント)」という形で報告されたが、その内容は要介護認定に関する検討の方向性を決定づけるものであった。

ここで提示された要介護認定基準(試案)は、現場のデータに基づき、高齢者に対する介護サービス量から高齢者を施設ケアで14タイプ、在宅ケアで8タイプに区分した上で、施設ケア・在宅ケアに共通な要介護度分類の試案として、介護者の身体的負担度や精神的負担度の要素も加味し、要介護度I~VIの6つに分類するものであった(表VII-1)。この試案は、「ケアパッケージ方式」の考え方を踏まえ、要介護度を高齢者の状態の重症度ではなく、高

表Ⅶ－１　要介護度分類毎の高齢者の状態像（概観）
（1996年３月28日老健審、厚生省提出資料）

要介護認定		Ⅰ	Ⅱ	Ⅲ	Ⅳ	Ⅴ	Ⅵ
高齢者の状態像		食事・排泄・着脱のいずれも概ね自立しているが、生活管理能力が低下する等のため、時々支援を要する。	食事・排泄・着脱のいずれも概ね自立しているが、一部介助・支援を要する。	食事・着脱はなんとか自分でできるが、排泄は介護者の一部の介助を要する。	食事・排泄・着脱のいずれにも介護者の一部介助を要する。	身体状態は様々であるが、重度の痴呆症状を呈しており、食事・排泄・着脱のいずれにも介護者の全面的な介助を要する。	寝返りをうつことができない寝たきりの状態であり、食事・排泄・着脱のいずれにも介護者の全面的な介助を要し、１日中ベッドの上で過ごす。
	寝返り	自分でできる	自分でできる	自分でできる	自分でできる	自分でできる	自分ではできない
	排泄	概ね自分でできる	なんとか自分でできる	一部介助を要する	一部介助を要する	介助を要する	介助を要する
	着脱	概ね自分でできる	なんとか自分でできる	なんとか自分でできる	一部介助を要する	介助を要する	介助を要する
	摂食	概ね自分でできる	なんとか自分でできる	なんとか自分でできる	なんとか自分でできる	介助を要する	介助を要する
	入浴	概ね自分でできる	一部介助を要する	一部介助を要する	一部介助を要する	介助を要する	介助を要する
	調理	時々支援を要する	一部支援を要する	一部支援を要する	困　難	困　難	困　難
	掃除	時々支援を要する	一部支援を要する	一部支援を要する	困　難	困　難	困　難
日常生活自立度判定基準との関連性	障害度	J、A1を中心とした状態像。	A1、A2を中心とした状態像。	A１、A２、B1を中心とした状態像。	B1、B2、C1を中心とした状態像。	状態像は様々である（A1～C1）。	C2を中心とした状態像。
日常生活自立度判定基準との関連性	痴呆度	なし、あるいは痴呆状態のⅠ。	なし、あるいは痴呆状態のⅠ、Ⅱ。	約７割の人が痴呆状態であり、Ⅱ、Ⅲが中心。	痴呆状態は様々である（なし～Ⅲ）。	ほとんどが痴呆状態であり、Ⅲ、Ⅳが中心。	痴呆状態は様々である（なし～Ⅳ）。

齢者が必要とするケア時間の多少に置いている点で画期的であった。

また、高齢者アセスメント票（試案）として、①在宅、施設両方の高齢者のニーズが把握可、②高齢者介護に関するさまざまな観点からのニーズを把握可、③高齢者の持つ問題点と将来的に解決方策指示可、④さまざまな職種が短時間でアセスメント可、という条件の下で設定されたものが提示された。

本部事務局の報告に対して、一部委員から「要介護認定基準がADLと痴呆度の2つの切り口だけとなっていて、介護施設に入れるべき人と医療施設に入れるべき人との分け方が示されていない。どの程度の医療度をもって、介護施設と医療施設に分けるかという客観的な基準を示しておかないと、認定の時に医療が必要な人とそうでない人の間で混乱が必ず生じる。痴呆の程度とADLのほかに、さらに医療的な切り口がケアとしての介護の中に入れられるべきである」という意見が出されたが、そのほかに特段の疑問や批判は出されなかった。当時、老健審は保険者や保険方式などをめぐり議論が紛糾している最中であり、多くの委員の関心はもっぱら制度論にあったこともその背景にあった。いずれにせよ、この要介護認定基準（試案）と高齢者アセスメント票（試案）は、要介護認定システムの検討のベースとなるものであり、重要な意味を有していた。

本部事務局から「今回の両試案について、さらに地域や機関で検証を行い、現場の意見を踏まえながら修正を行っていくことが求められる」という考え方が示され、これ以降、要介護認定の検討はモデル事業の実施へと大きく踏み出すこととなった。

(3) 要介護認定のモデル事業の実施へ

厚生省は、1996年度から1998年度にわたって要介護認定のモデル事業を繰り返し実施し、その結果を検証しながら、当初の試案について様々な見直しを行っていった。このモデル事業は、要介護認定の熟度を高めていくとともに、モデル事業の対象地域・機関を拡大していくことにより、要介護認定という新たな考え方を全国の介護現場や自治体に周知させていくことも、その狙いにあった。

介護保険法案が国会で成立する前の1996年7月、厚生省は、前年設置された基礎調査研究会を「高齢者ケアサービス体制整備検討委員会」(以下「検討委員会」という)へと改組した。検討委員会の委員長は、基礎調査研究会座長の井形昭弘が引き続き務めた。この検討委員会が中心となって進められていったモデル事業(「高齢者介護サービス体制整備支援事業」のうちの「要介護認定及び介護サービス計画作成に関する試行的事業」)の概況は、表Ⅶ－2のとおりである。モデル事業は、認定調査から、かかりつけ医の意見書の作成及び認定審査会の開催という、実際に想定された要介護認定と同じ流れで行い、一次判定と二次判定の結果を検証する形で行われた。対象者数は、1996年度は5595人、1997年度は4万1059人、1998年度は17万5129人と順次拡大され、延べ人数で22万人を超える規模となった。

①1996年度及び1997年度モデル事業の実施

1996年度モデル事業は、各都道府県から原則として1か所のモデル地域（合計60か所）を指定し、地域ごとに概ね100件（在宅50件、施設50件）を対象に実施された。対象者のうち二次判定まで行われたのが5563人、二次判定で一次判定結果が変更されなかった件数は、3976件（全体の71・5％）であった。

次いで、1997年度モデル事業では、対象地域を、全国の416地域（905市町村）に拡大するとともに、介護サービス計画についてのモデル事業も併せて行った（64地域）。要介護認定のモデル事業の調査対象者数は、1か所あたり概ね100件（在宅50件、施設50件）とし、介護認定調査員に対しては、訪問調査に係る事前研修を都道府県が実施した。また、介護サービス計画の策定は、各地域において要介護認定を行った在宅の調査対象者のうち10人以上を対象とし、対象者の状況等について課題分析（アセスメント）を行った上で、サービス担当者会議を開催し、その結果を踏まえ介護サービス計画を策定するという流れで行った。

その結果、最も議論になった二次判定における一次判定の結果からの変更の状況は、二次判定者4万801人のうち、二次判定で変更されなかった件数は3万703件（75・3％）、変更された件数は9459件（23・2％）、再調査等は639件（1・6％）であった。変更された件数のうち、軽度に変更された件数は、3592件（全体の8・8％）、重度に変更された件数は、5867件（全体の14・4％）であった。変更されなかった割合が50％を切る自治体があった一方で、95％を超える自治体もあった。

②医福審での審議（1998年4月）

1997年度モデル事業の結果は、1997年4月13日の第7回医福審老人保健福祉部会でも審議された。その中では、二次判定の変更状況などをめぐり、議論が交わされた。医師会関係委員からは、「コンピュータによるブラックボックスを用いた判定をするというのであれば、90％近くの正確な判定ができるのでなければ、そういう方法論は機能しない。もう一つは、はっきりしていない状態像区分を目標として、どうやって一次判定を二次判定に変えるのか。1997年8月に、私たちは、はっきりしてくれ、申請者に結果を説明してくれ、

1997（平成９）年度	1998（平成 10）年度
416 地域 （905 市町村）	1,787 地域 （3,255 市町村）
41,059 人 （在宅：20,813 人、施設 20,246 人）	175,129 人 （在宅：92,312 人、施設 81,988 人）
1,725 人（4.2%）	12,121 人（6.9%）
2,812 人（6.9%）	13,231 人（7.6%）
2,562 人（6.3%）	32,461 人（18.5%）
5,737 人（14.1%）	37,137 人（21.2%）
8,253 人（20.2%）	38,134 人（21.8%）
9,893 人（24.2%）	23,158 人（13.2%）
9,180 人（22.5%）	14,039 人（8.0%）
639 人（1.6%）	4,848 人（2.8%）
9.459 件（23.2%） （4.0%～ 54.0%）	21,252 件（12.5%） （0%～ 68.7%）
3 地域（0.7%）	826 地域（47.2%）
73 項目	85 項目（うち、“特別な医療” 12 項目）
1 分間タイムスタディデータ（H6 調査） （特養、老健、介護力強化病院の 3,403 名）	1 分間タイムスタディデータ（H6 調査） （特養、老健、介護力強化病院の 3,403 名）
●総ケア時間では状態後の説明困難であるため 326 項目のケアコードを、以下の５領域に分類。 １）ADL 関連（直接生活介助） ２）IADL 関連（間接生活介助） ３）問題行動関連 ４）医療行為 ５）その他 ●“問題行動なし” 群のデータを基に、樹形モデルを使って、ADL 関連と IADL 関連のケア時間を推定。“問題行動あり” の場合、それに該当する樹形モデルにより、ケア時間を推定し、加算。 ４）医療行為および５）その他については適切な推計値が得られなかったため、分析から除外。	● 312 項目のケアコードを、以下の５領域に分類。 １）直接生活介助（ADL 関連） ２）間接生活介助（IADL 関連） ３）問題行動関連介助 ４）機能訓練関連行為 ５）医療関連行為 ●“問題行動なし” 群のデータを基に、樹形モデルを使って、 １）直接生活介助 ２）間接生活介助 ４）機能訓練関連行為 ５）医療関連行為のケア時間を個別に推定。 ●樹形図形作成にあたり、ケア実施・非実施でなくケア時間分布の差（乖離度）を最大とする分割方式に変更。 ●問題行動、特別な医療に該当する場合、各々の樹形モデルから算出されるケア時間を加算。 ●問題行動関連のケア時間が、推計上負の数となる場合（例:問題行動があると、無い場合に比較して総ケア時間が少なくなると推計される)、これを「零（ゼロ)」として算定した。

表Ⅶ－２　モデル事業の実施状況の変遷
(2000 年８月 11 日厚生省要介護認定調査検討会、厚生省提出資料より作成)

	1995（平成７）年度	1996（平成８）年度
１）モデル事業の概況 ⑴実施地域数	—	60 地域
⑵調査対象者数	—	5,595 人 （在宅：2,753 人、施設 2,842 人）
⑶二次判定 ①自立	—	86 人（1.5％）
②要支援	—	525 人（9.4％）
③要介護１	—	466 人（8.4％）
④要介護２	—	979 人（17.6％）
⑤要介護３	—	1,004 人（18.0％）
⑥要介護４	—	1,337 人（24.0％）
⑦要介護５	—	1,117 人（20.1％）
⑧再調査等	—	49 人（0.9％）
⑷二次判定における変更件数および率	—	1.538 件（27.6％） （0％～ 67.0％）
⑸変更率が５％未満の地域数および割合	—	—
２）一次判定ロジックの開発関連 ⑴調査項目	状態像８および５項目	71 項目
⑵推計に使用したデータ	特別養護老人ホーム調査データおよび在宅老人調査データ	1分間タイムスタディデータ（H6 調査） （特養、老健、介護力強化病院の 3,403 名）
⑶推計方法	●特養ホーム入所者に対し、高齢者の属性と、コード化されたケア毎の連続１週間の実施回数を測定。 ●介護サービス総量を目的変数とし、属性の組合せで説明する統計手法（AID）を用いて解析。 ●在宅高齢者に対しては、高齢者属性と、コード化されたケア毎の提供時間を収集。 ●主成分分析により得られたスコアを高齢者属性５項目の組合せで推計した。	●施設・在宅での推計方法の統一化。 ● 328 種類に分類したケアコード毎に、１分間のタイムスタディデータを収集、全ケアコード別に、ケア実施群と非実施群を分類する様なグループ分けを実施し、コード別ケア時間を推計。 ●全ケアコード別のケア時間の和を、総ケア時間として、認定の尺度とした。

そうしなければ駄目だと言っている」、「地区の医師会から、我々は認定審査会に入りたくない、という意見が出てきている。それは、いままで公害認定その他のいろいろな認定業務でのクレームが非常に多く、個々のドクターでは対応しきれず、特に狭い地域、あるいは、ドクターの数の少ない地域では非常にターゲットにされるおそれがあるという危機感による」といった意見が出された。

一方、医学関係委員からは「二次判定で新しい情報が加わってくるので、結果的に（一次判定と）25%程度の差というのは、当然だと思う。たぶん、そういう情報が、利用者側に有利に働いている結果として、25%の差異が生まれているのだろう」という意見が出された。また、老健施設関係委員からも「二次判定でかかりつけ医の意見書、特記事項等を参考にしながら勘案してのこれぐらいの変更というのはあり得ることで、もしこれが１００%近く機械処理できるといったら、むしろその方が異常ではないか」といった意見があった。

③１９９８年度モデル事業（全市町村）の実施

厚生省は、１９９８年7月29日に開催された全国課長会議で「平成10年度高齢者介護サービス体制整備支援事業について（案）」を示した。これは、全国の全市町村（１７８７地域３２５５市町村）において要介護認定に関するモデル事業を実施するほか、介護サービス計画の作成、介護支援専門員指導者研修事業及び介護支援専門員養成研修事業を行うものであった。これらの事業の実施主体は都道府県であり、都道府県に「高齢者ケアサービス体制整備検討委員会」を設置し、その意見を踏まえながら事業を推進する形をとった。

要介護認定の訪問調査では、選択式の調査事項（73項目）と記述式の特記事項に加え、特別な医療に関する調査事項[7]（12項目）が設けられた。審査判定は、「直接生活介助」、「間接生活介助」、「問題行動関連介助」、「機能訓練関連行為」及び「医療関連行為」に要する時間を用いて行うこととされた。具体的には、図Ⅶ－2の「要介護認定の流れ」に沿って、図Ⅶ－3の流れに従って行うこととされた。

二次判定における変更の可否の判断については、全国的にバラつきがみられたことを踏まえ、前記会議資料において、「要介護状態区分変更等事例集」の形で、介護認定審査会において変更が適当な場合と不適当な場合の事例を具体的に示すとともに、各要介護状態区分の状態像の例が提示された。

また、介護サービス調査票記入の手引きとして、認定調査の項目ごとに、①項目の定義、②調査方法、③調査上の留意点及び④選択肢の判断基準を、具体的かつ詳細に示すとともに、特記事項の具体的記入方法やかかりつけ医意見書記入の手引き等を作成し、１９９７年度モデル事業で指摘された事項に対応した。[8]

(7) この点については、日本医師会とのやりとりの中で、当初、厚生省から、要介護認定基準では医療的要素を評価せず、支給限度額で「医療加算」を設け、医療ニーズがある人については支給限度額を引き上げる案を提示したが、日本医師会は医学的管理を要介護認定基準の一次判定に組み込むことを主張した。その結果、支給限度額を設定する際には「医療加算」は設けず、要介護認定基準に医学的管理の要素を加味することとなった。

(8) 要介護状態区分について、日本医師会の中には、「要支援も含めて6段階もある必要はなく、3段階程度でよいのではないか」という意見があり、日本医師会としてももう少し減らせないのかと主張していたが、この点については、最終的に「試行的事業でも6段階は定着しており、できればこのままでいきたい」(井形昭弘委員長) という主張を踏まえ、6段階で実施することとなった。

1998年度モデル事業における要介護認定の流れ
(1998年7月29日 全国課長会議資料より作成)

①選択式の調査事項(73項目)より、「直接生活介助」等の5種類の介助及び行為に要する時間を個別に推計する。

②要介護認定は、上記の5種類の介助及び行為に要する時間の和を求めた上で、時間単位で表示される要介護認定基準に照らして一次判定を行う。

③その際、特別な医療に関する調査事項(12項目)において該当する事項がある者の「医療関連行為」に要する時間については、その時間を延長させて算定調整する。

④要支援認定基準は、②の要介護認定基準で示される時間が一定以下であって、「間接生活介助」及び「機

能訓練関連行為」に要する時間の和が一定以下の場合とする。
⑤介護認定審査会においては、一次判定結果に、記述式の特記事項及びかかりつけ医意見書の内容を加味して、時間単位で表示される要介護認定基準に照らして審査判定（二次判定）を行う。その際、参考として示される要介護度別の典型的な状態像等を参照する。

④1998年度モデル事業の結果

1998年度モデル事業では、全国で17万5129人に対し要介護認定を行った結果、1997年度モデル事業と比較すると、重度と判定された者の割合がかなり減少した。具体的には、1997年度が、要介護3が20・2％、要介護4が24・2％、要介護5が22・5％であったのに対し、1998年度では、それぞれ21・8％、13・2％、8・0％となった。

また、一次判定の結果が二次判定で変更されたものの割合について、1997年度が23・2％であったのに対し、1998年度では9・2％（重度への変更7・1％、軽度への変更2・1％）と大幅に減少した。1998年度モデル事業では、調査項目の一部修正及び判定の変更は、1997年度モデル事業についての指摘を踏まえ、前述の要介護状態区分変更等事例集を参照して行うこととされており、その結果、変更されたものの割合が1997年度モデル事業より、減少することとなったものである。この背景として、変更が不適当な事例に該

図Ⅶ－2　要介護認定の流れ
（1998年7月29日　全国課長会議資料）

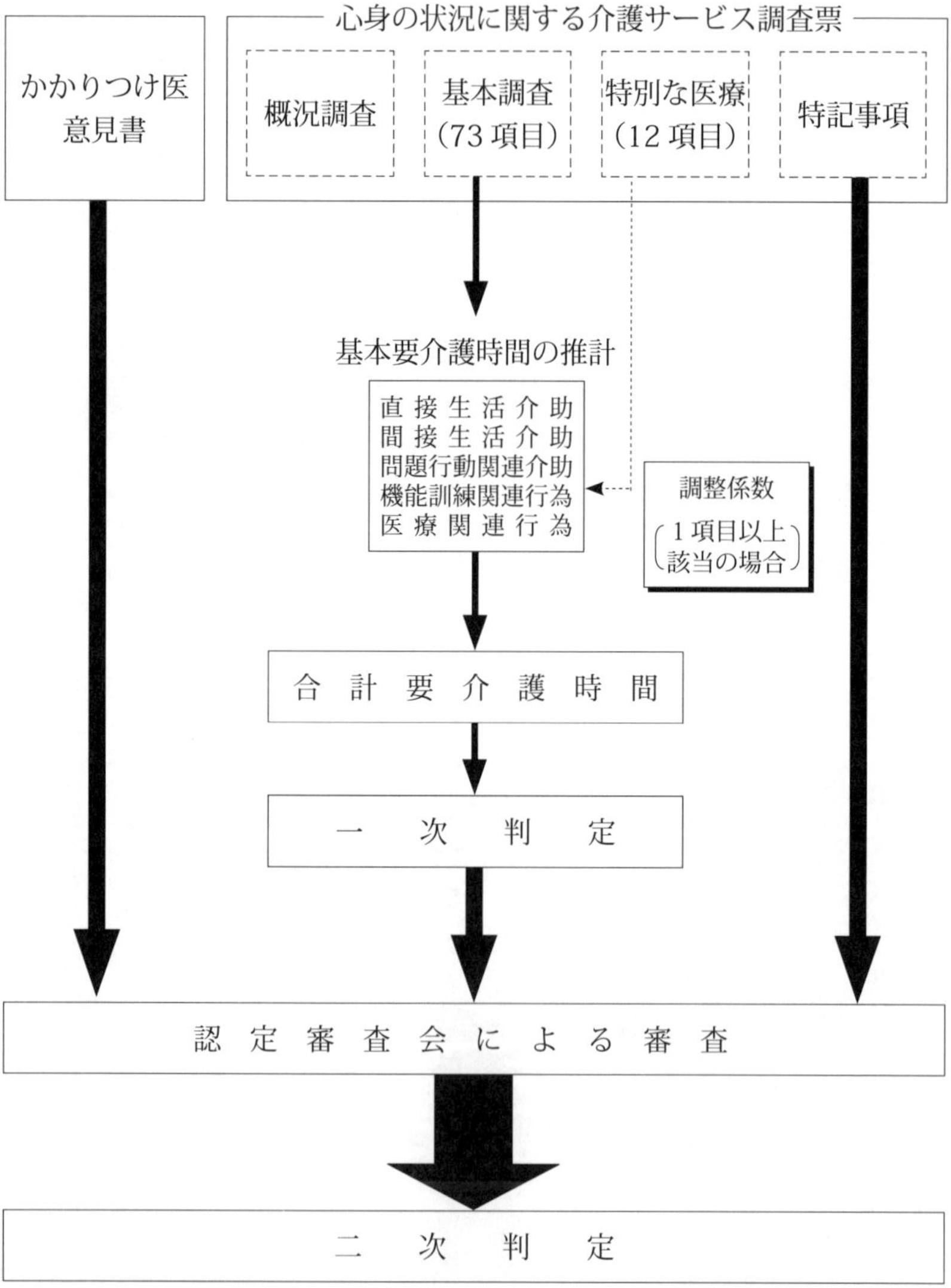

図Ⅶ－３　要介護認定における一次判定の流れ（1998 年度案）
（1998 年 7 月 29 日　全国課長会議資料より作成）

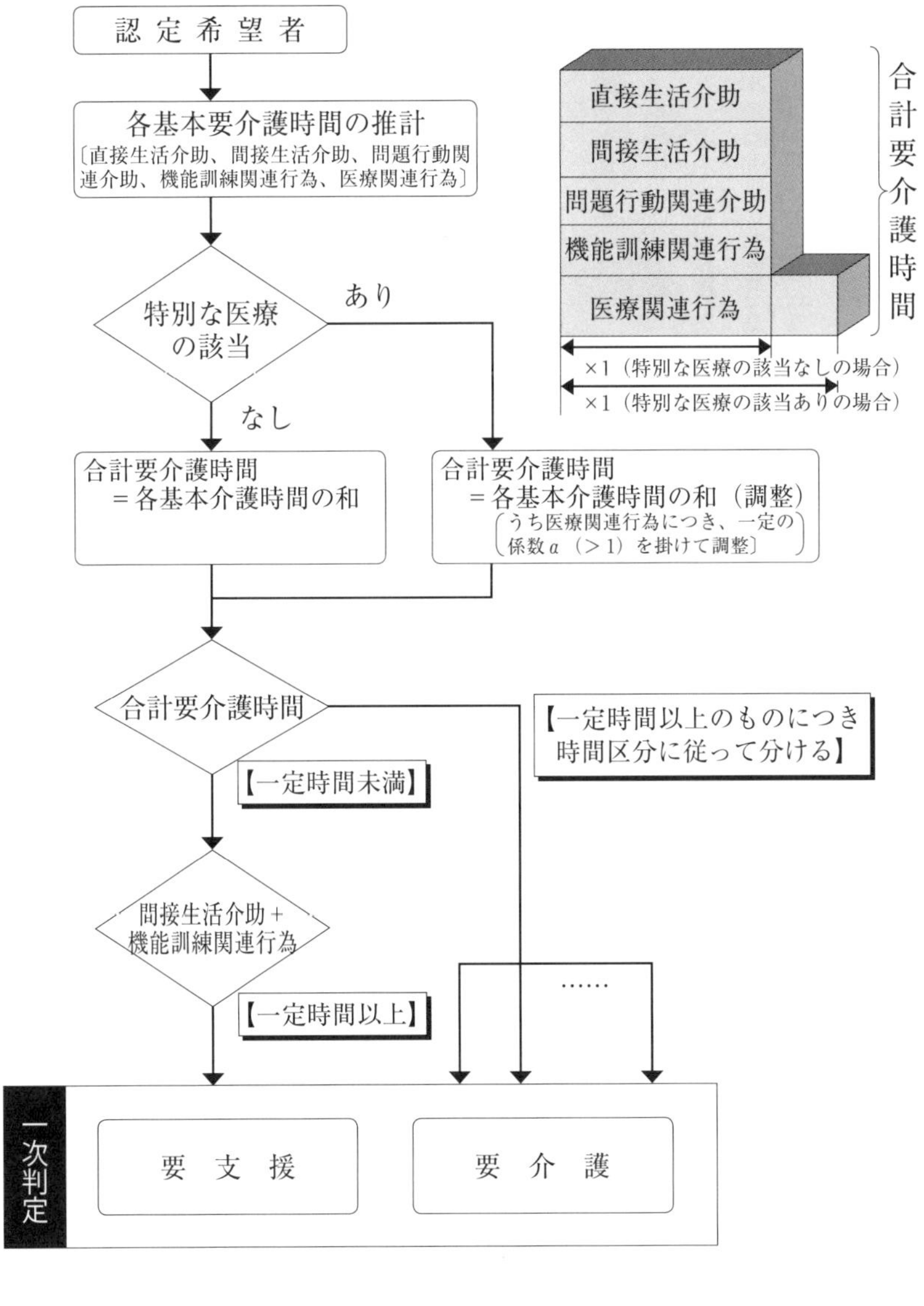

当しない場合には介護認定審査会での変更が認められることが十分に徹底されなかったことが指摘されている。この点は、自治体からの意見でも、「事例集に縛られるため、審査会による変更の裁量の余地が狭い」という指摘がなされていた。

また、モデル事業に参加した自治体からは、次のような意見が出された。

1998年度モデル事業における自治体の意見
（1999年1月25日　医福審老人保健福祉部会・介護給付費部会合同会議、厚生省提出資料より作成）

1．調査体制、方法について
・1回の調査では不十分である、異なった職種による複数回の調査が必要

2．調査票、調査マニュアルについて
・判断基準統一のため、具体的で詳しいマニュアルが必要
・施設と在宅では環境が異なるため、別の調査票が必要
・特記事項は非常に重要であるが、記載が難しくあまり書かれていない

3．かかりつけ医一次判定について
・意見書が正確に記載されていない場合があるので、記載のための研修やマニュアルの充実が必要

4．要介護認定基準について

・住民への説明及び不服審査への対応のためにも、コンピュータソフトの公開が必要
・「各要介護度区分の状態像の例示」と一次判定結果に乖離があり改善が必要
・1997（平成9）年度に比較して全体的に一次判定結果が低くなる傾向がある
5．要介護状態区分変更等事例集について
・事例集に縛られるため、審査会による変更の裁量の余地が狭い
6．介護認定審査会について
・特に過疎地域では専門家の確保が難しい
・審査会委員の質を高めるための研修が必要

⑤医福審での審議（1999年2月）

この結果を踏まえ、1999年2月15日の医福審の老人保健福祉部会・介護給付費部会の合同会議で、医師会関係委員から、日本医師会、日医総研が独自に行った要介護認定ソフトの分析結果が報告された。この中で、同委員は、「直接生活介助からはじまって、それぞれの項目、順位で（樹形図を）分岐させていくときに、統計的に分岐させていくというだけではなく、分岐させる評価項目が果たして介護の現場で臨床的に納得できる順位でなければならない」と指摘し、それが認定審査会での委員の違和感につながっているとした。

これに対し、厚生省は、「樹形図[9]の採用については、統計的にどれぐらいの時間になるかということを純粋に確認していくという手法を用いている。したがって、委員の指摘のような臨床的な意味合いについては、価値を置かず、統計的な手法に徹しているのが、一次判定の考え方である。そのため、二次判定は、保健、医療、福祉の学識経験者の方に集まっていただき、まさに、臨床的な、あるいは実際の現場での価値観というのを入れていただくことになる」、「今回は施設のデータ（のみを要介護認定基準の基礎）にせざるを得ないのは、在宅については、地域によって介護サービスの量や質に非常にバラつきが多いために、なかなか標準化できないということ、そして、在宅、施設いずれにあっても、共通の要介護度を使っていくという観点から、施設での要介護時間を物差しとしたものである」と説明し、理解を求めた。

(9) この時点では、厚生省は、一次判定ソフトのロジック（樹形図）を公表していなかった。

⑥特定疾病に関する研究会における特定疾病の検討

こうした要介護認定に関する検討と並行して、介護保険における40歳以上65歳未満の者に対する給付要件となる特定疾病の範囲についての検討が進められた。

１９９７年２月に「要介護認定における特定疾病に関する研究会（座長・井形昭弘）」が設置された。同研究会は、まず、特定疾病の選定基準についての考え方を取りまとめる作業を進め、その中では、特定疾病の選定基準の検討にあたっては、「公平性を確保する観点から、客観的な情報に基づいて科学的に行われる必要がある」という原則を明らかにした。その上で、介護保険法における特定疾病の規定や、現在の介護保険制度の給付の種類等が主に寝たきりや認知症による高齢者の要介護状態に対応したものであること等を踏まえ、特定疾病の選定基準が決定された。対象は、心身の病的加齢現象と医学的に関係があると考えられる疾病であって、①罹患率や有病率（類似の指標を含む）等について加齢との関係が認められる疾病であって、その医学的概念を明確に定義できるもの、②３～６か月以上継続して要介護状態又は要支援状態となる割合が高いと考えられる疾病、のいずれの要件をも満たす疾病とされた。

3 要介護認定システムの決定

(1)「中間評価項目」の導入

１９９８年度モデル事業の結果やこの結果に対する指摘を踏まえ、１９９９年4月5日の医福審での要介護認定基準の諮問に向けて、高齢者ケアサービス体制整備検討委員会で検討が進められた。その結果、いくつかの重要な見直しが行われた。

第一点が、一次判定ソフトについて、調査結果を総合的に評価する指標である「中間評価項目」を用いた推計を導入したことである。

中間評価項目とは、訪問調査項目のうち心身の状況に関する73項目について、１９９８年度モデル事業で調査対象となった約16万人のデータを用いて、同様の傾向（例：調査項目ａで「全介助」となるときに、調査項目ｂでも高い頻度で同時に「全介助」となる場合には、この2つの調査項目を同一グループに含める）を持つ項目ごとに、7つのグループにまとめたものである。個別調査項目の傾向と73項目全体の傾向との関係の深さに応じて、個別調査項目の選択肢に対して統計的に得点を付し、7つの中間評価項目ごとにそれぞれの対象者の合計得点を算定した。これにより、従来、要介護認定等基準時間の推計において用いられる樹形モデル（一次判定のコンピュータシステムで採用された方法）の図において、分岐点に現れない心身の状況に関する調査項目（73項目）の結果は時間推計上勘案されなかったが、中間評価項目の導入によって、樹形図の分岐点に中間評価項目が現れる場合には、その中間評価項目に属する全ての調査結果が勘案されて時間推計が行われることとなった。この中間評価得点を一次判定に用いることによって、「認定調査結果を変更しても判定結果に影響がみられない場合がある」との指摘にも対応し、安定した一次判定結果が得られるようになったのである。

また、1998年度モデル事業の結果を踏まえ、樹形モデルでは適切な結果が得られない点については、一次判定における例外事例の処理のルールが定められた。具体的には、①「要支援」又は「要介護1」と判定される者のうち、心身の状況に関する調査結果（73項目）から見て、3項目以下の項目しか該当がない者については、「自立」とする処理を行う、②「自立」と判定される者のうち、10項目以上に該当がある者については、「要支援」とする処理を行うこととされた。

このほか、①73項目の心身の状況に関する調査項目のうちの1項目に関する調査結果を変更しただけで、判定結果が大きく変動しないようにするため、介護に要する時間のうち、他の分野の時間に比較して推計時間に占める割合の大きい直接生活介助に要する時間について、いくつかに細分化した上で時間推計を行うこと、②要支援と判定される者よりも介護の必要性が高いと認められる者が自立となる場合があるという問題に対し、1998年度モデル事業では、間接生活介助と機能訓練関連行為の和で要支援認定基準が設定されていたが、この2分野の合計時間の基準と5分野の合計の時間による基準を併用するようにしたことによって、問題点の解決を図った。

(2) 「状態像の例」の提示

第二点が、二次判定において新たに要介護度ごとに示された複数の「状態像の例」を示したことである。介護認定審査会では、一次判定結果を原案として、主治医意見書、訪問調査の際の特記事項の情報に加え、要介護度ごとに示された複数の「状態像の例」の中から各々の対象者の状態像に最も近い「状態像の例」を選び、それに応じて最終判定（二次判定）を行うこととし、二次判定の役割が従来よりも大きくなった。

また、これらの変更を加えた要介護認定基準案については、全国9市町において、検証作業を行った。具体的には、1998年度モデル事業で、①市町村において特に疑義のなかった事例から無作為に抽出した48例、②市町村から疑義があった事例の中から無作為に抽出した52例を対象とし、見直し後の一次判定ソフトで一次判定を行い、①については、一次判定結果が該当する要介護状態区分の「状態像の例」に似ているか、また、②については、疑義が解消しているか、その事例が似ている「状態像の例」はどれか、の評価を求めた。その結果、特に、疑義があった事例については、52事例を通じた平均では84・8%において改善が見られたとの評価を得、より関係者の納得感が得られる基準とすることができた。

(3) 要介護認定基準の決定（1999年4月）

最終的な要介護認定基準（資料Ⅶ－2、588頁）は、1999年4月19日に医福審老人保健福祉部会長から厚生大臣あて答申を得て、同年4月30日に「要介護認定等に係る介護認定審査会による審査及び判定の基準等に関する省令」として公布された。

なお、この答申においては、要介護認定基準に関して次のような意見が付された。

医福審老人保健福祉部会の答申書（1999年4月19日）における付帯意見

（1）本部会における審議過程で提示された試行的事業に基づく諸データで見る限り、今回の一次判定の考え方は概ね妥当なものと考えるが、さらにその精度を向上させるため、本年10月からの要介護認定の実施までの間において一次判定用推計モデルの検証を進めるとともに、要介護認定の開始後も新たに得られるデータを基に必要に応じ一次判定の考え方について引き続き検討していくべきである。

また、要介護認定の基礎となる1分間タイムスタディ・データの重要性に鑑み、データの充実を図るべきである。なお、今回の1分間タイムスタディは施設入所者のみを対象としているが、在宅介護を受けている者を対象とすることについても研究を進めるべきである。

（2）要介護認定の一次判定には、データの制約などから一定の限界があることは避けられない以上、介護認定審査会における審査判定（二次判定）の役割は重要である。したがって、介護認定審査会の運営が公平かつ適正に行われるよう、要介護状態区分別の「状態像の例」の精査や審査判定の参考となる情報の提示などに十分に配慮するとともに、複数の合議体間や異なる市町村間で審査判定の整合性が確保されるよう、認定審査会委員の研修を充実させることや、都道府県において要介護認定に係る連絡協議の場を設けることなど、必要な措置を講じるべきである。

（3）介護保険における要介護認定の重要性に鑑み、要介護認定の考え方や審査判定結果等について、要介護者や家族の理解を得ることは制度の円滑な実施を図る上で重要である。このような観点から、実際のサービス提供時間とは異なるものであり、要介護認定等基準時間を得点として示すことを含め、住民にわかり易く説明できるような工夫をさらに検討するとともに、要介護者や家族に対する審査判定結果等についての説明の方法や範囲を明確にすべきである。

（4）要介護認定が適正に行われるよう、上記の認定審査会委員の研修や訪問調査員の研修を充実するなど、国や都道府県がそれぞれの立場で支援すべきである。

（5）要介護認定等により介護保険給付の対象とならなかった者については、介護の予防や生きがい対策の視点から必要な支援措置を講じることを検討すべきである。

こうした意見にあるように、この基準が制定された後も、関係者からは、「(要介護認定等基準時間よりも）もっと多くの時間の介護を受けている」とか「状態が悪化した方が、認定が低くなるのはおかしい」[10]といった指摘がなされていた。この点は施行に至るまで、厚生省が国民や関係者の理解を得るのに最も苦労した点であり、1999年4月20日に開催された全国課長会議においては、要介護認定の思想哲学から噛み砕いて、丁寧に説明した資料を掲載した。前者の点については、「要介護認定基準時間」は要介護認定の基準としての単位であって、実際の介護の時間とは異なること、[11]後者の点については、要介護認定基準は、本人の状態ではなく、あくまで「介護の手間がどの程度か」によって結果が決まってくるものである、と説明した。

また、一次判定ソフト（図Ⅶ－4）については、「認知症の高齢者の認定結果が低く出る」という指摘もなされていた。[12]ただ、これは、認定基準の仕組み・考え方に問題があるからではなく、認知症高齢者に対する望ましい介護自体が、介護現場でも十分に確立していないことや介護者の精神的負担感など、介護保険制度の直接的な給付対象とならない要素は判定にあたって勘案しないこととしたことに起因するものであった。一次判定ソフトは、前述の「一分間タイムスタディ」の調査対象となった施設の介護実態を踏まえて作成されたものであるため、その時点における介護現場の実態以上のものを反映することは困難であった。[13]

なお、1999年4月20日に開催された全国課長会議の資料では、自治体をはじめとする関係者の要請を踏まえ、この変更点を踏まえた要介護認定ソフトのロジックが、樹形図等の形で公開された。

(10) 例えば、「介助付きでトイレに行く人よりも、寝たきりでおむつをあてている人のほうが、要介護度が低い」、「痴呆（認知症）であっても寝たきりだと要介護度が低くなる」等の指摘があった（「介護保険の10大誤解を解きます」池田省三龍谷大学助教授（当時）サンデー毎日臨時増刊、２０００年2月）。

(11) １９９９年7月29日に開催された「都道府県等要介護認定担当者会議」の資料では、この理由について、「要介護認定等基準時間が、介護を行っている人が特定の高齢者の介護に専念している時間だけを積算したものであることに主たる理由があります。例えば、高齢者の様子を気にかけながらその傍らで介護を必要とする高齢者に対する介護サービスとは特定できないような一般的な家事をしている時間は要介護認定等基準時間算定の対象になっていないのです。……このように、要介護認定等基準時間は決して架空の時間ではありませんが、利用者が感じる時間の長さとは異なる場合があるということです」という説明がなされていた。

(12) １９９８年度モデル事業では、「問題行動がある要介護度が（１９９７年度モデル事業より）かなり高くなる場合がある」という指摘がなされているが、これは、「1分間タイムスタディ」のデータを見直して、認知症の程度をより反映する工夫を行ったためであって、この点についても、必要な対応がなされていた。

(13) このほか、当時あった指摘には、「コンピュータが人間の要介護度を測ることに違和感がある」というものがあった。これに対して、前記「都道府県等要介護認定担当者会議資料」では、認定調査の特記事項や主治医意見書の存在を説明した上で、「コンピュータが要介護認定の審査判定を支援することはあっても、コンピュータが要介護認定を支配することはありません」としている。

資料Ⅶ－２　介護保険制度における要介護認定のしくみ

（2000年8月11日厚生省要介護認定調査検討会、厚生省提出資料）

1　要介護認定とは

○介護保険制度では、寝たきりや痴呆等で常時介護を必要とする状態（要介護状態）になった場合や、家事や身支度等の日常生活に支援が必要になった状態（要支援状態）になった場合に、介護サービスを受けることができる。

○この要介護状態や要支援状態にあるかどうか、要介護状態にあるとすればどの程度かの判定を行うのが要介護認定であり、保険者である市町村に設置される介護認定審査会で判定される。

○要介護認定は介護サービスの給付額に結びつくことから、その基準については全国一律に客観的に定める。

2　要介護認定の流れ

○介護認定審査会は、保健・医療・福祉の学識経験者より構成され、高齢者の心身の状況調査に基づくコンピュータ判定の結果（一次判定）と主治医の意見書等に基づき審査判定を行う。

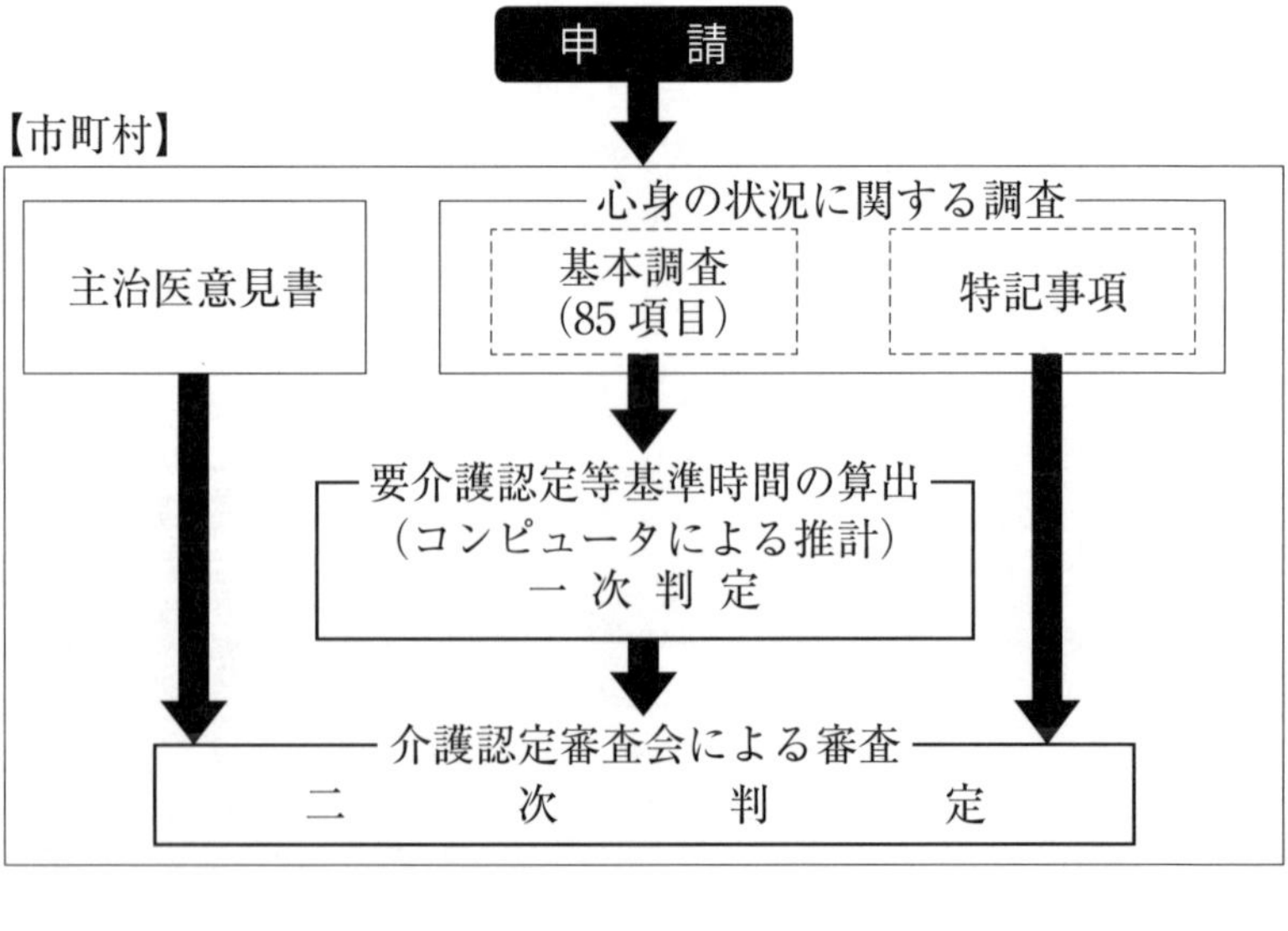

図Ⅶ－４　一次判定用ソフトウェアの内容
(2000 年 8 月 11 日厚生省要介護認定調査検討会、厚生省提出資料)

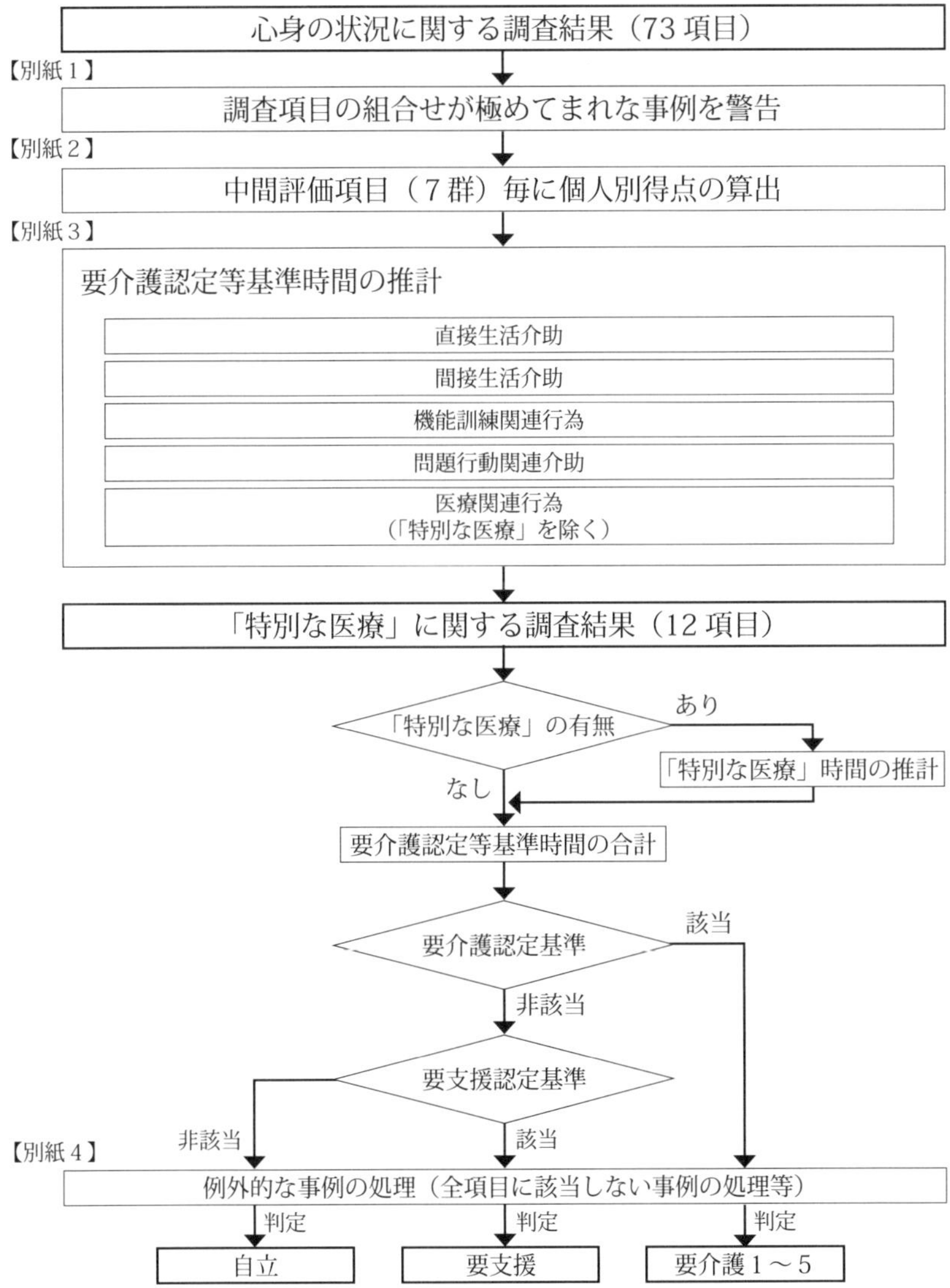

4 要介護認定実施に向けた取組み

(1) 要介護認定開始直前の慌ただしい動き

1999年10月1日から準備要介護認定が開始されることから、その公平・公正な実施を確保することが厚生省としての最重要課題となった。そのため、地方公共団体に対して、7月から9月にかけて矢継早に対応策が指示されていった。

厚生省は、同年7月26日付けで各都道府県知事に対し「認定調査員等研修事業の実施について」という通知を発出し、訪問調査従事者や介護認定審査会委員に関する研修実施要綱を示した。また、併せて、詳細な内容が記載された「訪問調査票記入の手引き」、「主治医意見書記入の手引き」及び「特定疾病にかかる診断基準」を各都道府県に示した。同年7月29日には、都道府県等における要介護認定担当者を集めた会議が開催された[14]。

さらに同年8月3日に開催された全国課長会議において、要介護認定の事務処理の概要が示された。この中では、要介護認定の訪問調査の委託について、①指定居宅介護支援事業者や介護保険施設に委託した場合には、一定期間ごとに市町村職員が調査を実施すること、②委託先の選定方法は、一定の基準を定め公平、公正に委託すること、③委託契約書においては、不正な調査が行われた場合等について、調査委託契約の取消を行う旨を明記すること、等の考え方を示し、訪問調査が公平、公正に行われることを期した。

また、施行後において、要介護認定の時期が一時期に集中することのないよう、2000年9月30日までに行う認定については、認定審査会の意見がなくても有効期間の変更を可能とし、さらに、新規の認定であっても6か月以上に延長することを可能とした。また、認定関係の資料の情報開示については、基本的には各都道府県の情報公開条例等に従うとしながらも、要介護認定の決定過程の透明性の確保の観点から、①認定調査結果、②一次判定結果、③主治医意見書等[15]、審査判定を行うにあたり用いる資料について、当該認定に係る被保険者本人からの請求があった場合には、基本的に開示することが適当である、との考え方を示した。

全国課長会議は、さらに準備要介護認定のわずか半月前の同年9月17日にも開催された。そこで厚生省は、要介護認定の申請受付、調査、審査判定、結果通知等の業務の実施に関連して発生する可能性がある諸般の問題に対応するため、次のような事前準備体制をとることを示した。

本年10月より開始される準備要介護認定における事前準備体制について（1999年9月17日　全国課長会議資料から作成）

①国において、「要介護認定等における事務局の事務処理体制に関する基本指針」を策定し、適切な対応を行うこととし、都道府県、市町村においても本基本指針に基づいた対応に努める。
②都道府県及び市町村において発生する可能性のある問題については、一覧にまとめ、国、都道府県、市町村においてとるべき対応方針を提示する。
③国に対する都道府県及び市町村からの照会については、原則として、「認定支援ネットワーク」を通じて行うこととするが、特に、同ネットワークの運用当初においては、同ネットワーク運用上の緊急対応を行うために、国（認定支援センター[16]）において電話による照会も行う。なお、同ネットワークのバックアップとして、必要に応じFAXによる情報交換を行う。
④都道府県及び市町村においては、国立公衆衛生院（当時）が実施する介護ケアマネジメント研修を修了した者等、要介護認定の手法等に精通した職員を要介護認定に係る業務に従事させる。特に、都道府県及び市町村において各種の照会に対応する者として同研修修了者を充てるように努める。

また、当時すでに、居宅介護支援事業者の利用者獲得競争が活発化しており、同一系列事業体がより多くの利用者を獲得するため、指定居宅介護支援事業者を窓口に、要介護認定の申請代行を無料で行うことを強調することや、さらに、その後の居宅介護サービス計画の作成や同一系列事業体による居宅サービスの利用の予約まで勧誘するような活動が散見されたことから、これらの行為を行った事業者に対し厳しく対応するよう、各都道府県に要請した。

⒁この会議の翌日の7月30日の朝日新聞の朝刊に、「厚生省は、要介護認定にあたって、申請者の家族状況や虐待の有無を要介護度に反映させるとの新指針を提示」との記事が掲載された。これに対し、厚生省は、「要介護認定にあたっては、従来より、申請者の『介護の手間』の程度に応じて行うものとしており、申請者の家族状況や、虐待の有無を直接的に要介護度に反映させることはないという基本的考え方には何ら変更はない。なぜなら、仮に家族の状況を勘案すると、心身の状況から判断される介護の必要度が同程度の高齢者であっても、家族の介護力等がある場合には要介護度が相対的に軽くなることによって、介護保険で給付するサービスの量が少なくなり、結果的に介護をしている家族の負担が軽減されないことにもつながりかねないと考えられるからである」とし、報道内容を否定した。なお、併せて、介護に要する時間が延長または短縮する背景として、まれに介護者の有無等がなりうる（例えば、徘徊する老人に対して家族が予防的に見守りを行っているため徘徊が予防されている等、症状等からは一見要介護度が低く見えている場合）と考えられ、この場合には、例外的な取扱いとしてコンピュータによる一次判定結果の変更を行うことは可能である、とした（報道はこの点についてなされたものと思われる）。

⒂なお、主治医意見書については、被保険者本人に対して告知していない病名等が記載されていることもあることから、情報開示に当たっては、主治医と協議を行うことが必要としている。

⒃１９９９年10月厚生省内に開設された。

(2) 事前サービス調整の実施

要介護認定の開始が目前に迫る中で大きな論題となったのは、現にサービスを利用している者のサービスが途切れないようにすることであった。このため、厚生省は、1999年9月17日の全国課長会議において、次のような考え方を示した。

要介護認定の実施と事前サービス調整等について（1999年9月17日全国課長会議資料より作成）

①特養入所希望者については、平成11年度中に可能ならば入所措置を行う。早期の入所が困難な場合には、在宅介護支援センターや介護支援専門員等が関係者と調整の上、介護保険制度を念頭に置いた居宅サービス計画を策定し、介護保険制度施行前においても必要なサービスを提供していくことが考えられる。

②介護保険対象外となる在宅サービス利用者については、介護保険制度の趣旨について十分説明を行い、理解を得るように努めるとともに、自立した生活のために何らかの生活支援が必要な場合には、介護予防・生活支援サービスへの円滑な移行に向けた準備を進めていくことが考えられる。

③特養入所者のうち自立・要支援者については、法律上5年間の経過措置によって入所を継続できること

を説明し、不安の解消に努めるとともに、在宅移行が可能かどうかについて相談することが考えられる。その場合には、在宅へ移行することや、ケアハウス・高齢者生活福祉センター、高齢者向け公営住宅などの活用を検討することが望まれる。[17]

具体的には、要介護認定の計画的な実施として、①認定事務（申請）が一時期に集中し、利用者の円滑なサービス利用や業務の円滑な遂行に支障が生じないようにすること、②認定調査・審査判定の優先順位は、サービス提供に切れ目が生じないよう、現にサービスを利用している在宅サービス利用者を優先し、次いで、経過措置のある特養及び老健施設の入所者、その後、新たに在宅サービスの利用を希望している者や療養型病床群のうち介護保険制度適用部分の入院患者とすることとした。

その上で、介護保険制度の円滑な実施のために特に適切な対応が必要とされる者、すなわち、①特養の入所希望者（いわゆる待機者）、②要介護認定の結果、自立と判定され介護保険対象外となる現に在宅サービスを利用している者、③特養入所者のうち、自立又は要支援と判定された者などに対しては、施行前の「事前サービス調整」を行うよう、その方針を明らかにした。これを実施するため、市町村に対し、保健福祉部局内に、事前のサービス調整を検討・実施するための連絡会議（サービス調整連絡会議）を設置し、総合的な体制（市町村の老人保健福祉・介護保険担当者、在宅介護支援センター、介護保険施設、在宅サービス機関、介護支援専門員の代表者）で取り組むことを要請した。

また、要介護認定を早く行った者から居宅サービス計画を策定することとすると、これらの者がサービスを早目に確保することにより、利用者間で不公平が起こる可能性があることから、現在サービスを利用している者については、要介護度の範囲内で、これまで受けていたサービスの確保を基本としてサービスの利用調整を行うこと、新規のサービス利用希望者については、現在のサービス利用者の後できるだけ早く、居宅サービス計画を作成することを要請した。(18)

このように史上初めて導入する要介護認定システムのため、厚生省は事前になし得ることは全て行うという基本姿勢で臨んだのである。

(17) ２０００年度予算概算要求において、特養からの円滑な退所に結び付けられるよう、ケアハウス等の生活支援型施設の整備について、積極的な対応を行った。

(18) この課長会議資料では、参考資料として、愛知県高浜市、北海道本別町、島根県出雲市、石川県加賀市、東京都稲城市、埼玉県所沢市及び長崎県佐世保市の取組みを紹介している。

Ⅷ章

1999年5月〜12月

制度実施をめぐる政治混乱

本章では、法案成立で鎮静化したと見られていた介護保険制度の反対論・慎重論が、政権の枠組みの変更に伴い、1999年春の「施行延期論」、さらには、同年秋の施行直前の「保険料徴収の半年間凍結」、「家族介護慰労金の制度化」という形で噴出し、政治的な大混乱が生じるに至った状況を紹介する。これにより、施行準備も予想外の事態が続出することとなったが、最終的には、それまで施行に向けて必死に取り組んできた自治体関係者、サービス事業者、関係国会議員や各界の有識者、そして厚生省が一体となって巻き返しに尽力したことが功を奏して、特別対策を講じた上で、予定通り2000年4月1日から施行されることとなった。(1)

(1) 介護保険法が成立した1997年末の政権の枠組みは自民党、社民党及びさきがけの連立政権であり、首相は橋本龍太郎、厚生大臣は小泉純一郎であった。その後、1998年に入り、5月に社民党及びさきがけが連立与党を離脱。7月に実施された参議院議員選挙で自民党が敗北、橋本首相が辞任に追い込まれた。

その後、自民党の総裁選が行われ、小渕恵三が勝利し、首相に就任した。しかしながら、社民党及びさきがけが連立政権から離脱したことで、参議院の議席数では自民党が過半数に達しないという厳しい状況にあった。小渕内閣は、経済不況の回復のため、橋本内閣の経済構造改革路線から積極財政路線への転換を行い、景気回復のために思い切った財政出動を行った。他方で、政権基盤を強固なものとするため、年末に小沢一郎率いる自由党と連立政権についての合意を成立させ、翌1999年1月の通常国会前に、自民党、自由党の連立政権が発足した。

また、自民党は、1998年秋に、公明党の主張を入れて地域振興券交付事業を実施するなど、公明党とも協調関係を構築し、1999年通常国会をこの体制で乗り切ると、公明党を含めた3党連立に向けた動きが加速した。なお、自由党の前身であった新進党は、介護保険法案の国会審議時には、法案に反対の立場をとっていた。

9月の自民党総裁選挙において、小渕首相が、介護保険法の成立に尽力した加藤紘一前幹事長、山崎拓前政務調査会長を大差で破って再選され、自民党、自由党及び公明党の連立政権である第二次小渕内閣が発足、厚生大臣には丹羽雄哉、自民党政務調査会長には亀井静香が就任した。

1 自民党・自由党連立政権下での争論

(1) 自民党・自由党連立で浮上した「税方式」、「実施凍結」

1998年末に、自民党と自由党の連立政権合意がなされた。自由党は、「基礎年金、老人医療及び介護については、(消費) 税方式により行う」との主張だったことから、同年12月10日に同党がまとめた「平成11年度予算編成・税制改正に関する重点事項」において、「介護については、負担を社会保険方式から公費負担を中心とする税方式に改める。このため介護保険事業実施に係る予算は削除する。ただし、介護制度整備のための施設、人材等に係る予算は、この限りではない」とし、介護保険制度の実施凍結を求めた。

しかし、直ちに自民党内部からの反発や厚生省の巻き返しがあり、12月10日、野中広務官房長官は「政府としては、関係地方公共団体にも (実施計画を) 示している時期なので、いま凍結の立場をとることは非常に困難だと考える」と述べ、凍結論を否定した。また、小渕恵三首相も「すでに政府としての方針は定まっていると認識している」と発言し、この動きは沈静化した。

この時、「一万人市民委員会」からは、実施凍結の動きに対し、「介護保険の廃止や延期を臆面もなく語ろうとする政党は、市民の要求や期待を何と心得ているのであろうか。そもそも、介護保険法案への修正案提案を公約していながら、結局何らの具体的提案を示すこともできなかった政党は、いったいどこの政党であったのか。この政党を引き継ぐ自由党が背景事情の変化もないのに、120時間の国会審議を経た決定を覆すことを連立参加の条件とすること自体、公党として無責任かつ非常識極まりない行動ではないか」との声明が出された。また、住民サイドの福祉行政を進める市町村長の集まりである「福祉自治体ユニット」は「介護保険の施行が遅れれば、介護サービスの整備が進まず、要介護者の苦しみが増していくだけである。住民生活に責任を持つ市町村長として、それはどうしても認めることはできない」との声明を出した。

(2) 相次いで報道された介護保険料の負担軽減措置

1999年に入り、1月27日の衆議院予算委員会で、小渕首相は、「介護保険の難しさは認識しているが、将来の社会保障の柱。間違いなくスムーズにスタートできるよう最大限の努力をしたい」と答弁し、予定通り2000年4月に実施したいとの考えを強調した。(2) 3月には、事業者や施設の指定基準や要介護認定基準が相次いで公布されるとともに、各市町村においても、保険料計算の基礎となる介護サービスの基盤整備量の見込みの算出、要介護認定の体制づくりなどが進んでいった。

その一方で、5月の連休明け前後から、第1号保険料の軽減措置に関する報道が次のように相次いだ。

○ 高額(保険料)負担実質下げ、自治体に補助金、政府方針、3年間の時限措置(地方紙・5月1日)

○ 介護保険料、月3000円を超す分、「国が肩代わり」検討、政府・自民、初年度(朝日新聞・5月21日)

○ 介護保険料、月3000円超過分、国が20%-30%定率補助、厚生省検討(日本経済新

聞・5月21日)

また、この時期に、NHKの調査で北海道の自治体の保険料(基準額)が月8000円を超えるとの報道[3]もなされていた。

こうした報道のように保険料の高い自治体を一律に支援することは、施設サービスに依存する体質を温存し、介護保険制度が目指す在宅サービスの推進を阻害するおそれがあることから、宮下創平厚生大臣も、「保険料の高いところを国が支援するということは、現実の施設・在宅サービスの格差を是認し、助長することにつながり、考え方として適当ではないと思う。今のところ、そのようなことを検討しているという事実もないし、そのようなことにはならないと思う」と述べた。野中官房長官も記者会見でこれらの報道を否定した。

(2) 当時、「介護保険実施後は、家族介護の負担増、介護地獄の深刻化は確実。いずれにせよ、介護保険をこのまま実施した方が、よほど国民の失望は大きいだろう」(伊藤周平九州大学助教授(当時))といった主張もあった(朝日新聞・1999年1月14日)。

(3) 北海道厚田村の保険料基準額が月8294円になるとの報道。ただし、これは、①要介護発生率29・4%(全国平均12・8%(当時))、②施設入所者比率10・9%(全国平均3・4%(同))、③在宅基盤整備率100%(全国平均40%)、④調整交付金の所得補正係数を加味していない、といったものであり、仮に、③と④を補正すれば保険料額は4100円程度まで下がる、というものであった。このように当時、一部で報道された高額の保険料試算については、①要介護発生率を過大に見込みすぎている、②在宅サービスの基盤整備率を100%としている、③療養型病床群を全て介護保険で取り込んでいる、等の問題点があり、現実の保険料水準を反映したものとは即断できないものであった。

(3) 浮上した「介護保険延期論」

1999年5月27日の定例記者会見で野中官房長官が、記者から「自由党の小沢（一郎）党首が記者会見で『市町村は反対している、そういうものを無理矢理やるのか。全面的に見直すべきだ』という発言をして、来年4月からの実施を見直すべきだという考えを示したが、現段階で政府として、介護保険を来年4月に向けて見直すことも検討の余地があるのかという質問を受けた。これに対し、官房長官は「市町村の中で準備が順調なところとそうでないところがあり…準備が遅れている市町村の準備状況をどのようにこれから（2000年）4月の実施に向けて調整していくかということは、非常に政府としても今悩んでいることである」と発言し、さらに小渕首相も「官房長官の言うとおりだ」と語ったことから、にわかに「延期論」が浮上[4]することとなった。

その日の夕方の記者会見で野中官房長官は「夕刊各紙の報道を見て残念に思う。少なくとも、来年4月から介護保険を行うということは既に決定していることであり、厚生省を中心に、政府も、地方公共団体も準備を行っていることは午前中も申し上げた…それが見送りと報道され、介護保険のために一生懸命勤しんでくれている政府関係者はもちろんのこと、特に、困難な問題に熱心に取り組んでいる市町村関係の皆さんには大変ご迷惑をかけることになったのではないか。皆さんにも是非言葉のありようから、報道のありようをお考えいただきたい」と、変更のないことを強調した。(5) また、宮下厚生大臣も翌28日の記者会見で、「介護保険制度は法律に基づいて一斉にスタートするのが当然である。問題がこれだけいろいろと報道されるようになるということは、市町村に実施が迫ってきており、自分達の問題だという意識が非常に大きくなってきて、真剣な問題が提起されているという背景があるのだと思う。国としては、よく実態を把握しながら、（平成）12年4月からの円滑な施行に向けていろいろ検討すべきことがあればしていくことが必要だと思う」と発言し、沈静化を図った。この動きを受けて、介護保険制度の実施について有力政治家が様々な発言を行った。

法成立時の厚生大臣であった小泉純一郎議員は講演で、「今の議論は、法案審議の時の蒸し返し。決定通りに市町村が円滑にできる対策を、選挙前だから先送り、導入延期なんか無責任の典型ですよ」と述べ、施行延期の動きを痛烈に批判した。また、丹羽雄哉自民党政務調査会長代理も、「予定どおり実施すべきだ。選挙に得とか損とかの問題ではない。市町村が円滑に施行できる対策を講じることが重要だ」と発言した。

他方、亀井静香議員は、「（実施までの）この期間に問題を解決できるか、（国民の）理解をいただけるか抜本的に検討する必要がある」と述べていた。また、中山太郎議員らを中心とする党内非主流派中心の政策グループ「日本再生会議」においても、制度の抜本的な見直しを求める声が出された(6)。

自民党内の動きとして、6月9日に、自民党の当選1回の若手議員27名が、「介護保険を2000年4月から実施する議員の会(7)」を立ち上げた。その設立趣意書の中で、「昨今、介護保険制度創設の理念を忘却し、国民に応分の負担を求めることを恐れるあまり、制度の本質であるサービスの充実と負担との関係を国民に説明する努力を放棄し、一部に介護保険の実施延期、保険料の徴収延期、無原則な公費の投入等を模索する動きが見られることは極めて遺憾である」、「我々は、責任政党に身を置く若手政治家として、介護問題の解決に向け正面から取り組む自らの政治姿勢を明確にし、他ならぬ国会の意思により成立した介護保険法の定めに従い、予定どおり2000年4月から介護保険制度を実施することを強く訴えるものである」とし、施行延期や保険料の徴収延期の動きを厳しく批判した。

他方、このような中、自由党の小沢一郎党首は、記者会見で「党の基本政策で、年金、医療、介護は消費税で賄うことになっている。介護保険については延期論ではなく、全面改革すべき、今すぐでも。市町村がみんな反対するものを何で無理やりやるのか。できる方法をみんなで考えれば良い」と発言し、自由党から入閣した野田毅自治大臣も、「市町村も反対だ。介護保険をなぜ無理にやる必要があるのか。景気が良くなろうとしている時期に保険料の強制徴収は逆効果ではないか」などと反対の立場を表明した[8]。

(4) これより前の5月4日の朝日新聞で、「総選挙、負担増の反発怖い、介護保険先送り論、政府自民、実施前（衆議院）解散論も」という見出しの記事が掲載されている。
(5) この官房長官発言に対しては、厚生省や自民党本部に、抗議電話が殺到した。
(6) 1999年6月2日の日本経済新聞では、6月1日に開催された自民党総務会で、介護保険制度の実施が衆議院解散に影響を及ぼしかねないとして実施先送りを求める声が相次いだ、との記事が掲載されている。
(7) 呼びかけ人は、大野松茂議員、滝実議員、戸井田徹議員、中野正志議員及び松本純議員の5名。
(8) 同じく自由党幹事長（当時）の藤井裕久議員は、「日本中どこに住んでいても同じ介護サービスを受けられるべきだし、負担も全国一律にすべきだ。介護は市町村単位で運営する社会保険制度には、なじまない。消費税で費用を賄う税方式にすべきだ」としている（日本経済新聞・1999年6月4日）。

(4) 解散総選挙の影

当時このような動きが起こったのは、前回衆議院議員選挙（1996年10月）から3年近くを経過し、衆議院の解散総選挙を意識せざるを得ない事情があったからである。特に、2000年4月という施行時期（=保険料の徴収が開始される時期）は、次期総選挙との関係で非常に微妙であったし、小渕内閣として大型の景気対策に取り組む中で、介護保険料という新たな国民負担増は、景気回復に水を差すのではないかとの懸念があった。

これに加えて、この時点で、法案審議の際に第1号保険料の平均保険料額として公表した月額2500円（あくまで1995年度価格である）が、実際には3000円弱程度になる状況が想定され、市町村によって保険料の額にかなりのバラつきがあることが明らかになってもいた。

(5) 反発する市町村

中央政界でのこのような動きに対して、介護保険制度の実施主体となる市町村は強く反発した。

全国町村会は、6月10日に行った「介護保険制度に関する緊急要望」の中で、「介護保険法の定めによる明年（平成12年）4月に、全国2558町村すべてが完全実施できるよう、国をはじめ各関係機関がその役割を十分に果たされることを強く要望する」とした（資料Ⅷ−1）。さらに、全国町村会を代表して医福審の委員を務めていた野中一二三京都府園部町長（野中官房長官の実弟）は、全国の市町村長に対し、「介護保険の施行について平成12年4月完全実施を強く求めることについて」という手紙を送り、その中で、「先日来政府並びに国会議員から法施行の延期的発言を多く出されて居ります。実に無責任なことであり、自

資料Ⅷ－１　介護保険制度に関する緊急要望

平成11年6月10日
全国町村会

介護保険制度に関する緊急要望

町村は、介護保険制度の明年4月の施行に向け懸命の努力を傾注しているところであるが、最近、同制度について施行延期等の報道がなされており、市町村のみならず国民の間にも混乱が生じている。高齢者介護における現状の深刻さや同制度に寄せられる国民の期待の大きさ等を考慮すれば、国は予定通り実施することとし、そのために必要となる万全の措置を講じるべきである。

本会は、これまでに介護保険制度の円滑な導入に必要とされる事項について、数次にわたり要請してきたが、未だ解決すべき課題が数多く残されている。特に、財政運営の面では、財政力の脆弱な町村における安定的な制度運営のため、下記事項について強力な財政支援策が必要である。

よって、国におかれては、平成12年度予算編成等において、特別な予算枠を確保するとともに、円滑実施のための諸施策について十分な措置を講じること。

また、市町村を保険者としながらも、国、都道府県等が重層的に支え合うとする介護保険制度の理念に鑑み、介護保険法の定めによる明年4月に、全国2,558町村すべてが完全実施できるよう、国をはじめ各関係機関がその役割を十分に果たされることを強く要望する。

記

1．最新の数値等に基づく介護保険制度の財政見直しを市町村の態様別と併せて早急に示すこと。

　また、制度発足後に創設時の見込みを上回る市町村負担が生じた際には、国の責任において必要額を措置すること。

2．国の負担25％のうち５％が調整財源とされているが、調整財源については25％の外枠とし、必要額を措置すること。

3．財政安定化基金にかかる財源は、国及び都道府県の負担とすること。

4．低所得者に対する保険料については、減免措置を講じるとともに、同措置にかかる国、都道府県による財政補塡制度を創設すること。

　また、保険者の責に帰さない自由により高額な保険料となる場合については、実態に即した適切な措置を講じること。

5．介護保険料の上乗せ賦課に伴う、国民健康保険の収納低下により生じる歳入欠陥については、全額国費により補塡すること。

6．低所得者に対する利用料負担については、減免措置を講じるとともに、同措置にかかる国、都道府県による財政補塡制度を創設すること。

7．市町村介護保険事業計画に基づき、介護サービスが適切に提供できるよう、介護基盤整備については、人材の養成・確保等にかかる支援策と十分な財政措置を講じること。

8．要介護認定において自立等と判定された現行福祉サービス受給者については、継続的な措置がとれるよう財政措置を講じるとともに、介護保険施設からの退所者等にかかる受け入れ体制の整備等について、十分な財政措置を講じること。

9．同居家族に対する訪問介護サービスについては、介護保険給付の対象とすること。

10．本年10月から開始する要介護認定を含め、介護保険制度の施行に伴う市町村の準備事務経費については、十分な財政措置を講じること。

資料Ⅷ－2　介護保険制度の2000年4月実施を求める緊急アピール

福祉自治体ユニット代表幹事
秋田県鷹巣町長　岩川　徹
埼玉県東松山市長　坂本祐之輔
愛知県高浜市長　森　貞述
長崎県佐世保市長　光武　顕

我々福祉自治体ユニットに集う市町村長は、「住民サイドの福祉を進める自治体」の首長として、介護保険制度の施行に向け、自ら先頭に立って準備に奔走してきた。

生まれ育った地域で、安心して老後を過ごすことのできるまちづくりは、地域住民の切実な願いであり、介護保険制度は、そのような住民の強い願いに応えるため、地域に根ざした介護サービスの実現を目指して創設された制度であるはずである。介護保険制度を地域住民にとって意味あるものにするか否かは、かかって我々地方自治を預かる首長の決意と努力によるものと信じ、今日まで介護問題を自らの問題として受け止め、円滑な制度施行に向けて努力を重ねてきた。

わずか80余人で始まった活動は、日を追って全国の多くの市町村長の賛同を得、今日では160人を超える首長が福祉自治体ユニットに集うに至っている。

しかるに過日、「市町村の準備不足」「市町村長の反対」を理由に、介護保険制度の延期を検討する、との突然の報道に接し、我々は冷水を浴びせられた思いである。

確かに、介護保険制度の施行に当たっては、介護サービス基盤整備の遅れや保険料徴収問題など様々な課題が残されていることは事実である。その中には、個々の市町村の努力だけでは解決できない問題もあり、引き続き国・都道府県の支援を求めなければならない課題も多い。

しかしながら、そのことと、介護保険制度そのものの施行を延期することとは全く別問題である。

介護保険の施行延期は、施行に向けて営々と努力してきた多くの市町村に対する重大な背信行為であるだけでなく、介護地獄に苦しむ多くの住民の期待を裏切り、介護サービスと自治体の現場に大きな混乱をもたらし、今以上に問題解決を困難にしてしまうことに他ならない。

今必要なことは、介護問題の解決に向けて、地方自治体・住民・国が一体となって課題に取り組んでいくことであって、目前の課題の大きさに怯み、問題を先送りすることではない。

我々福祉自治体ユニットは、「住民サイドの福祉を進める自治体」の首長の集まりとして、介護保険制度の施行延期に反対し、以下の通り決議するものである。

記

1．介護保険制度を当初予定通り2000年4月から実施すること。
2．国及び都道府県は、介護保険制度施行に向けての市町村の真摯な努力を評価し、介護サービス基盤の整備を始めとした人的・物的支援を積極的に行うこと。

以上

1999年5月28日　平成11年度第1回首長連絡会会場にて

らが決議されたものを自らが放棄されることは断じて許されるものではありません」と述べた。

福祉自治体ユニットは、5月28日に、「介護保険制度の2000年4月実施を求める緊急アピール」を採択した。この中で、「介護保険の施行延期は、施行に向けて営々と努力してきた多くの市町村に対する重大な背信行為」として、①介護保険制度を当初予定通り2000年4月から実施すること、②国及び都道府県は、介護保険制度施行に向けての市町村の真摯な努力を評価し、介護サービス基盤の整備を始めとした人的・物的支援を積極的に行うことを要望し、施行延期に反対の立場を鮮明にした（資料Ⅷ－2）。

(6)　市民団体、マスコミ等は「延期」に反対

市民団体の動きとしては、一万人市民委員会が、施行延期論が出る前の5月10日にシンポジウムを開催、各政党（自民党、民主党、公明党及び自由党）の代表者を招き、凍結、延期論を許さない姿勢を明らかにしていった。この中では、安倍晋三自民党社会部会長が「介護保険法は成立した時、自民党は与党であったので、責任がある。介護保険を先送りすることは100％ない」と発言するなど、自由党以外の3党は、2000年4月実施を強調した。(9)

また、このシンポジウムの中で、一万人市民委員会運営委員の一人である池田省三は、「介護保険制度は市民が保険料を負担し、予定どおり実施する。それを譲るつもりはない」と発言した。

マスコミも延期論の動きに対し、「定見のない介護保険の延期論：介護問題を、いつまでも家庭の中や貧弱で非効率な福祉だけに任せておくことはできない。そうした認識に立って、社会全体で助け合う公的介護保険制度を法制化したのではなかったか。法案を通した議員自らが延期を言い出すのは、そもそも社会保障に対する定見がないからだと言われても仕方あるまい」（読売新聞・5月23日）、「介護保険の実施延期に反対する：政治的な思惑でことを進め、しかも現場に混乱を起こし、待ち望んでいる人たちの期待を裏切ることは許されない。問題点の克服にもっと努力しながら、予定通り実施するのが筋である」（日本経済新聞・5月28日）、「安易な補助に反対する：65歳以上の保険料を市町村が決めることとしたのは、支払う額にふさわしいサービスが提供されているか、を住民や利用者がチェックできるようにするためだ。（中略）すぐに国庫補助や予算増を持ち出す政治家には、国の台所が火の車であることをどう考えているのかを聞きたい。選挙が大事、財源は知らない、では無責任だ」（朝日新聞・5月28日）といった社説を掲載し、実施延期や国費による保険料の補填を批判した。

5月31日に開催された医福審介護給付費部会では、介護保険制度の施行延期・凍結論をめぐって、委員から反対意見が噴出し、施行先送りが制度にとって致命的になるとの指摘が目立った。これを受けて厚生省も、「介護保険制度を法律通り来年4月から施行する考えはいささかもぐらついていない」と答弁、懸命に火消しを図った。[10] 労働組合サイドも、6月2日に全日本自治団体労働組合（自治労）が、「21世紀のわが国においては、豊かで安心できる社会システムを構築し、介護の社会化を実現することが国民の切実な願い」であるとした上で、①介護保険制度は、法律どおり2000年4月1日から実施すること、②介護基盤の整備を図るために財政措置を行うとともに、市区町村を支援すること、を強く要請した。[11]

5月29日、30日に共同通信が実施した世論調査では、介護保険制度の導入に賛成と答えた者が67・4％という結果であり、6月15日に発表された日本経済新聞の全国世論調査では、「予定どおり実施を」と答えた者が71・8％と7割を超え、介護保険への世論の根強い支持が示されていた。ただ、「保険料負担など制度の具体的中身を知らない」と答えた者も、52・8％あった。

(9) 民主党の今井澄議員は、「延期したからといって、全ての問題が解決し、100％の制度ができるわけではないという認識である」と述べた。

(10) 日本経済新聞・1999年6月1日。

(11) ほかに、国保病院及び国保診療所の団体である（社）全国国民健康保険診療施設協議会も、「介護保険制度を予定どおり、平成12年4月から実施されるよう強く要望いたします」との要望書を出した。

2 保険料負担軽減策の浮上

(1) 介護保険広報支援センターの設置と保険料負担軽減策の検討

介護保険制度の延期論自体はいったん沈静化したものの、いつまた延期論が浮上するか予断を許さない状況が続き、厚生省内でも、予定どおり施行するためには、保険料軽減を含む思い切った対策をとらざるを得ないのではないかと考えられるようになっていった。この頃から、厚生省内では、第1号保険料の軽減措置についての検討が内々に開始された。この時点で検討していた措置の内容は、市町村ごとの第1号保険料の一定割合（例えば、2分の1～4分の1）を軽減するとともに、軽減割合を徐々に小さくしていくものであった。これは給付と負担の関係を維持しつつ、制度開始当初の保険料負担を軽減するものであり、保険料の徴収を一定期間凍結するような内容のものではなかった。

他方で、宮下厚生大臣は、6月3日に厚生省介護保険制度実施推進本部会合[12]で「介護保険制度をめぐり、最近、施行延期や保険料徴収の凍結などいろいろな報道があるが、私としてはそのようなことは全く考えておらず、平成12年4月からの施行へ向けて不退転の決意で臨む所存」とあいさつし、介護保険制度の円滑な施行に向けた全省的な取組体制の確立を図った。

具体的には、まず、施行準備で苦労している市町村の要望や施行準備状況等について十分に把握した上で必要な支援対策を検討し、打ち出す方針を示すとともに、市町村の現場から不安の声が上がっている背景には、制度の内容や施行準備事務に関する情報が十分に届いていないこともあるとし、必要に応じて、厚生省の職員が直接都道府県等に出向いて積極的な支援を行うとした。

また、新たに同本部に「介護保険広報支援センター」を設置し、市町村や事業者に対して、きめ細かな相談・指導等が行えるよう、広報体制の一層の充実・強化を図ることとした。このとき始まったのが、各自治体に「介護保険最新情報」として、介護保険制度に関する最新情報を取りまとめたものをＦＡＸで定期的に配信する手法であった。これにより、全市町村に情報がより迅速に行き渡ることになった。さらに、「市町村支援チーム」を都道府県ごとに複数の担当者を決める形で省内に編成し、厚生省から直接出向いて説明・指導等を実施するとともに、「介護保険事業者相談チーム」を編成し、産業界からの介護関連事業への参入等に関する相談に対応することとした。

当時、厚生省が、対外説明用に作成した資料では、①介護保険制度の実施による雇用・経済効果が大きいこと、[13] ②介護保険制度の実施に向け市町村の準備は本格化し懸命の努力を行っていること等を強調しつつ、[14] 厚生省として、市町村の意見を十分に踏まえながら、介護サービス基盤体制の整備や市町村に対する財政面・事業実施体制面の支援に全力をあげて取り組み、2000年4月の全面実施に向けて(当時、「施行準備の整った市町村から部分実施すべき」との議論があった)全力を尽くすとされていた。

(2) 宮下厚生大臣の基本姿勢

宮下厚生大臣は、6月14日に行った講演の中で、与党内に介護保険延期・凍結論があることについて「予定通りの実施は政府や党の合意を得られている」と強調し、市町村間の保険料格差縮小の財政支援措置を表明した。また、丹羽政調会長代理は、6月5日の日本経済新聞のインタビュー記事の中で、介護保険制度の先送り論に対し、「この時期に来て、党内などにいきなり見送りや凍結といった話が出てきたことに、率直に言って戸惑いを覚えている。

選挙に有利・不利という次元で考えるべきではない。コストもかかるし、現場で混乱があるかもしれないが、国民に介護の大切さを訴え、理解してもらうしか選択肢はない」としつつ、「そうは言っても、（保険料が）当初からあまりばらつきがあるのは困る。現行制度は介護にかかる費用の25％を国が負担することになっているが、このほかに財政措置を講じるかどうかが大きなポイントになる」と述べた。さらに、丹羽代理は、6月17日の朝日新聞のインタビュー記事の中で、「保険料があまり高額になったり、市町村ごとにばらつきが大きくならないようにする。介護の費用の25％は国の負担で、そのうち5％が調整交付金だが、そのほかに追加的な財政措置は必要と考える」、「（必要な規模は、）総合的な政策全体で数千億単位だろう」と述べた。

⑿この会議は、「介護保険制度実施推進本部の緊急会議」として開催され、当時の厚生省の危機感が窺われる。

⒀これは、①介護サービス市場の拡大による毎年8万人前後の雇用創出効果、②ホームヘルプサービス・福祉用具販売等介護関連ビジネスの拡大に対する経済界からの期待も大、③将来の介護費用のための貯蓄の必要性を減らし、消費にプラスの影響、という内容であった。

⒁これは、①多くの地域で広域連合や一部事務組合などの広域化が進展、②介護サービス量の見込み等を6月中に取りまとめるべく作業中、③全市町村で事務処理システム開発のための契約も終了、④要介護認定のモデル事業を実施済み、介護支援専門員の養成研修も終了、という内容であった。

(3) 「浮き財源」の扱い

追加的な財政措置の財源として念頭に置かれていたのは、介護保険制度の実施に伴う「浮き財源」の存在であった。これは、介護保険制度の実施により新たに保険料を徴収することで、これまでの制度で国費により負担していた部分が減る（＝国費が保険料に置き換わる）ことに伴うものであり、法案審議当時には約３７００億円にのぼるとされていた。

この「浮き財源」については、法案審議時の参議院厚生委員会において、「介護保険導入により、国の財政負担が減少することを踏まえ、制度施行後、その財源を基盤整備に重点的に振り向けるべきと考えるがどうか」との質問に対し、「介護保険導入後の介護サービス基盤の整備については、介護保険導入による財政影響等を踏まえ、市町村が介護保険事業計画等において定める新たな介護サービスの目標について必要な支援を行ってまいりたい」との答弁がなされていた。あくまで介護保険制度の円滑な実施のための介護サービスの基盤整備に用いる、というのが関係者の共通認識であった。

(4) 民主党の動き

民主党は、6月11日、菅直人代表（民主党介護保険推進本部長）名で「介護保険制度の来年度施行に向けての要請」をまとめ、翌日、鳩山由紀夫幹事長代理、今井澄議員、朝日俊弘議員(15)ほかが宮下厚生大臣に、羽田孜幹事長ほかが野中官房長官に、それぞれ申し入れを行った。その中では、「（介護保険制度の導入が）新たな制度の導入であることや、未だ一部詳細が決定されていないことなどから、幾つかの問題が提起されていることは事実であります。しかし、私たちは残された期間に最大限の努力を行うことや、制度施行後も改善方策を講ずることによって、安定的な制度運営に移行していくことが十分可能であると考えております」、「制度を設けた趣旨を十分に踏まえ、早急に懸案を解決し、平成12年4月1日をもって、介護保険制度が、確実に、かつ円滑に施行されるよう、最大限の力を注ぐことを強く要望いたします」と述べていた。

これに先立つ6月2日、菅代表は、自民党の小泉議員とともに、宮下厚生大臣を訪問して、介護保険制度を予定通り実施するよう強く迫った。2人は、6月6日に、揃ってテレビの報道番組に出演し、その中で小泉議員は、「『選挙の前は負担のことは言わない方がいい、恩恵だけ与えるようでないと選挙に勝てない』と思っている人がかなりいる。はっきり言うとうそつきだ」、「そういう点では民主党はしっかりしている」と自民党内の動きを批判、菅代表も、「制度をつくることで改善し、さらによくしていけばいい。雇用や消費に対するプラス効果もある」と発言した。

⒂ 朝日俊弘議員は、「来年（2000年）4月に介護サービスの提供体制を100％整えるのはそもそも無理。介護保険法の審議ではむしろ制度が動き始めることでサービスが充実する議論があり、大方は同意していたはずだ」としていた（日本経済新聞・1999年6月2日）。

(5) 公明党の動き

一方、公明党は、国会運営を通じて自民党、自由党との連立政権に傾斜していたことから、その動向が注目されていた。

公明党の坂口力政審会長は、長く公明党の社会保障政策を中心的に担ってきた議員であり、介護保険制度創設についても、これを支持する立場から、当時公明党出身議員が参加していた新進党の中で積極的に活動しており、衆議院厚生委員会での介護保険関連3法案採決に際しては、新進党の「反対」の方針に従わず、委員会室を退席していた。

介護保険制度創設反対の立場をとっていた新進党の中にあって、坂口政審会長をはじめとする公明党出身議員の多くは介護保険制度の創設に理解を示しており、むしろ創設賛成に近い立場にあった。実際、新進党解体後に再結成された公明党のこの時点でのこの問題に関する基本スタンスは、成立した介護保険制度を前提に、その円滑な施行をいかに確保していくか、というものであり、その立場から、介護基盤整備の遅れがある中での保険料徴収開始や認定漏れ高齢者対策に関しての懸念を指摘する、というものであった。

坂口政審会長は、6月3日の日本経済新聞のインタビュー記事の中で、「決められたスケジュールを変えるのは難しく、来年（2000年）4月から開始するのが原則だ」としつつ、「国、都道府県、市町村のそれぞれの段階で、予定通り実施できる部分とできない部分を仕分け、来年4月に間に合わない部分は先延ばしするか、試運転をしながら改善していくか、決断しないといけない」、「（保険料格差の縮小に国費を投入すべきか、との問いに対し）そうすべきだ。ただ、実際にどうやって保険料格差を調整するかは、国のレベルと都道府県のレベルでいろいろなやり方がある」と述べ、政策と政局の狭間で難しい局面にある公明党の政策責任者としての苦しい胸中を率直に吐露していた。

公明党は、この時期、自民党、自由党の連立政権参加に向けて、7月24日の党大会で基本政策を取りまとめるべく検討を行っていた。6月16日開催の基本政策委員会に提示された「原案」において、「介護保険の保険料徴収を1年間凍結する」ことが盛り込まれたが、委員会討議の中で、「一年分の穴を埋める財源をどうするのか」、「準備を進めてきた市町村や事業者が混乱する」などの異論が相次ぎ、この問題は引き続き党内で議論することになった。

次いで6月22日、再び基本政策委員会が開催され、今度は、「在宅介護と施設介護の財源分離」という案が提示され、「在宅介護の財源は保険料、施設介護の財源は税金」という方向が打ち出されたが、これもまた異論が相次ぎ、意見集約に至らなかった。

この時点での公明党は、「円滑な施行の確保」という観点から、高齢者から徴収する第1号保険料について何らかの軽減措置が講じられないか、という点に党内の関心が集まっており、この点を軸に意見集約する方向で党内討議が進んでいた。

その後、6月29日に、一万人市民委員会が各党代表を招いて開催したシンポジウムにおいて、公明党の福島豊議員は、高齢者保険料の負担軽減に関する党内論議を念頭に置いて、「制度の基本骨格を変えずに、修正できるものは修正する」、「保険原理だけでは制度が回らない、そういう部分があるというのも事実ではないか」と述べた。

(6) 自由党の動き

この頃、自由党では、2000年度予算の概算要求を念頭に、党内で介護保険制度についての議論を活発化させていた。実務面での中心となったのは、入澤肇参議院議員であった。いわゆる「入澤ペーパー」と称された検討ペーパーが作成され、その中では、自由党の基本的スタンスである、「基礎年金、高齢者医療、介護の3制度については、保険制度を適用する方式ではなく、税方式でその経費を賄う（消費税を優先的に配分、将来は消費税の福祉目的税化を図る）」を前提に、介護保険制度についても、将来（時期は別途検討とされている）の完全税方式への移行を前提に、この移行が円滑に行われることを旨として、対応策をまとめるとされた。

さらに、同ペーパーでは、税方式化への移行の方法として、①全面的税方式化（直ちに税方式に移行）、②調整交付金（国庫負担）を段階的に増額し、最終的に第1号被保険者の保険料負担をゼロとするやり方、③重度の要介護者については、従来の措置制度同様税方式で賄うやり方、④第1号被保険者は直ちに税方式に切り替え、一定期間の試行の後、第2号保険者からの保険料徴収はやめ、税方式に切り替えるやり方、⑤在宅介護者のみ保険制度の対象とするやり方、が提示されていた。税方式化の効果として、市町村の保険料格差がなくなり不公平感が解消すること、要介護認定と介護サービスの整備はこれまでどおり行えばよいこと、保険料徴収の事務費がゼロになること、等が示された。あくまで介護保険法をそのままでは施行させない、という姿勢が窺われるものであった。

なお、自由党は、7月15日の衆議院予算委員会で、宮下厚生大臣が、「(自由党などの主張通り) 財源を見直せば大混乱になる」と答弁したことに強く反発、同委員会で自由党の野田毅自治大臣が反論し、さらに、藤井裕久自由党幹事長が森喜朗自民党幹事長に抗議する事態となった。(16)

(16)「自自ぎくしゃく 介護保険/選挙協力」(毎日新聞・1999年7月16日) など。

(7) 小渕首相が公明党に連立参加を正式に要請

7月7日、小渕首相は、公明党の神崎武法代表に正式に連立政権参加を要請するための党首会談を呼びかけ、公明党も、7月24日の党大会へ向けて、基本政策の最終的な取りまとめ作業に入っていた。

このような中、翌7月8日、公明党の坂口政審会長と山本文男全国町村会会長が会談したが、山本会長は、坂口政審会長に対し、公明党の施設、在宅分離案に否定的な見解を述べた。

その後、公明党は、7月24日の党大会において、「中道政治が目指す『21世紀日本の改革プラン』―活力と安心の生活大国」を取りまとめた。その中で、介護保険制度については、「介

護保険制度の当面の円滑な実施」とした上で、
① 21世紀の介護保障制度の基礎となる制度の円滑な実施に向け、万全の準備を政府に促す
② 制度発足時の保険料負担の軽減をはかり、制度移行に伴う施設介護サービス給付の経過措置に対応するため、当面は在宅介護サービスに対応した保険料の徴収にとどめ、施設介護に対応する財源については、公費等を主体とする負担でこれを実施する
③ 財源制度の転換については、早急に同制度の見直しへ向け、検討を進める
とされた。

その上で、7月26日、神崎代表は小渕首相に対して、連立政権への参加要請を受ける旨を回答し、連立政権参加が正式に決定した。

(8) 今井澄議員の訴え

与党においてこのような動きがあった頃、民主党の今井澄議員は、民主党の介護保険推進本部の議員に対し、「介護保険制度の完全実施＝それは高齢者にやさしい民主党の戦い」という文書を発出した。

それによれば、当時の民主党内において、総選挙と介護保険制度については、両極端の考

えがあるとしていた。すなわち、①介護保険制度は必要だが、余りにいろいろな問題がある。我々は与党ではないのだから、政府の弁護をするような立場をとる必要はない。保険料も軽減する必要がないなどと言えば、「民主党は高齢者に冷たい」と思われる。だから、放っておいたらよい。それに、介護保険制度は選挙の争点にならないのではないか、という考え方と、②介護保険制度は選挙の最大の争点の一つになる。完全実施のために頑張るべきで、その視点から自・自・公を徹底的に批判すべきだ、という考え方であった。

その上で、今井議員は、当時俎上にあがっていたいくつかの見直し案について、「そのどれも、要介護高齢者とその家族に将来にわたる安心をもたらすものではありません。そのどれも、月平均約２９００円といわれる65歳以上の高齢者の保険料を、当面軽くするという総選挙向けの見掛け上だけのサービスにすぎません」と断じ、次のように見直し案への問題点を具体的に指摘した。

○　税方式のもっとも大きな問題点は、国の予算がつかなければ、介護サービスの量は増えないということです。財政赤字が多額にのぼっているため介護への大幅な予算増額が困難なことは明らかです。公共事業などの無駄を削って介護にまわすことも、今の政府ではできません。それでは、財源確保のために来年４月から消費税をまた２％上げられるのでしょうか。

○（施設は税方式、在宅は保険方式という論は、）3つの施設は現行通りでいこうという提案としか考えられません。ということは、施設については要介護認定はやらないで今まで通りに「社会的入院」や「社会的入所」をつづけていこうという提案としか考えられません。そうなると、在宅介護を増やすのはそこそこにして、さらに老人ホームや老人病院をたくさん作り、日本中を「収容所列島」にしようという提案にならざるをえません。

○（保険料半額国庫負担論は、）その財源をどこからもってくるのでしょうか。赤字国債を出せば、負担が先送りされるだけです……介護保険制度の導入によって浮いてくる国庫負担があります……自民党はそれを使うつもりのようですが、この浮いてくるお金は、……介護基盤整備のために使わなければならない財源です。そうしなければ、介護保険制度は「保険あってサービス無し」になる恐れがあります。

最後に、「わたしたちは、年金制度、医療保険制度に次ぐ第三の老後保障制度としての介護保険制度実施を、歴史的大事業としてやりぬく決意です。少子高齢社会を迎え、ほんとうに安心できる社会をつくるためにがんばります」という一文で結んでいた。

(9) 2000年度予算概算要求基準における扱い

7月に入り、丹羽政調会長代理は7月16日の自民党全国研修会で行った講演の中で、「(高齢者の第1号保険料対策としては、) 保険制度としての原則を崩さないためにも、(当初の3年間は) 保険料の2分の1や3分の1といった一定割合の補填を基本としてやっていくのが現実的であると思っている」、「当初3年間は保険料を半減するため、2分の1を国庫補助にする考え方が党内では圧倒的だ」と表明し、自民党としても、保険料負担の軽減に踏み込んだ考え方を示した。

その後、自民党社会部会を中心に、介護保険制度の円滑実施対策について、2000年度予算の外に特別枠を設ける方針が打ち出され、7月30日に閣議決定された概算要求基準(いわゆるシーリング)の中では、「介護保険の円滑な実施のための対策に要する経費については、予算編成過程で検討するものとする」とされた。8月末に厚生省から大蔵省に提出された2000年度予算概算要求では、2000年4月からの介護保険制度の実施を前提として、それに必要な予算が要求された。

3 介護保険見直しをめぐる混乱

(1) 自自公政策合意文書

１９９９年9月に入り、10月の準備要介護認定開始まで1か月となった。介護保険制度の円滑実施のためには、要介護認定受付が開始されるまでに、認定の結果、非該当になった人たちにどのようなサービスが提供されるかが明らかになっていなければならなかった。また、２０００年度上半期の第1号保険料徴収額は、年内に決めなければならなかったことから、本来であれば、遅くとも9月中には、介護保険制度の円滑実施対策を決定しておく必要があった。

しかし、自民党では総裁選挙が9月9日に告示され、小渕首相、加藤紘一前幹事長、山崎拓前政調会長の３人が立候補したため、9月21日に小渕首相が再選されるまでは検討を進められる状況になく、小渕首相の再選後にようやく3党の政権協議が開始されることになった。

この中で、自由党は介護保険料の徴収凍結を改めて要求するなどしたが、9月29日に政権合意文書が取りまとめられ、介護保険制度の円滑実施対策の具体的内容の決定は、10月末まで先送りされることになった。

○ 高齢化社会での生活の安心を実現するため、まず、2005年を目途に、年金、介護、後期高齢者医療を包括した総合的な枠組みを構築する。それに必要な財源の概ね2分の1を公費負担とする
○ 基礎的社会保障の財政基盤を強化するとともに、負担の公平化を図るため、消費税を福祉目的税に改め、その金額を基礎年金・高齢者医療・介護を始めとする社会保障経費の財源に充てる
○ 当面は、介護については、2000年4月から新しい制度を円滑に実施するため、高齢者の負担軽減、財政支援を含めた検討を急ぎ10月中の取りまとめを目指す。その際、税、社会保険料全体としての家計負担への影響に配慮する

10月4日、自自公3党党首が政権合意書に署名し、翌10月5日、自自公連立内閣が発足した。厚生大臣には丹羽雄哉、自民党政調会長には亀井静香、自民党社会部会長には安倍晋三が就任した。

(2) 亀井政調会長の介護保険見直し発言

10月６日、連立政権発足後初めての与党３党の政策責任者会合後の記者会見で、亀井政調会長は、「子供が親の面倒を見るという美風を損なわないよう配慮が必要だ。家族のきずなとお年寄りの精神的な幸せを無視した機械的な対応は好ましくない」と発言し、３党の政策責任者（自由党：藤井幹事長、公明党：坂口政審会長）は介護サービスのあり方を含めた介護保険制度の見直しを行うことに合意した。

また、亀井政調会長は、「親と子との関係を、老人と社会の関係に置き換えてはいけない」、「政府が進めている方向には極めて疑問がある。長持ちする安定した制度にしたい」、「本当に困っている要介護者をどうするかが一番の課題だ。軽度の高齢者まで手を伸ばすかどうか、最初から再検討すべきだ」といった発言を連発した。

このような動きの中で、自由党は、１年間保険料徴収を凍結して公費でサービスを実施するよう主張し、公明党も保険料徴収を在宅サービス分にとどめるという従来の主張を繰り返した。

一方、丹羽厚生大臣は、「３党協議で高齢者の保険料軽減策など５項目の支援策をまとめていただいて、来年4月から実施する基本方針はいささかも変わりない」と発言し、小渕首相も「来年4月実施」を強調するなど鎮静化に動いた。(17) 自民党の森幹事長も、「制度はすぐに完璧なものができるわけではない。やってみて足りない部分を補い、まちがった所を指摘し、改善するということでなければならない」と発言し、制度見直しは実施後に行うべきとの考え方を示した。

(17) 青木幹雄官房長官も、亀井政調会長を官邸に呼び、「来年4月実施の基本線は変わらない」と言質をとるとともに、「最後は首相の決裁で決める」と言い渡したとされる（朝日新聞・1999年10月8日）。

(3) 見直し発言への相次ぐ反対

亀井政調会長は、その後も、保険料徴収に関し、「保険をかける人が、いますぐはやっかいにはならないが、これはいい制度だと理解できるまでは強制的に国はやってはいけない」と述べるなど一定期間の保険料徴収凍結を示唆するとともに、介護保険制度とは別枠で家族介護に現金給付を行う案を提示(18)するなど、見直しの方向で議論をリードしていった。

このような中で、批判や反対のアピールや意見表明が、市町村関係者、多くの市民団体などから出された。

10月8日に愛知県高浜市で開催された第6回全国在宅ケアサミット（全国の自治体職員や福祉関係者約1000人弱が参加）では、「介護保険の変質を許さず、住民本位の地域ケアシステムを創り上げよう―全国在宅ケアサミット・高浜宣言―」が発表され、その中で、「政府は、国会の意思通り、介護保険の2000年度施行を毅然として進めるべきである」、「市町村は、要介護高齢者の尊厳を守り、家族の負担を和らげ、その微笑みを回復させるため、住民と協同して、住民本位の地域ケアシステムを創り上げていくことに全力を尽くす」ことが宣言された（資料Ⅷ－3）。

10月12日、日本医師会は、「介護保険制度に関する日本医師会の基本的見解」を記者発表し、「当初の予定通り、平成12年4月1日に実施する」、「財源については、あくまで社会保険制度として位置づけ、公費、保険料、自己負担の適切な組み合わせを維持する」とした。

10月22日、一万人市民委員会は、「現金給付・保険料1年凍結の亀井案を直ちに撤回せよ。永田町はこれ以上混乱を持ち込んではならない」との声明を発表した。

10月25日に、連合は、「『家族介護への現金給付』は、介護保険制度の基本的枠組みを崩すことになり、また、家族介護（妻、娘、嫁による介護）が固定化され、在宅サービスの整備が遅れる恐れがある」、「保険料の一律凍結は、負担と給付の関係の明確化を通じた権利意識の醸成（『措置制度』により与えられる福祉から権利・自己選択としての福祉への転換）を損なうことになるため、行うべきではない」という要請書を提出した。

同じく10月25日には、福祉自治体ユニットが、「介護保険制度の保険料凍結案に反対する要望」として、「介護保険料凍結案は、介護保険の理念や目的に反するもので、介護保険制度の実現に期待する住民の合意をないがしろにするばかりか、介護保険の保険者であり、運営主体である市町村の努力を踏みにじるものであり、介護保険施行に営々と努力している多くの市町村に対する背信行為である」との要望書を提出した。

10月26日には、一万人市民委員会が、「保険料1年間凍結・家族介護給付の支給に反対する緊急アピール」を発表した。この中で、「今回の自自公合意は、動機が不純である。手法が虚偽に満ちている。永田町はこれ以上の愚挙を繰り返すべきではない。時代の流れは明らかに『介護の社会化』をめざしている。自自公協議はただちに撤回されるべきである。さもなければ、総選挙で市民は黙っていない。繰り返し言う。私たちは負担を引き受ける。政府は介護の社会化に突き進め」と、この動きを痛烈に批判した。併せて、厚生記者会において、福祉自治体ユニットや介護の社会化を進める一万人市民委員会をはじめとする14団体が、緊急記者会見を行い、介護保険料の1年間凍結や家族介護への現金給付への反対を表明した。

丹羽厚生大臣も、10月26日の閣議後記者会見で、「市町村が熱心に取り組んでいるのに、ここで枠組みが変わることになれば大変な混乱になる」と発言した。

資料Ⅷ－３　介護保険の変質を許さず、住民本位の地域ケアシステムを創り上げよう

——全国在宅ケアサミット・高浜宣言——

10月８日、自民党の亀井政調会長は、自由党と公明党との政策協議において、介護保険制度の抜本見直しが必要との見解を表明した。新聞各社の崩ずるところによれば、見直し内容は、「子が親に孝養を尽くすのが基本」という観点から、①重度の要介護者へのサービスを重視し、公費による負担とする、②軽度の要介護者は家族による介護を基本とする、③実際には介護を受けない人の保険料負担のあり方を検討する、④医療保険制度改革とセットで考える―などという。

これは、介護保険をめぐって積み上げてきた国民の論議と合意を覆すものであり、高齢者介護を社会的に支援しようとする時代の流れに逆行するものといわなければならない。

このような見直しが行われれば、必要な介護を受けられない高齢者、介護の負担にあえぐその家族の期待は踏みにじられることとなる。介護の重圧に耐えかねて、家族関係が壊れていくという悲劇が繰り返されることとなる。亀井氏の発言は、その主張とは裏腹に、家族崩壊という現象を拡げていくのである。

だからこそ、私たちはそれぞれの市町村で、昼夜を分かたず、介護保険の円滑な施行に向けた準備を進め、住民への説明会を積み重ねてきた。介護保険制度は、政府や与党によって実施できるものではない。市町村の努力によってのみ可能であるからこそ、この２年間全力をあげて取り組んできたのである。この努力を水泡に帰せというのであれば、私たちは政府と与党への信頼をすべて捨て去らざるをえない。介護保険が挫折するならば、国政の無責任という以外、住民に対してどんな説明ができようか。

この10月から要介護認定が始まり、施行まで半年を切ったいま、政権政党の幹部からこのような提案がなされたことの責任は重い。介護保険をめぐって、延期や凍結、保険料の見直しなど、永田町は幾度となく揺れ動いた。これ以上、市町村と住民の中に混乱を持ち込むのは許されない。

本日、市町村の首長、職員、高齢者福祉関係者、住民1000人は、愛知県高浜市に集まり、「第６回在宅ケアサミット」を開催した。参加者全員の名で、私たちは宣言する。

1. 政府は、国会の意思通り、介護保険の2000年度施行を毅然として進めるべきである。
2. 市町村は、要介護高齢者の尊厳を守り、家族の負担を和らげ、その微笑みを回復させるため、住民と協同して、住民本位の地域ケアシステムを創り上げていくことに全力を尽くす。

1999年10月８日　愛知県高浜市　第６回全国在宅ケアサミット　参加者一同

さらに、10月27日、全国市長会と全国町村会[19]が連名で「介護保険に関する緊急意見」を提出し、その中で「市町村の意見を聞くこともなく制度の根幹に関わる論議が行われ、苦労を重ねている市町村としては、もはや耐え難い思いである」とした（資料Ⅷ－4）。これら市町村の関係者は、いろいろ不満や不安があっても、乗り出そうとしていた介護保険法の実施について、自分たちに何の相談もなく、連立政権下の政党の都合で変更しようとしたことに対して強く反発したのである[20]。

同日には、全国老人福祉施設協議会、全国デイサービスセンター協議会も、「我々は介護保険料徴収の凍結と、家族介護の現金給付に、断固反対する」、「我々は、税のみによる介護保険制度の実施に断固反対する」という緊急声明文を出した。

マスコミも、「いまさら、なにを」（朝日新聞・10月26日）、「混乱招く与党の介護保険改革案」（日本経済新聞・10月26日）、「問われる連立政権の責任」（産経新聞・10月26日）、「介護保険の「原点」を見失うな」（読売新聞・10月26日）、「制度の根幹をゆがめるな」（毎日新聞・10月27日）、「重ねて撤回を求める」（朝日新聞・10月28日）などの社説を掲載し、各社一斉に、保険料徴収凍結の動き等に反対の論陣を展開した。

(18) 亀井政調会長は、同居家族に対する訪問介護サービスの「2分の1要件（2分の1以上は他人の介護をしなければならない要件）」に対しても、異議を申し述べた（朝日新聞・1999年10月18日）。

(19) 全国知事会も11月4日に反対声明を出している。

資料Ⅷ－４　介護保険に関する緊急意見

平成11年10月27日
全国市長会
全国町村会

介護保険法の成立に伴い、各市町村は、既に要介護認定業務を開始するなど、目下、懸命の努力を進めているところである。

しかるに、この時期に至って、市町村の意見を聞くこともなく制度の根幹に関わる論議が行われ、国の具体的な方針が未だ明確となっていない。国の決定に従って実務を担当することとされ、苦労を重ねている市町村としては、もはや耐え難い思いである。緊急に次の意見を提出するので、制度を定めた国としての責任において万全の措置を講じられるよう強く要請する。

1．制度を運用する現場での混乱をひきおこさないように十分配慮しつつ、早期に国の具体的な方針を明示すべきである。

2．特にこの段階での保険料の凍結論には、否定的な意見が多いが、仮りにそのような検討を行うとしても、その実施方法については、凍結解除後の問題を含めて国の責任において統一的な方針を明示するとともに、その財源は明確な形で全額国庫負担とすべきであり、一部にしろ地方負担を求めるようなことには、到底承服できない。

3．介護保険制度に関する財政措置については、既に、繰り返し調整交付金の別枠化、財政安定化基金の国及び都道府県負担、低所得者対策等関連する財政負担についての措置等を要請しているが、まず、これらを優先させて十分な措置を講ずることとすべきである。

(20) 介護保険の施行と同日の2000年4月1日に、100年余りも続いていた機関委任事務制度を廃止する地方分権一括法も施行されることになっていた。介護保険法に関係する事務のほとんど全てが自治事務とされ、「国は、地方公共団体が地域の特性に応じて当該事務を処理することができるよう特に配慮しなければならない」とされていた。

(4) 自民党内の動き

このような中で、自民党内においても、社会部会に所属する議員や若手議員の間で、見直しに対して反対の動きが噴出した。

自民党では、社会部会（安倍部会長）・介護保険制度に関する小委員会（衛藤晟一小委員長）の合同会議が頻繁に開催され、「選挙目当てと思われる」、「サービスの提供をしながら、全く負担を伴わないというのは基本的におかしい」といった意見が出され、保険料徴収凍結反対で一致した。これに対し、亀井政調会長の意を受け部会に出席した櫻井新政調会長代理が説得を試みたが、かえって反発を招き、火に油を注ぐ結果となった。

また、10月27日には、「介護保険を2000年4月から実施する議員の会」が戸井田徹議員の呼びかけで「介護保険料徴収凍結・家族介護への現金給付に反対する」との声明を39名の連名で発表[21]した。

さらに、当時「ＹＫＫ」として蜜月関係にあった、山崎拓、加藤紘一、小泉純一郎の３議員も、保険料徴収凍結反対で一致、自自公協議批判の声を上げた。特に小泉議員は「１か月でも１日でも保険料凍結を認めたら、倒閣の立場で行動する」と発言し、３党協議の動きを強烈に批判した。[22]

(21) さらにこの後、自民党内では、11月8日に、「介護保険問題突破議員連盟」が結成され、11月10日、51名の議員が、「にげるな！ひるむな！介護保険」を決議。同議連メンバーは11月中に78名にまで増加した。

(22) 他方で、自民党内では、家族介護に現金給付を行うこと等を推進する「家族介護推進議員連盟」という議員連盟が立ち上がり、10月15日に発起人会を開催している。

(5) 介護保険制度に関する与党3党申し入れ―「2000年4月施行、半年間保険料徴収は行わず」

このような動きはあったものの、与党内においては、徐々に一定期間介護保険料の徴収を凍結する流れができていき、タイムリミットとしていた臨時国会召集日の10月29日の未明、7項目からなる与党3党合意が取りまとめられた（資料Ⅷ－5）。

焦点となった第1号保険料徴収については、半年間は徴収を行わないこととされた。なお、この3党合意では、税方式を主張する自由党に配慮し、「介護保険」という言葉は一言も使

資料Ⅷ－５　介護制度について（与党３党合意）

一．自・自・公三党の政策責任者である各党の政調会長は、28日夜介護制度について合意した事項について政府に申し入れた。

一．政府は、三党の合意事項を重く受け止めて対処するとの意向を表明した。

1．介護については、平成12年4月1日より新しい制度を実施する。

2．新しい介護制度の円滑な実施のため、介護サービスの適正な給付が実現されるまでの概ね半年間、保険料に関わる部分については実施しない。この措置にかかる財源については国が負担する。

　なお、２号被保険者については、概ね半年間全体として負担増を解消するため、国が医療保険者に財政支援を行う。この趣旨を踏まえて運用面で配慮する。

3．現にホームヘルプサービスを利用している低所得者の利用者負担は、当面３パーセント程度に軽減する。

4．家族介護支援については、介護者の物心両面にわたる負担を軽減するため、慰労金やリフレッシュ事業等の適正な措置を講ずる。

5．介護サービスの対象外の者に対して介護予防・生活支援の対策を拡充する。

6．高齢化の更なる進行に対応し、今後の介護体制の充実を図るため、スーパーゴールドプランを早急に策定する。

7．介護にかかる財源及びそのあり方については、実施状況を見ながら３党で協議する。

平成11年10月29日

われていなかった。

これに対し、小渕首相は、「与党の強い要請については重く受け止め、具体的な対応はできるだけ早く結論を出したい」と記者団に語った。一方で、青木幹雄官房長官は、与党合意について、「重く受け止めなければならない」としつつも、「検討の結果、政府にも違った意見が生じることがある。与党合意はそのまま受け入れられない問題が生じるかもしれない」と語った。

(6) 政府の特別対策の発表――「半年経過後の1年間は保険料を2分の1に軽減」

この3党合意の申し出を受けて、政府部内で検討を進めた結果、11月5日、政府は「介護保険法の円滑な実施に向けて」として、特別対策の内容を決定、発表した。

介護保険法の円滑な実施に向けて（平成11年11月5日）（内閣官房長官記者発表資料）

新しいミレニアムを目前に控え、わが国の高齢化は急速に進んでいます。政府は、お年寄りができる限り寝たきりにならないよう各般の予防対策を講じてきましたが、それでも介護が必要なお年寄りは毎年10万人ずつ増え続けると予想されています。お年寄りにとって家族に介護してもらうことが最も望ましいものであることは言うまでもありませんが、家族による長期にわたる介護が限界に達しつつある中で、多くの悲劇も報道されております。しかし、私たちは、来たるべき高齢社会を明るいものにしなければなりません。

介護保険法は、社会の最も基本である「家族」が長期の介護のために疲れ果てて崩壊してしまわないよう、介護の負担を国民皆で支え合う制度として制定されました。新しい制度ですから、種々改良すべき点がありましょう。国民の皆さんが制度に慣れるまでには多くの戸惑いもあるかもしれません。

このたび、与党3党から「介護制度について」申し入れがありました。このような認識の下に、この申し入れを重く受け止め、政府の責任において介護保険法の円滑な実施のための特別対策を講ずることといたしました。

その主な内容は次のとおりであります。

1　高齢者保険料の特別措置

要介護認定が始まって1年間が経過する平成12年9月までは、国民の皆さんが要介護認定の手続きや新しい介護サービスの利用方法に慣れるまでの、いわば「制度の本格的なスタートにむけての助走期間」と位置付け、平成12年4月から9月までの半年間は高齢者の保険料は徴収しないことができるよう、その分を国で負担することとします。

さらに、半年が経過した平成12年10月からの1年間は、高齢者の保険料を半額に軽減し、高齢者の皆さんに新たな負担に慣れていただくよう配慮いたしたいと思います。

2　医療保険者対策

40才から64才までの方々の介護保険料は、健康保険や国民健康保険などの医療保険者が医療保険料に新たに上乗せして徴収することになっていますが、この負担は、高齢者の介護保険料のようにまるまる増えるものではなく、今まで医療保険料として負担してきた費用が置き換わる分が大半です。そこで、高齢者の保険料について特別な措置を講ずることにも配慮し、医療保険者全体として従来より負担増となる額について、その1年分を、国が医療保険者に財政支援することとしています。

3　低所得者の利用者負担の軽減

新しい制度では、介護サービスを利用する場合には10パーセントの利用者負担を支払っていただくことになります。所得の低い方については、負担の上限を低くするなどの特例が設けられていますが、今回の対策ではそれに加えて、現在ホームヘルプサービスを利用されている所得の低い方については、当面3年間は3パーセントにし、その後段階的に引き上げるほか、障害者の福祉施策で、ホームヘルプサービスを利用されていた方々についても利用者負担を3パーセントにするなど、きめ細かな対策を講じていくこととしています。こうしたことにより、所得の低い方については、無理のない範囲で利用者負担をお願いできるものと考えております。

4　家族介護支援対策

(1)　この制度は在宅サービスを中心に提供することにより、高齢者を介護している家族を支援するものであり、介護サービスを利用していただくことが基本であります。しかし、しばらくの間は離島・へき地や中山間地など介護サービスが不十分な地域もありましょうし、また、どうしても自分たちの手で介護したいという家族もおられると思います。そこで、介護を行っている家族にどういう支援を行えばよいかということについては、さらに十分議論を重ねる必要がありますが、その結論が出るまでの間、市町村が、介護保険法とは別に、家族介護の支援事業を行った場合には、国も助成いたします。

(2)　この家族介護支援事業の中では、まず、家族介護者がヘルパーとして働けるようヘルパーの資格を取ることを応援したいと考えています。これによって、ヘルパーの資格を取った方は、介護サービスの担い手として地域に貢献できることになると同時に、家族への介護と他への介護をあわせて行った場合には、ヘルパーとしての対価を受けることができることになります。

(3)　また、様々な事情によってヘルパーとして働くことが困難で、介護保険法のサービスを利用しない場合もあるかもしれません。そのような家族を対象に、家族介護支援事業の一つとして家族介護慰労金の支給事業を助成いたします。このような性格からみて、決して「バラマキ」といったものではありません。家族介護慰労金は、重度で低所得世帯の高齢者を介護する家族を慰労するために、年1回年額10万円までの金品をお渡しするものです。

このほか、家族介護支援事業として、オムツなどの介護用品の支給や家族介護者の交流事業などについても助成いたします。

5　介護予防・生活支援対策

改めて言うまでもありませんが、高齢者が健康で、いきいきとした生活を送り、できる限り介護が必要な状態にならないようにすることが大事です。このため、そうした介護予防にむけての取り組みに全力を尽くす必要があります。また、介護が必要でないにしても独り暮らしの方々などは配食サービスといった生活を支えるサービスが必要となってきます。新しい制度では要介護認定で対象外となる方々も出てきますが、そうした方々も市町村が行うこのような介護予防や生活支援サービスを利用していただくことにより、安心して生活が送れるように努めていきたいと考えております。

6　介護基盤整備対策

介護が必要な高齢者の方々を支援する介護サービスは、今後もますます充実していく必要があります。例えば、特別養護老人ホームといった介護施設の整備を進めていくほか、痴呆性の高齢者の方々のためのグループホームも増やしていきます。また、介護サービスの質の充実も大事ですので、ホームヘルパーの資質向上や利用者保護のための取り組みも進めていきたいと考えています。さらに、介護サービスについて中長期的な整備目標を定めた新ゴールドプランが今年度で終了しますので、その後の新しいプランを策定することといたします。

以上が、与党3党からの申し入れの趣旨を踏まえて取りまとめた「介護保険法を円滑に実施するための特別対策」の主な内容と考え方であります。
最後に、国民の皆様には、この特別対策が制度を円滑に実施するために政府として最大限の努力をしたものであることを何卒ご理解いただきたくお願い申し上げますとともに、今まで実施準備のために大変なご苦労を重ねて来られた全国の市町村及び都道府県の皆様方には、住民への説明など新たなご苦労をおかけすることになると思いますが、来年4月の制度のスタートに向けて、今後とも一層のご協力をお願い申し上げる次第であります。

これらの措置の予算規模は、1999年度補正予算対応分が1兆1500億円程度、2000年度当初予算対応分が1200億円程度となり、大規模な対策となった（資料Ⅷ－6）。これらの措置は、小渕首相の了承を得た後、連立与党3党の関係者に示された。自民党、公明党はその場で了承したが、自由党は「保険方式が前提となっており、与党合意に反している」と強く反発し、その場を退席した。[23] このため、自由党の了承が得られないまま、いわば見切り発車の形で発表された。青木官房長官は、「最終的な決定権は政府にあり、今後、対策の内容が変わることはあり得ない」と述べた。最終的には、自由党も、これらの措置を盛り込んだ1999年度第2次補正予算に賛成することとなった。

(23) 自由党は、これに先立つ11月2日衆議院本会議での代表質問で、小渕首相の所信表明演説で「介護保険は来年4月からの実施に向けた準備に万全を期す」とされていたことについて、「保険」という言葉を用いたことを取り上げ、「介護保険としての実施では合意していない」と抗議した（日本経済新聞・1999年11月3日）。

(7) 特別対策に対する各界の反応

特別対策をめぐる一連の経緯については、新聞各紙が連日のように詳しく報道し、社説においても、「制度が解け始めた」（朝日新聞）、「政府は介護保険の筋を通せ」（読売新聞）、「無責任で強引な介護保険見直し案」（日本経済新聞）、「納得できない介護保険見直し」（共同）など、選挙目当てであるとして、厳しい論調で批判した。

こうした反発の中で、各紙が実施した小渕内閣の支持率調査においては、いずれも支持率が低下[24]するとともに不支持が上昇するという結果になった。また、日本経済新聞が行った市町村調査においても「デメリットが大きい」が64%を占め、「メリットが大きい」は31%にとどまった。朝日新聞が11月23日及び24日に行った世論調査では、特別対策について、「よくない」と回答した者が57%となり、「よい」と回答した29%を大幅に上回った。ライフデザイン研究所が行った世論調査においては、保険料を国庫で肩代わりすることについて「将来へのツケ回しになる」が43・6%、「サービスを受ける以上支払うべきだ」が26・9%と否定的な意見が7割を超える結果となった。

資料Ⅷ－６　特別対策に関する予算要望

平成11年11月5日
厚生省

	（事業規模）	（国　　費）
Ⅰ．11年度補正予算分	11,500億円程度	10,100億円程度
1．高齢者保険料対策	7,850億円程度	7,850億円程度
2．医療保険者対策	1,260億円程度	1,260億円程度
3．基盤整備等	2,400億円程度	950億円程度
Ⅱ．12年度予算分	1,200億円程度	600億円程度

1．低所得者の利用者負担の軽減
2．家族介護支援対策
3．介護予防・生活支援対策

（注）12年度予算分には、一部既定要求分を含む。
（出典）1999年11月19日全国介護保険担当課長会議資料

11月12日に、「三党合意は認められない！　590団体集会」が、一万人市民委員会と福祉自治体ユニットほか590団体により東京・ダイヤモンドホテルで開催された[25]（集会開始時590団体でスタートした集会は終了時には623団体となった）。この集会には、小泉、菅の両厚生大臣経験者も参加し、「選挙に向けた負担先送りという議員心理　ただより高いものはない　後代負担への転嫁―これ以上の子供不幸を重ねるな！」、「2000年4月から保険料徴収を行え　私たちは権利の証明としての保険料を負担したい」という主張がなされた。最終的に、小渕首相あてに、①介護保険制度を、法律の規定通り2000年4月から完全施行すること、②国が今取り組むべきは、介護サービス基盤の整備であり、今回の見直し案で示されている特別対策費1兆円（とりわけ1号保険料対策費7850億円）は、介護サービス基盤整備のための財源として地方自治体に交付すること、③介護保険の実施は自治事務であり、制度運営の責任と権限は市町村にあることを認識し、国は、市町村の介護保険事業運営に介入しないこと、を内容とする要請書を提出した（資料Ⅷ－7、652頁）。

介護保険制度の政省令事項や介護報酬の内容を審議していた医福審でもこの件が議論になった。11月15日に開催された老人保健福祉部会と介護給付費部会の合同会議において、同審議会の介護給付費部会の星野進保部会長と老人保健福祉部会の井形昭弘部会長の連名で、座長談話を出すこととなった。この中で、「本日の医福審老人保健福祉部会・介護給付費部

資料Ⅷ－7　介護保険制度見直しの撤回を求める要請書

1999年11月12日

内閣総理大臣　小渕　恵三　殿

三党合意は認められない！　623団体集会

介護保険制度見直しの撤回を求める要請書

政府は、先月末の自自公政策担当者による3党合意をうけて、第1号保険料の半年間徴収凍結、家族介護慰労金の支給など、介護保険の基本理念を根底から覆すような制度の見直し案を決定しました。これに対して、介護保険の現場を担う全国の市町村から反対の意志表明が相次ぎ、全国知事会も異例の反対声明を提出しました。

また、経済団体（経済同友会・経団連）、労働組合（連合・自治労）、農協、生協、福祉団体、サービス事業者団体、市民福祉団体など、およそ介護に関わる全ての関係者が異口同音に今回の見直し案に反対の声を挙げています。

そして何よりも、当事者である国民の中に、今回の3党合意と3党合意をうけた政府の見直し案を支持する声は全くなく、誰もが憤りと不信を顕わにしています。

しかしながら、永田町・霞ヶ関では、誰からも支持されない3党合意が大手を振ってまかり通り、3党合意をうけた政府の見直し案が今まさに実施に移されようとしています。

本日ここに集った623団体は、それぞれに介護の社会化・権利としての介護サービスの実現を目指して、多くの市民とともに、要介護者と要介護者を抱える家族のため、今日まで懸命に努力を重ねてきました。

私たちは、今回の3党合意と政府の見直し案に、心の底から憤りを感じています。直ちに見直し案を全面撤回するとともに、下記の事項について実現されるよう、ここに強く要請するものです。

記

1　介護保険制度を、法律の規定通り2000年4月から完全施行すること。
2　国が今取り組むべきは、介護サービス基盤の整備であり、今回の見直し案で示されている特別対策費1兆円（とりわけ1号保険料対策費7850億円）は、介護サービス基盤整備のための財源として地方自治体に交付すること。
3　介護保険の実施は自治事務であり、制度運営の責任と権限は市町村にあることを認識し、国は、市町村の介護保険事業運営に介入しないこと。

以上

〈別添〉
私たちは何故3党合意と政府の見直し案に反対するのか
1　3党合意の問題点
①　保険料徴収の半年凍結・その後1年間の半額軽減は、国民に新たな負担を求めることを先送りしようとする選挙目当ての小手先の対策であり国民を愚弄する施策である。
②　家族慰労金の支給は、嫁・妻・娘の過酷な介護負担を「家族の情愛」「日本の美風」の名の下に当然視しようとするものであり、長期にわたる過酷な介護を家族に強いることで、逆に家族の崩壊をもたらす極めて危険な施策である。
③　保険方式の見直しは、市民の支え合いという「共助」の制度である介護保険を否定し、高齢者介護を「自助」（＝家族介護）と社会的弱者救済の「公助」（＝措置制度）に押し込め、人間らしい介護を受ける市民の権利を侵害しようとする施策である。
④　福祉に積極的に取り組む市町村の努力を無にし、地方分権・住民自治の理念に逆行する時代錯誤の施策である。

2　政府の見直し案（「特別対策」）の問題点

①　特別対策費１兆円の90％は保険料軽減のための費用とされており、その財源が赤字公債であることを考えれば、全くの公費の無駄遣いであるばかりでなく、後代に負担を転嫁する無責任な施策である。

市町村と市民が求めているものは、介護地獄から脱却できる十分な社会的介護サービスであり、１兆円は基盤整備事業にこそ最優先で投じられるべきものである。

②　介護保険は、市町村ごとに市民が応分な負担を支払うことにより、自からが介護サービスの水準を決定していく制度であり、負担と給付の関係の透明性・サービスの需給と選択の権利を保障する制度である。

保険料の凍結・公費補填は、市町村自治・住民自治を否定するものであるばかりでなく、負担に関する住民合意を得るためにこれまで尽力してきた市町村の労苦を無にする重大な国の背信行為である。

③　市町村にとって、介護保険制度の実施は一大事業であり、市町村は文字通り全力を挙げてその円滑実施のために奔走している。

国が当座凌ぎの措置で市町村の現場に混乱を持ち込むことは決して許されない。

介護保険の運営が市町村の自治事務であることは明文で規定されており、国は、市町村の主体性を最大限に尊重することを基本に、円滑に事業が実施できるよう、最大限の支援を行うべきである。

会の合同会議において、今回の介護保険法の実施に関する特別対策に関し、長い間の議論を重ねて制定された介護保険法の根幹を揺るがしかねない内容が、保険者である市町村や保険料を納めサービスを利用する被保険者等の意向を十分聴くことなく決定されたことは、遺憾なことであるとの意見が多数を占めた。政府においては、今回の介護保険法の実施に関する特別対策が、市町村を始めとする現場において混乱を生ずることのないよう、早急にその具体的な内容を示すとともに、市町村等の関係者の理解を求め、介護保険法の円滑な実施が図られるよう万全を期されたい」という談話を発表した。

(8) 全国市長会、全国町村会代表の意見表明

さらに、11月17日に、衆議院厚生委員会で介護保険問題等についての参考人質疑が行われ、全国市長会社会文教分科会委員長の大阪府守口市喜多洋三市長、全国町村会長の福岡県添田町山本文男町長が参考人として意見を述べた。この中で、喜多市長は、「介護保険法が成立をしてから約2年経過し、明年4月から施行することとなっておりますが、既に全国の市町村で10月から認定事務を開始するなど、一部は事実上スタートをし、さらに保険料など具体的な事項を早急に確定しなければならないこの段階に至って、制度の重要な部分について大

きな変更が行われようとしております。しかも、このことについて、保険者として重大な責任を負うこととされている市町村の意見は事前には何ら聞かれることもありません。このような経過について、全国市長会では、先日、極めて遺憾であるとの決議を行っております。そもそも、都市自治体としては、介護保険制度について、市町村が保険者になることは適当でないなど、いろいろな意見がありました。しかし、法律として成立をいたしましたので、制度の円滑な施行のため、職員を督励して住民の理解を得るよう何度も何度も会合を開くなどして説明し、また、コンピューターシステムの設計など広範な準備を進めております。このような時期での大きな変更は、住民への説明や事務処理で大変大きな手戻りを生ずることとなります。この時期のこのような論議については、まずたえがたい思いであるということを率直に申し上げておきたいと思います」と述べた。また、山本町長は、「まず最初に、総括的でございますけれども、介護保険制度の問題については基本的なことはもう議論を終えている、私どもはそういうふうに思っておりますし、法が制定されまして以来、それぞれの町村でその準備のために努力をしてまいりました。住民の皆さんたちには、介護保険制度が始まるので、こういうふうになりますよという説明もそれぞれ数回行ってきておりまして、私自身の感覚からいきますと、大勢の大勢では、大筋で介護保険制度の実施については住民の皆さんたちの認識をいただいている、こういうふうに理解をしているところでございます。

それが大幅に変わりますと、一体どれが本当なのかというような、逆に今度は不安と不信と疑問を抱くことになりますので、できるだけ基本にかかわることについては、法律で制定しておりますので変えないようにしていただくことが一番大事ではないだろうか、そういうことを思っておるところでございます。ぜひともその点についての格別な御理解をお願い申し上げたいと思います」と述べた。

一方、財界でも、今井敬経団連会長や小林陽太郎経済同友会代表幹事が、保険料の徴収を行わないことを批判した。

(24) 毎日新聞の調査では、10月の支持48％から11月は32％に下落、不支持は24％から39％へと上昇。読売新聞の調査では、10月の支持51・7％から11月は46・5％に下落し、不支持は34％から37・9％へ上昇。朝日新聞の調査では、10月の支持46％から11月は41％に下落し、不支持は28％から36％へ上昇。日本経済新聞の調査では、支持が10月45・4％から12月36・4％に下落し、不支持は28・0％から40・2％へ上昇した。

(25) 当日のプログラムは、第1号被保険者・第2号被保険者による呼びかけ・介護保険払うぞセッション、市町村長による呼びかけ・福祉自治体をつくるぞセッション、社会福祉士・介護福祉士・訪問看護婦、民間事業者による呼びかけ・利用者本位のケアマネセッション、地方議員による呼びかけ・議員は提案するぞセッション、介護者・介護経験者による呼びかけ・介護地獄から脱出するぞセッション、永田町だって認めない・元厚生大臣小泉純一郎、菅直人「小渕総理への介護保険制度見直し撤回の要請について」記者会見などで構成されていた。

(9) 民主党の動き——特別対策を痛烈に批判

民主党は、一連の動きを痛烈に批判した。まず、11月10日の衆議院厚生委員会において、同党の中川正春議員が、丹羽厚生大臣に対し、特別対策の内容が制度の根幹を歪めるものであるとして、厳しく追及した。

翌11月11日に、介護保険見直しに反対する民主党緊急集会を開催し、そこで、「介護保険制度の骨格を変えずに円滑な実施を求める緊急アピール」を出した。この中で、「保険料徴収の凍結は、負担と給付の関係を曖昧にし、相互連帯という制度の趣旨を蔑ろにするばかりではなく、その財源を赤字国債に頼ることで将来世代に多大な負担を付け回すことになる」、「制度の根幹である財政方式について、自自公連立政権は、結論を先送りしたまま極めて場当たり的な選挙目当ての見直しを打ち出した。これは〈保険料なき保険方式〉、〈税負担なき税方式〉をなし崩し的に進めるものであり、まさに国民を愚弄する無責任な行為と断じざるを得ない」と批判した(26)。

さらに、11月17日に民主党の山本孝史議員が、「介護保険制度の見直しに関する質問主意書」を提出した。政府は、「施行半年間において市町村が第1号保険料を徴収するか否かは、最終的には市町村の判断」であることを認め、さらに「国からの交付金は、介護保険法の施行後半年間は第1号保険料を徴収しない措置を実施しない市町村又はその後1年間は第1号保険料を経過的に軽減する措置を実施しない市町村に対しても、当該市町村が造成する基金の資金によって行われる措置の態様に応じて交付される」という微妙な言い回しの答弁書を閣議決定した。

(26) 浅野史郎宮城県知事は、鳩山民主党党首との会談で、特別対策経費の使途を保険料軽減以外にも弾力的に使用できるようにすべきことを主張し、これが実現したら「逆転ホームラン」と語って、野党の奮起を促した。

(10) 臨時特例交付金の弾力的使用に向けた動き

他方、自民党内では、11月8日に亀井政調会長も出席して、社会部会と介護保険制度に関する小委員会の合同会議が開催された。ここでも、依然として、保険料徴収延期に対する批判的意見が出る状況であった。

次いで、11月10日には、特別対策の内容について審議する合同会議が朝から断続的に開催され、結局、夜22時過ぎに、

① 今後は、決定のプロセスを民主的、かつ部会の議を得ることを尊重するよう党又は官邸

に申し入れること、

② 自由党、公明党が補正予算に賛成しない場合には、新しい事態（＝改めて議論すること）となること、

③ 市町村への（臨時特例）交付金（7850億円）については、市町村が実情に応じて、一定の条件の下で、保険料軽減策以外に準備経費や基盤整備に充てることを可能とするよう、強い姿勢で政府に申し入れること、

の3点を前提とし、特別対策の内容が了承された。

同時に、自民党の若手議員を中心として、11月8日に結成された「介護保険問題突破議連[27]」は、保険料対策として市町村に交付される臨時特例交付金について、「介護保険の運営は、地方分権の理念にたって、最前線の市町村の意向を最大限に尊重する必要あり」、「あくまで現場で苦労している市町村の意向を最大限尊重するという視点に立って、保険料の軽減に限定せず、低所得者への配慮、認定もれ対策など、市町村の選択により自由に対応できるようにすべきである」、「保険料は徴収した上で、介護サービスの充実、円滑なサービス提供をしようとする市町村の選択も、地方分権の視点に立つならば、排除すべきではない。大事なのは一生懸命取り組んできた市町村の努力に報いることである」と政府に求める方針を決めた。[28]

11月24日には、福祉自治体ユニットが、「今回の見直しで発生する保険料の軽減等の在り方については、その資金の使用目的も含め、地方自治体にその判断をゆだねること」とする緊急要望を取りまとめた。

11月25日に加藤自民党元幹事長は、丹羽厚生大臣に対して「特別対策費を事務経費や基盤整備等に使えるようにすべき」と弾力的な活用を申し入れた。

これらの弾力的な活用についての主張は、介護保険法を改正しない以上、市町村は法律上保険料を徴収することとされており、施行後半年間において市町村保険者が保険料を徴収するかどうかは、最終的には市町村の判断になることに着目したものでもあった[29]。

これらを受けて、安倍部会長及び衛藤小委員長と、丹羽厚生大臣、亀井政調会長の間で非公式な調整が行われ、また、自民党の「七人委員会」[30]と全国市長会、全国町村会[31]との間でも調整がなされた結果、弾力的使用を認める方向で調整が進み、12月1日に開催された自民党社会部会・介護保険制度に関する小委員会においても、臨時特例交付金の交付要綱のイメージとして、「臨時特例交付金は、基本的には、各市町村において、介護保険法の施行後半年間は第1号保険料を徴収せず、さらにその後1年間は第1号保険料を経過的に2分の1に軽減するために必要となる費用に充てるものとするが、市町村の実情に応じ、立ち上がり経費など介護保険制度の円滑な実施のために必要な費用に充てることができるものとする」とすることが了承され、安倍部会長と衛藤小委員長が、丹羽厚生大臣に正式に申し入れ、丹羽厚生大臣も一旦は理解を示した。

(27) 発起人メンバーは、石原伸晃、塩崎恭久、根本匠、飯島忠義、石崎岳、岩永峯一、遠藤利明、大野松茂、小野寺五典、鴨下一郎、栗原裕泰、河野太郎、桜田義孝、佐藤剛男、佐藤勉、下地幹郎、世耕弘成、園田修光、田中和穂、田村憲久、戸井田徹、中野正志、林幹雄、松本純、宮腰光寛、宮島大典、矢上雅義、山口泰明、渡辺博道各議員。最終的には約80名に達したとされる（『いっと48号』（2000年3月）の根本匠議員の寄稿）。

(28) これに先立つ11月2日、自民党内の「NAISグループ」（根本匠議員、安倍晋三議員、石原伸晃議員、塩崎恭久議員の4名の苗字のイニシャルの頭文字をとって命名）は、『にげるな！ひるむな！介護保険』緊急提言―政治家なら、こう説得する―」を取りまとめた。この中で、①保険か税かは、小さな政府か大きな政府かの選択の問題。政策理念を明確にすべき、②家族への現金給付は、家族のきずなを大切にしながら、実態に即して、親孝行、思いやり、ふれあい支援とすべき、③国の財政支援の使途は、現場の市町村の意向を最大限尊重すべき、とした。

(29) 現に、長野県茅野市では、保険料の徴収猶予に関して、猶予分全体を2年間の半額猶予に敷きならし、当初から半額の負担をすることによって負担と給付の関係を明確にすることを検討していた（『いっと』48号の同市矢崎和弘市長の寄稿）。

(30) 安倍晋三議員、衛藤晟一議員、鈴木俊一議員、鴨下一郎議員、松本純議員、戸井田徹議員及び木村仁議員の7名からなる会合。

(31) この時点で、全国町村会は「施行当初の半年間は、保険料を徴収しないことに財源を充てることとした上で、続く1年間の2分の1の軽減分については、使途ごとに一定割合を定めるなど、一定の基準を設け、フリーハンドで使えるようにすべき」との主張、全国市長会は「保険料の凍結、減額の措置を確実に講じた上で、なお予算上の余裕がある場合には使途を市町村にまかせるのが当然」という主張であった。

⑾　朝日新聞の報道により弾力的使用は消滅

しかし、翌12月2日、朝日新聞がこのような弾力的使用の動きについて、「特別対策の根幹部分がわずかひと月で崩れることになりかねず、市町村に新たな混乱を招く可能性がある」、「(保険料)軽減以外の流用容認が、交付金の『バラマキ』との批判を生むことは避けられそうにない」などと報道するに至って、総理官邸や丹羽厚生大臣は、態度を硬化し、「臨時特例交付金については、半年間の徴収猶予分と、その後の1年間の2分の1軽減分に充てるべきである」と強く主張した。

これを受け、翌12月2日、厚生事務次官が、記者会見で、「特例交付金を保険料の軽減対策以外に使うことはできない。市町村が保険料を徴収する場合には交付金は減額される」と発表し、翌日の3日に丹羽厚生大臣も記者会見でその旨確認をしたため、結果的に、これらの動きは実を結ばなかった。

これに対しては、さらに自民党の介護保険問題突破議員連盟の有志が12月7日に、「(施行後半年間は保険料を徴収しないが、さらにその後1年間は) 2分の1とはいえ保険料をとるという内容を含む補正予算案に自由党が賛成することになれば、先送りという政治的意味は失われ、したがって市町村の保険料徴収を認めて交付金の使途を弾力化したとしても論理的に言えば三党合意に反しないのではないか」との有志アピールを出す動きはあったものの、最終的には交付金の使途についての方針は覆らず、補正予算案は、自由党も賛成して国会で可決成立した。

4 介護保険特別対策

(1) 介護保険見直し論議がもたらしたもの

こうした介護保険見直し論議で再燃した「介護サービスの財源を税とするか保険料とするか」あるいは「家族介護に現金給付を行うかどうか」は、介護保険制度の基本構想時から始まり国会審議に至るまで大きな論点となり、数年にわたる長い時間をかけて検討されたものであった。

加えて、1999年秋という時期は、すでに要介護認定が開始され、住民説明会など市町村の施行準備も大詰めを迎えている時期であり、施行半年前に改めてこうした基本的な論点が蒸し返されたことは、与党の構成が変わったとしても、これまでの議論の経過を無視したものであった。

全国市長会、町村会が、緊急要望（10月27日）の冒頭で、「市町村の意見を聞くこともなく制度の根幹に関わる論議が行われ、苦労を重ねている市町村としては、もはや耐え難い思いである」と強く批判したのも、そうした経緯を踏まえてのものだった[32]。

これら一連の動きの背景には、自社さ政権から自公政権、さらには自自公政権へと政権の基本的枠組みが変わる中で、自民党内部においても、「自社さ連立を支えたグループ」から「自自公政権を目指すグループ」へと、執行部の中心軸が動いたことの影響があったことは否定できない。

もとより、新進党の流れをくむ自由党は「高齢者介護＝税方式」を主張しており、介護保険制度には反対の立場であった。その政党が与党として参加するとなれば、政権協議の中で、介護保険制度の基本骨格に遡った議論が行われることは避けられるものではなかった。

しかし、実際の政権協議の場では、自由党も「介護は税方式で」という建前論・原則論を主張するだけで、施行直前にある介護保険法について具体的な修正の対案を示したわけではなく、税財源にかかる財源確保についての具体的提案をしているわけでもなかった。

結局、特別対策をめぐる議論を経て、介護保険制度の基本骨格は守られ、保険料を支払うことの意義が逆に広く浸透する結果となった。さらに、特別対策の中に、当時の懸案であった低所得者対策について一定の対応が行われ、加えて「介護予防」という観点からの措置が講じられたことは、結果論ではあるが、雨降って地固まるのたとえ通り、その後の介護保険制度の定着・理解促進の上では肯定的に作用することとなった。

(32) 福祉自治体ユニットの代表幹事でもある佐世保市の光武顕市長も、「給付と負担の関係を崩すことは制度を良くしようと奔走してきた住民への背信。地方分権の流れにも水を差す」と強く批判した（日本経済新聞・1999年11月1日）。また、同じく福祉自治体ユニットの代表幹事であった愛知県高浜市の森貞述市長も、「住民にはサービスをこれだけ提供するから、保険料はいくらだと説明してきた。徴収を猶予すれば保険料を集めるときに、（なぜ税金だけでできないのかと）住民が納得しない」と反発した（日本経済新聞・1999年11月1日）。

(2) 第1号保険料の特別措置等について

特別対策における第1号保険料の特別措置については、最終的に、施行後半年間は保険料を徴収せず、その後の1年間は保険料を半額にするということに落ち着いたが、当時の与党3党のスタンスとしては、自由民主党は、「介護保険法の改正は行わず、保険料の徴収は行うが、思い切った軽減措置を講ずる」というものであり、公明党は、「在宅サービスの財源は保険料、施設サービスの財源は税」というものであった。

他方、自由党は、一貫して税方式を主張しており、「保険料の徴収を凍結して、その間に制度全体を見直す」というものであった。

結果的に採られたのは、最初の半年間だけ保険料徴収を行わないこととすることであったが、これは、介護保険法を改正せずに一定期間保険料を徴収しない苦肉の策であった。(33)

この特別対策では、半年間経過し2000年10月からの1年間についても、高齢者の保険料を経過的に2分の1に軽減し、高齢者に新たな負担に慣れてもらうよう配慮することとした。このような激変緩和を行うことによって、制度の定着を図り、市町村における保険料徴収の円滑化を進めることとしたものであるが、3党合意にはなかったこのような措置を実施することを明らかにすることにより、半額ではあれ保険料を徴収することが決まった（資料Ⅷ－8）。

なお、この対策の財源については、2000年度の当初予算ではなく、1999年度第2次補正予算で一括計上し、各市町村に設置する基金に交付金として交付する仕組みが採られた。これは、介護保険法上、各市町村は2000年の2月議会又は3月議会で2000年度から2002年度の3年間の保険料額を一括して決定することとなるため、それ以前に各市町村への交付金額を確定しておくことが必要であったこと等によるものである。

また、この際、保険料の特別措置の中で、特別配分枠として、①保険財政を広域化する市町村、②離島等小規模市町村、③療養型病床群の偏在する市町村、に対しては、交付金の追加配分を行った。

資料Ⅷ－8　保険料の算定方法等について

（1999年11月29日　全国課長会議資料）

特別対策を踏まえた保険料徴収額

◯特別対策を踏まえ、

①介護保険法の施行後半年間は保険料を徴収せず、また、

②その後1年間は経過的に保険料を1／2に軽減するための保険料の算定方法や徴収方法等の標準的な方法について説明する。

◯なお、市町村の判断によりこうした措置を行わないことは法律上は可能であるが、このような措置を行わない市町村については、その措置の態様に応じ、基本的には、交付金が減額されて交付されることに留意されたい。

（例）法施行後の2年間保険料を1／2軽減した額で徴収する市町村

⇒最初の半年間分は保険料を1／2軽減するのに必要な額のみを交付する（平成13年度後半からの半年間保険料を1／2に軽減するために必要な費用は交付金の対象外）

〈徴収する保険料額〉

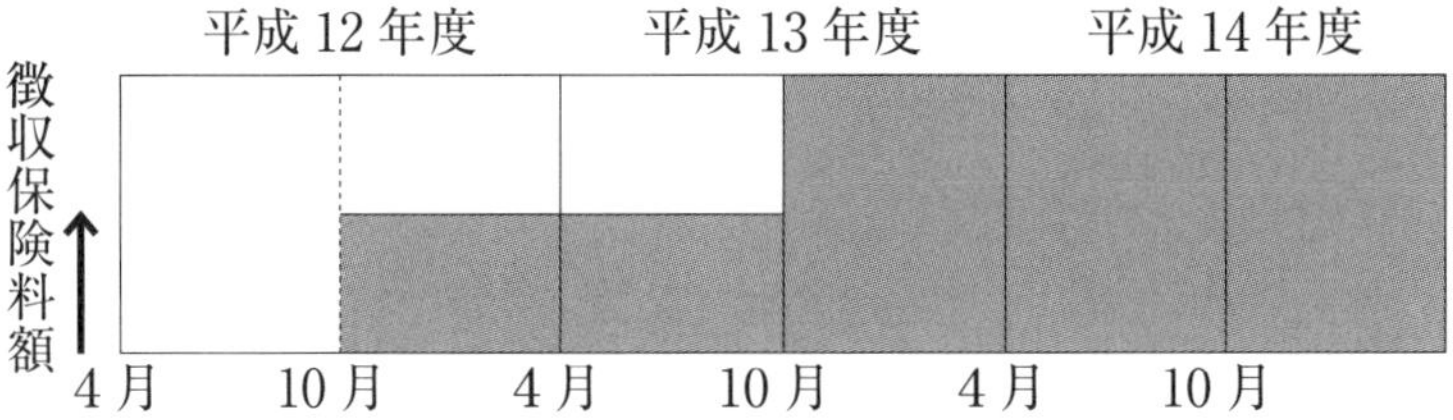

(33)すなわち、①介護保険法上、市町村は、介護保険事業に要する費用に充てるため、第1号被保険者から保険料を徴収しなければならないこととされており、②また、法律上、保険料の賦課期日は、当該年度の初日とされており、保険料は年度単位で賦課されるものと考えられること等から、1年以上保険料を徴収しない場合には、2000年度の保険料をすべての第1号被保険者について賦課徴収しないこととなり、法改正を行わなければ実施困難であった。

また、法律上、特別徴収（年金天引き）の額については、半年を一つの単位として設定されることとなっており、年度前半の特別徴収は仮徴収、年度後半の特別徴収は本徴収とされているが、2000年度の仮徴収については、法律上「できる規定」となっていることから、各市町村がこの仮徴収を行わないとすれば、法律に抵触しない形で、6か月保険料を徴収しないことも可能であった。普通徴収については、法律上、納期を市町村の条例で設定することとされており、各市町村が2000年度の前半に納期を設定しないこととすれば、法律に抵触しない形で、6か月間保険料を徴収しないことも可能であった。

なお、保険料について6か月を超えて徴収しない（例えば8か月や10か月など）ことは、法律上、本徴収の額は、年度の保険料額から仮徴収により徴収した額を控除した額を、支払い回数で割ることとされているため、例えば10月分の徴収を0円として、12月及び2月に本徴収を行うことは、法改正を行わなければ困難であり、法律改正を行わないとすれば、6か月間徴収しないという方法しかなかったのである。

(3) 医療保険者対策（第2号保険料関係）――財政窮迫組合に重点化した支援

介護保険制度の第2号保険料（40歳から64歳までの保険料）は、医療保険者に納め、それを医療保険者が介護納付金という形で社会保険診療報酬支払基金を通じて各市町村に納めることになっていた。

介護保険制度が提供するサービスには、医療保険から移ってくるものと、旧老人福祉の措置制度から移ってくるものとがあり、前者については、もともと医療保険において負担していたものである。したがって、今回の特別措置としては、医療保険者全体として、従来に比べて負担増となる額について、第1号保険料対策とのバランスを考慮して、その1年分（第1号保険料対策としては、半年間の全額分と1年間の半額分とで合計1年分を措置しており、それとの均衡を図るという意味）を、国が医療保険者に財政支援することとされた。

その支援の仕方については、政府案では、全ての保険料負担者について負担増となる部分を措置するのではなく、財政的に窮迫した健康保険組合や介護保険料の上乗せ賦課により収納率が低下する市町村国保に重点的に措置することとした。これに対し、「2000年4月から第2号保険料は徴収されることとなるのではないか」との批判はあったが、健康保険組合については、財政悪化していない組合の場合には徴収がそれほど難しい状況ではなく、また、国民健康保険についても、収納率の低下による歳入欠損等が保険料の値上げにつながることから、そのような欠損に着目した支援の方がより効果的な措置になるとの考え方により、最終的にこの方法で決着した。

(4) 低所得者の利用者負担軽減対策について

介護保険法においては、低所得者対策として、高額介護サービス費等において低所得者の特例を設けるほか、措置制度下の特養入居者については利用者負担の特例を設けるなどの措置が盛り込まれていた。しかし、それでは不十分であるとして市町村をはじめさらなる措置を求める声が極めて強かった。介護保険制度で提供する在宅サービスのうち、訪問介護、通所介護といった福祉系のサービスについては、措置制度の下で所得に応じた負担をしていたが、特に、訪問介護については、利用者負担なしで利用している利用者が全体の8割となっていたため、いきなり介護保険制度の原則である1割負担にするのは現実的には難しい状況にあった。

このため、訪問介護サービスについて、施行前に利用していた人は、激変緩和を図る観点から、当面施行後3年間は3％とし、その後段階的に5年後に1割負担とすることにされた。激変緩和ということであったため、これまでの利用者に対象が絞られた。

障害者福祉サービスを受けていた人が65歳で介護保険制度に移った場合にも同様の問題が生じるため、同様の3％の負担とし、法律の付則に書かれた施行後5年を目途とする見直しで、障害者サービスを介護保険制度に統合するかどうかの議論が決着するまで据え置くこととされた。

低所得者対策としては、社会福祉法人による利用者負担の減免に対する支援措置も実施された。介護保険制度下では、在宅福祉サービスについて、社会福祉法人と株式会社等の営利法人が共通の土俵で事業経営を行うことになるが、社会福祉法人は、社会福祉の増進に資するとして税制上の特別措置を受けており、低所得者のために1割負担を軽減すべきとの考え方に立って、それを推進するために、それに要した費用の一部を補填することとしたものである。したがって、この措置は、社会福祉法人への経営助成策といった性格のものではないとの位置づけとなった。

以上のような措置を講じたことにより、要望の多かった低所得者対策については、国レベルの対応としては、かなり踏み込んだものとなった。

(5)　家族介護支援対策について

家族介護については、「家族ヘルパー」の形で、一定の場合に介護保険から給付される仕組みが作られたが、そもそも家族介護を「美風」とする亀井政調会長にとっては、これだけでは納得できるものではなかった。とはいえ、この時点で介護保険法を改正して、家族介護への現金給付を介護保険制度から行うとの政治判断を行うことも困難であった。

こうして、家族介護への現金給付は、家族介護慰労金という形で国が予算措置を行い、市町村長の判断により、かつ、介護保険給付とは別枠で行うこととされた。

実施に当たっては、介護保険法の理念との整合性を考慮し、支給対象者を本人ではなく家族とした上で、介護される者の要件として、住民税非課税世帯に属し、要介護4または要介護5であり、1年間、短期間のショートステイを除き介護保険サービスを利用しない場合というように非常に厳しい条件を課すこととなった。このため、実質的に、対象者は極めて絞られることになり、厚生省としては、名を捨てて実をとった形になった。また、支給額は10万円であるが、これは、当時、都道府県や政令指定都市で実施していた同様の制度における平均的な支給額を基に決定された。

家族介護への現金給付をめぐっては、「子どもが親の面倒を見るという美風を損なうべきではない」との主張がなされたが、かつての老親に対しての世話は、「介護」というよりは「看取り」という状況であった。すなわち、この問題は昔からあったわけではなく、極めて「今日的な問題」であったのである。「介護」の実態は、家族等にとって「美風」という水準をはるかに超えていた。

なお、家族介護支援対策としては、このほかに、おむつなどの介護用品の支給、介護をする家族のリフレッシュのための事業、家族介護教室、発信装置による位置探知システム等を活用する徘徊高齢者家族支援サービス事業などが盛り込まれた。

(6) 介護保険制度の見直しについて――結局議論されず

与党合意の中には、「介護にかかる財源及びそのあり方については、実施状況を見ながら3党で協議する」という項目があり、財源等については、引き続き協議することとされた。与党合意以降も、自由党、公明党は、直後の通常国会で小渕総理が特別対策について、「法改正を行わないことを前提に協議いただいた」と答弁したことに対し、強く反発するなど、この問題について非常に神経質な対応をみせていた。しかし結局は、翌2000年4月1日に自由党が連立政権を離脱したこともあり、施行後も大きな混乱がなかったことから、財政方式について、与党間で具体的な議論が行われることはなかった。

IX章

2000年1月〜3月

施行直前——最終の準備

本章は、本書の締めくくりとして、２０００年1月から施行までの3か月間の最終段階の準備状況を記述する。当時最も懸念されたのは、介護保険法の施行により、それまで高齢者が利用していた各種サービスが途切れるような事態が発生するのではないかということであった。そうした事態の回避のため、施行前日である3月31日まで、連日のように事務連絡が自治体に発出され、厚生省、自治体、サービス事業者など全ての関係者が全力を振り絞る苦闘が続いた。その結果、介護保険制度は大きな混乱もなく、順調な滑り出しを迎えることとなったのである。

(1) 要介護認定の実施状況

１９９９年10月1日から開始された要介護認定は、当時見込まれた申請受付見込み数約２７５万件に対し、10月末日現在の実績で、申請件数が約62・８万件（進捗率25・９％）という状況であった。スタートから約2か月が経過した同年11月29日に開催された全国課長会議の資料では、「要介護認定実施上の留意点等について」として、次のような留意点が示されていたが、全般的には大きな混乱もなく進んでいた。

その後、12月末日時点で、申請件数が約１４９万件（進捗率54・９％）まで進捗し、認定結果が通知された件数も約83万件（進捗率30・6％）となった。

○市町村からの調査員を装って、高齢者から金品を詐取する事案が発生しているが、調査員には身分証明書を携帯させ、調査時にはそれを提示する等、必要な対応をお願いしたい。
○特に「非該当」と審査判定された者への結果通知を行う場合には、介護予防の観点から当該地域において行われる高齢者生活支援事業等に関する情報提供を併せて行うように努められたい。

(2) 介護保険財政関係の政省令の公布

２０００年1月に入り、各市町村においては、2月～3月議会に保険料関係の条例を上程する作業が本格化していた。国も、保険給付費や保険料を算定する上で必要な政令を1月12日の医福審の答申を踏まえ、1月21日に公布した。

具体的には、①高額介護サービス費関係、②２０００年度から２００２年度までの保険料率の算定に関する基準の特例（特別対策の実施を踏まえ、3年間を通じて同一の保険料額という原則の例外を設ける）、③市町村間の介護保険財政の調整を行うための調整交付金の算定方法、④市町村に公布される事務費交付金（要介護認定事務費交付金）の算定方法を定めるといった内容であった。

それと同時に、短期入所の限度日数の拡大措置が決定された。これは、法案提出時の与党（自民、社会、さきがけ）合意において、家族介護に対する評価と支援の観点から、短期入所の利用枠を拡大することとされたことへの対応であった。具体的には、次のような内容であった。

○「申請月の4か月前の月」と「申請月の3か月前の月」のそれぞれの月について、訪問通所サービスの利用実績が限度額の6割未満である場合に、
○要支援～要介護4については、限度日数を2倍に、要介護5については、限度日数を1・5倍にする

(3) 介護相談員制度（介護相談員派遣等事業）の創設

2000年1月、丹羽厚生大臣は、ドイツ介護保険制度の調査のため訪欧した。その際、利用者の権利を守り代弁するオンブズマン制度の必要性を同行記者団に語ったことから、新たに「介護相談員制度」（介護相談員派遣等事業）が創設されることになった。

この「介護相談員派遣等事業」は、介護保険制度の根幹を担うべき主体である「利用者」、「サービス提供者」、「市町村」及び「ケアマネジャー」を対象に、介護保険制度が目的とする「質、量の両面にわたる介護サービスの充実」の実現を推進するため、第一に、市民として「利用者とサービス提供者の橋渡し」を行い、きめ細かな対応により苦情に至る以前に問題を解決するとともに、介護保険制度の下での新たな「利用者・サービス提供者像」の確立に努めること、第二に、サービスの実態と問題点を市民の目を通じて把握し、それを市町村のサービス整備の取り組みに反映させるなど、介護保険制度の下での「市民と行政の橋渡し」として、新たな市町村行政の確立に向けて働きかけること、第三として、介護問題の背景となっている住居問題や権利擁護システムのあり方を含めた「地域づくりの牽引車」として活動することを期待して設けられたものであった。

制度施行後今日に至るまで、全国で多くの介護相談員が養成され、それぞれの地域で活発な活動を行い、大きな成果をあげている。

(4)「より良い介護保険に育てる会」の開催

2000年1月19日、丹羽厚生大臣の主催で、堀田力や光武佐世保市長らをメンバーとする「より良い介護保険に育てる会」が開催された。[1] 介護保険制度を円滑にスタートさせ、普及・定着を図るとともに、国民のニーズに適合したよりよい介護保険に育てていく観点から、幅広い分野の有識者と厚生大臣とが率直に意見を交換し、今後の施策及び制度運営に反映させることを目的として立ち上げたものであった。

第1回会合では、「介護保険：御意見大募集」と題して、国民から、制度の円滑な施行・今後の制度運営に役立てるための意見を専用ファックスや電子メールで募集することが決まり、翌1月20日から4月末日までの間で実施された。

(1) メンバーは、生島ヒロシ（キャスター）、東北福祉大学客員教授）、川越博美（聖路加看護大学看護学部教授）、木村陽子（奈良女子大学生活環境学部助教授）、笹森貞子（呆け老人をかかえる家族の会理事）、樋口恵子（東京家政大学教授）、堀田力（さわやか福祉財団理事長）、光武顕（長崎県佐世保市長）及び牟田悌三（俳優、世田谷ボランティア協会理事長）の8名であった（肩書きはいずれも当時）。

(5) 切れ目ないサービスの提供を目指して

要介護認定については、施行直前の2000年2月末の時点で、申請受付は85・6％（221万5320件）に、認定結果通知は63・5％（164万3568件）に達していた。

他方で、認定調査員が行う認定調査が適切に行われることを担保するため、事業者に認定調査の委託を行っている場合でも、数回に1回は市町村職員が直接調査する方針が示されていたが、2000年3月7日の全国高齢者保健福祉関係主管課長会議において、それに加え、①市町村職員が無作為に選定した申請者を訪問し、調査の状況を不定期に把握（いわゆる「抜き打ち検査」の実施）すること、②個別の申請者に関する調査結果に疑義がある場合に市町村職員が調査を実施することといった点の徹底がなされた。不適切な調査が実施されている事実が明らかとなった場合には、調査委託の解除等を行う等の厳正な措置を講じることが要請されており、要介護認定の適正さを担保するため、厚生省は強い姿勢を示した。

ここで大きな課題となったのが、要介護認定を受けた人たちの居宅サービス計画（ケアプラン）の作成であった。要介護認定を受けた人たちが4月以降も遅滞なくサービス利用するには、居宅サービス計画の作成が必要であった。これができていない場合、サービスを利用しても一旦費用の全額を支払う「償還払い方式」となり、利用者に不便がかかることとなるため、償還払いを避けるために居宅サービス計画作成を急ぐよう、厚生省から市町村に対し再三にわたって要請がなされた。さらに、2000年1月26日に開催された全国課長会議において、次のような方針が示された。

> ①　受給者台帳（要介護者、要支援者の台帳）との突合等による「居宅サービス計画作成依頼届出書」の

未届出者の状況の把握を行うとともに、

② 未届出者に対する作成勧奨として、

○広報誌、郵便、電話等さまざまな媒体を活用し、居宅サービス計画作成についての広報を行い、住民等への周知徹底に留意されたいこと

○3月上旬～半ばにおいては、認定通知を受けた者への直接電話による確認や福祉事務所ケースワーカー、保健婦、在宅介護支援センター職員等の訪問による確認によって、居宅サービス計画作成状況を把握し、未作成の場合には、必要な指導を行い、

③ 3月下旬時点で未だ居宅サービス計画の作成依頼の届出がなされていない者が確認された場合については、さしあたって、現在利用しているサービスの利用計画を市町村に届け出るよう指導すること

その後、3月17日には、簡便な居宅サービス計画の作成方法が、各都道府県を通して市町村に周知された。作成期限である3月末を控えて、居宅サービス計画作成に必要な給付管理業務ソフトウエアの導入が進んでいない等の状況に鑑み、このソフトウエアが導入されるまでの間は、緊急避難的に、簡易計算シートによる概算や各種記載の省略など居宅サービス計画作成方法の弾力化がとられた。

3月24日には、居宅サービス計画の進捗状況について、50市町村を対象に緊急調査が行われた。市町村によるばらつきはあるものの、居宅サービス計画作成必要見込み数に対して、

全体平均で73・1％が作成済みとなっていた。

(6) 実施直前の要請

介護保険法施行直前の3月28日には、「要介護認定を受けた人のうち、居宅サービスを利用しようとする人で、いまだ、居宅サービス計画作成依頼届出を済ませていない人については、緊急避難的な措置として、少なくとも現にサービスを利用している人は、市区町村において、自己作成による『居宅サービス計画』の作成援助（サービス調整（サービスの予約）、利用者負担の概算、利用者への説明と同意の手続）を行う」ことにし、従来からの利用者へのサービスが途切れないような対策がとられた。

また、同日付けで、介護保険制度実施推進本部長から、「介護保険制度の施行準備の最終点検について」という文書が発出された。この中でも、「特に、制度の円滑な施行の観点から、現在、サービスを利用している方々に、3月から4月にかけて、サービスが途切れることなく利用していただけるよう、十分な対策を講ずることが肝要」とされ、「一旦費用全額を負担する『償還払い』となることのないよう、できる限り、……最後の点検をお願い申し上げる次第です」というメッセージが伝えられた。

施行前日の３月31日にも、「居宅サービス計画の作成依頼届出の受付の取扱いについて」という文書が発出された。この中で、「介護保険法施行規則上は、居宅サービスの利用に先立って、予め、市町村に居宅サービス計画作成依頼届がなされていることが代理受領（現物給付化）の要件とされているところ、例えば、３月31日の閉庁時間以降に居宅介護支援事業者に居宅サービス計画の作成依頼届の代行の依頼があったが、市町村が閉庁であったため、実際に市町村に届け出た日がやむをえず４月３日になったような場合にあっても、３月31日に市町村への届出がなされたものと扱って差し支えない」こととするとともに、「代理受領の要件を満たさず、償還払いとなった場合にあって、低所得者世帯又は高齢者世帯については、社会福祉協議会の生活福祉資金の療養・介護資金の貸付の利用が通常より迅速な手続きでできること」を周知した。３月31日時点で行った30市町村を対象とした居宅サービス計画の作成状況の緊急集計では、88・４％が作成済みであった。(2)

(2) 要介護認定済者の中には、入院継続予定者や施設入所希望者を含め、とりあえず認定を受けてサービス利用を希望しない者も存在するので、１００％でなければならないわけではない。

(7) 介護保険制度施行に伴う緊急即応体制

３月29日には、介護保険制度施行準備室から各都道府県に対し、「介護保険施行に伴う緊急即応体制について」という事務連絡が発出された。これは、施行当初においては、各市町村等の現場において緊急対応することが求められる事態が発生することが予想されることから、こうした事態に即応するために、厚生省、都道府県及び市町村との間に密接な連携体制を整備することを目的とするものであった。

具体的には、４月１日の施行日は土曜日であったが、その１日と翌２日の日曜日に、厚生省においては、市町村等からの緊急連絡に対応するため、①介護保険の市町村事務担当、②ケアプラン作成担当、③特別養護老人ホームなど介護サービス担当、④介護保険法令担当の職員を待機させることとした。併せて、厚生省と連携して即応すべき事態が発生した場合には、必ず厚生省に連絡するよう、都道府県等に対し要請した。

４月３日から４月14日までの間も、介護保険緊急即応窓口を設置し、市町村等からの緊急の疑問や照会に即応できる窓口を設置するとともに、都道府県に対し、管下市町村等の現場で、特に問題となった事例又は介護保険サービスに関する苦情があった場合、４月３日、５日、７日及び14日の午後９時までに、厚生省に報告するように求めた。

４月１日に、老人保健福祉局の組織が再編され、新たに介護保険課が新設されるとともに、局内に、「介護保険制度推進チーム」が設置された。これは、組織横断的な課題に対応するために、①実施状況点検チーム、②介護サービスチーム、③事務処理システムチーム、④基盤整備チーム及び⑤情報通信チームの5つのチームを置くというものであった。

(8) 介護保険制度の静かな船出

2000年4月1日、東京の空は快晴であった。その日の午前9時過ぎ、小渕首相は、東京都豊島区の高齢者デイケアセンター「山吹の里」へ視察に赴き、「本日をもって介護保険制度がスタートします。医療、年金、雇用、労災に続く第5の社会保険の記念すべき第一歩で、老後の不安を解消する最大の対策として世界が注目しています」と、介護保険制度の開始を宣言した。同席していた丹羽厚生大臣は「介護は人間の尊厳にかかわる事業。国民一人ひとりが関心をもち、それなりの負担をして、超高齢社会への対応を考えていただきたい。予測のつかないこともあるが、避けて通ることはできない。みんなで介護保険を育てて行こうではありませんか。介護保険は世紀の大事業です」と述べた。

一方、この日、政界では衝撃的な出来事が起きた。与党連立3党のうち自由党が連立政権から離脱したのであった。豊島区での視察後、連立解消決定に先立ち小沢自由党党首と会談した小渕首相は、翌4月2日未明に倒れ、意識が判然としないまま緊急入院した。青木内閣官房長官が首相臨時代理に指名されたが、小渕首相の病状は改善せず、同年5月14日に死去した。

この政界の激震をよそに、市町村の現場では、介護保険制度は大きな混乱もなく、スタートを切った。厚生省は、施行当日から、情報収集体制を構築し、市町村や介護の現場で発生した問題の把握にあたったが、内容は、制度内容の照会に関するものが大半で、文字通り、「静かなスタート」であった。厚生省や自治体などの関係者が、課題が山積する中で緊張感を持って施行準備に取り組んだ成果であった。

厚生省が、不退転の決意で高齢者介護対策本部を設置したのは１９９４年4月13日であった。それから6年後、ついに「世紀の大事業」と呼ばれた介護保険制度が始まったのである。

施行後1年間（２０００年4月と２００１年4月との比較）で、サービス利用者数は、１４９万人から２０７万人へと約40％増加し、なかでも、在宅サービス利用者は、97万人から１４２万人へと50％近く増加した。事業費ベースでも、介護保険制度施行直前の１９９９年度と２０００年度とを比較すれば、訪問介護で約23％、通所介護で約35％、短期入所で約36％増加し、グループホームは、約6・6倍に増加した。

介護保険制度の施行によって在宅サービスは民間企業やＮＰＯ法人などに門戸が開かれたことを受け、事業所数は、２０００年4月から２００１年5月までの約1年間で、訪問介護は、1万1916か所から1万3489か所へと約13%、通所介護は、7510か所から8867か所へと約18%、福祉用具貸与は、3329か所から5112か所へと約54%増加した。これら民間企業の中には、地域に十分に浸透できず事業所数を減らす動きもあったが、これも施行後1年を経過した時点では、落ち着いた。

また、第1号被保険者の保険料の徴収率は、2000年度から2002年度までの3年間で、いずれも98%台の水準を達成したが、これは、特別徴収（年金からの保険料天引き）によるところが大きい。特別徴収については、制度発足前には、「年金から勝手に天引きするのは認められない」といった声があった。しかし、実施してみると、徴収される側にとっては、いちいち納める手間が不要になるという便宜は大きく、このような批判の声はほとんど聞かれなくなった。

こうして、介護保険制度は、日本が本格的な高齢社会を迎える中で、広く国民にとって老後生活を支える安心の社会システムとして機能し始めたのである。

最後に、介護保険制度創設の歴史を振り返ってみたい。1994年4月の厚生省の対策本部設置から始まり、システム研究会での基本構想の検討を経た後、老健審を舞台とした関係団体との調整は困難を極めた。その膠着状態を与党の政治主導によって打開し、3会期にまたがる国会審議の結果、１９９７年12月、法案成立に漕ぎ着ける。その後、施行に向けた準備作業に入るものの、施行直前になって政治レベルで施行凍結論が唐突に浮上し、大混乱に陥るが、制度創設を支持する多くの人々の熱意によって、２０００年４月の法施行にたどり着く、文字通り「波乱と激動の歴史」であった。

加えて、政策決定をめぐる過程は、通例のケースとは大きく異なっていた。それは、幾度も苦難に直面するたびに、それまで傍観もしくは反対していた人々が、自らの意志で制度創設を推進する側に参加していき、その結果、時を経るにつれ介護保険制度創設を目指す隊列は大きく膨れ上がり、最終的には日本全体を突き動かすまでに至ったことである。それを可能とした背景には、政治や行政の場のみならず、マスコミや地方自治体、市民団体など様々なレベルにおいて対話や討論が頻繁に行われ、膨大な情報が多くの人々の間で共有され、国民的な論議が広がっていったことがある。その意味では、「論議と参画の歴史」でもあった。

まさに、介護保険制度は、全ての人々の熱意と協働によって創られた、かけがえのない日本国民共有の財産である。だからこそ、我々は、将来にわたって介護保険制度を守り、育てていかなければならない。

	社会保障制度関係	政治・経済等の動き
	この年、合計特殊出生率 1.57 ショック（1966 年（ひのえうま生まれ）を下回る） 民間事業者による老後の保健及び福祉のための総合的施設の整備の促進に関する法律公布（6月30日）	竹下内閣（～6月3日） 宇野内閣発足（6月3日） 海部内閣発足（8月10日）
	国民健康保険法等の一部を改正する法律公布（保険基盤安定制度）（6月15日）	
		宮澤内閣発足（11月5日）
	健康保険法等の一部を改正する法律公布（政管健保中期財政運営）（3月31日） 看護婦等の人材確保の促進に関する法律公布（6月26日） 社会福祉事業法及び社会福祉施設職員退職手当共済法の一部を改正する法律公布（福祉人材確保）（6月26日） 医療法の一部を改正する法律公布（療養型病床群の創設）（7月1日）	
	国民健康保険法の一部を改正する法律公布（財政安定化支援事業創設等）（3月31日） 福祉用具の研究開発及び普及の促進に関する法律公布（5月6日） 障害者基本法公布（12月3日）	細川内閣発足（8月6日）
	健康保険法等の一部を改正する法律成立（付添看護の廃止等）（6月23日） 国民年金法等の一部を改正する法律公布（厚年支給開始年齢を65歳に）（11月9日） 「今後の子育て支援のための施策の基本的方向について（エンゼルプラン）」策定（12月16日）	「国民福祉税構想」発表（2月3日）（翌2月4日に白紙撤回） 羽田内閣発足（4月28日） 村山内閣発足（6月30日） 税制改革法案（消費税率３％→５％）成立（11月9日）

介護保険制度史年表

年	介護保険制度関係年表
1989年	介護対策研究会報告（12月） 「高齢者保健福祉推進十か年戦略（ゴールドプラン）」策定（12月）
1990年	「老人福祉法等の一部を改正する法律（福祉八法改正）」成立（6月22日。公布は6月29日）
1991年	「老人保健法等の一部を改正する法律（訪問看護制度創設）」成立（9月27日。公布は10月4日）
1992年	「高齢者トータルプラン研究会」における検討 訪問看護事業開始（4月1日）
1993年	社会保障制度審議会将来像委員会「第1次報告」公表（2月14日） 社会保障制度審議会社会保障将来像委員会「社会保障の将来像に関する意識調査」 公表（4月28日） 高齢者介護問題に関する省内検討プロジェクトチーム設置（11月25日）
1994年	高齢者介護問題に関する省内検討プロジェクトチーム取りまとめ（厚生省）（3月） 高齢社会福祉ビジョン懇談会「21世紀福祉ビジョン」発表（3月28日） 高齢者介護対策本部設置（4月13日） 痴呆性老人に関する検討会提言（6月） 高齢者介護・自立支援システム研究会第1回会合（7月1日） 社会保障制度審議会社会保障将来像委員会「第2次報告」公表（9月8日） 与党（自民、社会、さきがけ）福祉プロジェクト第1回会合（9月27日） 高齢者介護・自立支援システム研究会「新たな高齢者介護システムの構築を目指して」とりまとめ（12月5日。公表は12月13日） 「新ゴールドプラン」策定（大蔵大臣、厚生大臣、自治大臣合意）（12月18日）

	国民健康保険法等の一部を改正する法律成立（国保財政安定化事業２年延長等）（３月 29 日） 障害者保健福祉施策推進本部中間報告（厚生省）（７月） 「障害者プラン～ノーマライゼーション７か年戦略」策定（12 月）	阪神・淡路大震災発生（１月 17 日）
		橋本内閣発足（１月 11 日） 消費税率引き上げ（３％→５％）閣議決定（６月）

1995 年	日本医師会「高齢社会を迎えるに当たって（中間まとめ）－介護保険を中心に－」公表（1月 24 日） 老人保健福祉審議会、介護保険制度審議開始（2月 14 日） 高齢者ケア支援体制に関する基礎調査研究会設置（4月） 健康保険組合連合会、介護保険制度に関する見解公表（4月 17 日） 与党福祉プロジェクト「高齢者介護に関する中間まとめ」（6月 13 日） 社会保障制度審議会「社会保障体制の再構築－安心して暮らせる 21 世紀の社会をめざして－（勧告）」（7月 4 日） 老人保健福祉審議会「新たな高齢者介護システムの確立について（中間報告）」決定（7月 26 日） 老人保健福祉審議会審議再開（9月 18 日） 老人保健福祉審議会３分科会（介護給付分科会、制度分科会、基盤整備分科会）設置（9月 29 日） 老人保健福祉審議会３分科会報告（12 月 13 日） 与党福祉プロジェクト「第２次中間まとめ」（12 月）
1996 年	橋本総理施政方針演説（社会保険方式によることを明言）（1月 22 日） 老人保健福祉審議会「新たな高齢者介護制度について（第２次報告）」決定（1月 31 日） 「介護保障確立に向けての基本的考え方（いわゆる丹羽私案）」与党福祉プロジェクトに提示（3月 13 日） 老人保健福祉審議会最終報告「介護保険制度の創設について」決定（4月 22 日） 与党福祉プロジェクト、政府に対し「制度試案」作成要請（4月 26 日） 与党福祉プロジェクト「介護保険制度の試案作成に当たっての基本的視点」提示（5月 10 日） 厚生省、老人保健福祉審議会に「介護保険制度試案」提示（5月 15 日） 厚生省、老人保健福祉審議会に「介護保険制度修正試案」提示（5月 30 日） 厚生省、老人保健福祉審議会、中央社会福祉審議会、社会保障制度審議会及び医療審議会に「介護保険制度案大綱」を諮問（6月 6 日。医療審は 6 月 7 日） 老人保健福祉審議会「新たな介護制度を創設すべき」とする答申（6月 10 日。他の３審議会も 12 日までに答申） 与党政策調整会議、介護保険関連法案の通常国会（第 136 回通常国会）提出見送りを決定（6月 13 日） 与党３幹事長、３政調会長与党合意（次期国会に法案を提出する等）（6月 17 日） 与党介護保険の創設に関するワーキングチーム設置（6月 25 日） 与党ワーキングチーム地方公聴会開催（7月 12 日～9月 2 日。全国 6 か所） 高齢者ケアサービス体制整備検討委員会設置（7月） 介護の社会化を進める一万人市民委員会創設集会（9月 4 日） 与党ワーキングチーム「地方公聴会における意見陳述を踏まえた介護保険制度に関する主要な論点」とりまとめ（9月 11 日）

		第137回臨時国会召集。冒頭で衆議院解散（9月27日） 衆議院選挙投票（10月20日） 第138回特別国会召集(11月7日) 「彩福祉グループ事件」報道（11月17日） 第139回臨時国会召集（11月29日）
	健康保険法等の一部を改正する法律案閣議決定(本人8割給付)（2月10日） 同法案衆議院審議入り（4月8日） 同法案衆議院可決（5月8日） 同法案参議院審議入り（5月23日） 児童福祉法等の一部を改正する法律公布（保育所入所の措置制度改正）（6月11日） 健康保険法等の一部を改正する法律案参議院可決、成立（6月16日） 厚生省「21世紀の医療保険制度」公表（医療保険の抜本的改革）（8月7日） 与党医療保険制度協議会「21世紀の国民医療－良質な医療と皆保険制度確保への指針」公表（8月29日）	第140回通常国会召集(1月20日) 第141回臨時国会召集(9月29日) 財政構造改革の推進に関する特別措置法公布（12月5日）
		特定非営利活動促進法（NPO法）公布（3月25日） 財政構造改革法改正法公布（目標年次を2年延長）（6月5日） 小渕内閣発足（7月30日） 自民党と自由党、連立政権合意（11月19日）
		自自連立政権発足（1月14日）

	与党ワーキングチーム「介護保険法要綱案に係る修正事項（案）」及び「公的介護保険の実施時期について（案）」合意（9月17日） 与党責任者会議、政府与党首脳連絡会議「介護保険法要綱案に係る修正事項」及び「公的介護保険の実施時期について」決定（9月19日） 全国市長会、全国町村会「介護保険制度に関する決議」決定（介護保険制度の創設を容認）（9月19日） 自、社、さ「3党政策協議について」合意（介護保険制度の次期臨時国会への法案提出）（10月31日） 与党政策調整会議、介護保険法案を了承（11月27日） 介護保険法案閣議決定（11月28日。国会提出は29日） 衆議院本会議法案趣旨説明（12月13日） 衆議院厚生委員会提案理由説明（12月17日）
1997年	介護の社会化を進める一万人市民委員会「3つの修正・5つの提案」（3月11日） 医療保険制度改革協議会（与党＋民主党）初会合（4月15日） 衆議院厚生委員会法案可決（5月21日） 衆議院本会議法案可決（5月22日） 参議院本会議趣旨説明、同厚生委員会提案理由説明（6月13日） 全国介護保険担当課長会議開催（6月25日） 福祉自治体ユニット設立総会（11月23日） 参議院厚生委員会法案可決（修正あり）（12月2日） 参議院本会議法案可決（12月3日） 衆議院厚生委員会法案可決（12月5日） 衆議院本会議法案可決、介護保険法案成立（12月9日） 介護保険制度実施推進本部、介護保険制度施行準備室設置（12月17日）
1998年	医福審介護給付費部会「介護報酬の主な論点と基本的考え方（中間とりまとめ）」取りまとめ（10月26日） 自由党「平成11年度予算編成・税制改正に関する重点事項」とりまとめ（介護保険制度の実施凍結）（12月10日）
1999年	医福審老人保健福祉部会・介護給付費部会合同会議が事業者の指定基準了承（3月15日。指定基準公布は3月31日） 医福審老人保健福祉部会が要介護認定基準了承（4月19日。要介護認定基準公布は4月30日） 野中官房長官の記者会見における発言により「延期論」浮上（5月27日。同日の夕方の記者会見で否定）

	重点的に推進すべき少子化対策の具体的実施計画（新エンゼルプラン）策定（関係6大臣合意）（12月19日）	地方分権一括法（機関委任事務の廃止等）公布（7月16日） 公明党連立政権参加決定（7月26日） 小渕総理、自民党総裁に再選（9月21日） 自自公連立政権発足（10月5日）
		自由党、連立政権から離脱決定（4月1日）（小渕首相倒れる） 森内閣発足（4月5日）

	福祉自治体ユニット「介護保険制度の2000年4月実施を求める緊急アピール」（5月28日） 厚生省、「介護保険広報支援センター」を設置（6月3日） 自民党の若手議員27名「介護保険を2000年4月から実施する議員の会」立ち上げ（6月9日） 全国町村会「介護保険制度に関する緊急要望」（6月10日） 民主党「介護保険制度の来年度施行に向けての要請」（6月11日） 厚生省、介護報酬の骨格公表（7月2日） 公明党「中道政治が目指す『21世紀日本の改革プラン』－活力と安心の生活大国」とりまとめ（7月24日） 厚生省、全国の市町村の第1号保険料基準額中間集計結果を公表（7月26日） 平成12年度予算概算要求基準閣議決定（介護保険の円滑な実施のための経費は予算編成過程で検討）（7月30日） 厚生省、介護報酬仮単価を公表（8月23日） 自自公連立政権合意文書とりまとめ（介護制度の円滑実施対策は10月中のとりまとめを目指す）（9月29日。3党党首の署名は10月4日） 「介護関連事業振興政策会議」第1回会合（9月29日） 準備要介護認定開始（10月1日） 亀井自民党政調会長、介護保険見直し発言（10月6日） 全国在宅ケアサミット・高浜宣言（10月8日） 福祉自治体ユニット「介護保険制度の保険料凍結案に反対する要望」（10月25日） 介護の社会化を進める一万人市民委員会「保険料1年間凍結・家族介護給付の支給に反対する緊急アピール」（10月26日） 全国市長会、全国町村会「介護保険に関する緊急意見」（10月27日） 自民党・介護保険を2000年4月から実施する議員の会「介護保険料徴収凍結・家族介護への現金給付に反対する」声明（10月27日） 連立与党政策責任者会合、介護制度に関する与党3党申し入れとりまとめ（10月29日） 政府「介護保険法の円滑な実施に向けて（特別対策）」決定（11月5日） 自民党厚生労働部会、特別対策の内容を了承（11月10日） 三党合意は認められない！590団体集会（11月12日） 医福審老人保健福祉部会・介護給付費部会座長談話（11月15日） 朝日新聞報道により臨時特例交付金の弾力的使用は消滅（12月2日） 「今後5年間の高齢者保健福祉施策の方向－ゴールドプラン21－」策定（大蔵大臣、厚生大臣、自治大臣合意）（12月19日）
2000年	「より良い介護保険に育てる会」第1回会合（1月19日） 医福審介護給付費部会介護報酬了承（1月28日） 介護保険制度実施推進本部長（羽毛田信吾事務次官）「介護保険制度の施行準備の最終点検について」発出（3月28日） 介護保険制度施行（4月1日）

本書の成り立ち

今から6年前の2010年5月7日、介護保険制度の通史の骨格を検討するため、大森彌、山崎史郎、香取照幸、池田省三、菅原弘子が参集した。当時、大森は、社会保障審議会委員・介護給付費分科会会長の職にあると同時に、地方自治論者として地域活性化センター「全国地域リーダー養成塾」塾長、全国町村会「道州制と町村に関する研究会」座長としても活動していた。山崎は、内閣府政策統括官（経済財政運営担当）で、その年の6月には内閣総理大臣秘書官となり、香取は、厚生労働省大臣官房審議官で、その年の7月からは厚生労働省政策統括官に就任し、多忙を極めていた。池田は、龍谷大学社会学部地域福祉学科教授、厚生労働省社会保障審議会介護給付費分科会委員として活躍していたが、その年の11月大腸がん発覚、肺や肝臓への遠隔転移も見つかり、「ステージ4」を告げられた。菅原は、「福祉自治体ユニット」及び「特定非営利活動法人・地域ケア政策ネットワーク」の事務局長として繁忙な日々を送っていた。それぞれが介護保険制度創設に直接かかわった当事者たちであり、その後も交友を温めてきた面々である。

大森は、東京大学教養学部教授として、1985年8月に厚生省中央福祉審議会委員に就任し、1986年、中央社会福祉審議会・中央児童福祉審議会・身体障害者福祉審議会の三審議会の合同企画分科会のメンバーとなり、1990年4月には地方老人保健福祉計画研究班の班長を、そして、1994年7月、介護保険制度の基本構想の検討を担った「高齢者介護・自立支援システム研究会」の座長を務めた。同年10月からは老人保健福祉審議会委員として制度検討に参画した。介護保険制度施行後も2005年1月から2013年1月まで社会保障審議会委員・介護給付費分科会会長を務め、その間、2012年2月からは社会保障審議会長に就任するなど、介護保険制度の基本構想の時から制度設計、施行、その後の見直しまで一貫してかかわってきた。

山崎は、1978年厚生省に入省し、1991年厚生省老人保健福祉部の課長補佐として老人保健制度改正に携わった後、1992年から2年間北海道庁に出向、保健環境部成人保健課長として高齢者ケアプランや要介護認定基準に結びつく研究プロジェクトなどを担当した。1994年4月に厚生省に復帰、大臣官房企画官として高齢者介護本部事務局次長（専任）を1996年7月まで務めた。その後、1998年7月から2001年7月まで老人保健福祉局老人福祉計画課長（2000年4月からは厚生省老人保健福祉局計画課長、2001年1月から厚生労働省老健局計画課長）として介護保険制度の施行を担当、さらに

２００３年８月から２００６年９月まで、老健局総務課長として２００５年の制度見直しを担当した。

香取は、１９８０年厚生省に入省し、１９９０年４月に埼玉県庁に出向、老人福祉課長として２年間の在任中２回にわたり畑和埼玉県知事（当時）の北欧高齢者福祉行政視察に随行して福祉先進国の高齢者福祉行政についての知見を深め１９９２年に厚生省復帰、１９９３年５月から２年間厚生省老人保健福祉局企画課課長補佐として「高齢者介護問題に関する省内検討プロジェクトチーム」報告（１９９４年３月）の取りまとめ・新ゴールドプラン（１９９４年12月）の策定に携わり、１９９５年７月から１９９８年４月まで高齢者介護対策本部事務局次長補佐・次長として介護保険制度の創設にかかわった。さらに介護保険制度施行後の２００２年９月から２００５年８月までの３年間、厚生労働省老健局振興課長として２００５年の制度見直しに当たった。

池田は、中央大学法学部を卒業後、１９７３年に自治労本部に入り、１９８７年に地方自治総合研究所へ出向、社会保障を担当。１９９６年の「介護の社会化を進める一万人市民委員会」の創設にかかわるなど「介護の社会化」を推奨。１９９９年に龍谷大学助教授、２０００年に同教授。介護保険制度の継続的なウォッチングを続け、２００５年６月から２０１３年４月まで介護給付費分科会の委員も務めている。

菅原は、1982年4月財団法人日本社会福祉弘済会出版局にて上手に老いるための本『いっと』創刊編集長。1994年4月13日の公的介護保険構想「高齢者自立支援システム」の検討開始時から編集者として介護保険制度創設にかかわる。1996年9月「介護の社会化を進める一万人市民委員会」創設メンバーに加わり事務局長として活動。1997年10月住民サイドの福祉行政を進める市町村長の会「福祉自治体ユニット」創設にともない、事務局長に就任。2001年6月福祉自治体ユニットを母体とする特定非営利法人「地域ケア政策ネットワーク」創設、事務局長併任。以後も一貫して介護保険制度にかかわってきた。

介護保険制度の通史を書くに当たって、共通の了解としたのは次の点であった。①介護保険制度を通底する基本的な考え方（哲学）を記述する。創設当時、どのような制度を創りたかったのかを書くことによって、制度運用後の見直し論議の妥当性を判断する上での礎となるようなものを提示する。②基本構想から制度創設まで通史を書く。その際、基本的には、当時の資料、文献、論文、記事等、記録に残っているものをベースにして、事実の裏づけをしっかりとって書く。③介護保険制度の創設時における主要課題に関する検討状況を分析するとともに、その意義と課題をできるだけテーマ別に提示する。④介護保険制度はわが国の社会経済に大きな影響を与えたことは間違いなく、それらの点を記述する。

いざ、草稿準備となれば、多忙を理由に執筆が遅れがちになるのは必至である。特に現職の国家公務員である山崎と香取にとって執筆時間は深夜や休日しかとれない。その無理を押して作業を進めるには、原稿締め切りを順守しなければならない「雑誌連載」を敢行する以外にないということとなった。２０１２年８月のことであった。『社会保険旬報』での「介護保険制度史」の連載が始まったのは２０１４年１月号からであった。この連載に当たって、大森が、次のような「介護保険制度史の連載に当たって」を書いた。

介護保険法は１９９７年に成立し、２０００年４月１日から施行された。これは、高齢者介護をめぐる公的制度のパラダイム転換を画するものであった。

制度は、ある社会の中で、人びとが希求する価値（ものや状態）を実現するためにとっている行動の仕方である。社会的に正当と認められている一定の振舞い方をすることによって、人びとは価値を獲得し維持し拡大しようとする。制度の利用と円滑な価値の実現が結びついている。健康と医療、金銭と実業、愛情と結婚、知識と教育、名誉と表彰などは価値と制度の対応関係の例である。どんな制度でも、それが、人びとの価値実現の手段である以上、いかなる理念の下に、どのように設計されているかによって、人びとが繰り返し利用するかどうか、つまり制度の社会的有効性が決まってくると言える。さまざまな制度の中で、人びとの日常生活を規定している代表的なものが法律である。それらは、人びとの行動の拠り所になると同時に、一定の価値の実現を保証している。社会生活には夥しい数の法律が作用している。介護保険法はその一つである。

介護保険制度は、介護保険法を中核として、いくつかの装置・仕組み・手続きによって構成されている。この制度は、いかなる理念の下に、どのような経緯をたどって構想され、創設され、運営されてきたか。それを客観的に跡付けようとするのが、これから連載する介護保険制度史である。そのために、介護保険制度創設に直接かかわった当事者たちが集まり「介護保険制度史研究会」（代表・大森彌）を立ち上げ、記憶を甦らせ、資料に当たり、準備した草稿を研究会での査読にかけ、本連載に備えた。介護保険制度は、多くのプレーヤーがそれぞれに大事な役割を演じた末にできたものであって、それは「一大スペクタクル」ともいえる。

執筆に当たっては、出来事の年代順配列の正確な整理を試みるとともに、制度骨格の検討経緯・背景・内容を記述しようと心がけた。これにより、制度創設時に直接携わった当事者の考え方を後世に残し、将来にわたって想定される介護保険制度をめぐる議論に資するものとしたいと考えた。

制度は、ひとたび社会の中に埋め込まれ、人びとがそれに依拠して振舞い始めると、創設者たちが予期しなかった使われ方をされることも避けがたい。どんな制度理念も、「現実」（人びとの期待や誤解・誤用など）に対してある程度のコストを払うことなしには実現しないが、問題は、制度設計がどれほど堅固にできているか、制度の利用者と運営者がどれほど制度理念を体現しようとするかである。そのためには、制度創設史の再学習によって、絶えず制度理念を覚醒させ、適切な運用を図っていく必要がある。介護保険制度の運用に関しても、施行から13年を経た今日、将来を展望するとき、その必要性を痛感しないわけにはいかない。

本連載では、介護保険制度の「創設への助走」から始まり、「法施行」までを中心的に取り上げる。「施行後」についても必要な記述を行う。出来事の年代順配列は事実関係に基づく記述とし、各事象・出来事の背景など内部情報にかかわる事柄もできるだけ明らかにしたい。関係資料は膨大であるため、毎回の紙幅が限られている本連載では、記述に必要不可欠なものに限り掲載し、最終的に単行本の作成の時点で収録し、後世に残したいと考えている。

連載を始めてから、厚生省の介護保険制度施行準備の頃の担当者であった稲川武宣が執筆陣に加わった。稲川は、１９９０年に厚生省に入省、１９９８年7月から、２０００年４月の介護保険制度の施行をはさみ２００１年４月まで、厚生省介護保険制度施行準備室室長補佐（２０００年４月からは厚生省老人保健福祉局企画課課長補佐、２００１年1月からは厚生労働省老健局総務課課長補佐）として、介護保険制度の施行準備に携わった。制度施行の実務に直接かかわった稲川の参加で第9章まで漕ぎ着けることができた。

本書の刊行にあたっては、この雑誌連載の文章を全員で査読し、加筆訂正や資料整理を行ったが、介護保険制度創設への助走から、制度実施をめぐる政治混乱の末の介護保険法の施行までの歴史となっている。その後の、いわば制度運用時代の動きは残された課題である。「介護保険は自分が作った」という思いの人びとの声を、できれば関係者のインタビューや寄稿文の形で収載したいと考えていたが、それは果たせなかった。また、本書では、当時の厚生省をはじめ行政官の個人名は掲げていない。介護保険制度には、極めて多くの行政官が携わっており、その全ての人々の努力が、制度創設に貢献したことは言うまでもない。

1996年9月の「介護の社会化を進める一万人市民委員会」の創設にかかわった池田は、その後、一貫して「介護保険ウォッチャー」であり続けた。がんが発覚した後、池田は、病床で研究人生の集大成として『介護保険論―福祉の解体と再生』(中央法規、2011年3月)を書き上げ、8月末で龍谷大学を退職し、特定非営利法人地域ケア政策ネットワーク研究主幹となっていたが、2013年4月23日、永眠した(享年66歳)。結局、『社会保険旬報』連載の原稿の作成はかなわなかった。

歴史を書くときに決定的なのは、いうまでもなく資料・証拠である。われわれは、できるだけ第一次資料を基に客観的な叙述を行おうと心がけた。とはいえ、本書は、介護保険制度創設に直接かかわった当事者たちの手によるものであり、ある種の偏りは避けがたい。われわれとしては、この通史を基礎にして、いろいろな立場の人が介護保険制度の意義と課題について考えを深めていってもらえればと願っている。歴史とは「現在と過去との絶え間ない対話である」（E・H・カー）からである。

雑誌連載中は、執筆者名を伏せて、「介護保険制度史研究会」としていたが、単行本の刊行に当たっては、執筆者名を明らかにした。本書は、5名による共著であり、その内容には全員が責任を負っている。

雑誌連載から本書発刊まで、社会保険研究所の皆さんには、ひとかたならぬお世話をいただいた。心から感謝を申し上げたい。

2016年4月20日

新装版の出版にあたって

本書が公刊されてから2年が過ぎました。この度、東洋経済新報社のご厚意により、本書を1人でも多くの方々にお読みいただく機会を広げるため、装丁も新たに再出版の運びとなりました。若干の誤植等の訂正をしましたが、内容は変えてありません。今後、本書が、介護保険制度の運用に当たり、20年、30年と、燈々無尽となれば幸いです。

２０１８年12月1日

編著者一同

【参考文献】

・池田省三『介護保険論―福祉の解体と再生』中央法規、2011年
・「池田省三インタビュー」（『RONZA』1996年8月、朝日新聞社）
・いっと編集室「検証　座談会　介護の現実と国民の支持でできた介護保険」（『いっと』第47号、1999年9月）
・今井澄『理想の医療を語れますか　患者のための制度改革を』東洋経済新報社、2002年
・岩渕勝好『介護革命―制度の検証と課題分析』中央法規、2001年
・衛藤幹子「連立政権における日本型福祉の転回―介護保険制度創設の政策過程」（『レヴァイアサン』臨時増刊号、1998年夏）
・大熊由紀子『物語介護保険―いのちの尊厳のための70のドラマ　上、下』岩波書店、2010年
・岡光序治『官僚転落―厚生官僚の栄光と挫折』廣済堂出版、2002年
・岡本祐三『介護保険の歩み　自立をめざす介護への挑戦』ミネルヴァ書房、2009年
・岡本祐三監修・山井和則編集協力・伊原和人・樋口恵子・石原美智子『公的介護保険のすべて―不安なき老後への福祉革命』朝日カルチャーセンター、1995年
・岡本祐三・田中滋『福祉が変われば経済が変わる―介護保険制度の正しい考え方』東洋経済新報社、2000年
・介護の社会化を進める一万人市民委員会『一万人ブックレット　No.1　介護保険―手法を巡る議論』1997年3月
・介護の社会化を進める一万人市民委員会『自治体改革プロジェクト報告　福祉自治体への転換戦略』1997年
・介護の社会化を進める一万人市民委員会『法制度プロジェクト報告　介護基盤緊急整備法の策定を』1997年
・介護の社会化を進める一万人市民委員会『NEWSLETTER』No.1～No.8・号外1996年～1998年
・介護相談・地域づくり連絡会『介護相談員養成研修テキスト（平成24年度）』
・『介護保険施設における個室化とユニットケアに関する研究』（財）医療経済研究機構、2002年
・介護保険実務研究会編『介護保険準備は万全か―市町村のための実務対策』ぎょうせい、1999年

・「介護保険と医療サービス」（『第17回尾道市高齢者医療福祉問題特別講演会録』１９９８年４月、尾道市医師会編）
・「介護保険と高齢者医療」（『日本医師会雑誌』臨時増刊vol.118 no.9）１９９７年、日本医師会
・『'97東京シンポジウム報告書　動き出す公的介護保険　21世紀における介護システムを探る』（財）全労済協会、１９９７年
・『'98東京シンポジウム報告書　介護保険下におけるケアマネジメントのあり方―制度実施に向けた市町村の果たす役割』（財）全労済協会、１９９８年11月
・厚生省『介護対策検討会報告書』１９８９年12月
・厚生省介護保険制度実施推進本部『全国介護保険担当会長会議資料』１９９８年４月21日
・厚生省介護保険制度実施推進本部『全国介護保険担当会長会議資料』１９９８年７月29日
・厚生省介護保険制度実施推進本部『全国介護保険担当会長会議資料』１９９８年10月29日
・厚生省介護保険制度実施推進本部『全国介護保険担当会長会議資料』１９９９年１月27日
・厚生省介護保険制度実施推進本部『全国介護保険担当会長会議資料』１９９９年４月20日
・厚生省介護保険制度実施推進本部『都道府県等要介護認定担当者会議資料』１９９９年７月29日
・厚生省介護保険制度実施推進本部『全国介護保険担当会長会議資料』１９９９年８月３日
・厚生省介護保険制度実施推進本部『全国介護保険担当会長会議資料』１９９９年９月17日
・厚生省介護保険制度実施推進本部『全国介護保険担当会長会議資料』１９９９年11月29日
・厚生省介護保険制度実施推進本部『全国介護保険担当会長会議資料』２０００年１月26日
・厚生省介護保険制度実施推進本部『全国介護保険担当会長会議資料』２０００年３月８日
・厚生省高齢者介護対策本部『全国高齢者介護保険担当課長会議資料』１９９７年６月25日
・厚生省高齢者介護対策本部事務局監修『新たな高齢者介護システムの構築を目指して―高齢者介護・自立支援システム研究会報告書』ぎょうせい、１９９５年
・厚生省高齢者介護対策本部事務局監修『高齢者介護保険制度の創設について―国民の議論を深めるために』ぎょ

うせい、１９９６年
・厚生省『高齢者トータルプラン研究会報告』１９９２年６月（非公表資料）
・厚生省監修「21世紀福祉ビジョン＝少子・高齢社会に向けて」（『高齢社会福祉ビジョン懇談会報告』）
・厚生省老人保健福祉局『全国高齢者保健福祉関係主管課長会議資料』２０００年３月７日
・厚生省老人保健福祉局老人保健課、老人福祉計画課監修『高齢者ケアプラン策定指針』厚生科学研究所、１９９４年
・厚生労働省・身体拘束ゼロ推進会議作成・福祉自治体ユニット編『身体拘束ゼロへの手引き　高齢者ケアに関わるすべての人に』２００１年
・「高齢社会の福祉・医療」（『五島正規対談集』１９９６年９月、静山社）
・高齢者総合ケアシステム研究プロジェクト報告『明日の高齢者ケアを目指して―高齢者ケアプランとケースミックス―』１９９４年
・「座談会　国民経済から見た介護保険」（『社会保険旬報』１９９６年８月21日号、社会保険研究所）
・社会運動論研究会編『社会運動研究の新動向』成文堂、１９９９年
・社会福祉法人全国社会福祉協議会編集『高齢化社会への提言』第一法規、１９９５年
・菅原弘子「福祉自治体ユニットの設立　高齢社会に向けて市町村の行財政システムの改革を考える」（『月刊厚生』１９９８年１月号、福祉自治体ユニット事務局）
・全国社会福祉協議会・社会福祉研究情報センター編『介護費用のあり方―その社会的負担を考える』中央法規出版、１９８９年
・『第33期一橋フォーラム　介護不安をどう解消する（１）新介護システムの創設』１９９７年２月、社団法人如水会
・地域ケア政策ネットワーク編『個室化・ユニットケア―特養ホームはこう変わる』地域ケア政策ネットワーク、２００２年
・筒井孝子『介護サービス論』有斐閣、２００１年

・「特集　介護保険10年を振り返って」（『地域ケアリング』２０１０年7月号、北隆館）
・「特集　介護保険を考える」（『年金と住宅』１９９７年1月）
・『特別養護老人ホームの個室化に関する研究』全国社会福祉協議会、１９９６年
・『特別養護老人ホームのサービスの質の向上に関する調査研究報告書』全国社会福祉協議会、１９９４年
・外山義著『自宅でない在宅』医学書院、２００３年
・外山義編著『グループホーム読本』ミネルヴァ書房、２０００年
・中辻直行『いま、福祉の原点を問う　養老院の子の歩んだ道』筒井書房、２０１３年
・二木　立『介護保険制度の総合的研究』勁草書房、２００７年
・日本医師会総合政策研究機構『介護保険導入の政策形成過程』１９９７年
・日本医師会総合政策研究機構『介護保険導入の政策形成過程』１９９７年7月（日本医師会委託研究・曽根（泰教）プロジェクト（医政研究会））
・東大作『縛らぬ介護』葦書房、２００１年
・福岡痴呆ケアネットワーク監修『個室・ユニットケアの老人病院』法研、２００３年
・古川貞二郎『霞が関半世紀』佐賀新聞社、２００５年
・「保健福祉の政策決定過程（1）」『東京大学保健福祉計画学講座　保健福祉の政治経済学シリーズ講義録』１９９５年
・本沢巳代子『公的介護保険　ドイツの先例に学ぶ』日本評論社、１９９６年
・増田雅暢『介護保険見直しの争点　政策過程からみえる今後の課題』法律文化社、２００３年
・宮武剛『「介護保険」のすべて―社会保障再編成の幕開け』保健同人社、１９９７年
・山崎泰彦「社会保険による介護への対応」（『社会保険旬報』１６３６号、１９８８年）
・吉岡充・田中とも江編著『縛らない看護』医学書院、１９９９年
・吉原健二・和田勝『日本医療保険制度史（増補改訂版）』東洋経済新報社、２００８年
・吉原雅昭「公的介護保険構想をめぐる政治過程とノン・アジェンダ―地方分権、地方自治および地方財政責任の

視点から」(『社会問題研究』46巻2号、1997年3月)
・「論争　高齢者福祉―公的介護保険でなにが変わるか」(『からだの科学』臨時増刊、1996年5月、日本評論社)
・『わが生涯　わが術　今井澄遺稿追悼集』2003年、刊行委員会
・和田勝編著『介護保険制度の政策過程―日本・ドイツ・ルクセンブルク国際共同研究』東洋経済新報社、2007年

〈全国介護保険担当課長会議資料〉

(事務連絡集)
・厚生省老人保健福祉局介護保険制度施行準備室監修・生活福祉研究機構『介護保険関係資料集/厚生省老人保健福祉局介護保険制度施行準備室第8分冊』2000年3月
(他施策との関連等)
・厚生省老人保健福祉局介護保険制度施行準備室監修・生活福祉研究機構『介護保険関係資料集/厚生省老人保健福祉局介護保険制度施行準備室第7分冊』2000年3月
(ケアマネジメント)
・厚生省老人保健福祉局介護保険制度施行準備室監修・生活福祉研究機構『介護保険関係資料集/厚生省老人保健福祉局介護保険制度施行準備室第6分冊』2000年3月
(市町村事務処理手順及び様式)
・厚生省老人保健福祉局介護保険制度施行準備室監修・生活福祉研究機構『介護保険関係資料集/厚生省老人保健福祉局介護保険制度施行準備室第2分冊』2000年3月
(特別徴収)
・厚生省老人保健福祉局介護保険制度施行準備室監修・生活福祉研究機構『介護保険関係資料集/厚生省老人保健福祉局介護保険制度施行準備室第4分冊』2000年3月

（要介護認定）

・厚生省老人保健福祉局介護保険制度施行準備室監修・生活福祉研究機構『介護保険関係資料集／厚生省老人保健福祉局介護保険制度施行準備室第5分冊』２０００年３月

（制度論：市町村事務等）

・厚生省老人保健福祉局介護保険制度施行準備室監修・生活福祉研究機構『介護保険関係資料集／厚生省老人保健福祉局介護保険制度施行準備室第1分冊』２０００年３月

（都道府県事務等）

・厚生省老人保健福祉局介護保険制度施行準備室監修・生活福祉研究機構『介護保険関係資料集／厚生省老人保健福祉局介護保険制度施行準備室第3分冊』２０００年３月

著者略歴

大森　彌（おおもり　わたる）
東京大学名誉教授。１９４０（昭和15）年、東京都生まれ。
東京大学大学院法学政治学研究科博士課程修了。法学博士。東京大学教授、東京大学大学院総合文化研究科長・教養学部長、千葉大学教授、放送大学大学院客員教授を歴任。専門は行政学・地方自治論。地方分権推進委員会専門委員・くらしづくり部会長、自治体学会代表運営委員、日本行政学会理事長、特別区制度調査会会長、都道府県議会制度研究会座長、内閣府独立行政法人評価委員会委員長、社会保障審議会会長・同介護給付費分科会会長などを歴任。現在、地域活性化センター「全国地域リーダー養成塾」塾長。全国町村会「道州制と町村に関する研究会」座長、「NPO地域ケア政策ネットワーク」代表理事、長野県参与など。近著に、『町村自治を護って』（２０１６年、ぎょうせい）、『自治体職員再論』（２０１５年、ぎょうせい）、『政権交代と自治の潮流』（２０１１年、第一法規）、『変化に挑戦する自治体』（２００８年、第一法規）、『官のシステム』（２００６年、東京大学出版会）など。

山崎　史郎（やまさき　しろう）
在リトアニア共和国特命全権大使。１９５４（昭和29）年、山口県生まれ。
東京大学法学部卒業。１９７８年厚生省（現厚生労働省）入省。１９８７年ジェトロ・ニューヨークセンター、１９９１年厚生省老人保健福祉部老人保健課長補佐、１９９２年北海道保健環境部成人保健課長、１９９４年厚生省高齢者介護対策本部事務局次長、１９９８年厚生省老人保健福祉局老人福祉計画課長、２００３年厚生労働省老健局総務課長、２００６年内閣府大臣官房審議官、２００８年内閣府政策統括官（経済財政運営担当）、２０１０年内閣総理大臣秘書官、２０１１年厚生労働省社会・援護局長、２０１２年内閣府政策統括官（共生社会政策担当）、２０１３年消費者庁次長、２０１４年内閣官房まち・ひと・しごと創生本部事務局長代理、

2015年地方創生総括官、2016年退官、2018年在リトアニア共和国特命全権大使（現職）。近著に、『人口減少と社会保障』（2017年、中公新書）。

香取　照幸（かとり　てるゆき）

在アゼルバイジャン共和国特命全権大使。1956（昭和31）年、東京都生まれ。東京大学法学部卒業。1980年厚生省（現厚生労働省）入省。1982年OECD（経済協力開発機構）事務局研究員、1990年埼玉県生活福祉部老人福祉課長、1993年厚生省老人保健福祉局企画課課長補佐、1996年厚生省高齢者介護対策本部事務局次長、2001年内閣官房内閣参事官（総理大臣官邸）、2002年厚生労働省老健局振興課長、2005年厚生労働省雇用均等・児童家庭局総務課長、2008年内閣官房社会保障国民会議事務局参事官、同安心社会実現会議事務局参事官、2010年厚生労働省政策統括官（社会保障担当）、内閣官房内閣審議官（社会保障・税一体改革担当）、2012年厚生労働省年金局長、2015年厚生労働省雇用均等・児童家庭局長、2016年退官、2017年在アゼルバイジャン共和国特命全権大使（現職）。近著に『教養としての社会保障』（2017年、東洋経済新報社）。

稲川　武宣（いながわ　たけのぶ）

独立行政法人医薬品医療機器総合機構上席審議役。1966（昭和41）年、大阪府生まれ。東京大学法学部卒業。1990年厚生省（現厚生労働省）入省。1998年厚生省介護保険制度施行準備室室長補佐、2001年広島市社会局社会企画課長、2004年社会保険庁運営部企画課課長補佐、同総務部総務課課長補佐、2006年独立行政法人医薬品医療機器総合機構企画調整部長、2009年三重大学人文学部准教授、2012年厚生労働省保険局医療指導管理官、2013年厚生労働省医薬食品局監視指導・麻薬対策課監視指導室長、2014年厚生労働省健康局生活衛生課長等を経て、2015年独立行政法人医薬品医療機器総合機構審議役、2017年独立行政法人医薬品医療機器総合機構上席審議役（現職）。

菅原　弘子（すがわら　ひろこ）

一般社団法人福祉自治体ユニット事務局長。１９４４（昭和19）年、岐阜県生まれ。記者8年、編集者6年を経て、１９８２年財団法人日本社会福祉弘済会出版局『いっと』編集長。１９８３年株式会社いっと編集室取締役編集長。１９９６年「一万人市民委員会」事務局長。１９９７年福祉自治体ユニット事務局長。１９９９年『みんなで育てる介護保険』創刊、２０００年「介護相談・地域づくり連絡会」（介護相談員派遣等事業）代表、２００１年ＮＰＯ法人地域ケア政策ネットワーク事務局長（併任）、２００５年から「全国キャラバン・メイト連絡協議会」運営責任者、２０１４年「人口減少に立ち向かう自治体連合」事務局長（併任）。一般社団法人福祉自治体ユニット事務局長（現職）。

【ア行】

【カ行】

【サ行】

【タ行】

【ナ行】

【ハ行】

【マ行】

【ヤ行】

【ラ行】

索引

新装版　介護保険制度史
基本構想から法施行まで

2019年1月31日発行

編著者——介護保険制度史研究会
著　者——大森彌・山崎史郎・香取照幸・稲川武宣・菅原弘子
発行者——駒橋憲一
発行所——東洋経済新報社
〒103-8345　東京都中央区日本橋本石町1-2-1
電話＝東洋経済コールセンター　03(5605)7021
https://toyokeizai.net/

装　丁………橋爪朋世
DTP………アイシーエム
印　刷………丸井工文社
編集協力……パプリカ商店
編集担当……岡田光司

Printed in Japan　　ISBN 978-4-492-70149-2